| 博士生导师学术文库 |

A Library of Academics by
Ph.D.Supervisors

现代前沿经济学

——·——

孙中才 著

光明日报出版社

图书在版编目（CIP）数据

现代前沿经济学 / 孙中才著 . -- 北京：光明日报
出版社，2020.4（2022.4重印）

（博士生导师学术文库）

ISBN 978 - 7 - 5194 - 5683 - 2

Ⅰ.①现… Ⅱ.①孙… Ⅲ.①数理经济学—研究

Ⅳ.①F224.0

中国版本图书馆 CIP 数据核字（2020）第 052395 号

现代前沿经济学
XIANDAI QIANYAN JINGJIXUE

著　　者：孙中才

责任编辑：李壬杰　　　　　　　责任校对：张　幽
封面设计：一站出版网　　　　　责任印制：曹　净

出版发行：光明日报出版社

地　　址：北京市西城区永安路 106 号，100050

电　　话：010-63139890（咨询），63131930（邮购）

传　　真：010 - 63131930

网　　址：http://book.gmw.cn

E - mail：gmrbcbs@ gmw.cn

法律顾问：北京市兰台律师事务所龚柳方律师

印　　刷：三河市华东印刷有限公司

装　　订：三河市华东印刷有限公司

本书如有破损、缺页、装订错误，请与本社联系调换，电话：010 - 63131930

开　　本：170mm×240mm

字　　数：288 千字　　　　　　印　　张：17

版　　次：2020 年 4 月第 1 版　　印　　次：2022 年 4 月第 2 次印刷

书　　号：ISBN 978 - 7 - 5194 - 5683 - 2

定　　价：95.00 元

前　言

1776 年 A. 斯密(A. Smith,1723—1790)把自然规律的意识引入经济学,并就此发现了"自由市场自行调节"这个经济学的基本定律,引导经济学进入了近代科学。事实表明,这个基本定律也是社会研究领域里发现的第一个科学的定律,它不仅引导经济学进入了科学,也对整体社会科学的发展起到了重要的作用。

科学的大厦是靠定律、法则和定理支撑起来的。而后,在"自由市场自行调节"定律的引导下,经济学的理论水平不断提高,数学严格化程度不断增强,理论核心日益成熟。经过 100 多年的努力,于 19 世纪末 20 世纪初达到了现代科学所要求的基本理论水平,并确立了理论核心的范式,使得经济学成了社会科学领域里唯一具有科学范式的学科。这个范式就是以生产函数、成本函数和经营行为函数为代表的数学表达式,如今被统称为 F 函数。

在 F 函数的发展过程中,著名经济学家德国的 P. 吕豪斯(P. Loehaus,1878—1949)、英国的 J. 凯恩斯(J. Keynes, 1883—1946)和美国的 P. 萨缪尔森(P. Samuelson,1916—2010)等提供了重要的有关证明,做出了显著的贡献。其中,凯恩斯在关于宏观经济的研究中,将科学的最一般方法——公理化方法,彻底地贯彻在了"结构—功能对应"的分析里,给经济学提供了更大的推动力量。

F 函数确立后,更加有效地主导了经济研究,尤其是指引了经济学理论的深化,使得经济学的范式,也就是 F 函数本身在不长的时间里,就初步形成并逐渐成熟,然后便很快地发展起来了。随之,理论的覆盖能力加速增长了,以至于在 20世纪末,这种覆盖力竟然把 F 函数本身也覆盖了,而且还创建出了一个新的初始概念函数,成了当代经济学最前沿的理论范式。这就是"有约束的利润函数(Restricted Profit Function)",简称 G 函数。

G 函数是在数学对偶理论的引导下,在经营行为的对偶性上所发现的规律集合,它归纳和组合了以往科学研究的主要成果,凝聚了更深入的经济学定律、法则和定理。同时，还增添了一些新的发现，从而把经济学提升到了更高的理论水平。

在创建和确立有约束的利润函数——G 函数的过程中，美国的统计学家 H. 霍特林（H. Hotelling，1895—1973）、经济学家 R. 谢泼德（R. Shephard，1924—）和 D. 麦克法登（D. McFadden，1937—）等发现了一些新的定律、法则和定理，从而加速了经济学的现代化发展，促使其成了现代经济学。

粗略地观察一下，便不难发现，一切常规科学学科，其理论核心的前沿范式都具有如下 3 个突出的特点：（1）理论更深入；（2）陈述更简单；（3）指向技术更直接。"理论更深入"，意味着前沿范式不仅是对以往范式的完全覆盖，还是一定程度的扩展，它不仅能够说明以往范式能够说明的内容，还能说明以往范式难以说明或不能说明的内容；"陈述更简单"，是说前沿范式运用公理化方法，将问题置于理论框架的过程更直观、更容易，也更有效了；"指向技术更直接"，系指常规科学学科的理论是独立自主的，但其探索的结果却必定引导和带动有关技术的进步，并且还会反过来获得这些技术的支持，促进理论的普及。各个常规科学学科的前沿范式，都是在现代科技共同体的共同作用下，才发展起来的。随着现代科技共同体中基础科学和技术科学的进展，各个具体学科的基础理论都必然受到科学和技术两方面的直接促动，才能产生生命力。而其前沿范式的迅猛发展，通常更与某种技术的突破性进步密不可分。今天，经济学的最新前沿范式 G 函数，以其更加准确和更加精确的探索成果指向了技术，而现代计算技术、统计技术和数据采集整理技术也正反过来给它提供着诸多的便利，促进它的进一步成长。

理论核心的前沿范式所具有的这 3 个突出的特点，给现代经济学的普及和提高带来了很大的便利，也使有关的学术活动更容易开展了。因为前沿范式是理论更加深入的结果，而陈述却更加简单了，所以它的形式化手段会更加直观，有关的理论培养工作更容易进行。正是出于这样的原因，人们已经看到，经济学的每一次重大的理论综合，以及由此所导致的范式的进展，都带来了有关教育和培养工作的快速进步。前沿范式的深入性和简单性，更易于学习和理解。正是由于常规科学学科范式的进步具有这样的特性，后来者的学习途径可以大为简捷。要学习现代的一门专业知识，后来者完全可以从最前沿的范式入手，撇开旁枝末节，而把精力集中在那些核心的和主导的理论内容上。然后，再借助前沿范式"指向技术更直接"的特点，展开更深入和更广泛的试验和实验，从而使学习的内容更加精准，过程更加简捷，却能取得事半功倍的效果。

正是鉴于这样的现实，笔者曾和陈曦一起，将运用前沿范式——G 函数所写的论文,汇集成了一本书《现代经济学:范式定理和数理分析》,而决定采用这种论文汇编成书的形式,则是受到了国际上一种流行做法的启发。进入 21 世纪,国外的一些知名大学在经济学的教学中出现了一些新迹象,其中之一就是直接把论文的抽印本汇编起来,成为可选择教材或讨论的基础参照。各个问题简单直观,篇篇论文独立深入,定律法则贯穿其间。这种成书形式特例鲜明,技巧明确,易懂易学,便于速成,很为"大众公开在线课程"即 MOOC(Massive Open Online Courses)教学所青睐。他们的经验表明,这种形式似乎更便于突出问题,也更便于启发讨论和进行单独的科学训练。

然而,尽管这种形式具有如此突出的优点,但问题孤立、方法重复以及大数据的堆积,导致系统性欠缺、结构性不足,确实也给科学知识的积累和传授带来了一些不便。科学知识必须缩略成逻辑严谨、简洁明了的体系才更有活力。必要信息的辅助与主线逻辑的深入,二者不可偏废,因为它们之间存在着不能完全替代的关系。论文汇集不能替代专门著述。专著至少是一种更加简洁严谨的科学知识的浓缩,显然不只是一种篇幅的缩减。它会更加突出理论进展的主线,更加体现知识的系统性,从而更加凝结科学的精神。这在当今的课堂教学中,更是必不可少的。

规律是简单的,世界的基础结构是简单的,越加深入的科学理论揭示了越加简单的宇宙规律。最新的经济学范式为我们展示了越加简单的经济学的定理和法则。

本书一共由 12 章组成。遵循由一般到特殊的科学叙述过程,各章之间的逻辑进展,可以很粗略地示意于以下这个框图里:

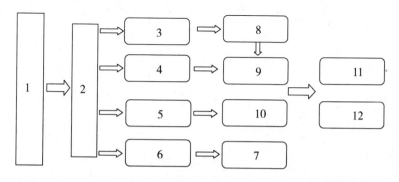

其中,各章在侧重阐述经济学的某些专门知识时,必然关注到所涉及的焦点、节点或关键,因而产生了一些关键词或者主要思索。这些关键词或者主要思索,

对于理解全书的逻辑进程有重要的作用。这些关键词主要分布如下:第1章:范式;第2章:前沿范式——G函数所涵盖的定理和推论;第3章:自行调节的本质;第4章:双层容量;第5章:容量的短板;第6章:科技进步;第7章:因子效应;第8章:短板容量与短板价格;第9章:供给——需求预算;第10章:特定需求;第11章:前沿范式与数据统计技术的联系;第12章:前沿范式的重要理论意义。

本项研究曾得到许多人的帮助和指点。对此,作者深表谢意!其中,对冯贞柏的帮助,表示特别感谢!

本书的基本框架是于2012—2015年间,在三亚学院财经学院完成的。那里崇尚科学、努力进取的精神,令人难忘!而他们的学术氛围,给人以难得的鼓舞和帮助,使亲历者不能不深怀谢忱!

书中存有不足之处,敬请读者批评指正。

孙中才

2020年3月27日于北京

目　录
CONTENTS

第1章　现代科学与现代经济学

经济学,是当今世界社会研究领域里唯一具有科学范式的学科,是现代常规科学学科之一。现代经济是它的研究对象,现代科学是它的基本支撑。现代经济学本身也是现代科学的拓展和延伸。现代科学直接决定着现代经济学的发展。现代科学的基本特征直接赋予了现代经济学的活力和精神。现代经济学是近代以来科学发展的重要结果之一,是科学在广义社会学领域里的最高成果之一,是科学所具有的最一般的特征在人类经济研究领域里的具体表现。

§1.1　现代科学

现代科学是近代科学的直接发展。近代科学诞生于 17 世纪末,具体标志就是 1687 年牛顿(I. Newton,1643—1727)发表的著作《自然哲学的数学原理》(Principia)。从此,近代科学开始了。

近代科学的最基本特征,就是以抽象理想的观念替代了以往的直觉观察的观念,并把这种抽象理想的观念系统化、完整化和程式化了。这是人类观念、思想和精神的一次重大革命,它导致人类与自然界之间的关系出现了重大的变化,从此,人类从自然界的背后,在自然界真实的层面上,与自然界建立起了不断深入的关系。因而,人类便以此为开端,开始以自然界存在的规律来认识世界和理解世界了,并随着这种认识的发展,在自然界里,获得了既不断深入又不断拓展的自由。

如上所述,科学是人类自近代以来所发展的新观念,呈现为人类的新思想、新方法和新活动。科学在自己的一般对象、一般方法和基本思路方面,贯彻着这些新思想、新方法和新活动,体现着这种新观念的基本特征。

§1.1.1 一般对象

科学的一般对象,是宇宙的规律,也就是通常简称的规律。事实表明,规律具有以下3个明显的性质:(1)隐蔽性;(2)秩序性;(3)精确性。隐蔽性,规律隐藏于事物的背后,规律是看不见的,直接的感触不能把握规律,只有通过有效的抽象和想象才可能认识和理解规律;秩序性,规律遵循着严格的逻辑和基本的秩序,逐步深入,不可颠倒;精确性,规律是一个严格的结构性数据集合,严密而精准。

古人在很早以前就已经猜想到了,人们面对的世界,实际上有两个层面:一个是事实层面,即人们直接面对的事物,看得见、摸得着;另一个是真实层面,它隐藏在事实背后,看不见、摸不着。然而,它却支配着事实,以它自身的不变性,引导和决定着事实或现象的千变万化。人们只有认识了真实,掌握了规律,才能与宇宙建立起更加实在的关系,人们也才能由此获得真正的自由。科学研究的结果说明,古人的这些猜想无疑是正确的,但是,在牛顿发现并公布三大定律和万有引力定律之前,人们实在不曾预料到,真实和规律竟然如此准确、精确,毫厘分明。也就是说,古人在秩序方面对真实和规律的猜想是很英明的,而在准确和精确方面,显然不足。近代以来的科学,从开创者牛顿开始,恰恰在揭示和解释真实和规律的准确性和精确性上,有了新的突出贡献。

科学的研究结果表明,规律和规律的不变性总是隐含在一定的对应之中。因而,抽象而真实的对应是科学研究的直接对象,而其中那些具体形象、简单明确的对应形式,必定是引导人们发现规律的必要出发点。人们容易发现,在各个具体的常规科学学科那里,专业的研究或专门的研究,所直接面对的对象通常是一些直观的对应,需要对这些直观的东西,通过抽象和分析、进入人们已经掌握的探索规律的途径,最后才有可能对这种直观对应所隐含的规律有所解释。抽象对应,分析对应,并识别出分析结果所揭示的新对应,已经成为一般科学研究的日常工作。在现代经济学这里,这种情况尤为突出,可以说,现代经济学的科学化过程,其一维性的发展,无一不是自觉地或不自觉地在搜寻、判别和依赖对应之中所取得的。因此就专业技能的培养和直观的日常工作来说,现代经济学的探索就是针对经济领域里的对应所进行的演绎和归纳。

在众多对应之中,最简单明确的是结构与功能或行为的对应。能够看到,科学的研究,在很普遍的意义上讲,都是在结构与功能或行为的对应上来发现真实和规律的。现代经济学便是以市场(Market)和经济容量(Economic Capacity)的结构与经济功效(Economic Efficiency)之间的对应为具体对象的。例如,把以往的微观的和宏观的经济学综合起来,在基本理念上,最终可以得出一个最一般的表达式,即:

$$F = F(p;v) \tag{1.1}$$

式中,p——价格向量,$p = (p_1, p_2, \ldots, p_I)$;$p >> 0$,包括劳动力与资本的价格在内;

$\quad\quad v$——固定数量向量,$v = (v_1, v_2, \ldots, v_J)$,$v \leqslant 0$,并有 $I \leqslant J$,包括对劳动力与资本的需求在内。

能够得出,在式(1.1)里,在简单的微元分析水平上,存在着如下数目的对应:

$dF = \sum\limits_{i=1}^{I} \dfrac{\partial F}{\partial p_i} dp_i + \sum\limits_{j=1}^{J} \dfrac{\partial F}{\partial v_j} dv_j$ 　　　　数目:1 个

$\dfrac{\partial F}{\partial p_i}$ 　　　　数目:I 个

$\dfrac{\partial F}{\partial v_j}$ 　　　　数目:J 个

$\dfrac{\partial^2 F}{\partial p_i \partial p_h}$ 　　　　数目:$\dfrac{1}{2}I(I-1)$ 个

$\dfrac{\partial^2 F}{\partial v_j \partial v_k}$ 　　　　数目:$\dfrac{1}{2}J(J-1)$ 个

$\dfrac{\partial^2 F}{\partial p_i \partial v_j}$ 　　　　数目:IJ 个

那么,这些数目的和:

$$1 + I + J + \frac{1}{2}I(I-1) + \frac{1}{2}J(J-1) + IJ$$

就是经济学所面对的基本对应。

容易看出,在以往的经济学范式 $F = F(p;v)$ 里,迄今为止,科学研究的对象主要集中于:

$$dF = \sum\limits_{i=1}^{I} \frac{\partial F}{\partial p_i} dp_i + \sum\limits_{j=1}^{J} \frac{\partial F}{\partial v_j} dv_j,$$

这里主要对其中一个对应进行了分析,即只对经济的结构与效果之间的综合性对应进行了分析,也就是对移动系数进行了分析,而对其余大量的对应顾及有限或尚未顾及。

式(1.1)便是最一般意义的 F 函数。把微观和宏观经济学综合起来,最终可以得出式(1.1),即得出最一般的 F 函数的表达式,这是一个科学的综合过程。关于这个过程,将在第 2 章里再给予具体的阐述和证明。

§1.1.2 最基本的方法

科学的最一般方法,也可以称作是科学思路的最基本元素,是公理化方法。这种方法是一个整体性的结构,即"定义(Definition)—公理(Axioms)—引理(Lemma)—命题(Proposition)—证明(Proof)"。

这是一个由"定义"开始到"证明"结束的完整的逻辑进展过程,其中的前后顺序不可颠倒。因此,直观地看,这是一个由描述入手而以证明为目的,一步一步接续着前进,并最终结束而完成的一个整体性过程。而且如果以最终结果作为标志来概括它,那么这个过程就是一个完整的证明过程,可以简称为"证明过程"。公理化方法是由古希腊哲学家所创立的,早在公元前 6 世纪就已经成熟了,近现代科学直接继承和借用了这种方法,而且在更加广泛地运用数学语言的基础上,巩固并发展了这种方法。数学语言的运用导致这种证明的过程及其最终结果更加严密、准确和精确,也就是更加符合了真实和规律的特征,更加接近或贴近了规律的特质。借助数学语言,可以把各种对应都简单地表述为数学符号形式的对应,即表达为数学符号系统所给定的结构与功能的对应。进而,运用数学语言的语法展开分析,便可以在更精细的水平上,把隐含于这些对应里的不变性解释清楚,从而揭示出真实和规律所具有的秩序性和精确性。关于这一点,通过对上述式(1.1)的有关表述,我们或许可以略有领会。

§1.1.3 理论

科学研究的内容,从本质上讲是理论,就是从抽象的思维和已知的规律出发,经过进一步的演绎和归纳,发现未知的规律。这个过程就是科学的最一般宗旨。在各个常规科学学科里,已知的规律通常呈现为公理、定律、法则、推论和定理的形式,可以统称为定理,因此,就具体的科学过程而言,从已知的规律出发就是从已知的定理切入,然后展开演绎和推导,最后,通过更有效的步骤加以归纳,从而发现原来不明确的或者根本没有察觉的对应,也就是发现了自然存在的新的规律。在这一过程中,如上所述,科学方法的精髓——公理化方法必定会贯穿始终。由于公理化方法为"证明过程"这一性质所决定,那么,这种从定理出发,最后发现新规律,即得到新定理或新推论的过程,无疑是一个论证过程,而继之而来的更进一步的试验和实验就更属于论证过程了。由此可以认为,在常规科学学科里,"理论"发展到今天,准确和精确的定理已经沉淀为基本观念的骨架成分,成为继续探究的依据、起点和指导,因而,直观地理解,"理论"就是运用定理来做出论证。

§1.1.4 范式

科学的最终目标是确定真实和规律,所关注的具体焦点是对应,要得到的新知识和所要进行的工作是理论,理论的必要条件是要以已知规律作为出发点。由此决定了在各个常规科学学科那里,都需要逐步建立起有关的出发点。

由规律的特征和科学的基本方法所决定,这个出发点必须首先是一个有效的抽象形式,而且要很简单;其次,它必须是一个容纳了专业研究所必需的对应和众多的定理,成为本学科核心理论的一个明确的基本观念的综合体;最后,它必定是本学科最基本的已知概念的集合。对于新的论证,这是一个可靠的根据地和供应站,这里已知的骨架成分一定牢靠稳妥,无须怀疑,更无须再进行证明。从这里出发没有后顾之忧。这个根据地或者出发点,就是各个常规科学学科自己建立的科学范式(Scientific Paradigm),简称范式(Paradigm)。显然,范式运用数学语言的程度,容纳的定理多少,覆盖本学科理论分支的宽窄,会成为衡量本学科科学地位的最基本标准,因为范式的内容完全可以体现出本学科科学化水平的高低、指向技术程度的优劣和本学科理论研究前沿性的深浅。而且,一个常规科学学科的进化,最终就体现在范式的进步上。纵观各个常规科学学科的发展,其核心的内容全都是在不断地改进和丰富自己的科学范式,以便促进其不断进化,从而使整个学科不断提高。正是在这个意义上,范式,通常被称作是常规科学学科的理论核心。

如上所述,范式是在不断发展的,新的覆盖旧的,旧的终归要被新的所取代,而新的、处于前沿状态的范式一定具有更强的解释能力和概括能力。因而,推进范式前进到更具覆盖能力的地步,创建出新的前沿范式和努力及早地运用前沿范式来进行探索,也就是不断地促进范式和本学科的"现代化",就成了现代常规科学学科一个很显著的特征。

§1.1.5 知识的形成过程

如上所述,科学研究是一个过程,其最终成果是不断地发展出其自身所创立的新观念。这种新观念的集合就是科学知识。科学知识的最高形式是广义的定理的集合。定理的最高形式化表达是数学。因而科学知识,其中特别是各个常规科学学科的核心范式,最高形式化表达必定是数学。

从对应的意义上讲,科学知识是自然界的真实和规律与人类大脑的功能和行为的对应。大脑的抽象思维得到了自然界实际存在的验证,成为人类的一种观念,并以一定的形式记录在了人类社会里,这便是科学知识。由于这种抽象思维的最有效形式是借助数学语言进行推理,严格地讲,这种推理,最初还只能是大脑的独立的行为,对其结果,还必须经过实际验证,也就是得到自然界实际存在的证明,才可以最终得到认可。因而,对照人类已有的其他研究,人们把科学研究定义为"数理—实验研究"。

为了便于阐述,在此,我们将"数理—实验研究"与以往的经验探索和哲理论证的过程做一个对比。见图1.1。

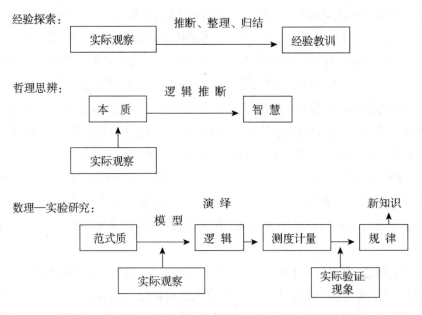

图1.1　数理—实验研究与经验探索和哲理论证的主要区别

"数理—实验研究",或者说科学或科学知识,给以往的探索过程和基本观念带来了空前的革命。对于直观观察的经验探索来说,它是总目标不变下的研究思路的根本翻转;对于哲学思辨的哲理论证来说,它是逻辑进程不变下的探索层次的精确性发展。从某种意义上讲,这个空前的革命就在于人类开始认识到人类与自然界存在着怎样的真实关系,人们应该怎样去思考这个世界的基本联系,从而认识到了人类真正的自由之所在。如同一般的科学工作一样，各个常规科学学科，要在给定的专业领域里，透过直接的和可见的东西去洞察未见的东西，并最终得到知识，从而把可见的东西扩展到崭新的、更为广阔的领域。正像一座远处漂浮的冰山，它的大部分隐没在海洋里，只有极小的一部分直接映入我们的眼帘。科学理论范式的最大功用就是帮助我们通过这极小的一部分猜测出大致的整体，从而掌握"冰山"的全貌。简单地说，范式就是帮助我们用极小的已知来解释庞大的未知，透过一个抽象的、包罗万象的概念来大体地了解全貌，从而发现内在的新规律，并获得新知识。

尽管"数理—实验研究"与"经验探索"和"哲理论证"之间直接地存在不少难以割舍的联系，但它们之间的区别仍然是很明显的，因而所形成的最终成果——知识的本质是很不相同的。数理—实验研究是纯粹的科学理论研究，如上所述，对于各个常规科学学科来说，这种研究就是从各自的理论范式，也就是从已知的定理出发，通过数理分析—测度计量—实际验证这个全过程，从而取得新的发现，并最后获得新的知识。

而且，也能够看出，这种科学的范式，尽管与以往的经验探索和哲理思辨都有一定的联系，但它们绝不是后者直接发展的结果，更不是它们直接累积的结果。因而，后人称现代科学知识的形成过程或者说科学知识本身，是人类的一种新精神、新活动和新方法，是对以往思维方式的革命。

能够看出，依据公理化方法，科学知识的形成过程也必定是一个严谨的逻辑进展过程。这就是由数理分析—测度计量—实际验证所构成的基本思路，其中涵盖着逻辑的不变性。如图1.2所示。

事实表明，这种"数理分析—测度计量—实际验证"所涵盖的逻辑不变性，会贯穿在各个专门的常规科学具体知识的形成过程之中，并且，在形式上会是完全一致的。因此，人们也把这种从科学的范式出发最终以实验得以证明的研究，从形式观察的角度把它们统称为"规范—实证"研究。这对于刚刚步入现代常规科学学科行列的学科或领域是非常重要的。统一的范式、一致的过程，在形式上能够有效地把对规律的探索与一般问题的描述区别开来，更容易把"数理—实验研究"与经验探索和哲理思辨区分开来。因而，将科学的常规研究称为"规范—实证"研究，实际上是对有关科学特征的肯定。这种情况，在当代的经济学领域里，已经成为一种常识，得到了普遍的认可。

从动态的发展趋势来看，科学知识的形成过程，会呈现为一个以"数理分析—

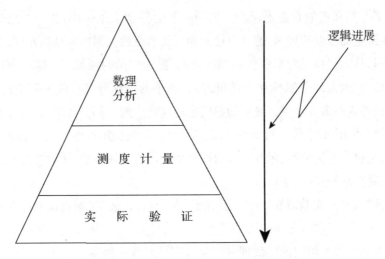

图 1.2 科学知识形成过程的逻辑进展

测度计量—实际验证"为基本阶段的螺旋式上升的运动,见图 1.3。

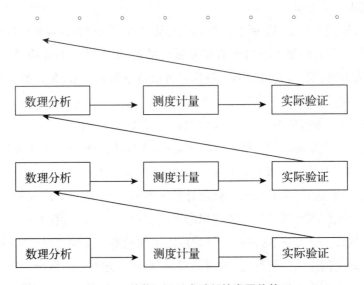

图 1.3 科学知识形成过程的发展趋势

　　如图 1.3 所示,科学知识形成过程的发展趋势是一个循环往复的运动。其中,数理分析、测度计量和实际验证是循环中的基本环节,在一定的历史阶段中,给定的范式奠定数理分析,数理分析引导着测度计量和实际验证,导致有新的发现,新发现不断积淀,成为新的知识。新知识积累到一定程度便会进化出新的范式,新范式又将奠定新的数理分析,新的数理分析会引导出更加新的尺度计量和新的实际验证,新一阶段接续上了。这个新一阶段的发展结果会导致更新一阶段产生。不断深入的数理分析—测度计量—实际验证运动,促成更多的新的发现,形成不断深入的科学知识。如此循环往复、科学发展着,人类对宇宙真实和规律的认识能力增长着,人类与世界之间的基本关系深刻地改变着。从螺旋式循环往复的运动形式上可以看出,新的发现要改变原有的概念,积淀成知识,会表现为螺旋线运动点在纵轴上的提高和在横轴上的复归,因而科学的基本进展可以呈现为自身的独立运动,而内在的发现与知识的关系,导致这种运动是可以自身主宰的。随着世界基本规律的不断被发现,科学的普适性就自然地逐步展现出来了。

§1.1.6　科学技术共同体

如上所述,1687 年牛顿发表了他的著作《自然哲学的数学原理》,提出了 3 个定律,后来又提出了万有引力定律,从而开创了近代科学。而后,1776 年瓦特 (J. watt,1736—1819)被剑桥大学授予博士学位,标志着科学与技术联合到一起了,它们之间的相互影响、相互作用和相互运作不可分割了。后来,经过 200 多年的迅速发展,在 20 世纪里造就出了一个社会团体,即科学技术的共同体(Scientific and Technological Community),简称科技共同体。科技共同体不仅是一个思想相通的学术意识组合体,而且也是一个有着严密组织和社会建制的实体机构。见图 1.4。

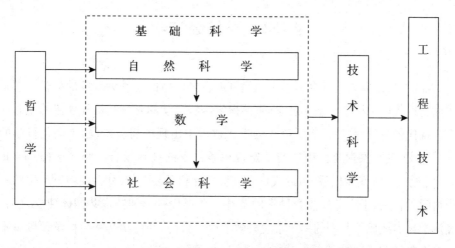

图 1.4　现代科学技术共同体与有关的社会建制

科技共同体的建立,使得科学的自我主宰性、一维进步性和指向技术性更加有效地得到了社会的保障。事实表明,科学技术共同体以及与之相适应的社会的建制的形成和发展,有力地保障了现代科学的有效运行,促使人类与自然的关系得到了迅速的改善,促进了人类智慧的发挥。同时,科技共同体内部也更加受到众多保障的促动和激发,导致这个共同体所包括的各个具体学科可以有更长足的进步。

科技共同体的发展,使科学常规学科的学科群概念,在形式上和在社会组织上有了现实实现的可能。科学知识是一个有机地联系在一起的网络结构,导致分门别类的学科在内在逻辑上实际是可以以群的形式存在的。学科群是知识专业化和专门化的必要结构。对于专业知识来说,学科群里的知识有横向并列和纵向接续之分,要进行理论研究,了解纵向接续的知识尤为必要,特别是明了前一级知识更加重要,因为知识的形成过程是以公理化方法作为精髓的,而公理化方法是严格地遵循着逻辑秩序的,没有前因不可能有后果,因此,要发展后面的专业知识,必须首先确定前面的基础,在有了前面的基础能够提供必要保证的情况下,才可能建成后来的高楼大厦。

从图 1.4 里可以看出,社会科学要以自然科学和数学为基础,其中,特别要以数学作为直接的基础。没有这样的基础,社会科学是不能成立的。事实表明,现代经济学在范式的形成与进化上是这方面的典型实例之一。

§1.2　现代经济学

经济学,是以人类社会运动中的经济或者经济体的运动为对象的科学。它是遵循着近代以来科学的基本理念,直接探索经济运动的真实结构和规律的观念体系。现代经济学,是在经济学范式的进化过程中出现的崭新阶段,是现代科学的一个分支,主要探索自由市场与给定资源条件下的技术组合。经济学(Economics)是近代科学诞生以后,由近代科学直接引导和武装下,在社会领域里产生的一个科学学科,属于广义的社会科学的范畴。在现代科学和技术共同体建立之后,经济学自然地成了其中的一个常规科学学科。目前,经济学是社会科学领域里唯一具有科学范式的学科。

由科技共同体内部的运动规律所决定,经济学与这个共同体中的其他学科一样,它的深入和拓展,必然创生和带动指向技术的运动。也就是说,对经济运动真实结构和运动规律的不断探索,必定创造和推进实际应用性活动的发展,即对真实和规律原理的成功解释、预见、启发和规范,能产生出原始的动力,直接推动应用的发展,也就是推动有关技术活动的发展。原理推动实用,科学引领技术,经济学的发展必定支持和带动各个分支专门化的发展。它的活动宗旨是,用科学的方法增添科学的知识;它的活动结果是,造就一个自我主宰的知识体系。

§1.2.1 对象与学科的基本结构

一般地讲,经济学的对象是市场结构与效率运行的对应;具体地讲,其是市场不变下的技术组合。现代经济学是在最新的理论范式引导下,对这种对应所进行的更深入的探索。从知识的角度来看,科学知识形成过程的逻辑进展,即数理分析—测度计量—实际验证,也可以视为是经济学的基本结构。

这个"数理分析—测度计量—实际验证"的经济学的基本结构,是一个以深入了解经济领域里极其准确的规律为目的的理论知识体系,也是一个实现准确化和精确化的认识、探索综合体:数理分析为逻辑探索的引领;测度计量为精确化的展示;实际验证为真实性的检验。从学科的一般结构来看,经济学的这个基本结构,也称一般经济学的结构,与其他常规科学学科一样,是近代科学所必需的。文献资料表明,经济学是人类很早就开发了的学科,大约公元前6—前5世纪便已经出现了专门的著述。然而,经济学也是科学化发展缓慢的典型之一,直到19世纪末,它才确立了这三方面的探索,逐步完成了近代科学学科的结构性建设。这使得经济学与自然科学中的农学一样,成为当代科技共同体中经验形态和哲理形态历史最长的学科。事实表明,经济学的这个基本结构,是近代科学这种人类革命性的新世界观在关于经济效率的学术研究领域里的直接延伸,是人类的新精神、新活动和新方法指导下成长起来的新的科学活动体。它综合了经济领域里有关真实和规律的新的概念、新的思路和新的角度,是一种观念的飞跃,如同科学的一般性质一样。它绝不是以往经验探索和哲理论证的简单延伸。

和科学知识发展的一般趋势一样,现代经济学知识的发展趋势,也是以学科的基本结构作为环节和阶段,以循环往复的螺旋式上升运动形式不断前进的。见图1.3。经济学的结构及其发展趋势,与近代以来科学所内涵的数理—实验研究完全相一致。具体地讲,在每一个由当时范式所决定的学科发展阶段里,从范式出发,数理分析结果引导出测度计量,测度计量结果引导出实际验证,最后实际验证结果证明了新的发现,新的发现便积淀成新的知识,不断增强的新知识又奠定新的数理分析的能力,引导出更加深入的测度计量和实际验证,促成更多的新的发现。当这些新发现积淀到一定程度便会产生出新的前沿范式,从而导致学科接下来发展到一个新的阶段,于是,又开始了新阶段里的数理分析—测度计量—实际验证,有了更新的发现,更新的发现积淀下来,最后又产生更新的前沿范式,于是,从这个前沿范式出发,更新的数理分析开始了,一个更新的知识形成阶段也就此开始了。如此循环往复,经济规律被不断地揭示出来,人类有关经济运动的认识能力不断增长着,人类在市场与效率的对应中不断取得新的自由。从螺旋式循环往复的运动形式上可以看出,新的发现要改变原有的概念,积淀成知识,会表现为螺旋线运动点在纵轴上的提高和在横轴上的复归,因而经济学的基本发展趋势必定呈现为自身的独立运动,而内在的发现与知识的关系,又导致这种运动是可以由自身主宰的。联系科学技术共同的结构与功能又可以发现,现代经济学的发展,在科技共同体的作用下,一定会更积极地指向技术的。

针对这些方面,在 F 函数为范式的知识形成过程中,经济学关于科技进步和知识经济的发现,提供了很典型的例子。如前所述,F 函数就是生产函数、成本函数和经营行为函数的统称。

19 世纪中期,随着经济的发展,科学界觉察到了科学技术在经济里发挥的作用,认识到了它们已经成为不可忽视的生产力之一。然而,尽管这样的觉察是很正确的,但也正像一座远处漂浮的冰山,直接映入我们眼帘的充其量不过是它极小的一部分,它的大部分还隐没在海洋里。仅仅觉察到的东西,还不足以让人们认识真实和规律,要深刻地认识它们,还必须经过科学的证明。下面我们以"知识经济"的发现过程来举例说明。

19 世纪末,近代经济学已经确立了以 F 函数为核心的范式,并确立了新古典主义的供给函数为 $y = F(L, K)$,即产出只是劳动力和资本的函数。到 20 世纪前期,统计学家们发现了影响经济的其余若干因素,其中,最重要的之一是 Harrod - Domar 余项。

美国经济学家 M. 拉莫维兹(M. Abramovitz,1912—2000)于 1956 年依据经济学的新古典主义总量模型加上 Harrod - Domar 余项,得出:

$$y(t) = F(L, K, t) + \varepsilon(t) \qquad (1.2)$$

式中,$y(.)$ ——产出;

$F(.)$ ——生产函数;

L ——劳动力；

K ——资本；

ε ——Harrod–Domar 余项，也称残差项；

t ——时间。

进而得出相对静态增长方程式：

$$\frac{dy}{dt}\frac{1}{y} = \frac{\partial F}{\partial L}\frac{L}{y}\left(\frac{dL}{dt}\frac{1}{L}\right) + \frac{\partial F}{\partial K}\frac{K}{y}\left(\frac{dK}{dt}\frac{1}{K}\right) + \frac{\varepsilon}{y}\left(\frac{d\varepsilon}{dt}\frac{1}{\varepsilon}\right) \tag{1.3}$$

式（1.3）实际上是数理分析的结果，是一种依据经济学范式得出的逻辑分析结构，属于定性分析。分析结果呈现为经济测度的组合：式（1.3）的左端项 $\frac{dy}{dt}\frac{1}{y}$ 显然是产出的增长率；右端第一项 $\frac{\partial F}{\partial L}\frac{L}{y}\left(\frac{dL}{dt}\frac{1}{L}\right)$ 是劳动力增长率对经济的作用，其中，$\frac{\partial F}{\partial L}\frac{L}{y}$ 是经济对劳动力的弹性，$\left(\frac{dL}{dt}\frac{1}{L}\right)$ 为劳动力的增长率；右端第二项 $\frac{\partial F}{\partial K}\frac{K}{y}\left(\frac{dK}{dt}\frac{1}{K}\right)$ 是资本增长率对经济的作用，其中，$\frac{\partial F}{\partial K}\frac{K}{y}$ 是经济对资本的弹性，$\left(\frac{dK}{dt}\frac{1}{K}\right)$ 为资本的增长率；右端第三项 $\frac{\varepsilon}{y}\left(\frac{d\varepsilon}{dt}\frac{1}{\varepsilon}\right)$ 是残差项的增长率对经济的作用，其中，$\frac{\varepsilon}{y}$ 是残差项占经济总量的份额，$\left(\frac{d\varepsilon}{dt}\frac{1}{\varepsilon}\right)$ 为残差项的增长率。

查明了这些测度的实际意义，接下来就可以进行测度的计量了。于是，Abramovitz 根据美国 1870—1953 年的实际统计数据得出了这些测度的具体数值，并得到：

$$\frac{\frac{\partial F}{\partial L}\frac{L}{y}\left(\frac{dL}{dt}\frac{1}{L}\right) + \frac{\partial F}{\partial K}\frac{K}{y}\left(\frac{dK}{dt}\frac{1}{K}\right)}{\frac{dy}{dt}\frac{1}{y}} = 50\%$$

因而，

$$\frac{\frac{\varepsilon}{y}\left(\frac{d\varepsilon}{dt}\frac{1}{\varepsilon}\right)}{\frac{dy}{dt}\frac{1}{y}} = 50\%$$

也就是说，从增长的角度来看，新古典主义经济模型所关注的要素——劳动力（L）和资本（K），它们的增长对产出的贡献率，合起来仅占 50%，而未被统计的因素，即 Harrod–Domar 余项（或称残差项）增长的贡献率却也占到了 50%。这是一项惊人的发现。增长率，也就是生产力（Productivity）。这意味着，截至 20 世纪中期，美国近百年的经济发展中，资本的增长和劳动力的增长，对产出增长的贡献，合起来仅占 50%，还有 50% 属于其他因素的增长所做出的。这些其他因素，大体都包括哪些人们是能够察觉的，而要精确地测度它们，还难以做到。但从统计核算的角度，可以把它们定义为残差项（Residual Term）。人们容易发现，在这个残差项中，显然包含有管理作用、知识程度、制度变化和环境协调等。其中：管理作用和知识程度综合起来可以看作综合技术，或称抽象技术（Abstract Technology）；而制度变化和环境协调等综合起来可看作综合机制，或称抽象机制（Abstract Mechanism）。人们在经验中已经知道，除了综合机制发生大变革的特殊情况之外，在绝大数正常的生产环境下，综合技术都会强于综合机制对经济发展的影响作用。因此，人们有理由假定，在一般情况下，在影响经济增长的残差项里，综合技术是最基本的成分。

与拉莫维兹进行上述研究的同时，R. 索罗（R. Solow，1924—）提出了计算科技进步的余值法。索罗余值法的基本内容，可以简要地描述如下：

设生产函数是线性齐次的，技术进步是 Hicks 中性的，那么生产函数可以写为：

$$y = A(t)f(K,L,t)$$

式中，$A(t)$ ——综合技术。

若是采用超越对数函数（Trans – Log Function）的形式，即有：

$$\ln y = \ln A(t) + \ln f(\ln K,\ln L,t)$$

并且，很容易由此得出"全因子生产力"（Total Factor Productivity，TFP）：

$$TFP = \frac{dY}{dt}\frac{1}{Y} = \frac{dA}{dt}\frac{1}{A} + \frac{\partial f}{\partial K}\frac{K}{f}\frac{dK}{dt}\frac{1}{K} + \frac{\partial f}{\partial L}\frac{L}{f}\frac{dL}{dt}\frac{1}{L}$$

又根据 Domar 所给出的关于残差项的定义，得到：

$$\frac{dA}{dt}\frac{1}{A} = \frac{dy}{dt}\frac{1}{y} - \frac{\partial f}{\partial K}\frac{K}{f}\frac{dK}{dt}\frac{1}{K} - \frac{\partial f}{\partial L}\frac{L}{f}\frac{dL}{dt}\frac{1}{L} \tag{1.4}$$

式（1.4）实际上是用增长速度方程来表示科技进步率。其中，在完全竞争的条件下，$\frac{\partial f}{\partial K}$ 应等于资本租金率；$\frac{\partial f}{\partial L}$ 应等于工资率。因此，在市场经济条件下，如果能够假定经济运行是近似竞争均衡的话，那么，根据社会经济统计数据就容易求出科技进步率的值。

定义科技进步率对产出增长率的贡献，简称科技进步的贡献率为：

$$\left[\,(\frac{dA}{dt}\frac{1}{A})/(\frac{dy}{dt}\frac{1}{y})\,\right] * 100\%$$

于是,人们看到了,拉莫维兹的发现与索罗的计算结果是可以完全一致起来的,即:

$$\left\{\left[\frac{\varepsilon}{y}(\frac{d\varepsilon}{dt}\frac{1}{\varepsilon})\right]/(\frac{dy}{dt}\frac{1}{y})\right\} * 100\% = \left[\,(\frac{dA}{dt}\frac{1}{A})/(\frac{dy}{dt}\frac{1}{y})\,\right] * 100\%$$

对照着拉莫维兹的发现,由于索罗的余值法更容易理解,也更容易计算,因而后来得到了更加广泛的普及和运用。

在拉莫维兹和索罗发现了科技进步的重大作用之后不久,一些经济学家们就发现了知识在其中的决定作用。在这方面的一系列研究中,成果最为显著的当属 E. 丹尼森(E. F. Danison,1915—)。丹尼森的主要贡献有二:第一,扩大了投入因子的种类,把生产因子中各种质的因素包括进去;第二,扩大了"剩余"的种类,或者说扩大了"其他力量"的种类。并在此基础上,把"知识扩展"(Expanded Knowl-edge)定义为"剩余的剩余",从而发现了知识经济。

回顾关于知识经济的研究历史,能够发现,从定义、测度到数据的实际试验,其理论出发点就是式(1.4)。具体做法是:从式(1.4)出发,然后,把直接影响科技进步的因素分解为若干,最后,通过数据的实际试验,而把其中影响作用最为显著的因素分析出来。实现这个过程的数学形式,可以大体描述如下:

第一步,给定显示科技进步的一般生产函数,在时间点 t_0 上为:

$$y(t_0) = A(t_0)f(K,L_1,L_2,t_0)$$

这里,L_1 ——未受过高等教育的劳动力;

　　L_2 ——受过高等教育的劳动力。

在时间点 t_1 上为:

$$y(t_1) = A(t_1)f(K,L_1,L_2,t_1)$$

在时间点 t_2 上为:

$$y(t_2) = A(t_2)f(K,L_1,L_2,t_2)$$

试想,运用索罗余值法,在时间点 t_1 上可以得出:

$$\frac{dA}{dt_1}\frac{1}{A} = \frac{dy}{dt_1}\frac{1}{y} - (\frac{\partial f}{\partial K}\frac{K}{f})(\frac{dK}{dt_1}\frac{1}{K}) - (\frac{\partial f}{\partial L_1}\frac{L_1}{f})(\frac{dL_1}{dt_1}\frac{1}{L_1})$$

$$- (\frac{\partial f}{\partial L_2}\frac{L_2}{f})(\frac{dL_2}{dt_1}\frac{1}{L_2})$$

若这个生产函数在时间点 t_0 上和在时间点 t_1 上的数据均为已知,那么,便很容易计算出这个增长方程里各项的值。

同理,继续运用索罗余值法,在时间点 t_2 上可以得出:

$$\frac{dA}{dt_2}\frac{1}{A} = \frac{dy}{dt_2}\frac{1}{y} - \left(\frac{\partial f}{\partial K}\frac{K}{f}\right)\left(\frac{dK}{dt_2}\frac{1}{K}\right) - \left(\frac{\partial f}{\partial L_1}\frac{L_1}{f}\right)\left(\frac{dL_1}{dt_2}\frac{1}{L_1}\right)$$

$$- \left(\frac{\partial f}{\partial L_2}\frac{L_2}{f}\right)\left(\frac{dL_2}{dt_2}\frac{1}{L_2}\right)$$

并且,若在时间点 t_1 上和时间点 t_2 上的数据均为已知,那么,便也很容易计算出这个增长方程里各项的值。

如果把在时间点 t_1 上和在时间点 t_2 上的结果加以对照,便可以揭示出不同受教育程度的劳动力的增长对经济增长的作用。

丹尼森设: $t_0 = 1909$; $t_1 = 1929$; $t_2 = 1975$ 。即把初始点定在 1909 年,第一个考察点定在 1929 年,最后一个考察点定在 1975 年。

将具体的数据代入上述方程后得出:

$$\left(\frac{\partial f}{\partial L_2}\frac{L_2}{f}\right)\left(\frac{dL_2}{dt_1}\frac{1}{L_2}\right)\Big/\left(\frac{dy}{dt_1}\frac{1}{y}\right) = 12\%$$

而

$$\left(\frac{\partial f}{\partial L_2}\frac{L_2}{f}\right)\left(\frac{dL_2}{dt_2}\frac{1}{L_2}\right)\Big/\left(\frac{dy}{dt_2}\frac{1}{y}\right) = 23\%$$

这意味着,在 1909—1929 年间,受过高等教育的劳动力的增长对经济增长的贡献率为 12% ,而在 1929—1975 年间,这个贡献率增加到了 23% ,增长了近一倍,几乎占到了经济增长率的近 1/4。更值得注意的是,在这里还可以计算出:

$$\left(\frac{dA}{dt_1}\frac{1}{A}\right)\Big/\left(\frac{dy}{dt_1}\frac{1}{y}\right) \approx 51.4\%$$

而

$$\left(\frac{dA}{dt_2}\frac{1}{A}\right)\Big/\left(\frac{dy}{dt_2}\frac{1}{y}\right) \approx 62.3\%$$

将这两个计算结果进行对照,人们容易发现,受过高等教育的劳动力的增长,不仅自身直接带来了对经济增长的贡献,同时还促进了经济总体的科技进步。如果受过高等教育的劳动力的增长主要取决于知识的增长,那么,可以认为这种知识的增长不仅可以直接作用于生产劳动力的增长,还具有扩展的功能,能间接地对整体科技水平产生有利影响,令整体科技进步对经济的贡献有所增长。

同时,人们也容易看到,截至 1975 年,若扣除科技进步的贡献之后,劳动与资本对美国经济增长的总贡献为 43%。其中,受过高等教育的劳动力的贡献为 23%,也已经超了另外两个因子的贡献的总和,即高过了资本和受教育年限短的劳动力所合计起来的贡献。

知识,不仅直接增长了劳动能力,使受过高等教育的劳动力成了贡献最大的第一生产力;另外,它还能扩展,促使一般科技水平增强了对经济增长的贡献。科技是第一生产力,知识则是第一生产力的第一生产力。测度计量的结果,在精确的数学水平上,既阐述了科学技术是第一生产力的论断,又证明知识在其中所发挥的作用。

可惜的是,经济学至今还没发展出有效的实验室实验,可以对如此发现给予更明确的最后证明。

不过,到了 1995 年前后,统计测算结果表明,在欧美这些经济发达国家里,已经普遍地有了这样的事实:

$$\left[\left(\frac{dA}{dt}\frac{1}{A}\right) \Big/ \left(\frac{dy}{dt}\frac{1}{y}\right)\right] * 100\% \geqslant 60\%$$

也就是说,经过近半个世纪的实际验证,表明科技进步对经济增长的贡献确实至少达到了 60%。而与此同时,经济学的深入研究结果和准确的统计数据进一步表明,在影响科技进步率的诸多因素里,最主要的是科学技术知识。由此,人们干脆简单地说,科技知识的贡献已经占到了经济增长的 60% 以上,以知识为基础的经济时代到来了,知识经济(Knowledge - based Economy)的时代开始了。

§1.2.2 前沿范式及其特征

现代经济学的前沿范式是有约束的利润函数(Restricted Profit Function),简称 G 函数。它是以往 F 函数的对偶形式,特别是经营函数的对偶形式,是借助现代数学直接推导出来的结果。应该说,这个范式,具有了更强的抽象性,其内在的概念距离直觉观念更远了。如前所述,正是在毁灭了直觉的思路上,现代科学才发展起来。经济学也是在毁灭了简单的经验连续积累的过程才走上现代化的。如同现代科学不是直觉的简单发展一样,现代经济学更不是传统经验的直接传承。它们更加体现了人类现代所开发的新精神、新思想和新方法。这就要求人们必须以它们所要求的新角度、新语言和新思路,才能接近、理解和探索它们。

现代经济学的一个基本特征是数学语言化,简称数学化。对于这个特征,对比着经验习惯,需要有一个很大的转变。现代科学的理论语言是数学,对于这种语言,基本的来源是思维,而不是经验。爱因斯坦(A. Einstein,1879—1955)1933年就曾说过:"经验可以提示合适的数学概念,但是数学概念无论如何却不能从经验中推导出来。……但是这种创造的原理却存在于数学之中。因此,在某种意义上,我认为,像古人所设想的,纯粹的思维能够把握实在"。而且,在数理分析中,对于经验所带来的优点,应该逐渐放弃。"如果理论的基本概念和基本假说是'接近于经验'的,这理论就具有重大的优点,对这样一种理论给以较大的信任,那肯定也是理所当然的。特别是因为要由经验来反驳这种理论,所费的时间和精力都要比较少得多,完全走错路的危险也就比较少。但随着我们知识深度的增加,在我们探求物理理论基础的逻辑简单性和统一性时,我们势必愈来愈要放弃这种优点……"

现代经济学的理论研究,正是在这样的特征引领之下发展着的。事实表明,经济学的古典范式和新古典范式都是近现代科学武装的结果。但是,由于社会运动的复杂性所决定,真实和规律更加隐蔽,科学的探索,在这里经常遇到与经验相悖的情况,因而,最初的研究不得不顾及较多的经验,早期的研究不得不较多地考虑事实所允许的抽象程度。打开微观经济学和宏观经济学的教科书,除了自由市场自行调节这个核心定理之外,虽然还有不少其他的深刻探讨,但关于事实的直观描述,仍然占据很大的部分,在有些方面,甚至占了绝大部分。这种情况显然阻碍了对有关定理、法则和定律的涵盖,由此,不利于运用定理来进行的论证,也就是不利于理论的发展。经济学范式由 F 函数发展到 G 函数之后,新的前沿范式确立,现代经济学诞生。这个前沿范式更加抽象,更加接近自然的描述,更加贴近自由市场自行调节这个核心,涵盖了更多的定理。理论探索,也就是数理分析,更深入、更精确了,也更便利了。从而,以数理分析为引导的测度计量和实际验证,也都更有力了,经济学发展到了一个新的阶段。

§1.2.3 理论核心的深化

一般意义上讲,一个常规科学学科发展出了新的范式,或者说范式进化到了一个新的阶段,一定意味着这个学科的理论核心添加了更新的内容和更新的方法,增强了新的精神。同时,也一定意味着,这个范式的进化得到了众多科学知识特别是基础科学的支持和支撑。

从现代科学的定义、一般性质以及科技共同体的一般结构里可以看到,各个科学学科,在现代科技共同体中,都有着明确的位置,都受着科学内在逻辑的控制,有着严格的运动秩序。在科技共同体的整体结构上来看,那就是:基础指导应用,科学指导技术;理论指导观察,抽象指导具体。即基础科学研究中,理论研究和抽象探索始终居于领导地位。具体到一个特定学科,这样的运动关系,则是由它的理论核心的不断深化来实现的。

任何一个具体学科,其内部结构都可以简单地区分为理论核心和应用部分这两个层次。如图 1.5 所示。

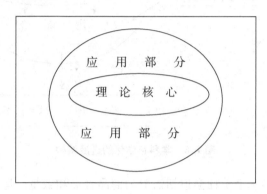

图 1.5　学科单元的内部结构

事实表明,一个学科单元要具有相当学术水平和带头能力,必须使自己的理论核心与应用部分有明显的界限,并有相对独立的发展,使理论核心和应用部分都在创新的进程中取得有力的进展,对周边学科有强劲的带动作用。但衡量该学科重大进步的标准却主要是它在理论核心上的创新。

学科的进步,是依照科技共同体的内在逻辑,遵循科学的秩序来实现的。如图 1.6 所示。

对于现代经济学,根据图 1.6 所提供的概念,事实表明,指导经济学理论核心的基础科学主要是数学、物理学和一般经济学。其中,一般经济学的作用最直接、最重要。而在一定意义上讲,一般经济学的理论核心,就是经济学的范式。

纵观科学发展史,经济学的理论核心至今已有 3 次重大进展,把有关范式推进到了当今的前沿——有约束的利润函数,简称 G 函数。

§1.2.3.1　初始理论核心的发现与形成

1776 年,亚当·斯密《国富论》的发表,标志着经济学开始进入近代科学的轨道,因为它把自然规律的意识引进了对经济现象的分析和对经济运动的解释中。亚当·斯密在《国富论》中所阐明的中心思想是"自由市场自行调节",市场自动

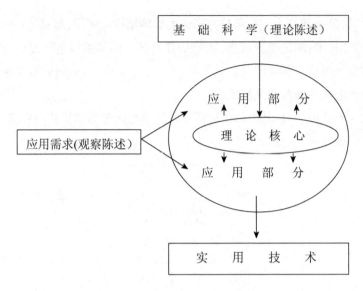

图 1.6　学科科学化的进展结构

地导致生产会供给和消费社会迫切需要的商品种类和数量。运用现代科学的数理分析语言,这一思想可以表达为:

$$x^* = F(p) \tag{1.5}$$

式中,x^*——商品的种类和数量向量,$x^* = [x_1, x_2, \ldots, x_I]$;

　　$F(.)$——生产函数;

　　p——市场价格向量,$p = [p_1, p_2, \ldots, p_I]$。

从机制来看,如果市场是自由的,即不存在任何人为的干预和限制,是纯粹竞争的,那么式(1.5)就是一个自然过程。像物理世界里的一个空间一样,"自由市场自行调节"的机制,把价格变换成了社会需要的商品种类和数量。商品是这种变换的结果,生产是这种变换的过程。这便是经济学最早发现的基本规律。

围绕着这个基本规律,另一个重要发现是,在生产领域里发现了"规模报酬递减规律"(Law of Diminishing Returns to Scale),也被称为"规模报酬递减律"。这一规律奠定了生产可能性集合的基本性质,为"自由市场自行调节"这个基本规律的进一步深化提供了必要的理论前提。

1840 年,德国的土壤化学家李比希(J. von Liebig,1803—1873)在"矿质营养说"和"营养元素归还说"的基础上,提出了农业实物生产函数:

$$y = F(x) \tag{1.6}$$

式中,y——产出量;

$F(.)$ ——实物生产函数;

x ——投入物数量。

为便于与式(1.5)的内容相对照,这里的 y 和 x 也可以写为向量的形式,并与在式(1.5)里所分析的结构完全相同。

式(1.6)奠定了现代农业科学主导学科——农学的基础,同时也奠定了经济学数量结构分析和演绎推理分析的基础——经营函数的基础。由此,德国的经济学家吕豪斯(P. Loehaus,1878—1949)得出了农业经营函数:

$$\text{Max } \pi = p_y F(x) - p_x x \tag{1.7}$$

式中, π ——利润;

p_y ——产品价格;

$F(.)$ ——实物生产函数;

p_x ——投入物的价格;

x ——投入物数量。

式(1.7)将经济学发展为数量结构分析的学科,因为它将生产者行为置于自由市场的作用之下,从而也把"边际效率"(Marginal Efficiency)置于严谨的数学演绎分析的结构之中。技术限制、市场限制与边际效率分析和规模报酬递减律结合起来,形成了具有规范性公理化形式的理论表达,使经济学形成了科学的范式(Scientific Paradigm),达到了科学理论水平,成了现代常规科学学科之一。准确地说,正是式(1.7)将整个一般经济学带进了科学范式的发展阶段,因为它给定了经济学科学理论核心的初始模型。

由式(1.7)的一阶条件得出:

$$\frac{dF}{dx} = \frac{P_x}{P_y} \tag{1.8}$$

由此可以解得:

$$x^* = F(p) \tag{1.9}$$

式中, p ——价格向量, $p = [p_y, p_x]$ 。

容易看到,式(1.9)与简单地阐述"自由市场自行调节"的式(1.5)是完全一致的。这意味着,从微观的观察出发,以生产者行为为基础的经营,实际上坚持了亚当·斯密所论证了的原理。在理论意义上,经营函数正是再一次地证明了这个原理的实在性。同时,这个函数的结果,必定遵从规模报酬递减律,需要借助边际效率分析来完成。这实际上也表明了"自由市场自行调节"起作用的实际范围,也就是给定了生产技术与市场机制相对应的空间的性质。因而可以清晰地看出,亚当·斯密所阐明的"自由市场,自行调节"理论奠定了经济学理论核心的基础,即它就是这个理论核心的原理。

设生产技术是线性齐次的,那么,不失一般性,我们可以把实物生产函数写成显示技术的形式,即写为最简单的 Hicks 中性技术进步的形式:

$$y = aF(x) \tag{1.10}$$

式中, a ——生产技术。

由此所得出的经营函数为:

$$\text{Max } \pi = p_y aF(x) - p_x x \tag{1.11}$$

其一阶条件成为:

$$\frac{dF}{dx} = \frac{1}{a}\frac{P_x}{P_y} \tag{1.12}$$

式(1.12)的解为 x^* ,而且,以一般化的形式可以写作:

$$x^* = f(a, p) \tag{1.13}$$

式中, p ——价格向量, $p = [p_y, p_x]$ 。

而由式(1.12)可以看出,式(1.13)的右端只能是一种线性组合。识别式(1.13)左右两端的经济学含义可以看出:生产者行为所遵循的规律,就是价格不变下的技术组合。这便是萨缪尔森给经济学研究所做出的判断,也是给经济学理论核心所下的定义。这个定义的基础仍然是"自由市场自行调节"这个原理,但是将考察的焦点深入到了技术,从而把这个原理深化了,也就是把经济学理论核心深化了。

值得注意的是,亚当·斯密所阐明的原理是自然存在的,见式(1.5)。而式(1.9)和(1.13)所表明的关系是生产者行为的结果,是生产者主观追求的必然,似乎如果离开了生产者的掌控,这个结果也未必还会存在。这容易令人感到,这只不过是,看得见的手无意中干出了"看不见的手"所指望的后果。因而,至少在初始模型的形式化上,"自由市场自行调节"的自然存在性,在经营函数里,是可以质疑的。

§1.2.3.2　现代前沿范式的发现

纵观近代以来经济学的发展历史可以发现,20 世纪中期之前经济学的研究一直是沿着两条形式上不同的路径前进的。一条是集中研究经营者的行为,导致吕豪斯发现了经营者模型——式(1.7),致使经济学彻底地进入了科学。这条路径就是微观经济学。另一条是以英国经济学家、经济思想的集大成者 J. 凯恩斯（J. Keynes，1883—1946）为代表的对国家级经济的探索。探索的结果是抽象地给定了经济体的基本结构，集中地阐述和证明了这个结构与国家政策之间的对应。所发现的国家级经济体的基本结构，就是"一点两面三市场，四个部门几乘数"。"一点"，指一个基本点 y，国民收入。"两面"，两个方面：一个是需求方面 IS 或 AD；另一个是供给方面 LM 和 AS。"三市场"，三个市场：第一个是产品市场；第二个是货币市场；第三个是劳务市场。"四个部门"，指经济体的最完整结构可以表示为四个部门的组合：消费、投资、政府购买和国际贸易组合成国民收入。供给与需求两个方面和三市场、四部门的综合和组合，最终导致总供给可以表示为：

$$\max AS = \pi = PF(N;K) - WN - RK \tag{1.14}$$

式中，AS——总供给；

　　π——利润；

　　P——产品价格；

　　$F(.)$——生产函数；

　　N——劳动力总量；

　　K——资本总量；

　　W——工资率；

　　R——资本租金率。

显然，式（1.14）这个表示宏观经济运行的数学模型与表示微观经营者行为的式（1.7）是一致的，也就是说，这两个公式所涵盖的基本结构是一致的。这意味着，至少在基本逻辑上，宏观经济学完全涵盖了微观经济学的范式，微观经济学可以被宏观经济学所覆盖。

为便于理解，在此可以将式（1.14）写为：

$$\max AS = px$$

这里，p——价格向量；

　　x——供给量向量。

总需求用隐函数的形式可以表示为：

$$AD = F(P;V)$$

这里，AD——总需求；

　　V——需求量向量。

而从生产可能性集合（Production Possibilities Set）的角度来看，总需求恒等于：

$$AD = Y(x;v)$$

这里,$Y(x;v)$——生产可能性集合。

并且,当总供给与总需求均衡时,有:

$$x \in Y(x,v)$$

这里,v——需求量向量。

于是,在宏观水平上,经济行为便是模型式(1.15)—(1.16),如下:

$$Max\ s = px \tag{1.15}$$

s. t.

$$Y(x,v) \tag{1.16}$$

式中,p——价格向量,$p = [p_1, p_2, \ldots, p_I]$,$p_i \gg 0$,$i = 1, 2\ldots, I$;

x——供给向量,$x = [x_1, x_2, \ldots, x_I]$;

$Y(x,v)$——生产可能性集合;

v——需求向量,$v = [v_1, v_2, \ldots, v_J]$,$v_j \leqslant 0$,$j = 1, 2\ldots, J$;

$p, x \in R^I$,$v \in R^J$;R^I,R^J 分别为 I 维和 J 维的实数集合。

在 x 这个供给向量中,元素 x_I 视其对利润来说是"加"还是"减"而有不同的符号。如果为产出,是增加利润的,其符号则为" + ";若为支出或投入物的数量,是减少利润的,其符号则为" - ",$i = 1, 2\ldots, I$。

在模型(1.15)—(1.16)的求解过程里,有:

$$L(x, \lambda) = px - \lambda Y(x,v) \tag{1.17}$$

并有

$$\begin{cases} \dfrac{\partial L}{\partial x} = p - \lambda\,\dfrac{\partial Y}{\partial x} = 0 \\[2mm] \dfrac{\partial L}{\partial \lambda} = Y(x,v) = 0 \end{cases}$$

数学的对偶理论表明:如果这里的 $Y(x,v)$ 为凸集合,那么,就有 $\dfrac{\partial L}{\partial \lambda} = Y(x,v) = 0$,从而保证模型(1.15)—(1.16)有解;而要保证这个模型有唯一解的必要条件则是 $I \leqslant J$,即可以求得解 (x^*, λ^*)。其中,$x^* = f(p,v)$。并且,根据式(1.14)所示,那么这个解必定导致:

$$\pi = px^* = pf(p;v) = \pi(p;v)$$

也就是说,这个解必定是最大化的利润。

这样,在经济学领域便产生了一个简单的思路:由微观经济研究的范式为目标函数,以宏观经济学的研究结果作为约束条件,来求解相应的模型,便可得出一个新的阐述,这便是有约束的利润函数。为有别于以往的函数——F 函数,可以用 G 来表示它。而要使这条思路真正成立并达到目的,需要一个必要充分条件,那就是生产可能性集合必须是一个凸集。于是理论论证的焦点简化到了很明了的程度:只要证明生产可能性集合是一个凸集合就可以了。于是,在数学对偶理论的引导下,经济学家们开展了有关的证明。

首先,美国统计学家 H. 霍特林(H. Hotelling,1895—1973)于 1932 年发现了霍特林引理(Hotelling's Lemma),通过研究价格与供给之间的对应,在供给方面揭示了生产可能性集合为凸集的端倪。继而,美国经济学家谢泼德(R. Shephard,1924—)于 1953 年又从成本函数出发,在价格与投入需求之间的对应里,得出了谢泼德引理(Shephard's Lemma),从而在需求方面证明了生产可能性集合为凸集的真实性。

在谢泼德所开创的这个研究的基础上,麦克法登(D. McFadden,1937—)等人继续开展探索,于 1978 年出版了《生产经济学:一种关于理论和应用的对偶方法》(*Production Economics*:*A dual Approach to Theory and Applications*),标志着关于 G 函数的探索取得了重大成功,G 函数确立,经济学理论得到一次新的综合,理论核心取得一次新的深化,经济学研究进入一个新的发展时期。

其中,麦克法登首先在 F 函数概念的基础上,重新审视了成本、收益和利润函数,特别对生产函数和成本函数的性质、对偶特征,成本函数的几何表示以及运用这个成本函数的商家相对静态行为等进行了详细的描述,进而完整地证明了生产可能性集合的凸性,确立了有约束的利润函数的概念,并运用数学的凸共轭理论和极反商形式,推演出了由生产技术的各种性质所决定的这个有约束的利润函数所暗含的性质,以及相反,即由这个利润函数所能推演出来的生产技术所具有的性质。结果,它们完全是一一对应的,证明了有约束的利润函数与生产函数,作为理论方法是完全等价的。同时,麦克法登还证明了成本函数、收益函数和总收益函数都是有约束的利润函数的特例。这便进一步地表明,在功能上,以经营函数为代表的 F 函数完全可以被以有约束的利润函数为代表的 G 函数所覆盖,以实物生产函数形式所暗含的技术,也完全可以通过有约束的利润函数来得到分析。

有约束的利润函数,其初始形式为:

$$\pi(p,v)$$

为便于阐述,人们也经常将其写为:

$$G = \pi(p,v) \tag{1.18}$$

并因而将其简称为 G 函数,以有别于以往的以生产函数为代表的 F 函数。

§1.2.3.3 最新范式——G 函数的基本特征

为简单起见,我们把模型(1.15)—(1.16)所涉及的生产函数及其各种衍生形式,如经营函数、成本函数和收入函数等统称为 F 函数,而将式(1.18)简称为 G 函数,在两者对照的基础之上,可以将 G 函数的前沿性总结如下:

首先,作为 F 函数的解,由模型(1.15)—(1.16)的性质可以看出,G 函数把微观经济学的功能和行为与宏观经济学的结构统一起来了,研究的着眼点是它们之间的对应,微观经济学与宏观经济学的范式综合起来,进化成了新的范式。如前所述,新的范式,特别是具有更大综合力的新范式,一定涵盖着更多的定理,一定有更加清晰的描述能力,并具有更加便捷的分析思路。

其次,G 函数把原来宏观经济学范式里的基本要点——"一点"国民收入 y,扩展为了利润 π;把"两面"供给和需求保留下来,而且把微观与宏观的内容综合起来了,并更加直观地描述出来了,$\pi(p,v)$ 里的 $\dfrac{\partial \pi}{\partial p}$ 即为广义的供给,可以简单地视为是供给一方;$\dfrac{\partial \pi}{\partial v}$ 即为广义的需求的影子价格,可以简单地视为是需求一方。"三市场",即产品市场、货币市场和劳务市场则被保留下来并大大地扩大并细分了,因为在 $\pi(p,v)$ 里,p 向量的每一个元素即可代表一个具体的市场,v 向量的每一个元素即可代表一项具体的需求。

再次,"四个部门",即消费、投资、政府和外贸,在 G 函数这里,由于对市场的划分可以更加仔细了,导致这个范式所能容纳的经济部门的范围和数量都可以大大地增多了,而分析的内容也必然可以更加精确了。

最后,根据 Harrigan 推论:具体产业的技术变化能够以同样方法化为具体产业的价格增长模型。那么,对于长期的经济运行,有:

$$G = \pi(ap;v) \tag{1.19}$$

式中:a——部门技术水平矩阵,$a = \begin{bmatrix} a_{11} & 0 & \cdots & 0 \\ 0 & a_{22} & \cdots & 0 \\ 0 & \cdots & \cdots & 0 \\ 0 & 0 & 0 & a_{II} \end{bmatrix}$

显然,式(1.19)覆盖了式(1.13)的内容,也就是说,G 函数保留了萨缪尔森的定义,但更加明确了,而且更加深入了。

另外,如果进一步地把对照的范围扩大,把式(1.19)与式(1.5)、式(1.9)和式(1.13)同时加以对照,似乎更可以显示 G 函数的前沿性。这里,显然 G 函数所能分析的经济对应明显扩大了,因为对照式(1.5)、式(1.9)和式(1.13),式(1.19)的函数因子集里,增加了 v 这个因子向量,即 G 函数对需求的关注,比 F 函数更直观了。如果再将式(1.19)与式(1.9)和(1.13)进行对照并稍加思考,可以认为,在初始结构上,在 F 函数那里对"自由市场自行调节"自然存在性的质疑,在 G 函数这里可以消除了,在形式上,G 函数更接近式(1.5),即更接近于经济运行规律属于自然规律的描述了。

纵观 G 函数的证明过程,人们容易看到,这个函数涵盖了迄今为止经济学已经发现的基本定律,重新审视了所有的骨架模型,并在数学严格化的水平上给出了更加准确的定义,从而将经济学的理论提高到了一个新的水平。而通过式(1.19)的特征所进行的上述阐述,又让人们看到了这个函数对经济学理论核心的新贡献,它使得关于这个核心的表述更全面,更深入和更精确了。

G 函数成了现代经济学的前沿理论范式,自然也成了研究现代经济的前沿范式。

第 1 章建议的续读文献

[1] McFadden, D.. Cost, Revenue, and Profit Functions [M]//M. Fuss and D. McFadden. Production Economics: A Dual Approach to Theory and Applications. Vol. 1. The Theory of Production. North – Holland Publishing Company: Amsterdam · New York · Oxford, 1978: 141 – 147.

[2]孙中才. 农业经济数理分析[M]. 北京:中国农业出版社,2006:175.

[3]孙小礼. 为着科学 为着教育 为着和平[M]//国际流体力学和理论物理学讨论会组织委员会. 科学巨匠 师表流芳. 北京:中国科学技术出版社,1992:168.

[4]孙小礼,楼格. 人·自然·社会[M]. 北京:北京大学出版社,1988:67 –70.

[5][美]A. 爱因斯坦,[波]L. 英费尔德. 物理学的进化[M]. 简肇威,译.

长沙：湖南教育出版社，1999：6.

　　[6]《第一推动》丛书编委会.总序[M]//弗朗西斯·克里克.惊人的假说——灵魂的科学探索.汪云九，等，译.长沙：湖南科学技术出版社，1999：3.

　　[7]Kuhn，T..The Structure of Scientific Revolutions[M].Chicago：The University of Chicago Press，1970：27－28.

　　[8][美]霍尔顿.物理科学的概念和理论导论（上册）[M].张大卫，等，译.北京：人民教育出版社，1983：46.

　　[9]Einstein，A..On the Method of Theoretical Physics，Clarendon，Oxford。中译文参阅许良英，等，编译.爱因斯坦文集：第一卷[M].北京：商务印书馆，1976：121－127.

　　[10]陈道主编."重农主义"（词条）.经济大辞典·经济卷[M].上海：上海辞书出版社，1983：477.

　　[11]B.C.涅姆钦诺夫.经济数学方法和模型[M].乌家培，张守一，译.北京：商务印书馆，1981：9.

　　[12]孙中才.科学实验与实验经济学[J].汕头职业技术教育论坛，2003（3）：3.

　　[13]亚当·斯密.国民财富的性质和原因的研究[M].郭大力，王亚南，译.北京：商务印书馆，1974：24.

　　[14]Cateora，P..International Marketing[M].5th ed. New York：McGraw－Hill，1983：32.

　　[15]杨直民.农业技术的历史演变[M]//中国科学技术史学会技术史委员会.技术史研究.北京：冶金工业出版社，1987：392－422.

　　[16]Samuelson，P..Foundations of Economic Analysis[M].Cambridge，MA：Harvard University Press，1947：22－24.

　　[17]Hotelling，H..Edgeworth's Taxation Paradox and the Nature of Demand and Supply Functions[J].Journal of Political Economy，1932，40（5）：577－616.

　　[18]哈尔·瓦里安.微观经济学（高级教程）[M].3版.周洪，等，译.北京：经济科学出版社，1997：78－79.

　　[19]张佩珍.中国大陆农业总要素生产力之变化（1953—1979）：区域性之研究[J].财团法人中华经济研究院.中国大陆经济研究论丛（第一辑）（农业），台北：财团法人中华经济研究院，1988：73－158.

［20］Lau，L．，and Yotopoulos，P．．Profit，Supply and Factor Demand Functions ［J］．American Journal of Agricultural Economics，February，1972：21 - 22.

［21］孙中才．G 函数与经济学的新进展［J］．汕头大学学报（人文社会科学版），2006（6）：20 - 24.

［22］Harrigan，J．．Technology，Factor Supplies，and International Specialization：Estimating the Neoclassical Model ［J］．The American Economic Review，1997，87：475 - 494.

［23］Abramovitz，M．．Resources and Output Trends in the United States Since 1870［J］．Paper and Proceedings of the American Economic Association，1956，46：146 - 149.

［24］Denison，E．．Accounting for United States Economic Growth［J］．Review of Economics & Statistics，1974，58（3）：311 - 326.

［25］Solow，R．．Technical Change and the Aggregate Production Function，Review of Economics and Statistics，1957，39（3）：312 - 320.

［26］Kendrick，J．．Productivity Trends in the United States［J］．Princeton University Press，Princeton，1961：89 - 91.

［27］史清琪，秦宝庭，陈警．技术进步与经济增长［M］．北京：科学技术文献出版社，1985：148.

［28］Denison E．，H. Stein．．The Sources of Economic Growth in The United States and The Alternatives Before Us［M］．Literary Licensing，LLC，1982：178 - 181.

［29］孙中才．农业与经济增长［M］．北京：气象出版社，1995：152 - 160.

［30］阿什比．科学发达时期的大学教育［M］．北京：人民教育出版社，1983：26 - 28.

［31］Domar，E．．On the Total Productivity and All That［J］．Journal of Political Economy，1962，70：597 - 608.

附录：Olbers 佯谬及其科学性的启示

近代以来的科学是人类创立的新观念、新方法和新精神，是通向真实和规律的必经之路，是发现真理的根本利器。科学并不等于真理，但科学具有 3 个不容质疑的特性:自我主宰性、一维发展性和指向技术性。这 3 个特性使得科学有了自身的价值观,有了自身的独立性,有了自身特定的尊严,自然也有了最后通向真理的保证。事实表明,在近代科学的发展史上,Olbers 佯谬及其科学性的启示,对于理解科学的特性很有帮助。为此,作为本章的附录,将其摘录介绍如下。①

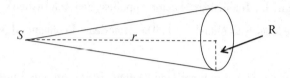

图 1.8　地球接受一颗星球光子数示意

宇宙是有限的,还是无限的? 哲学的论证是:如果宇宙是有限的,那么就要回答宇宙之外是什么,难道是非物质的吗? 因此宇宙是无限的。而自然科学不能停留在这样的水平上,要对宇宙做具体研究,不仅要回答为什么出现了实际存在的各种宇宙现象,而且要对已经观察到的事实做出理论上的解释,还要根据某些实证的结果做出一定的推论。这就需要建立模型,有了模型才能进行推导、计算,对问题做出具体说明。

现代天体物理学为此已经建立了一些模型。其中一个非常浅显的,是从一个人们熟知的现象入手的。例如,夜为什么是黑的? 过去人们认为是因为没有太阳,这个解释实际上是错误的。E. 哈雷(E. Halley,1656—1742)最早注意到了这个错误。现在我们来证明它为什么是错误的。

如图 1.8,设 S 为一颗星,它单位时间发射 E 个光子,在距其 r 处,每单位面积上将接收到 $\dfrac{E}{4\pi r^2}$ 个光子(即以该星为球心,半径为 r 的天球内壳单位表面积上所收到的光子数)。地球若处在 r 处,因地球的半径为 R,则星 S 在单位时间内发射到地球上的光子数为:

$$\frac{E}{4\pi r^2}\pi R^2 = \frac{ER^2}{4r^2}$$

再考虑地球处在宇宙之中,而宇宙中充满着发光的星,每一颗都要有光子射到地球上。如图 1.9,地球 O 周围被星体包围着。距离地球 $r \to r + dr$ 的星体,处在半径为 r 的球壳中。球壳的体积为 $4\pi r^2 dr$。如果宇宙间星体的平均密度为 N,

---

① 资料来源:孙小礼,楼格. 人·自然·社会[M]. 北京:北京大学出版社,1988:67 - 70.

则这个球壳中的星体总数为 $N4\pi r^2 dr$。这样,位于球壳中的星体,单位时间内发射到地球上的光子总数为:

$$\frac{ER^2}{4r^2}N4\pi r^2 dr = ER^2 N\pi dr$$

若宇宙为无穷大,那么在单位时间里全宇宙的星体发射到地球上的光子数为:

$$\int_0^\infty ER^2 N\pi dr \rightarrow \infty$$

这表示单位时间内会有无穷多的光子发射到地球上。果真如此的话,不但夜不可能是黑的,而且地球也将被烧掉了。哈雷虽然注意到了这个问题,但没有发表。后来 H. 奥伯斯(H. Olbers,1758—1840)指出了这个矛盾,因而现在称为 Olbers 佯谬。

对于 Olbers 佯谬,人们曾做过种种解释,但都不成功。这迫使人们怀疑,在得到 Olbers 佯谬的过程中,是否运用了不正确的假设。检查前面的计算,能够看到,论证中所用的规律都是最浅显的,只有一条是假定的,即宇宙是无限的,星体是无限的。现代宇宙学发展之后,对 Olbers 佯谬给出了圆满的解释。现在的答案是,夜之所以是黑的,是由于宇宙整体在膨胀。宇宙膨胀,星体之间不是相对静止,而是在不断地相互分离,星光由于多普勒效应而减弱。这样便不再导致 Olbers 佯谬了。

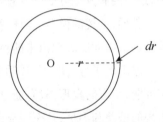

图 1.9 地球接受总光子数示意

既然宇宙整体在膨胀,那么,宇宙将来会停止膨胀并变成收缩,还是会永远膨胀下去? 这就成了科学探索宇宙的有限与无限问题的实质。而且,它与宇宙的平均质量密度相联系,可以将问题的最后解决,归结为对这种密度的测度结果。为了说明这种联系,可以讨论一下地球上的抛物问题。在地球上,向上抛物,一般情况下它会掉下来,但如果抛物的速度足够大,达到第二宇宙速度,被抛的物体就会跑掉,不再掉回地球。也就是说,抛物有两种运动形态:一种是返回地球;另一种是可以跑到无穷远。这两种形态的分界点是第二宇宙速度,即逃逸速度。这个速度取决于地球的质量,若地球的质量小,则较小的速度就可以逃逸,若地球质量大,则要更大的速度才可以逃逸。宇宙的膨胀也有类似的两种可能前景:一种是将来膨胀停止,并变成收缩;另一种是永远膨胀下去,不再返回。这两种前景的分界点同样决定于逃逸速度。如果现在的膨胀速度小于逃逸速度,宇宙的膨胀将会变为收缩;反之,将永远膨胀下去。这样,确定逃逸速度是关键性的。逃逸速度取决于宇宙中的质量密度,质量密度大,则逃逸速度大,反之则小。具体地讲,如果宇宙的平均质量密度大于 $2 \times 10^{-29} g/cm^3$,则宇宙将来会收缩;若小于这个值,则会一直膨胀下去。

因此,在现代宇宙学中,关于宇宙是有限的还是无限的问题,要对其做出判断,可以归结为以下两个陈述。

设宇宙的平均密度为 ρ,逃逸临界密度为 ρ_c(目前推算结果为:$\rho_c = 2 \times 10^{-29}$ g/cm^3):

(1)若 $\rho \geqslant \rho_c$,则宇宙是有限的;

(2)若 $\rho < \rho_c$,宇宙是无限的。

当然,要实际测得 ρ 的精确值,还有不少具体技术问题需要解决。而且随着一些新的理论问题的出现,如进一步考虑到时空多联通的拓扑问题,则有关宇宙有限无限问题还会复杂化。在这种情况下,ρ 也不能完全确定宇宙的有限或无限,还需要有其他方面的信息。

然而,上述的模型、实证、推论是清楚的,它们所呈现的逻辑归结过程是不容置疑的。由此所表现出来的科学方法与哲理思辨的不同之处,是浅显易明的。

这个例子也说明了,科学并不等于真理,但是它是通向真理的唯一途径。事实证明,宇宙的真理,只有通过科学才能得以发现和确定,在发现和确立过程中所出现的偏差和不足,乃至明显的谬误,却也只有通过科学自身的进展才能得以纠正和改正。科学的自我主宰性,由此可见一斑。

值得注意的是,随着现代科学的发展,特别是随着基本理论和实验手段的快速进步,纠正和改正偏差和不足的能力大为增强了,致使在今天的科学研究中,再出现明显谬误的情况已经极大地减少了。这导致科学方法能取得准确和精确知识的概率大大增加了,科学认识更加逼近正确的认识。科学更接近真理了。然而,这仍然不意味着科学就等于真理。

第2章 现代经济及其前沿研究

现代经济学的研究是沿着科学知识的形成过程前进的。像一切常规科学学科一样,经济学的知识要从已知的真实和规律出发。这些已知的东西就是理论的最基本的模型和范式,因此,像一切常规科学学科一样,经济学的研究也是始终以范式或模型来引导的。问题是创新的前提。面对问题,分析问题和归纳问题,并最终解决问题,才能使研究获得新的起色。然而,如前所述,科学的研究,必须把问题纳入科学的范式或模型,才有科学的理论意义。而且事实表明,只有把问题纳入科学的范式或模型,这个问题才具有了科学的意义。因而,科学的历史情况一再表明:一个模型比一千个事实还珍贵;范式的一点点进化也会比以前的一切经验性探索都重要。现代经济体的概念和有约束的利润函数——G函数,是现代经济学的最基本的理论模型和范式,它们是当代经济学研究的最前沿的理论出发点。

§2.1 现代经济体

§2.1.1 结构的学术性

经济,是人类社会的最基本活动,包括生产、交换、消费和分配。它是一个有着清晰结构的社会活动整体,因此,经济也被称作经济体(Economy)。当然,从近代以来的学术意义上讲,也就是从近代科学的定义而言,如今所说的"经济"或者"经济体",也是一种抽象的结果,是一个科学化的概念。就日常工作而言,"经济"可以泛指事实层面上的一切"经邦济世"的活动;而在真实层面上,或者在经济学研究的意义上,经济体则是探索规律的一种对应,是市场结构与社会功能的综合性的形式化。

世上本没有规整的天然三角形,历史上也未曾有过人们对天然的三角形进行规整性研究的记录。人类恰恰在古代就抽象出了三角形,并以它为直接对象,探索隐含其中的不变性质——真实和规律,从而导致人们发现了其中的若干定理、推论和数形结合的代数法则。然后,又把这些定理、推论和法则推广到了更宽的范围,令自然规律作为人类获得的真理普及到了更高的程度。经济学里的经济体概念,具有与三角形相类似的性质,是出于人类要认识经济运动规律而得出的一种抽象。不过,与三角形的情况稍有不同的是,经济体的概念受到事实的影响要比三角形大得多。所以,经济体的概念往往很具体、很鲜活,直观的实例很多,在事实层面上很容易找到问题的切入点,所得出的结论也很容易得到经验的检验。然而,正如在常规科学学科里都已经证明了的,科学探索的出发点如果具有很强的经验性,那么它的优点是探索结果很容易得到经验的验证;缺点是肤浅,通向真理的道路不够深远。因此,为了克服这个缺点,科学家们已经普遍地认识到了,科学理论的出发点在可能的情况下,应该舍弃容易经受经验检验的优点,而尽量接受更加抽象和更加涵盖一般真理的形式,也就是更加包罗万象的形式。因而,回顾经济学发展的历史,容易看到,现代经济学的范式更加具有科学本身的性质和特征,逐步减少了直观的经验成分,而其关于现代经济体的描述,与其说是现实经济的反映,不如说是经济学自我进化的结果,甚至更不如说是数学推断的必然。科学的独立性和自我主宰性日益深入了现代经济学,抽象与推理,演绎与归纳,越来越明显地依赖于科学本身的进展,距离经验水平越来越远了。

现代经济体的基本结构,可以用图 2.1 表示。

如图 2.1 所示,现代经济体主要由两大部分组成,一大部分是市场(Market);另一大部分是固定数量(Fixed Quantity)。其中,市场是"自由市场自行调节"(Free Market and Automatic Regulation)的,属于非人为干预的内容。固定数量,也就是"人为可干预的数量",涉及两个方面的内容:一个是需求;另一个是基本资源。这两个方面的数量曾经被一般地统称为"资源"。从数学的角度,需求和基本资源则被更一般地统称为"约束条件"。而在现代经济学的术语中,更愿意把它们统称作"经济体的容量(Capacity of Economy)",或简称为"经济容量(Economic Capacity)"。

对于现代经济体的这个结构,这里自然含有不少直观观察的结果,也就是涵盖了不少经验的成分;然而,其中更多的内容则属于现代科学的发现,是现代科学

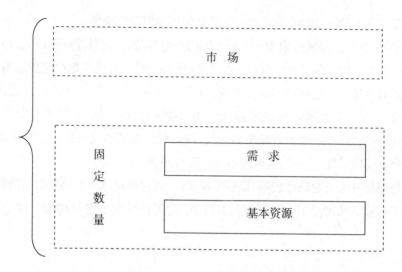

图2.1 现代经济体的基本构成

所造就的。对此,在后面的§2.3节里,有关的证明过程会给出清晰的阐述。在那里,人们能够看到,经济体里的"固定数量",经过经济学本身的逻辑进展得以证明,其中必定包括"需求"。

关于现代经济体,能得出其基本结构的这个结果,与其说是观察所得,不如说是数学对偶理论的证明所致。因而,对于现代经济体的这个结构,与其说是事实显现的,不如说是科学发现的。

§2.1.2 初始描述性

像一切常规科学学科一样,给定一个着眼的研究单元,实际上就是给定了一个规范的结构自由空间,所要进行的探索,首先需要在这个空间里找到对应,也就是进行必要的初始陈述,把问题首先呈现为规范结构里的成分,然后才能进行继之而起的演绎和归纳。现代经济体的概念,给出了一个有边界的两大主要成分的骨架结构。两大主要成分,上一章已经述及,就是市场和固定数量。市场,依据自由市场自行调节的规律,可以断定是自然变化的成分,是自由的变量集合,人为因素不能直接介入;固定数量,是参数,是外生给定的数量集合,是人为因素可以直接介入的领域。这实际上就是规定了要对经济因素进行分析时的基本分类和指定的基本切入点,如果要分析人为干预的效果,如要分析财政、就业或货币等经济调控政策的效应,那么,从图2.1里可以看出,切入点只可在固定数量方面,而且仅仅在于需求领域,因而,有关的初始描述应该集中在需求里。

另外,如果把市场想象为一个同心圆的中心部分,固定数量则是外壳,外壳围括出中心部分的容量,因此,由现代经济体所给定的结构,可以把固定数量集合视作经济的容量。中心部分里是市场,分布着各种供给,是各个具体的产品市场。在外壳里,可以看距离市场的远近,划分出不同的层次。例如,需求距离市场较近,可以视其为内层;基本资源距离市场较远,可以视其为是外层。常识表明,外层必定要比内层宽松一些,否则便不能称其为外层。

公理化方法的逻辑性表明,发现的准确性、规律的精确性和结论的清晰性,都存在于初始的陈述之中,而现代经济体的结构正是给定了进行初始陈述的规范骨架。

§2.1.3 增长性

事实表明,经济是处于不断运行之中的,是不断变化状态的,也就是有所增长的。现代经济或者说现代经济体,出现断续的或持久的增长,通常都是很明显的。从总体形态上看,一个自我增长的结构,形体在不断地变化,但只要是正常的,它的变化过程会始终保持在正常的范围之内,增长的形体是从正常变化到正常的。变化是明显的,但依然保持着连贯的基本摸样,由此可以想见,正常的变化,内部一定存在着不变的东西。在增长过程之中,必须积极地调节自身,以不变应万变,以适应变化的条件,使自身继续呈现增长的状态,至少要使自己不致被破坏,才能有正常的结果。这就意味着,一个能够正常运行的经济,其内部必定存在着某种或某些不变的比例,而在运行过程中,又必须保证这些比例在条件允许的范围内增长,以便支撑着整体不致遭到破坏,因而仍可以继续增长。换句话说,这意味着,一个有着增长变化的经济体,在其彻底崩溃之前,其内在的比例关系始终是"活着"的。其运行遵循着内在结构所允许的秩序,是规矩的。这样的经济,定义为"正则的经济"(Regular Economy)。它遵循的条件,就是"经济的正则条件"(Conditions of Regularity in Economy)。经济的这种性质,被称为"经济的正则性(Economic Regularity)"。

§2.2 现代经济研究

§2.2.1 宗旨

如前所述,科学的对象是真实和规律,科学研究的目的是发现自然存在的真实和规律,而因为真实和规律隐藏在事实背后,引导科学不断深入的路径只能是那些能够透过事实的想象,而不可能是事实本身。

在事实层面上,事物本身多种多样,事物的成分更是多种多样,事物相互之间和事物成分相互之间的作用繁杂,背离正常的情况频繁发生,因而问题大量涌现。但这些基于事实的问题,大量的是实务性问题,其中只有极小一部分属于比较充分地体现了真实和规律的问题。因而,事实证明,对事实的归纳,或者对实务问题的归纳,以及对解决实务问题所取得的经验而进行的归纳,都不能使人们充分认识自然的真实和规律。经济学理论研究的重要性,就在于它能够运用不断进步的范式,为我们提供从整体上认识真实和规律的途径。而运用范式所得出的结果,却可以反过来让人们充分地识别和认清实务性问题的实在意义,因此,实务性问题只有纳入理论范式才能与真实和规律联系起来,也才具有了一定的理论意义。否则,它们还只能是日常常识就可以取得关注和解决的对象。值得注意的是,大多数实务问题,即使纳入了理论范式,并取得了科学的知识,甚至提供了不小的理论启示,但仍然意味着,这是事实验证了理论的正确,而不是事实导致了理论的突破。因此,就科学知识而言,不是问题决定着研究的方向,而是范式引导着对问题所遵循的规律的揭示和解释。范式引导问题的提出,范式指导对问题的深入,这正是经济学研究的宗旨。

§2.2.2 基本活动

科学活动,就是用科学的方法增加科学的知识。它的基本步骤和发展趋势如图 1.2 和图 1.3 所示。其中,基本步骤"数理分析—测度计量—实际验证"这 3 个有顺序的组合是活动的基础,也就是说,以范式为引导的证明过程是科学的基本活动。自然,对范式本身的证明过程更是最基本的活动。

现代经济学正是贯彻了这样的活动基础,在经济领域里,探索真实和规律,不断地丰富着这个领域的科学知识。

§2.2.2.1 数理分析:逻辑探索的引领

经济学的数理分析,是一个过渡性称谓,它强调数学分析为其基本特征,以便表示与直观观察的经验分析和哲学思辨的哲理推断的区别。其本质就是近代科学的纯理论分析。随着学科科学化的发展,数学分析必将成为本学科纯理论探索的支配力量,到了那时,强调数学分析这个特征以便显示区别的做法已无必要,便会像那些先进入科学共同体的常规科学学科一样,这个过渡性称谓必定被舍弃,取而代之的会是一些更能体现一般性功能的定义(如"理论分析""基础理论"等),而使其纯理论分析的本质得以彰显。

科学研究活动的目的,就是用科学的方法来增添科学的知识。从"最终即首要"的基本思路来看,经济学现有的数理分析水平决定着整个学科现在的研究能力,而整个学科增添的科学知识,最终要以升华到数理分析的知识来衡量,也就是说,所谓增添的科学知识,最终要以数理分析质量的提高为标志。因为近代科学的革命性世界观,最终要体现为纯理论知识的增强和进步。

从某种意义上讲,经济学开发数理分析,并把它置于学科科学化引领的地位,既是迫不得已的,又是非常正确的。17世纪以来科学的事实一再证明,通向更深入的基本知识的道路是同最精密的数学方法联系着的。理论科学在越来越大的程度上被迫以纯数学的、形式的考虑为指导。历史事实表明,尽管经济学(当时还主要是农业经济学)远在古代就已经诞生(与几何学、天文学等几乎同时),但在其没有开发数理分析以前,却始终没有走出以经验摸索为主的状态,知识积累不足,学术地位低下。而自1840年以后,随着数理分析的确立,纯理论研究达到一定的科学规范要求,这个学科便有了长足的进步,迅速成长为一门常规科学学科,为揭示和发现经济的极准确的基本规律起到了领导和支撑的作用,令人类在这个古老的学术领域中取得了前所未有的大智慧。

近代科学的基本方法是一种启发性的公理化结构,也就是通常所说的公理化方法。作为一种基本方法,它贯穿在常规科学活动的所有方面,而在纯科学研究这个层次上,它体现得最为集中,也最为完整。因而在经济学的数理分析中,公理化方法贯彻得最为突出,也最为彻底。所谓公理化方法,通俗地讲,就是以很少的公理得出众多的结果。公理化方法最早应推欧几里德的《几何原本》,而后渐渐受到重视,发展到20世纪风靡一时,被一些人认为是唯一严格的方法。经济学成为现代科学技术共同体中的一员,可谓姗姗来迟,但其到来之后却立即就能以令人瞩目的速度成长,这与此时公理化方法的大规模发展有着极其密切的关系。在这种大规模发展的形势下,公理化方法迅速地渗透到了经济学的整体活动之中,尤其在数理分析层次上,更得到了全面而彻底的贯彻。由此,经济学迅速地形成了一些研究范式,明确了理论核心,扩展出了本学科的一些特定方法,强化了本学科的科学特征和学术地位。

科学的探索,一般要经过如下 3 个步骤才能完成:首先要得出一个纯理论的初始结构,并通过演绎揭示这个结构的内在逻辑;其次,交给测度计量工作,以便以精确的数量关系展示这种逻辑的可能实在性;最后,由实际验证解释这种结构及其内在逻辑与现实世界之间的对应关系,从而证明或者否定那个纯理论思考是否真实、其内在逻辑是否为更精确的规律。容易发现,经济学所具有的 3 个层次的学科结构,正是适应科学研究这 3 个步骤的需要而形成的。

其中,数理分析所对应的,便是那个"首先"的步骤——运用公理化方法,得出纯理论的初始结构,并通过演绎进行规律的逻辑性探索。简单地从外部表现形式来看,数理分析的工作内容,主要就是把问题翻译成数学,然后进行推导并得出结论。所谓把问题翻译成数学,是指把新的专业观察的结果,依据已有的规律探索形式,写成数学模型;所谓推导并得出结论,便是对这个模型实施的数学运算。运算,是纯粹数学上的问题。运算只能表示规律,不能生成规律,因此,数理分析能否揭示经济上的规律,完全取决于数学模型是否凝聚了有关规律。数学模型是决定性的。如果说,在经济学的学科结构中,数理分析是具有原始创造性的工作,那么,经过再深入的分析便可以发现,这种原始创造性,实际上就是构造初始数学模型时所凝结的创造精神。从严格的学科规范的角度来说:问题,就是新的专业观察的结果;已有的规律探索形式,就是范式(Paradigm)。构造初始的数学模型,就是要充分发挥想象力,把问题与范式对应起来、结合起来,形成一个新的数学语言的思考框架。接下来的数学运算,不过是把这个框架已经涵盖了的东西展示出来而已。

建立数学模型,把问题与范式对应起来、结合起来,实际上是把猜想的事物本质与已知的运动规律联系起来,是借助已知表示未知,并想进一步通过演绎探明未知。从一般公理化的结构来看,这个过程就是借助已有的公理化系统得出新的假说。范式,被默认为是问题本质描述的出发点,是已经存在的公理化的前提条件。遵从了准确的范式,便有了能揭示更深刻的运动规律的基础,也使得研究结果可能具有更强的解释能力、预见能力、启发能力和规范能力,有了必要的保障。

明确范式,充分理解范式所涵盖的精神实质,是当代常规科学研究的重要特征。正因为如此,今天,经济学的数理分析格外强调对范式的表述和对范式的理解。

范式是一个更简单的演绎系统,它的前提条件是极为简单的公理结构,通常就是本学科主体核心上的或者某个分支领域里的几个最基本的概念或者极端理想化的抽象结果。这些抽象结果聚合起来犹如一个圆心,范式如同由此引出来的一条短短的半径,范式本身所陈述的恰似围绕圆心画出的一个小小的圆。以范式为基础建立新的模型、新的假说,进行新的探索,旨在要拉长这条半径,结果得出了一个稍大的同心圆。如果这种探索被证明是成功的,新的更精确的规律得以发现,新理论成立,那么,这个大的同心圆便覆盖了原有的小圆,新理论包容了旧理论,旧理论成了新理论的一个特定的局部,整体理论发展了。如果新的探索不能成立,拉长半径的行为无效,大圆不能存在,那么理论恢复原样。探索没有成功,但不致造成混乱。这样的研究,被称为"近距离小原则"的方法。相应地,也存在另一种方法,那就是"远距离大原则"的方法。所谓"远距离大原则",通俗地说,主要就是在拉长半径的同时,也忽视圆心的固定,把半径的两端都拉长了,然后在更大的空间上画出一个大圆。如果成功了,这个大圆与原来小圆之间的关系,在基本逻辑方面,不可避免地会有一些绝非简单的复核、校正性工作要做;如果没有成功,显然会带来一定的混乱。"远距离大原则"方法的成功,会表现为学科基本理念的重大革命,基础理论出现大幅度的飞跃。因此,这种方法在日常的精确性研究中,尽管存在明显的不足,但并不是科学研究所排斥的。相反地,它多多少少总存在于科学的思维之中,因为它本身正是科技共同体必然产生的结果,在具体的研究中是必不可少的。然而,刻意追求的"远距离大原则",通常被视为是主观随意性的发挥,不为研究所提倡。[1] 事实表明,在日常研究中,"远距离大原则"不仅可以与"近距离小原则"结合起来发挥作用,而且,在某种意义上讲,前者就产生于后者的持久发展之中。科学历史的研究结果说明,科学理论危机的出现,仅仅是科学自身发展的结果,是自身基本方法发展的必然,在一般意义上讲,这也就是"近距离小原则"最终要造就的现象。可以说,"远距离大原则"只是一种相对独立的方法,必须运用"远距离大原则"来解决的情况,是与"近距离小原则"成果的

---

① 例如,被称为"数学诺贝尔奖"的现代数学最高成就奖——菲尔兹奖从不授予那些随意改变公理而进行研究的数学家,而都是授予那些在数学理论研究进行中有重大意义的研究工作的数学家。参阅丁石孙. 谈谈数学的研究对象问题[M]//孙小礼,楼格. 人·自然·社会. 北京:北京大学出版社,1988:17-18.

积累直接联系着的。在经济学的数理分析中,格外强调对范式的了解和理解,其实质是在强调对"近距离小原则"方法的维护和坚持。

§2.2.2.2 测度计量:精确化的展示

如上所述,经济运动的基本规律,与宇宙的其他规律一样,也是极准确的,科学家对它的认识是逐步逐层进行的。概括地说,是从特定的经济结构入手,抽象出它的运动过程,以本质与运动的对应作为基本依据,按照"逻辑—测度—实验"这样逐步深入的思考过程,把规律的精密情况展示出来,并最后得以认定。经济的数理分析,只完成了这个思考过程的第一步。这时,假如已经完全可以认定这就是规律了,不过这时的规律仅有逻辑层次上的清晰,即使可以认为是准确的了,但仍与规律本身的精密性有着相当的距离,还远不能认为是精确的。况且,由于规律的本质是极准确的,没有经过极精确的计算和验证,是不能被认定的。因而,数理分析的结果,必须传递到更精确的后续研究中去,才能使规律的展示继续进行下去,也才有可能完成最后的认定。

事物是有结构的,其运动规律也是有结构的。经济学的数理分析,通过建立假说和对假说模型进行的演绎,便把有关规律的组成成分分离出来了,也把它们之间存在的逻辑关系揭示出来了。但从严格的分析意义上讲,尽管所运用的手段是数学分析,但这种分离和揭示,只属于定性分析的结果,还仅仅是质的区分。事物的本质是质与量的统一,规律的准确性,不仅有质的分析,还有量的规定。对规律准确性的认识,最终则要取决于对量的精确识别。数理分析的结果还远没有达到可以清楚地认识规律的精度。然而,从运算和计算的角度来看,这些结果毕竟给出了规律组成成分的界限、分类和单位,也就是给出了测度,从而指明了进一步精确计算的方向,也明确了计算的意义。经济学的测度计量,是数理分析的必然延伸,其基本目标是针对测度展开计算,通过数据的运算,把规律由定性的逻辑结构推进到定量的数值结构,从而使规律的准确性能以尽量精确的程度得以展示。如果说数理分析是初始性的创新,那么测度计量便是深入的继续创新。数理分析所得出的骨架结构,如果没有测度计量给予充实,便谈不上是丰满的真实,也难以启发人们运用"近距离小原则"的方法继续进行观察和思考。

测度计量所具有的创新性,不仅在于它是数理分析初创性的接续和推进,还在于其自身在从事计算的过程中,也要发展创造性的活动和方法,发现有关规律。在经济学中,数理分析是纯理论研究,测度计量是后续的数据试验性研究,它们都需要运用丰富的想象力而不断地追求完美。想象是科学的"苗床",纯粹思维能够把握实在。然而,同是想象,试验研究却比纯理论研究要复杂得多。因为它距离事实近了,具体现象多了,任意抽象的空间小了。同属追求完美,但具体的美比抽象的美要面对更多的限制条件。一般的常规科学学科,特别是基础性学科,纯理论研究与试验研究日益分离,逐步发展为相对独立的专门化领域。与此相类似,经济学的数理分析与测度计量,也在向着各自独立追求专业完美的方向前进。在数理分析中,也在强调"使一个方程具有美感比使它去符合实验更重要"。① 这无疑使接下来的测度计量会面对更多的挑战,当然,也有了更多的可能独立创新的机会。理论是否能够准确永远是一个问题。

面对数理分析的结果,还需要给予更精确的数量说明,因为规律有很精确的结构。很精确的结构,意味着要真正认识规律还必须在数值上能予以精细的区分与辨别。因而,测度计量既有量体裁衣性的工作要做,更有精心雕琢性的工作要做。前者自然为数众多,后者必须深入细致。由于要独立地追求完美,数理分析结果通常会含有更抽象的理想背景和"思想实验"的痕迹,更少顾及甚至根本不顾及时下可获得的数据能否与之相匹配的可能性。这使得测度计量工作首先要对数理分析的结果在科学的创新意义上有比较贴切的总括性判断,以便调动想象能力,才能为进一步地洞察数量与之相匹配的可能性奠定基础。其次,需要对时下可获得的数据进行准确的识别和整理,力求通过整合、分解和推算,从中合并、剥离、截取或者解析出计量模型所必需的数据。再次,在现时统计数据实在难以满足的情况下,能够自行设计补充数据。最后,遵循统计学原理和计量经济学理论,对数据和统计模型实施必要的检验,以保证测度计量在计量技术上的准确。

从形式上看测度计量,其结果是得出一个数量表达式,即得出一个经验公式。在现代计算技术条件下,要得出这样一个纯粹的数量表达式,只要有必要的数据来支持,一般都是可以做得到的,至于这些数据到底表示什么,是否具有事实基础,都无关紧要。由此可以看出,测度计量工作,作为单纯的方法,可以服务于任何数据,而且,只要数据本身的条件允许,就可以得出具有一定精确程度的经验公式。至于这些数据所具有的实际意义,则取决于产生它的指导思想,而指导思想在整个计量过程中却都将被抽象掉了。因此,测度计量,或者说计量经济,在农业

---

① 英国著名科学家狄喇克(P. Dirac,1902—1984,获1933年Nobel物理学奖)语。发表于1963年的《科学美国人》(Scientific American)。本章此处转引自杨振宁. 杨振宁文录[M]. 海口:海南出版社,2002:271.

经济研究中,既可以服务于经验概念,也可以服务于思辨推理,还可以服务于"幻想数据"。当然,更可以服务于数理分析,而且,不难理解,只有服务于数理分析时,测度计量才真正地具有了直接的科学创新的意义。能够看到,出于直观观察和现有经验概念的便利,容易产生调查数据,因而也容易得出一些计量结果,但如果没有相应的数理分析作为指导,这样的研究仍然属于"从首要到最终"的探索,其结果仍被视为是个别的、偶然的和暂时的经验考察的结晶,未必反映了事物运动的本质;虽然有一定精度,但不一定是规律的展示,即不一定具有普遍的、必然的和持久的性质。尽管这样的经验公式可能具有时务方面的广泛需求,甚至受到过相当的推崇,而且对于学科的科学性进展通常也不无积极作用,但其自身所内含的学术价值和科学价值,却并不会因此而提高。

§2.2.2.3 实际验证:真实性的检验

一个学科能否被认定为是常规科学,是以它的理论研究范式在形式上是否达到了精密化分析起步的起码要求为标准的。而它的发展状况,却要以实验观察成果来反映。逻辑性和精确性不能说明规律的实在性,只有实际验证才能证明真实。

科学是随着方法所获得的成就而前进的。方法掌握着研究的命运。实验观察的成果的深浅和多少,都是由实验观察方法的发展来决定的。这一点,在社会科学领域里表现得极为典型。过去100年以来的社会科学史,与它们未来前景的一个重要部分,可以根据实验观察手段的发展,和这些手段所产生出来的日益增大的论据总体的进展来写。这意味着,运用近代科学方法探索世界运动的规律,纯理论的认识方法决定着研究的初始命运,而实验观察方法将决定着研究的最终命运。相对应地,在经济学里,如果把数理分析和测度计量合起来视为纯理论的认识方法,而实际验证的若干手段合起来视为实验观察的方法,那么可以认为,数理分析和测度计量,每每决定着经济学科学进展过程中的第一步,而这一过程的有效发展,却最终要取决于实验观察方法的进步。

经济学的实际验证手段,概括起来主要有两种:一种是可控制的实验室实验;另一种是实地观察。其中,像其他学科一样,可控制的实验室实验(简称可控实验)为高级的实际验证方法;实地观察(经常被人们俗称为实证)为初级的。如同上文已经提到的,科学活动是一个有机的整体,其中各个成分要统一步骤,协调一致,才能共同完成既定任务。同时,又要尊重这些成分的相对独立性,强调和激励它们各自自由地追求创新,才能使活动更加蓬勃地发展。在上面的叙述中已经看到,在经济学里,测度计量与数理分析二者之间的关系就是这样的,在下面的讨论中,我们将看到,实际验证与这二者之间的关系也是这样的。因而,从严格的科学活动意义上讲,实际验证,只有在数理分析和测度计量的引导之下,才具有科学的创新功能,因为这样所证明的才是规律,所得出的知识才属于科学的真理。同时,也鼓励和激励实际验证方法本身,在过程设计、设备配置和数据检验等多方面,实施积极的创新努力。

　　然而,能决定验证努力是否具有创新意义的,特别是决定这种努力具有重大意义的,主要是这些努力与数理分析和测度计量的密切程度。似乎正是因为与这些引导的密切程度不同,便决定了可控实验与实地观察在实际验证中的科学地位。

　　可控实验,是对测度计量结果的直接检验,但必须依据数理分析已经表明的逻辑来进行。可控实验的结果,不仅可以对测度计量的误差给予修正,而且可以对数理分析的真实性做出最后的证明。后者是更重要的。人们对规律的探索,必须沿着"事实—真实—规律"的途径摸索着前进。经济学的数理分析,其假说模型的逻辑出发点是真实,其探索目标是规律。实际验证的结果,如果能够证明规律的存在性,实际上也就证明了模型的真实性。人们容易理解,作为可以控制的实验,它一般总是在小尺度上设计出来的实际验证过程。整个过程要在人为的控制下进行,绝非随意,更非盲目,实验的目标和逻辑程序都自然受着数理分析结果的指导甚至控制,实验的过程有测度计量结果作为参照。这样,人们可以看到,可控实验的活动,不仅会自然地纳入数理分析和测度计量已经开辟的纯理论探索途径,而且其自身内部也会主动地接受不少这种纯理论的要素,验证的思路与这种纯理论的思路有较好的拟合。一旦这个实验活动被认为是客观正确的,而它的结果又证明它所验证的数理分析和测度计量是真实的,那么,这个结果必定有更好的可靠性,会给科学增添更为坚实的知识。农业经济实践尺度广阔,内部结构复杂,运动周期绵长,加上经济学进入科学共同体的时间尚短,科学能力还弱,导致过去可控实验一直没有明显的进展。20世纪末,随着电子计算机技术的蓬勃发展,以计算机为主要辅助手段的经济实验正在兴起,并且已经开始被引入到经济学的研究中。这是一种很简捷的可控实验,它的引入一定会给经济学的进一步科学化带来重要的促进。

　　实地观察,是人类很早就发现了的一种实际验证手段,其主要能力来自直观观察。直观观察,虽然简单明了,却也浅薄狭隘,其本质上属于经验感性实践的范畴。近代科学出现以后,作为一种传统的手段,直观观察也与近代科学发生了联系,并且成了检验纯理论的重要工具之一。但由其本质所决定,在经济学里,尽管实地观察也纳入了数理分析和测度计量已经开辟的纯理论探索途径,但其内部结构却不会主动地接受这种纯理论的要素,验证的途径与理论开发的途径缺乏很好的拟合。与可控实验相比,它是一种初级的实际验证手段。经济学发展为常规科学的过程缓慢,与数理分析和测度计量的发展缓慢直接相关,但与实地观察的浅薄狭隘、不够可靠,也不无关系。① 概括地讲,可控实验与实地观察之间,似乎可以做如下的类比。可控实验的过程,包括观察对象在内,都是依据纯理论研究结果设计出来的,整个实验呈现为一个具有相当抽象程度的运动过程,最终结果是在逻辑控制和参数干预下产生的,是过程的必然。科学是普适的、独立的,它自身就是自身的主宰。实地观察的过程,观察对象是实际存在的现象,它们不能依据理论研究结果来设计,也不能进入逻辑控制和参数干预的过程,所以整个观察不是一个具有相当抽象程度的运动,结果也就难以断定为是过程的必然。一般地说,在判定"存在"方面,实地观察确实优越于可控实验,特别在一次性实验中,判定一种事实是否存在时,比起可控实验,实地观察可能更直接、更简单。但除此之外,其余明显的长处,便很少见到了。其实,即使在判定"存在"方面,因为可控实验可以多次重复,能有效地纠正或者补充一次性实验的不足,所以,在解释事实存在的暂时性与持久性上,可控实验也优越于实地观察。

能够看到,在获取资料方面,特别在获取事实层面的数据方面,实地观察的近身实测性,在农业经济的研究中是其他任何手段都难以替代的。这种直接接触事实、获得"第一手"资料的经验,无论对于科学研究中的哪一个层面来说,都是很重要的。但其本身还仅仅属于事实层面的经验活动,不经过更深层次的指导、整理和抽象,它们还仅仅是感知世界的手段,只能获得感性知识,不能成为直接认识规律的依据,更不能成为直接验证规律的工具。在现代农业经济研究中,因为可控实验刚刚起步,所以实地观察还有广阔的用场,还居于不低的地位,但其绝不因为如此便可以获得绝对的科学价值。第一手的资料,无疑对于认识事实的本质是有帮助的,但未必就此便认为已经认识了事物的真实,更不意味着,有了这样的第一

---

① 对比自然科学,整个社会科学发展缓慢,其根本原因似乎也在于此。参阅 D. J. 凯福尔斯 J. L. 斯托尔乔,P. T. 卡罗尔.1880 年前后的美国科学[M]//D. J. 凯福尔斯 J. L. 斯托尔乔,等.美国科学家论近代科技.范岱年,孟长麟,等,译.北京:科学普及出版社,1987:6-7.

手便是认识了规律。因此,尽管实地观察在获得资料和直观判定方面,具有第一手的优越性,但在科学的实际验证活动中,却并不具有第一的作用。关于这一点,随着可控实验的发展,必定会表现得越来越明显。

§2.3 前沿范式与前沿探索

§2.3.1 G 函数的发现与确立

在 20 世纪里,经济学领域获得了两个重要的发现:一个是生产可能性集合的凸性定律(Law of convexity of production possibilities set);另一个是固定替代弹性定律(Law of constant elasticity of substitution, CES Law)。前一个发现导致经济学的范式从 F 函数进展到了 G 函数;后一个发现导致经济学关于增长的研究进入一个更加精确化的新阶段。在 G 函数这个新的前沿范式的直接指引下,20 世纪末和 21 世纪初,这两个重要发现正掀起一个经济学研究的新高潮,一个前沿探索的新高潮。

§2.3.1.1 生产可能性集合凸性定律

定义 1:v 是一个凸集,当且仅当 $v_1 \in v$,$v_2 \in v$,有数值 $0 < \lambda < 1$,暗含着 $\lambda v_1 + (1 - \lambda) v_2 \in v$。

定义 2:F 是一个定义在凸集 v 上面的凹函数,当且仅当 $v_1 \in v$,$v_2 \in v$,有数值 $0 < \lambda < 1$,暗含着 $F(\lambda v_1 + (1 - \lambda) v_2) \geqslant \lambda F(v_1) + (1 - \lambda) F(v_2)$。

凹性的第二特征:F 是凸集 v(R^J 的子集)上面的一个凹函数,当且仅当 $F \equiv \{(x, v) : x \leqslant F(v_j), v_j \in v\}$ 下方的图形是 R^{J+1} 里的一个凸集,$\forall j, j = 1, 2, \ldots, J$。

凹性的第三特征(设 F 是一次连续可微的):F 是(开放的)凸集 S 上面的一个凹函数,当且仅当 $x_1 \in S$,$x_2 \in S$,暗含着 $F(x_2) \leqslant F(x_1) + [\nabla F(x_1)]^T (x_2 - x_1)$。

凹性的第四特征(设 F 是二次连续可微的):F 是开放的凸集 S 上面的一个凹函数,当且仅当 $x \in S$ 暗含着 $\nabla_{xx}^2 F(x)$ 是一个负半定的对称的 $N \times N$ 矩阵。这暗指 $\nabla_{xx}^2 F(x)$ 对角线上的元素是负的或者 0;或者说,即:

$$\partial F(x) / \partial x_i \partial x_i \leqslant 0, \ \forall i, i = 1, 2, \ldots, I。$$

定义 3 F 是凸集 S 上的一个凸函数,当且仅当 $-F$ 是 S 的一个凹函数。

设一个商家,在一个给定期间,能够运用 J 种投入,以向量来表示为 $v = [v_1,$

$v_2,\ldots,v_J$],生产 I 种产品,以向量来表示为 $x = [x_1,x_2,\ldots,x_I]$。容易理解,在生产组织过程中,这些投入和产出会呈现为各种不同的组合。所有的这些组合,定义为这个商家的生产可能性集合(Production Possibilities Set),记作 $Y(x;v)$。

显然,在 $Y(x;v)$ 中有 $v \in R^J$,且当且仅当 $v_1 \in v$,$v_2 \in v$,给定 $0 < \lambda < 1$,必有 $\lambda v_1 + (1-\lambda)v_2 \in v$。这意味着,在实际生产中,生产投入物集合满足**定义1**,即生产投入物集合就是一个凸集。

定义产出数量(即实物生产函数)为:

$$x_i = F_i(v) \qquad\qquad i = 1,2,\ldots,I \qquad\qquad (2.1)$$

由此可以看到,在 $Y(x;v)$ 中,v 是独立的,而 x 是可以通过 v 来表示的。因此,可以写出 $Y(v)$,作为 $Y(x;v)$ 的简化形式。

这便是生产可能性集合是凸性的发现过程。这是一个重大的发现,它为经济学理论核心取得新的综合奠定了基础。

经济学的研究结果已经表明,式(2.1)是(a)非减的和(b)报酬递减的函数。这意味着,这个函数是一个凹函数,是定义在凸集 v 上面的凹函数。上述的凹性的第二特征表明,当且仅当 $F \equiv \{(x,v):x \le F(v_j),v_j \in v\}$ 下方的图形是 R^{J+1} 里的一个凸集,$\forall j, j = 1,2,\ldots,J$。这意味着,式(2.1)所表示的这些函数必定处于凸集之中,但在相对外沿的上方。

设商家的行为是在满足生产可能集合的情况下,追求收益最大,即:

$$Max\ s = px \qquad\qquad (2.2)$$
$$s.\ t.\ \ Y(x,v) \qquad\qquad (2.3)$$
$$p,x \in R^I, v \in R^J$$

这里,x——最终产品向量,$x = (x_1,x_2,\ldots,x_I)$;$x \gg 0$;

p——最终产品的价格向量,$p = (p_1,p_2,\ldots,p_I)$,$p \gg 0$;

$Y(v)$——投入 v 的凸性生产可能性集合,其中,$v = (v_1,v_2,\ldots,v_J)$,$v \le 0$,并有 $I \le J$。

如前所述,若 x 向量中的元素,如果为产出即为" $+$ ",如果为支出或投入即为" $-$ ",那么模型(2.2)—(2.3)的解为 $x^* = f(p;v)$,并可以进而求得:

$$G = pf(p;v) = \pi(p;v) \qquad\qquad (2.4)$$

式中,$\pi(.)$——利润;

p——产品的价格向量,$p = (p_1,p_2,\ldots,p_I)$;$p_i \gg 0$,$i = 1,2,\ldots,I$;

v——固定数量向量,$v = (v_1,v_2,\ldots,v_J)$,$v_j \le 0$,$j = 1,2,\ldots,J$,并有 $I \le J$。

式(2.4)也就是前面已经述及的有约束的利润函数,简称 G 函数。这是经济学理论核心的最新综合结果,也就是目前经济学最前沿的理论范式。能得出这个范式的必要条件,如上所述,就是生产可能性集合为凸性这个定律。

在式(2.4)中,因为有 $p_i \gg 0$, $i = 1,2,\ldots,I$,即价格均为正的,因此这个函数会将实物生产函数 x 这个凹函数向上方推移,但仍在凸集之中,只是 $\pi(.)$ 更加处于外沿上。因而,式(2.4)必定是一个凹函数,也是一个非减的但报酬递减的函数。而由上述的**凹性的第四特征**可以知道,式(2.4)是对偶于式(2.1)最优化结果的,也就是说,这个函数隐含地表明了它本身也是一种最优化的结果。同时,不难理解,依据生产可能性集合的凸性和凹函数的定义,以往经济学所关注的收益函数,无疑可以视作是有约束的利润函数的特例,可以涵盖于这个有约束的利润函数之中;另外,根据凸函数的定义,成本函数也可以视作是有约束的利润函数的特例,也可以涵盖于这个有约束的利润函数之中。见**定义 3**。

从最一般的概念上讲,式(2.1)可以写为 $Y(x;v)$,或者更一般地写为 $F(x;v)$,式(2.4)则可以写为 $G(p;v)$ 。式(2.4)是式(2.1)的对偶形式,它们的一一对应性取决于 v 与 p 的结构对应,因此, $G(p;v)$ 中, $p = (p_1,p_2,\ldots,p_I)$; $p_i \gg 0$, $i = 1,2,\ldots,I$; $v = (v_1,v_2,\ldots,v_J)$, $v_j \leqslant 0$, $j = 1,2,\ldots,J$,并有 $I \leqslant J$ 。$I \leqslant J$ 是保证这个一一对应性的必要条件。有了这个必要条件,就满足了一种基本保证,即从这里的 $F(x;v)$ 和 $G(p;v)$ 两者之中的任何一方出发,便可以解得对方。

§2.3.1.2 F 函数与 G 函数的一致性基础

想象是科学的苗床。经过 200 多年的想象和抽象之后,集大成的经济学家 J. 凯恩斯(J. Keynes,1883—1946)给定了经济体的基本结构,也就是给定了宏观经济的基本构成,今天归纳起来就是"一点两面三市场,四个部门几乘数"。"一点",指一个基本点 y ,国民收入。"两面",两个方面:一个是需求方面 IS 或 AD;另一个是供给方面 LM 和 AS。"三市场",三个市场:第一个是产品市场;第二个是货币市场;第三个是劳务市场。"四个部门",指经济体的最完整结构可以表示为四个部门的组合:消费、投资、政府购买和国际贸易组合成国民收入。供给与需求两个方面和三市场、四部门的综合和组合,最终可以表示为:

$$Y = F[f_{AS}(P), f_{AD}(P)] \tag{2.5}$$

式中, $y_1 = f_{AS}(P)$, $y_2 = f_{AD}(P)$ 。

其中,得出总供给 $y_1 = f_{AS}(P)$ 的过程如下。凯恩斯分析道,在供给方面,存在着如下行为,即:

$$\max \pi = PF(N;K) - WN - RK$$

这里, π ——利润；

$\quad$ P ——产品价格；

$\quad$ $F(.)$ ——生产函数；

$\quad$ N ——劳动力总量；

$\quad$ K ——资本总量；

$\quad$ W ——工资率；

$\quad$ R ——资本租金率。

求得：

$$\frac{\partial F}{\partial N} = \frac{W}{P}$$

和

$$\frac{\partial F}{\partial K} = \frac{R}{P}$$

解得：

$$N = f(\frac{W}{P})$$

$$K = f(\frac{R}{P})$$

从而解得总供给为：

$$AS = F(\frac{W}{P};\frac{R}{P}) \tag{2.6}$$

另一方面,可以得出总需求 $y_2 = f_{AD}(P)$ 的过程如下。从凯恩斯对产品市场和对货币市场的分析结果中,可以得出下列需求结构,即：

$$\begin{cases} y = \alpha + \beta[y - (t_g - t_r)] + e - dr + g + [x - (m_0 + \gamma y)] & (2.7) \\ \dfrac{M^*}{P} = ky - hr \end{cases}$$

$$(2.8)$$

式中, y ——国民收入；

$\quad$ α ——固定消费；

$\quad$ β ——消费对净收入的边际倾向；

$\quad$ t_g ——政府固定收入；

$\quad$ t_r ——政府转移支付；

e——固定投资；

d——投入对利率的边际倾向；

r——利率；

g——政府购买；

x——出口；

m_0——固定进口；

γ——进口对收入的边际倾向；

M^*——货币数量；

P——产品价格；

k——货币数量对国民收入的边际倾向；

h——货币数量对利率的边际倾向。

其中的 p，y 和 r 为变量，其余的为常量。对变量 y 和 r 求解，得出：

$$y_2 = f_{AD}(P) \tag{2.9}$$

通常可以简单地称式(2.7)为"四部门展开"。

如果用隐函数来表示式(2.9)，可以有：

$$AD = F(P;V)$$

这里，V——需求数量。

显然，在自由市场自行调节的理论前提下，这里的需求数量为外生给定的常量。于是，式(2.5)可以写为：

$$Y = F[f_{AS}(P,W,R), f_{AD}(P,V)] \tag{2.10}$$

这里，$f_{AS}(P,W,R)$ 显示了三个市场的结构；$f_{AD}(P,V)$ 显示了产品市场的结构与相应的需求数量。为保证方程组的封闭条件，式(2.10)应该为：

$$Y = F[f_{AS}(P,W,R), f_{AD}(P;V,V_W,V_R)]$$

因为工资率 W 和资本租金率 R 就是其各自所在市场的价格，因而，为简单起见，又可以写为：

$$F = F(p;v) \tag{2.11}$$

式中，p——价格向量，$p = (p_1,p_2,\ldots,p_I)$；$p_i \gg 0$，$i = 1,2,\ldots,I$，包括劳动力与资本的价格在内；

v——固定数量向量，$v = (v_1,v_2,\ldots,v_J)$，$v_j \leqslant 0$，$j = 1,2,\ldots,J$，并有 $I \leqslant J$，包括对劳动力与资本的需求在内。

这样，容易看出，式(2.11)与式(2.4)在形式上是完全一致的。也就是说，F

函数与 G 函数是完全一致的。其一致性的基础,除了"自由市场自行调节"这个理论核心之外,就是固定数量向量涵盖着各个市场变量所对应的需求数量。

§2.3.1.3 固定替代弹性定律

从式(2.4)出发,首先可以得出它的 Jacobi 向量为:

$$J = [\pi_p \quad \pi_v] = [\nabla_p \pi \quad \nabla_v \pi] = \left[\frac{\partial \pi}{\partial p_i}; -\frac{\partial \pi}{\partial v_j}\right]$$

在 Jacobi 向量的基础上,可以得出 Hessian 矩阵为:

$$H = \begin{bmatrix} \pi_{pp} & \pi_{vp} \\ \pi_{pv} & \pi_{vv} \end{bmatrix}$$

$$= \begin{bmatrix} \nabla_{pp}^2 \pi & \nabla_{vp}^2 \pi \\ \nabla_{pv}{}^2 \pi & \nabla_{vv}{}^2 \pi \end{bmatrix} = \begin{bmatrix} \dfrac{\partial^2 \pi}{\partial p_i \partial p_h} & -\dfrac{\partial^2 \pi}{\partial v_j \partial p_h} \\ -\dfrac{\partial^2 \pi}{\partial p_i \partial v_k} & \dfrac{\partial^2 \pi}{\partial v_j \partial v_k} \end{bmatrix}$$

由 Hessian 矩阵可以得出替代弹性矩阵为:

$$S = \begin{bmatrix} \sigma_{p_i p_h} & \sigma_{v_j p_h} \\ \sigma_{p_i v_k} & \sigma_{v_j v_k} \end{bmatrix} = \pi \begin{bmatrix} \pi_p{}^{-1} \pi_{pp} \pi_p{}^{-1} & \pi_v{}^{-1} \pi_{vp} \pi_p{}^{-1} \\ \pi_p{}^{-1} \pi_{pv} \pi_v{}^{-1} & \pi_v{}^{-1} \pi_{vv} \pi_v{}^{-1} \end{bmatrix}$$

$h \in i , h \neq i , i,h = 1,2,\ldots,I ; k \in j , k \neq j , j,k = 1,2,\ldots,J$。

这里,$\sigma_{p_i p_h} = \pi \left(\dfrac{\partial \pi}{\partial p_i}\right)^{-1} \left(\dfrac{\partial^2 \pi}{\partial p_i \partial p_h}\right) \left(\dfrac{\partial \pi}{\partial p_h}\right)^{-1}$

$$h \in i , h \neq i , i,h = 1,2,\ldots,I \tag{2.12}$$

$$\sigma_{p_i v_k} = \pi \left(\frac{\partial \pi}{\partial p_i}\right)^{-1} \left(-\frac{\partial^2 \pi}{\partial p_i \partial v_k}\right) \left(-\frac{\partial \pi}{\partial v_k}\right)^{-1}$$

$$i = 1,2,\ldots,I , k \in j , k \neq j , j,k = 1,2,\ldots,J \tag{2.13}$$

$$\sigma_{v_j v_k} = \pi \left(-\frac{\partial \pi}{\partial v_j}\right)^{-1} \left(\frac{\partial^2 \pi}{\partial v_j \partial v_k}\right) \left(-\frac{\partial \pi}{\partial v_k}\right)^{-1}$$

$$k \in j , k \neq j , j,k = 1,2,\ldots,J \tag{2.14}$$

从式(2.12)—(2.14)的结构可以看出,式(2.4)中各个因子的系数和影响因素的变化,均不会导致这里的式(2.12)—(2.14)的结果随之变化。也就是说,在总量水平上,经济因子的变化不会引起替代弹性的变化,或者说,经济运行中的变化,仅限于因子的大小增减,而不会引起背景尺度的变化。例如,如果式(2.4)的结构变成了式(2.15),即:

$$G = \pi[ap;v(b)] \tag{2.15}$$

式中，a ——标量矩阵，$a = \begin{bmatrix} a_{11} & 0 & \ldots & 0 \\ 0 & a_{22} & 0 & 0 \\ \ldots & 0 & \ldots & 0 \\ 0 & 0 & 0 & a_{II} \end{bmatrix}$；

b ——向量，$b = [b_1, b_2, \ldots, b_N]$。

那么，可以得出

$$\sigma_{(a_{ii}p_i)(a_{hh}p_h)} = \pi \left(\frac{\partial \pi}{\partial p_i} a_{ii} \right)^{-1} \left(\frac{\partial^2 \pi}{\partial p_i \partial p_h} a_{ii} a_{hh} \right) \left(\frac{\partial \pi}{\partial p_h} a_{hh} \right)^{-1}$$

$$= \pi \left(\frac{\partial \pi}{\partial p_i} \right)^{-1} \left(\frac{\partial^2 \pi}{\partial p_i \partial p_h} \right) \left(\frac{\partial \pi}{\partial p_h} \right)^{-1}$$

$h \in i$，$h \neq i$，$i, h = 1, 2, \ldots, I$

$$\sigma_{(a_{ii}p_i)(v_k(b_l))} = \pi \left(\frac{\partial \pi}{\partial p_i} a_{ii} \right)^{-1} \left(-\frac{\partial^2 \pi}{\partial p_i \partial v_k} a_{ii} \left(\sum_{l=1}^{N} \frac{\partial v_k}{\partial b_l} \right) \right) \left(-\frac{\partial \pi}{\partial v_k} \left(\sum_{l=1}^{N} \frac{\partial v_k}{\partial b_l} \right) \right)^{-1}$$

$$= \pi \left(\frac{\partial \pi}{\partial p_i} \right)^{-1} \left(-\frac{\partial^2 \pi}{\partial p_i \partial v_k} \right) \left(-\frac{\partial \pi}{\partial v_k} \right)^{-1}$$

$i = 1, 2, \ldots, I$；$k \in j$，$k \neq j$，$j, k = 1, 2, \ldots, J$

$$\sigma_{(v_j(b_l))(v_k(b_l))} =$$

$$\pi \left(-\frac{\partial \pi}{\partial v_j} \left(\sum_{l=1}^{N} \frac{\partial v_j}{\partial b_l} \right) \right)^{-1} \left(\frac{\partial^2 \pi}{\partial v_j \partial v_k} \left(\sum_{l=1}^{N} \frac{\partial v_j}{\partial b_l} \right) \left(\sum_{l=1}^{N} \frac{\partial v_k}{\partial b_l} \right) \right) \left(-\frac{\partial \pi}{\partial v_k} \left(\sum_{l=1}^{N} \frac{\partial v_k}{\partial b_l} \right) \right)^{-1}$$

$$= \pi \left(-\frac{\partial \pi}{\partial v_j} \right)^{-1} \left(\frac{\partial^2 \pi}{\partial v_j \partial v_k} \right) \left(-\frac{\partial \pi}{\partial v_k} \right)^{-1}$$

$k \in j$，$k \neq j$，$j, k = 1, 2, \ldots, J$

这便是经济学所发现的固定替代弹性（Constant Elasticity of Substitution，CES）。它是一个自然法则，也称作定律。

根据定义，替代弹性值表明，一个增长的经济体在给定的时间点上，一个变量增长百分之一导致另一个变量被替代百分之几，也就是减少或增加百分之几。固定替代弹性定律的发现，说明这种替代是固定的，即对于增长的经济来说，实际上存在着一个不变的背景，经济增长的变化会呈现为各有关因子的增长率的不平衡变化，但不会导致本底背景的变化，经济世界的背后存在着一个不变的比例关系。

固定替代弹性定律的发现，导致有关可持续发展问题得到了深入的解释。例如，从 G 函数出发，一些必须借助固定替代弹性才能得以解释和认识的问题，诸如生态安全、通货膨胀以及技术进步的实际作用等，都得到了较大幅度的进展。

§2.3.2　Hotelling 引理、Shephard 引理、Harrigan 推论和正则性定律

§2.3.2.1　Hotelling 引理

设在市场上观察到:成本为 $C(p,v)$,利润为 $\pi(p;v)$, $p = [p_1, p_2, \ldots, p_I]$, $v = [v_1, v_2, \ldots, v_J]$,和在 p^* 点上,得出最佳净供给函数 $x^*(p,v)$, $x^* = [x_1, x_2, \ldots, x_I]$,如果这个函数的导数存在,且 $p_i > 0$, $i = 1, 2, \ldots, I$,那么能够得出:

$$x_i(p,v) = \frac{\partial \pi(p;v)}{\partial p_i} \qquad i = 1, 2, \ldots, I \tag{2.16}$$

式中, x_i ——第 i 种产品的净供给量, $x_i \in x^*$, $i = 1, 2, \ldots, I$;

p ——价格向量, $p = [p_1, p_2, \ldots, p_I]$, $p_i > 0$, $i = 1, 2, \ldots, I$;

v ——约束向量, $v = [v_1, v_2, \ldots, v_J]$, $v_j \leqslant 0$, $j = 1, 2, \ldots, J$;

π ——利润函数。

证明:根据核算定义,成本等于收入减去利润,即 $C(p,v) = px - \pi(p;v)$,现在,在 p^* 点上,得出最佳净供给 x^* ,那么有: $C(p^*,v) = px^* - \pi(p^*;v)$ 。因为 x^* 是最佳净供给,所以这时的成本必定是最佳成本,即成本的一阶条件等于0,那么,必定有 $\frac{\partial C(p^*,v)}{\partial p_i} = x_i - \frac{\partial \pi(p^*;v)}{\partial p_i} = 0$, $i = 1, 2, \ldots, I$,于是,因为对于所有的 p^* 来说,式(2.16)都成立,所以结论得证。

式(2.16)便是著名的 Hotelling 引理(Hotelling's Lemma)。上述过程是用现在的语言对 Hotelling 引理的表述和证明,也是对 Hotelling 在 1932 年发现这一引理过程的回顾。

依据 Hotelling 引理,这里的 $\frac{\partial \pi}{\partial p_i} = x_i$ 为产品数量。对应于利润,若为产出,其符号为" + ",若为投入,符号为" – "。

§2.3.2.2　Shephard 引理

继 Hotelling 之后,Shephard 于 1953 年在成本函数导数的性质研究中,发现了 Shephard 引理(Shephard's Lemma),开拓了当代关于 G 函数的探索。

Shephard 引理:令 $x_i(p,y)$ 为厂商的需求函数,即在市场上通过价格束 p , $p = [p_1, p_2, \ldots, p_I]$ 观察到,要供给产品束 y , $y = [y_1, y_2, \ldots, y_H]$,生产所需要投入的数量为 x_i , $i = 1, 2, \ldots, I$,和成本函数为 $C(p,y)$ 。若 $C(p,y)$ 在 (p,y) 处可微,且 $p_i > 0$, $i = 1, 2, \ldots, I$,那么能够得出:

$$x_i(p,y) = \frac{\partial C(p,y)}{\partial p_i} \qquad i = 1,2,\dots,I \tag{2.17}$$

证明:令 x^*,$x^* = [x_1,x_2,\dots,x_I]$,是以价格 p^* 生产 y 的成本最小化的投入束。再定义函数 $g(p) = C(p,y) - px^*$。因为当价格为 p^* 时,用 x^* 来生产 y 导致最佳成本,也就是最低成本,因而有 $g(p^*) = C(p^*,y) - px^* \leq 0$。只有当 $p = p^*$ 时,有 $g(p^*) = 0$,这时,$g(p^*)$ 取得最大值,那么其一阶导数为 0,有:

$\frac{\partial g(p^*)}{\partial p_i} = \frac{\partial C(p,y)}{\partial p_i} - x_i = 0$,$i = 1,2,\dots,I$。Shephard 引理得证。由此得出,成本最小化的投入向量正是由成本函数对价格的导数向量给出的。

并且,依据 Shephard 引理,有:

$$\lambda_j(p,v) = -\frac{\partial \pi(p;v)}{\partial v_j} \qquad j = 1,2,\dots,J$$

为固定数量的影子利润,即约束条件数量的利润内部报酬率。

§2.3.2.3　Harrigan 推论

如果有生产函数:

$$y = f(x)$$

那么其显示部门平均技术水平进步,也就是 Hicks 中性技术进步的形式为:

$$y = af(x)$$

这里,a——部门平均技术水平。

并且其收益函数为:

$$y = apf(x) = (ap)f(x)$$

这便是说,从市场价格或者经营收益的角度来看,部门的平均技术水平 a 实际上就是价格 p 的扩张系数。因而证明了,在显示部门技术进步的情况下,技术进步可以直接表示为价格的增长系数。这便是 Harrigan 证明过的推论:具体产业的技术变化能够以同样方法化为具体产业的价格增长模型。简称 Harrigan 推论。

§2.3.2.4　正则性定律

依据数学对偶理论,模型:

$$Max\ s = px$$
$$s.\ t.$$
$$Y(x,v)$$

等价于:

$$Min \ s' = Y(x,v)$$

$$s. t.$$

$$px$$

即后者的解也是 (x^*,λ) ,也导致得出 $\pi(p;v)$ 。

对于增长的 $\pi(p;v)$ 函数来说,可以设动态的 $\pi(p;v)$ 为 $\pi(p;v,t)$ 。于是, $\pi(p;v,t)$ 在增长过程中,依据凸集定律和最小被替代法则,在 $\pi(p;v)$ 的初始点上,即在时刻 $t = 0$ 上,经济体内部存在着由最小被替代率决定的关系,这时,经济体内各个因子的最小被替代率为

$$\begin{cases} \Delta r_{p_i}(0) = \min_h \{\sigma_{p_i p_h} r_{p_h}(0)\} - \max_k \{\sigma_{p_i v_k} r_{v_k}(0)\} & (2.18) \\ \Delta r_{v_j}(0) = \min_h \{\sigma_{v_j p_h} r_{p_h}(0)\} - \max_k \{\sigma_{v_j v_k} r_{v_k}(0)\} & (2.19) \end{cases}$$

$h \in i, h \neq i$, $i,h = 1,2,\ldots,I$; $k \in j$, $k \neq j$, $j,k = 1,2,\ldots,J$

式中, $\Delta r_{p_i}(0)$ ——第 i 种产品的价格的被替代率, $i = 1,2,\ldots,I$;

$\sigma_{p_i p_h}$ ——第 i 种产品的价格对第 h 种产品的价格的固定替代弹性;

$r_{p_h}(0)$ ——第 h 种产品的价格的增长率, $i = 1,2,\ldots,I$;

$\sigma_{p_i v_k}$ ——第 i 种产品的价格对需求数量 v_k 的固定替代弹性;

$r_{v_k}(0)$ ——需求数量 v_k 的增长率;

$\Delta r_{v_j}(0)$ ——需求数量 v_j 的被替代率, $j = 1,2,\ldots,J$;

$\sigma_{v_j p_k}$ ——需求数量 v_j 与第 h 种产品价格之间的固定替代弹性, $h \in i, h \neq i$, $i = 1,2,\ldots,I$, $j = 1,2,\ldots,J$;

$r_{p_h}(0)$ ——第 h 种产品的价格增长率, $h \in i, h \neq i$, $i = 1,2,\ldots,I$;

$\sigma_{v_j v_k}$ ——需求数量 v_j 与需求数量 v_k 之间的固定替代弹性值, $k \in j$, $k \neq j$, $j = 1,2,\ldots,J$;

$r_{v_k}(0)$ ——需求数量 v_k 的增长率, $k = 1,2,\ldots,J$ 。

式(2.18)—(2.19)所表明的是,如果在 $t = 0$ 时刻给定经济的初始条件 $\pi(p;v)$,若这个经济体是正常的话,也就是可以正常运行的话,那么,它的市场因子——价格便处于这样的最小被替代状态下,它的经济容量(Economic Capacity)——固定数量也必定处于这样的被替代关系之中。这也就是说,只要这个经济是正常的,那么,它的初始状态里,就必然存在这样的自然比例关系,也就是可以用固定替代弹性为坐标来表征的关系。

试想,因为经济体中的因子在增长,这个状态应该随时间推移有所变化。如果经济是正常的,那么,到了 t ($t > 0$)时刻,它应该变化为:

$$
\begin{cases}
e^{\alpha_{p_i}t}\Delta r_{p_i}(0) = \min_h\{\sigma_{p_i p_h}e^{-\alpha_{p_h}t}r_{p_h}(0)\} - \max_k\{\sigma_{p_i v_k}e^{-\beta_{v_k}t}r_{v_k}(0)\} & (2.20) \\
e^{\beta_{v_j}t}\Delta r_{v_j}(0) = \min_h\{\sigma_{v_j p_h}e^{-\alpha_{p_h}t}r_{p_h}(0)\} - \max_k\{\sigma_{v_j v_k}e^{-\beta_{v_k}t}r_{v_k}(0)\} & (2.21)
\end{cases}
$$

$h \in i, h \neq i, i, h = 1, 2, \ldots, I; k \in j, k \neq j, j, k = 1, 2, \ldots, J$

式中，α_{p_i}——第 i 种价格的被替代指数，$i = 1, 2, \ldots, I$；

$-\alpha_{p_h}$——第 h 种价格的增长指数，$h \in i, h \neq i, i = 1, 2, \ldots, I$；

$-\beta_{v_k}$——第 k 种需求的增长指数，$k \in j, k \neq j, j, k = 1, 2, \ldots, J$；

β_{v_j}——第 j 种需求的被替代指数。

注意，容易证明被替代率的增长指数与通常简称的增长率的增长指数是符号相反、绝对值相等的数值。因为，依据定义，增长率等于 1 减去被替代率，那么，显然有：

$$\alpha = 1 - \Delta\alpha$$

这里，α——增长率；

$\Delta\alpha$——被替代率。

并可以得出：

$$\alpha + \Delta\alpha = 1$$

对其取对数，得出：

$$e^{\alpha + \Delta\alpha} = e^0 = 1$$

这里，α——增长指数；

$\Delta\alpha$——被替代指数。

进而得出：

$$\alpha + \Delta\alpha = 0$$

即：

$$\Delta\alpha = -\alpha$$

这也就是说，在增长方程里，同一项的被替代指数，就等于负的增长指数，因而，该项的被替代率就是绝对值相等、符号相反的增长率。

为简单起见，在式(2.20)—(2.21)中，被替代率的增长指数均为"＋"号，而增长率的增长指数均为"－"号。本书以下均如此。

进一步设想，在从 $t = 0$ 到 $t > 0$ 的这个间隔里，可以随时出现人为干预，并可以有效地介入经济。依据自由市场自行调节的法则，这些介入只能出现在约束条件里。设这些介入为 m_2，即针对各种需求的人为干预，$m_2 = [m_{2_1}, m_{2_2}, \ldots,$

m_{2_N}］。那么,如果这些介入是可行的,也就是属于经济正常运行所允许的,那么,在 $t > 0$ 时刻,将有:

$$e^{*\beta_{v_j}(m_2)t}\Delta r_{v_j}(0) = \min_h\{\sigma_{v_j p_h}e^{-\alpha_{p_h}t}r_{p_h}(0)\} - \max_k\{\sigma_{v_j v_k}e^{*-\beta_{v_k}}(m_2)t r_{v_k}(0)\}$$

$$h \in i, h \neq i, i = 1,2,\ldots,I; k \in j, k \neq j, j, k = 1,2,\ldots,J \qquad (2.22)$$

式中带星号" * "的量表示是受到人为干预 m_2 的结果。

可以认为,式(2.22)是经济体接纳了人为干预因素,但在自身固有机制调节下获得的后果。这便是经济本身存在的一种性质——经济的正则性(Economic Regularity or Regularity of Economy)。

容易理解,经济的正则性是一种自然属性或者天然属性。外来的干预或干扰可以改变经济的运行状态,但不能改变这种正则性,因为任何干预或干扰,只可改变参数或变量的增长率,而不能改变固定替代弹性值,更不能改变市场自然调整的经济容量最小被替代法则(Law of Minimum Economic Capacity Substituted),或称经济容量的最小受限制法则(Law of Minimum Economic Capacity Restricted),也就是如式(2.18)—(2.19)所示的内容。因而,在各种外来因素的作用下,经济的结构会有所变化,但其正则性不变,经济要沿着其内在不变坐标而正常运行的性质不变,除非这种结构遭到了过分的干预或干扰,以至于到了被破坏的程度,使得经济已经不能在经济容量所允许的正常轨道上运行了。

如上所述,数学对偶理论和固定替代弹性定理[式(2.12)—(2.14)]证明了存在于经济里的这种自然属性——正则性,该定理被称为经济的正则性定律(Law of Economic Regularity)。正则性定律的发现,为解释和描述经济学的首要发现——自由市场自行调节定律做出了重要贡献,它揭示了自由市场自行调节的真相,特别是精确地解释了"自行调节"到底调节什么和怎样调节的问题,令经济学的科学性走上了更高的水平。有了经济正则性定律,对有关经济增长问题的分析就变得更加便利了,因为这个定律使得经济的演进以及与此相关的可持续发展和宏观调控等诸多问题都有了更准确的初始描述的基础,自然也就有了更精确的分析的出发点。

经济学的理论核心范式发展到有约束的利润函数——G 函数以后,关于经济的分析,特别是关于它的初始性的数理分析,便可以很便利地借助这些定理、定律和法则来完成。

§2.3.3　测度计量的可选择模型

从人类的观念世界与宇宙的自然世界的关系来看,这种关系也是一种对应关系。在这种对应里,自然世界是真实的存在,人类的观念是对它的近似。近代以来的科学探索表明,自然运动的规律是一种真函数(True Function),或称潜在的真函数(Underlying True Function),科学知识中所运用的函数是对它的近似,是一种近似函数。近似的准确和精确,是人们的追求。若其他条件不变,精确的程度取决于近似的程度。

在生产经济理论上,G 函数与 F 函数是完全等价的。这意味着,在理论探索方面,二者共同遵循了有关的基本定律,在现象观察方面,二者运用了同样的前提条件,因此,才使它们具有了同构的性质,才有了等价的对理论核心的解释功能。然而,正如上文已经阐明的,也就是由数理分析结果所表明的,对比着 F 函数,G 函数深化了对理论核心的分析,首先是加深了分析的精确程度,这说明,在其他条件不变的情况下,G 函数应该有比 F 函数更好的近似性。为要发现新的规律、正确的数理分析结果,需要推进到有效的测度计量,并需要由进一步精准的数学形式化来保证。为此,G 函数确立后,首先引导了关于数据试验应采取的具体数学形式的讨论和选择,即要选出能符合经济学理论核心深化分析的函数形式。资料表明,这个选择目前集中到了"超越对数函数"(Transcendental Logarithmic Function)上。

从上述分析结果可以看出,对比 F 函数,在其余条件均相等的情况下,G 函数的初始模型还必须能对任意函数提供二阶数据的近似。为此,人们一开始便想到了"二次函数"(Quadratic Function)。其一般形式为:

$$F(x) = \alpha_0 + \alpha'x + \frac{1}{2}x'Bx$$

这里,$x \equiv [x_1, x_2, \ldots, x_m]'$。

后来又有人提出了"一般化的线性函数"(Generalized Linear Function)。其一般形式为:

$$F(x) = \alpha_0 + \alpha'x^{1/2} + \frac{1}{2}x^{1/2}Bx^{1/2},$$

这里 $x^{1/2} \equiv [x_1^{1/2}, x_2^{1/2}, \ldots, x_m^{1/2}]'$;

最后集中到了"超越对数函数"。其一般形式为:

$$\ln F(x) = \alpha_0 + \alpha' \ln x + \frac{1}{2} \ln x' B \ln x \ ,$$

这里 $\ln x \equiv [\ln x_1, \ln x_2, \ldots, \ln x_m]'$;①

"超越对数函数"可以概念性地表示为:

$$\ln y = \ln F(\ln x)$$

它与 Cobb – Douglas 生产函数的对数变换形式是一致的,即由 Cobb – Douglas $y = A_0 x_i^{\alpha_i}$,有 $\ln y = \ln A_0 + \sum_{i=1}^{m} \alpha_i \ln x_i$,得出概念形式: $\ln y = \ln F(\ln x)$ 。或许正是受到这方面的启发,在满足分析要求的前提下,出于概念理解和数据处理上的便利,推想出了"超越对数函数"的一般形式。为满足理论核心分析的需要,所运用的近似函数,除了二次连续可微性之外,还必须具有单调性,凹性或拟凹性。用因子份额法估计出来的 Cobb – Douglas 生产函数总是单调的和凹的,并且有关估计方法非常简单、便利。作为对偶函数,按照生产可能性集合的凸性,有约束的利润函数必须是单调的、凹的或拟凹的,同时,又有简单、便利的估计方法可以借鉴,容易让人们想到"超越对数函数"。

对于有约束的利润函数,即对于 $G = \pi(p; v)$,人们通过有效的探索,已经确定了这样的超越对数函数的具体形式,即:

$$\ln \pi = \alpha_0 + \sum \alpha_i \ln p_i + \sum \beta_j \ln |v_j| + 1/2 \sum \sum \gamma_{ih} \ln p_i \ln p_h$$
$$+ \sum \sum \delta_{ij} \ln p_i \ln |v_j| + 1/2 \sum \sum \varphi_{jk} \ln |v_j| \ln |v_k|$$
$$i, h = 1, \ldots, I \qquad j, k = I + 1, \ldots, I + J \tag{2.23}$$

它的优点主要有两个:一个是它能够事先在一定程度上限制各个替代弹性的符号或大小,符合有约束的利润函数的基本条件;另一个是它的对数形式可以提供上述的分析所需要的便利。它的具体结构是一种对数的 Taylor 级数的二阶展开,很符合经济理论分析的要求。

---

① 一个值得注意的事实是,Heady 和 Dillon(1961)已经提出了一个两因子的超越对数函数的描述,即对这种一般化线性函数的描述,以及对这种二次型函数的描述;并且对后两种函数做了经验性运用。关于独立地提出这种超越对数函数的其他学者,请参阅在 Christensen,Jorgenson,和 Lau(1973)著作里所列出的参考文献。Lau(1974)似乎是最初提出把二次型函数作为一个准化的利润函数的。——转引自 Lau, L . Testing and Imposing Monotonic,Convexity and Quasi – Convexity Constraints[M]//M. Fuss and D. McFadden. Production Economics:A Dual Approach to Theory and Applications. Vol. 1. The Theory of Production. North – Holland Publishing Company:Amsterdam · New York · Oxford,1978:410.

由于 Young 定理暗含着,有约束的利润函数 π 的 Hessian 矩阵是对称的,这里要求有:

$$\gamma_{ih} = \gamma_{hi}, \quad \varphi_{jk} = \varphi_{kj}$$

而 π 函数要满足在价格和固定投入上的线性齐次性,意味着:

$$\sum \alpha_i = 1 \quad \sum \beta_j = 1 \quad \sum \gamma_{ih} = 0 \quad \sum \varphi_{jk} = 0$$

$$\sum_i \delta_{ij} = 0 \quad \sum_j \delta_{ij} = 0$$

由式(2.23)可以得出:

$$\frac{\partial \ln\pi}{\partial \ln p_i} = \frac{p_i x_i}{\pi} = \alpha_i + \sum_h \gamma_{ih}\ln p_h + \sum_j \delta_{ij}\ln |v_j|$$

和

$$\frac{\partial \ln\pi}{\partial \ln |v_j|} = \frac{\lambda_j v_j}{\pi} = \beta_j + \sum_i \delta_{ij}\ln p_j + \sum_k \varphi_{jk} v_k$$

$$i,h = 1,\dots,I \qquad j,k = I+1,\dots,I+J$$

进而得出:

$$x_i = a_i f_i(p,v) = \frac{\pi}{p_i}(\alpha_i + \sum_h \gamma_{ih}\ln p_h + \sum_j \delta_{ij}\ln |v_j|) \qquad (2.24)$$

和

$$\lambda_j = \frac{\pi}{v_j}(\beta_j + \sum_i \delta_{ij}\ln p_j + \sum_k \varphi_{jk} v_k) \qquad (2.25)$$

依据定义,式(2.24)即为第 i 种产品的转换函数;式(2.25)为第 j 种固定投入数量的影子支出。

另外,根据替代弹性的定义,得出:

1. 产品之间的固定替代弹性为:

(1.1)第 i 种产品对第 h 种产品的固定替代弹性为:

$$\sigma_{,h} = \frac{\pi \dfrac{\partial^2\pi}{\partial p_i \partial p_h}}{\dfrac{\partial\pi}{\partial p_i}\dfrac{\partial\pi}{\partial p_h}} = 1 + \frac{\gamma_{ih}}{\dfrac{(p_i x_i)(p_h x_h)}{\pi^2}} \qquad i,h = 1,\dots,I;i \neq h$$

(1.2)第 i 种产品对自身的固定替代弹性为:

$$\sigma_{ii} = \frac{\pi \dfrac{\partial^2\pi}{\partial p_i^2}}{\left(\dfrac{\partial\pi}{\partial p_i}\right)^2} = 1 + \frac{\gamma_{ii}}{\left(\dfrac{p_i x_i}{\pi}\right)^2} - \frac{\pi}{p_i x_i} \qquad i = 1,\dots,I$$

2. 固定投入数量之间的固定替代弹性为:

(2.1) 第 v_j 种固定数量对第 v_k 种固定数量的固定替代弹性为:

$$\sigma_{jk} = \frac{\pi \frac{\partial^2 \pi}{\partial v_j \partial v_k}}{\frac{\partial \pi}{\partial v_j} \frac{\partial \pi}{\partial v_k}} = 1 + \frac{\varphi_{jk}}{\frac{(\lambda_j \, v_j)(\lambda_k v_k)}{\pi^2}} \qquad j,k = 1,\ldots,J; j \neq k$$

(2.2) 第 v_j 种固定数量对自身的固定替代弹性为:

$$\sigma_{ii} = \frac{\pi \frac{\partial^2 \pi}{\partial v_j^2}}{\left(\frac{\partial \pi}{\partial v_j}\right)^2} = 1 + \frac{\varphi_{jj}}{\left(\frac{\lambda_j \, v_j}{\pi}\right)^2} - \frac{\pi}{\lambda_j \, v_j} \qquad j = 1,\ldots,J$$

借助转换函数和固定替代弹性,可以把技术对应市场的内在情况分析得更清楚。

在替代弹性的基础上,可以容易地计算出市场价格之间的弹性和固定投入之间的需求弹性如下:

ⅰ. 产品之间的弹性为:

(ⅰ.1)第 i 种产品对第 h 种产品的弹性为:

$$\eta_{ih} = \frac{p_i x_i}{\pi} + \frac{\gamma_{ih}}{\frac{p_h x_h}{\pi}} \qquad i,h = 1,\ldots,I; i \neq h$$

(ⅰ.2)第 i 种产品的自弹性为:

$$\eta_{ii} = \frac{p_i x_i}{\pi} + \frac{\gamma_{ii}}{\frac{p_i x_i}{\pi}} - 1 \qquad i = 1,\ldots,I$$

ⅱ. 固定投入数量之间的弹性为:

(ⅱ.1) 第 v_j 种固定数量对第 v_k 种固定数量的弹性为:

$$\eta_{jk} = \frac{\lambda_j \, v_j}{\pi} + \frac{\varphi_{jk}}{\frac{\lambda_k v_k}{\pi}} \qquad j,k = 1,\ldots,J; j \neq k$$

(ⅱ.2) 第 v_j 种固定数量的自弹性为:

$$\eta_{jj} = \frac{\lambda_j \, v_j}{\pi} + \frac{\varphi_{jj}}{\frac{\lambda_j \, v_j}{\pi}} - 1 \qquad j = 1,\ldots,J$$

借助它们可以把市场和影子市场的变化趋势揭示出来,从而把技术与市场之间的对应解释清楚,也就是把这种对应的结构和变化的可能性解释得更加深入。

§2.3.4 实际验证的需要:固定数量的试验和实验

对照着以往经济分析中常用的 F 函数 $F = F(p)$,G 函数 $G = \pi(p;v)$ 里增加了一项 v ,也就是增加了固定投入数量向量。这一项是初始模型 π 中的约束条件,而上述有关分析已经表明,这一约束条件本身也是有具体结构限制的,其元素数目不少于价格的数目($I \leqslant J$)。从数学意义上讲,这意味着,在满足数值计算条件的情况下,这个微分方程组会得出完全解,说明原函数系统,在给定观察点上,有清晰的结构和相对稳定的状态。而式 $F = F(p)$ 只有奇异解,得不出原函数系统的清晰的结构和稳定的状态。因而,在基本逻辑关系上,$G = \pi(p;v)$ 能比 $F = F(p)$ 得出更加准确也更加精确的表示。近代以来的科学事实表明,科学的探索,特别是科学理论的探索,正是沿着"不断准确、不断精确"的途径深入的,因为宇宙的规律是很准确的和很精确的,理论的精确性永远是一个问题。

对于实验科学来说,数学所确定的逻辑关系,还必须贯彻到具体的数据试验和最后的实际验证中去,也就是在数理分析结果的指导之下,还必须继续开展测度计量和实际验证,才能最终发现规律,推进理论的进展,完成一项科学研究的任务。科学自身是自身的主宰。在必要的数理分析已经完成,理论核心得到深化以后,后续的测度计量和实际验证阶段,便会自动地被引导出来,成为新的相应的创新点,并且会较快地发展起来。

具体到 $F = F(p)$ 和 $G = \pi(p;v)$,人们容易看出,直接由 $F = F(p)$ 引导出来的试验和实验应该是很有限的,特别是关于约束条件的试验和实验会更少,因为是奇异解,试验结果给不出更清晰的结构,即使对综合程度很高的总体性的数值试验,也难以得到有效的归纳,因而试验意义难以把握,难以得出有效的结论;而关于约束条件的试验,因为数理分析结果没有明确的指示,在实际研究中缺乏主动探索是正常的,偶尔的思考也难免陷入盲目;而对于实际验证来说,可能更容易盲目,而感到没有章法。这些情况,在 $G = \pi(p;v)$ 这里,将会得到极大的改善。首先,数理分析结果,在数学意义上,表明了所分析对象在逻辑上的准确和精确的关系,由此可以引出这样基本的观念,即市场运行得更准确和更精确的结构与状态,是与相应的约束条件对应着的,而且,依据近代科学已经确认的更基本观念可以得知,这种对应一定是很准确和很精确的。对于基础数学关系来说,这种准确和精确总是与具体某个点或某个子空间的具体情况联系在一起,在大的理论框架已经确定之后,这种准确和精确,在某种意义上讲,不再是理论问题,而是进一步的计算、试验和实验的问题,这些进一步工作的目的,主要在于要查明规律运动的具体边界条件。因此,对于实验科学来说,这就是进行相应的试验和实验,以便更接近具体空间上的规律。这样,若与 $F = F(p)$ 中的其他条件均一样,那么, $G = \pi(p;v)$ 的函数结构便已经指明了试验和实验的基本方向之所在。其次,由此所开展的试验和实验,不再是漫无边际的,更不再是盲目的了,因为 $G = \pi(p;v)$ 给定了向量 p 和 v 的元素的符号($p > 0_I$; $v \leqslant 0_J$),还给定了这些元素的数目($I \leqslant J$),这至少规定了试验和实验的数据在运用上的方向和规模;最后,学科已有的范式、基本观念,加上数学给定的基本定理,可以保证这些试验和实验能够以合理而有效的方式来进行。

例如,要探索一个基础性的经济问题,试图揭示经济要素在两个部门之间流动的规律,那么,在 $G = \pi(p;v)$ 的指导下,可能首先会想到存在与两个部门相对应的 2 个市场,至少有 2 个产品,价格分别为 p_1 和 p_2 ,又根据新古典主义模型所考虑的 2 大要素——劳动力和资本,相应地,2 种产品面对 2 个产品需求,又面对 2 个要素(基本资源),于是,有 $p = [p_1, p_2]$, $v = [v_1, v_2, v_3, v_4]$,其中, v_3 为劳动力固定数量, v_4 为资本固定数量。这里,显然满足了固定数量的数目不少于价格数量的要求,即 $I \leqslant J$ 。

这样,从 $G = \pi(p;v)$ 出发,得出了具体的经济结构:

$$G = \pi(p,v) = \pi(p_1, p_2; v_1, v_2, v_3, v_4)$$

其中,因为市场是自由的,给定 $p = [p_1, p_2]$ 以后似乎便可以放下了。这样,这个经济体模型是否接近现实,是否精确,便主要集中在了 $v = [v_1, v_2, v_3, v_4]$ 里。从基本概念上讲,如上所述,关于 $v = [v_1, v_2, v_3, v_4]$ 所给定的基本结构应该是问题不大的,其精度主要取决于在这个基础上再进行的深层划分。精度存在于细部,规律体现在微元。因此,有关的试验和实验,似乎应该集中在相应的产品结构和基本资源的具体数值方面。

关于初始模型的类似工作,可以统称为是"关于固定投入数量的试验和实验"。从发展理论的角度来看,这些工作是运用已知的范式来解释新现象、新数据,是做新的测度计量和实际验证;从方法应用的角度来看,它们是运用已经发现的模型,融进新的变量和参数,求解新的可行信息,以便验明所推断的合理结构。总之,它们都可以笼统地归入试验和实验的范畴。由此可以看出,对比着以往的经济学模型,G 函数必然要引导出更加深入而有效的试验和实验来。

第2章 建议的续读文献

[1]孙中才. 农业经济学的科学基础:数理分析、测度计量和实际验证[J].信阳师范学院学报(哲学社会科学版),2008,1:101-105.

[2][德]艾·爱因斯坦,[波]利·英费尔德. 物理学的进化[M]. 长沙:湖南教育出版社,1999:105.

[3]Lau,L..Testing and Imposing Monotonic,Convexity and Quasi-Convexity Constraints[M]//M. Fuss and D. McFadden. Production Economics:A Dual Approach to Theory and Applications. North-Holland Publishing Company:Amsterdam·New York·Oxford,1978:419.

[4]McFadden,D..Cost,Revenue,and Profit Functions [M]//M. Fuss and D. McFadden,Production Economics:A Dual Approach to Theory and Applications. Vol. 1. The Theory of Production. North-Holland Publishing Company:Amsterdam·New York·Oxford,1978:xi.

[5]Diewert,W..An Application of the Shephard Dual Theorem,A Generalized Leontief Production Function [J]. Journal of Political Economy,1971,79(3):481-507.

[6]Christensen,L..D..Jorgenson and L. Lau. Conjugate Duality and The Transcendental Logarithmic Function[J].Econometrica,1971,39(4):255-256.

[7]杨振宁. 杨振宁文录[M]. 海口:海南出版社,2002:96.

[8]"第一推动"丛书编委会. 总序[M]//弗朗西斯·克里克. 惊人的假说:灵魂的科学探索. 汪云九,等,译. 长沙:湖南科学技术出版社,1999:3.

[9]Harrigan,J..Technology,Factor Supplies,and International Specialization:Estimating the Neoclassical Model [J]. The American Economic Review,1997,87:475-494.

[10]Gopinath,M. and Kennedy L..Agricultural Trade and Productivity Growth:A State-level Analysis[J]. American Journal of Agricultural Economics,2000,82(5):1213-1218.

[11]Lansink,A..Productivity Growth and Efficiency Measurement:A Dual Approach[J]. European Review of Agricultural Economics,2000,27(1):59-73.

[12]D. J. 凯福尔斯,J. L. 斯托尔乔,等. 美国科学家论近代科技(中译本)[M]. 范岱年,孟长麟,等,译. 北京:科学普及出版社,1987:16.

第3章　自由市场与常规介入

"自由市场自行调节",是经济科学领域发现的第一个自然法则。如前所述,对于"自由市场",经济学家们在自由贸易中发现了价格的自发性,从而证明并认识了自由市场的实在性,并因此也默认了自由市场可以自行调节的这个规律。然而,在有约束的利润函数——G函数诞生之前,应该说,有不少认识还始终停留在哲学水平上,特别是对于"自行调节",到底"调节什么"和究竟是"怎么调节的",经济学的认识还一直是不精确的。

有约束的利润函数——G函数成为经济学的最新范式以后,关于经济运行的初始描述更容易实现了,这个范式所凝结的基本规律更加深入了,表达它们的方式也更加直观了。事实表明,从G函数出发,运用正则定律,可以很清楚地解释经济自然运动的格局和变化的趋势,从而揭示了经济在运行过程中,自身在调节什么和到底是怎样调节的。因而,从某种意义上讲,G函数的一个重大的理论贡献是证明了"自行调节"的存在,并准确而精确地解释了它的实际内容,使经济学的这个最基本的定律更加完美了,从而给经济学增加了科学知识。

§3.1　自行调节的本质

§3.1.1　正则规律与自行调节

给定经济体的状态为:

$$\pi(p;v,t)$$

这里,p——价格向量,$p=(p_1,p_2,\ldots,p_I)$;$p_i \gg 0$,$i=1,2,\ldots,I$;

　　v——固定数量向量,$v=(v_1,v_2,\ldots,v_J)$,$v_j \leqslant 0$,$j=1,2,\ldots,J$,并有$I \leqslant J$;

t——时间。

当 $t = 0$ 时,其初始状态为:

$$\pi(p;v,0) \tag{3.1}$$

依据对偶理论得知,在初始点 $t = 0$ 上,这个经济内部的各个因子之间,必定存在着由最小被替代率所确定的基本关系,即:

$$\begin{cases} \Delta r_{p_i}(0) = \min_h \{\sigma_{p_i p_h} r_{p_h}(0)\} - \max_k \{\sigma_{p_i v_k} r_{v_k}(0)\} & (3.2)^* \\ \Delta r_{v_j}(0) = \min_h \{\sigma_{v_j p_h} r_{p_h}(0)\} - \max_k \{\sigma_{v_j v_k} r_{v_k}(0)\} & (3.3)^* \end{cases}$$

$h \in i, h \neq i, i,h = 1,2,\ldots,I; k \in j, k \neq j, j,k = 1,2,\ldots,J$

式中,$\Delta r_{p_i}(0)$——第 i 种产品价格的被替代率,$i = 1,2,\ldots,I$;

$\sigma_{p_i p_h}$——第 i 种产品价格与第 h 种产品价格之间的固定替代弹性;

$r_{p_h}(0)$——第 h 种产品价格的增长率,$h \in i, h \neq i, i = 1,2,\ldots,I$;

$\sigma_{p_i v_k}$——第 i 种产品价格与第 k 种需求数量 v_k 之间的固定替代弹性;

$r_{v_k}(0)$——第 k 种需求数量 v_k 的增长率;

$\Delta r_{v_j}(0)$——第 j 种需求数量 v_j 的被替代率,$j = 1,2,\ldots,J$;

$\sigma_{v_j p_h}$——第 j 种需求数量 v_j 与第 h 种产品价格之间的固定替代弹性,$h \in i$,
　　　　$h \neq i, i = 1,2,\ldots,I, j = 1,2,\ldots,J$;

$\sigma_{v_j v_k}$——第 j 种需求数量 v_j 与第 k 种需求数量 v_k 之间的固定替代弹性,$k \in j$,
　　　　$k \neq j, j = 1,2,\ldots,J$;

$r_{v_k}(0)$——第 k 种需求数量 v_k 的增长率,$k = 1,2,\ldots,J$。

联立的式(3.2)*—(3.3)*表明,如果在 $t = 0$ 时刻,所给定的经济 $\pi(p;v)$ 是正常的话,也就是可以正常运行的话,即满足正则条件,那么,它的市场因子——价格向量 p,$p = [p_1,p_2,\ldots,p_I]$,$p_i \gg 0$,$i = 1,2,\ldots,I$,便如式(3.2)*所示,即每个价格元素都处于最小的被替代状态下。而经济的限制因子,即经济容量(Economic Capacity)——固定数量 v 的状态,$v = (v_1,v_2,\ldots,v_J)$,$v_j \leq 0$,$j = 1,2,\ldots,J$,并有 $I \leq J$,则如式(3.3)*所示,这个固定数量向量中的每一个元素也处于最小的被替代的关系之中。这也就是说,只要这个经济是正常的,那么,在它的初始状态上,就必然存在着式(3.2)*—(3.3)*这样的自然状态,即同时存在的固定对应关系,也就是可以用固定替代弹性作为参数来表征的自然关系。

因为这个经济是可以正常运行的,那么,按照常规,便自然地有理由设想,这个经济是处于正常变化状态的,即它的每一个因子都随时间的推移,处于广义的增长变化之中,即它们的增长率可以分别为" + ",为"0"或者为" – "。如果在运行中没有任何其他因素介入的话,那么,到了 t ($t > 0$)时刻,依照正则定律,它应该自然地变化为:

$$\begin{cases} e^{\alpha_{p_i}t}\Delta r_{p_i}(0) = \min_h\{\sigma_{p_ip_h}e^{-\alpha_{p_i}t}r_{p_h}(0)\} - \max_k\{\sigma_{p_iv_k}e^{-\beta_{v_i}t}r_{v_k}(0)\} & (3.4)^* \\ e^{\beta_{v_i}t}\Delta r_{v_i}(0) = \min_h\{\sigma_{v_jp_h}e^{-\alpha_{p_i}t}r_{p_h}(0)\} - \max_k\{\sigma_{v_jv_k}e^{-\beta_{v_i}t}r_{v_k}(0)\} & (3.5)^* \end{cases}$$

$$h \in i , h \neq i , i,h = 1,2,\ldots,I ; k \in j , k \neq j , j,k = 1,2,\ldots,J$$

式中, α_{p_i} ——第 i 个价格的被替代指数, $i = 1,2,\ldots,I$;

　　 $- \alpha_{p_h}$ ——第 h 个价格的增长指数, $h \in i , h \neq i , i,h = 1,2,\ldots,I$;

　　 β_{v_j} ——第 j 种需求的被替代指数, $j = 1,2,\ldots,J$;

　　 $- \beta_{v_k}$ ——第 k 种需求的增长指数, $k \in j , k \neq j , j,k = 1,2,\ldots,J$ 。

数学的对偶理论证明,若存在着式 $(3.2)^*$ — $(3.3)^*$,并且,如果经济是正则的话,那么,就自然且必然地存在着式 $(3.4)^*$ — $(3.5)^*$ 。

转到经济世界来说,这就意味着,如果我们所关注的这个经济是正常的话,那么,在其运动之中,随着经济当事人做出最优的决策,市场会自动地调节出自己的最优状态,从而与之相对应。

"自由市场自行调节",调节什么,如何调节,在此,终于有了比较明确的交代,也终于让人 一目了然了。然而,更深入、更精确的最优状态是什么,至此,我们仍旧不甚了解。

人们容易注意到,在式 (3.1) 里,因为固定数量 v_j 是给定的常数, $j = 1,2,\ldots,J$,那么,在式 $(3.3)^*$ 里,除了 $r_{p_h}(0)$ 之外,其余的实际上就都是给定的了,即除了这里的价格增长率 $r_{p_h}(0)$ 之外,其余各个参数都是明确的了。显然,如果能够进一步明确这个 $r_{p_h}(0)$ 的值, $h = 1,2,\ldots,I$,那么,经济的自行调节规律就可能得到进一步的揭示。

容易理解,在经济容量里,也就是固定数量因子中,必定存在这样一个因子,即它有全局性最小的被替代率,也就是说,必定有一个经济容量元素,它的被替代率在经济体的全部容量里是最小的,即有:

$$\Delta r_{v_w}(0) = \min_j\{\Delta r_{v_j}(0)\}$$

于是,在式 $(3.3)^*$ 里得到:

$$\Delta r_{v_W}(0) = \min_j \{\Delta r_{v_j}(0)\}$$
$$= \min_j \min_h \{\sigma_{v_j p_h} r_{p_h}(0)\} - \max_j \max_k \{\sigma_{v_j v_k} r_{v_k}(0)\}$$
$$= \min_j \{\sigma_{v_j p_h}\} \min_h \{r_{p_h}(0)\} - \max_j \max_k \{\sigma_{v_j v_k} r_{v_k}(0)\}$$
$$= \sigma_{v_W p_h} \min_h \{r_{p_h}(0)\} - \sigma_{v_W v_S} r_{v_S}(0)$$

$h \in i$, $h \neq i$, $i,h = 1,2,\ldots,I$; $W \in j$, $S \in k$, $k \in j$, $k \neq j$, $j,k = 1,2,\ldots,J$。

由此可以解得：

$$r_{p_R}(0) = \min_h \{r_{p_h}(0)\} \qquad \forall \Delta r_{v_W}(0)$$

这也就是说，从一个最小的容量被替代率出发，解得了一个最小的价格增长率。

这里，对于这个被替代率最小的容量元素 v_W 而言，所给定的参数都是全局性的"最小值"，因而所解得的最小的价格增长率 $r_{p_R}(0)$ 必定也是全局性的最小值。这样，经济体便可以确定一个全局性最小向量，即：

$$[r_{p_R}(0), \Delta r_{v_W}(0)] = [\min_h \{r_{p_h}(0)\}, \min_j \{\Delta r_{v_j}(0)\}] \qquad \forall j,h$$

$R \in h$, $h \in i$, $h \neq i$, $i,h = 1,2,\ldots,I$; $W \in j$, $k \in j$, $k \neq j$, $j,k = 1,2,\ldots,J$

值得注意的是，这个最小的价格增长率是经济体自行确定的，是经济的自然反应的结果。因而能够认为，这个全局性的最小向量是经济自然确定的，尽管某些初始性参数可能并不完全是自然的。那么，根据大道定理（Turnpike Theorem），只要经过足够的时间，整个经济体的增长，必然收敛于这个全局性最小元素所给定的向量。

于是，式(3.2)*—(3.3)*可以具体地表示为：

$$\begin{cases} \Delta r_{p_i}(0) = \sigma_{p_i p_R} r_{p_R}(0) - \sigma_{p_i v_W} r_{v_W}(0) & (3.2) \\ \Delta r_{v_j}(0) = \sigma_{v_j p_R} r_{p_R}(0) - \sigma_{v_j v_W} r_{v_W}(0) & (3.3) \end{cases}$$

而且，由此，式(3.4)*—(3.5)*实际上可以写为：

$$\begin{cases} e^{\alpha_{p_i} t}\Delta r_{p_i}(0) = \sigma_{p_i p_R} e^{-\alpha_{p_R} t} r_{p_R}(0) - \sigma_{p_i v_W} e^{-\beta_{v_W} t} r_{v_W}(0) & (3.4) \\ e^{\beta_{v_j} t}\Delta r_{v_j}(0) = \sigma_{v_j p_R} e^{-\alpha_{p_R} t} r_{p_R}(0) - \sigma_{v_j v_W} e^{-\beta_{v_W} t} r_{v_W}(0) & (3.5) \end{cases}$$

这样，人们能够看到，由于正则规律的存在，在经济运行的初始点 $t = 0$ 上，便由经济中的最小被替代率确立了所有因子之间的相互替代关系,而在这些关系里,必然存在着一个处于极端状态的固定数量因子,它有全经济体里最小的因子被替代率;进而由它决定了一个全经济体里有最小增长率的价格因子。这样,即得出了一个由这两个极端性数值构成的向量 $[r_{p_\mathrm{R}}(0), \Delta r_{v_\mathrm{w}}(0)] = [\min_h\{r_{p_\mathrm{h}}(0)\}, \min_j\{\Delta r_{v_j}(0)\}], \forall h, j$。并且,出于经济当事人的最优化要求,这两个数值便内在地决定了整个经济体里各个因子的基本被替代状态。因为这两个因子的值是总体性的极端数值,它们对整体经济所具有的这种作用,显然是其余因子所不具备的。由此人们容易做出判断,对于其余非极端性因子来说,尽管它们的变化会即刻在自己身上得到反应,也可以根据固定替代弹性和它自身的增长率计算出它对其余各个因子的潜在替代作用,但如果这种变化还没有足以使它成为极端性因子的话,那么,整个经济的运行结果仍然会以现有的极端性因子的作用为准,而这些非极端性因子的作用不会呈现为经济整体性结果。因为作为经济当事人最优化选择的对偶,经济的自然反应必然呈现为正则规律指引下的替代最小法则,如式(3.2)—(3.3)和式(3.4)—(3.5)所示。

这意味着,对应于 F 函数所表示的经济当事人的最优化选择,G 函数可以给出经济体自然存在的结构性反应。

市场属于社会,它的自由运动却属于自然,它的运动规律是自然给定的。"自由市场自行调节"的定律,在这里既得到了准确的表达,也得到了精确的证明。

§3.1.2 干预介入的意义与作用

经济,是一种社会运动,尽管它有自然属性,也遵从自然规律,然而,不争的事实是,人的行为在这里不但会明显地存在,而且有明显的作用。将人为干预的机理描述清楚,进而把有关的效应解释清楚,一直是经济学的一项不可忽视的任务。

如果一个正则的经济体如式(3.1)所示,那么,在 $t = 0$ 时刻,其内部各个因子之间由最小被替代率确定的基本关系为式(3.2)*—(3.3)*。若没有其他任何外界干预因素介入,那么,到了 t ($t > 0$) 的时刻,它必定会变化为式(3.4)*—(3.5)*。这就是市场的自行调节,它所呈现的规律就是正则定律。反过来说,如果我们将经济由式(3.2)*—(3.3)*变化到式(3.4)*—(3.5)*的过程视为经济的正则定律,或正则法则,那么,这种存在于因子之间的由固定替代弹性的不变性所决定的最小的被替代关系的不变性,就是经济的正则性。显然,经济的这种性质——正则性是存在于市场与经济当事人行为之间的一种对应,也就是自然存在于自由市场里的一种属性。在这种属性的基础之上,经济能够对人们的有关最优化选择,做出自然的和必然的反应。

现在设想,在从 $t = 0$ 到 $t > 0$ 的这个时间间隔里,出现了人为的干预,并有效地介入了经济。依据自由市场自行调节的法则,这些介入只能出现在约束条件里,也就是只能出现在式(3.1)的固定数量 v 方面。设这些介入,也就是针对各种需求的人为干预为 m_2 ,它是一个 N 维的向量,即 $m_2 = [m_{2_1}, m_{2_2}, \ldots, m_{2_N}]$ 。于是,可以把此时经济体的状态描述为:

$$\pi[p; v(m_2), t]$$

这里, m_2 ——对经济的干预介入向量, $m_2 = [m_{2_1}, m_{2_2}, \ldots, m_{2_N}]$ 。

关于这些干预因子的综合作用,存在两种可能:一种是,干预介入后,经济不能正常运行了,崩溃了;另一种是,经济仍保持正常状态,可以运行。对于前一种可能,可以定义为破坏性干预,可以视作一种很极端的情况。显然,对于这种情况所要研究的问题,明显地超出了经济学的范围,经济学界已经没有能力予以考虑。而后一种情况则是经济领域里很常见的,可以定义为正常的干预介入。对于正常的干预介入,经济学应该给予准确和精确的说明。

正常的干预介入,意味着这些介入是可行的,也就是属于经济正常运行所允许的,或者说,它们的作用结果是处于正则性所允许的范围之内的。那么,当 $t = 0$ 时,经济的初始状态应该为:

$$\pi[p; v(m_2), 0] \tag{3.6}$$

在此,首先可以得出它的 Jacobi 向量为:

$$J = \begin{bmatrix} \pi_p & \pi_v \end{bmatrix} = \begin{bmatrix} \nabla_p \pi & \nabla_v \pi \end{bmatrix} = \left[\frac{\partial \pi}{\partial p_i}; -\frac{\partial \pi}{\partial v_j} \left(\sum_{n=1}^{N} \frac{\partial v_j}{\partial m_{2_n}} \right) \right]$$

在 Jacobi 向量的基础上,可以得出 Hessian 矩阵为:

$$H = \begin{bmatrix} \pi_{pp} & \pi_{v(m_2)p} \\ \pi_{pv(m_2)} & \pi_{v(m_2)v(m_2)} \end{bmatrix} = \begin{bmatrix} \nabla_{pp}^2 \pi & \nabla_{v(m_2)p}^2 \pi \\ \nabla_{pv(m_2)}^2 \pi & \nabla_{v(m_2)v(m_2)}^2 \pi \end{bmatrix}$$

$$= \begin{bmatrix} \dfrac{\partial^2 \pi}{\partial p_i \partial p_h} & -\dfrac{\partial^2 \pi}{\partial v_j \partial p_h} \left(\sum_{n=1}^{N} \dfrac{\partial v_j}{\partial m_{2_n}} \right) \\ -\dfrac{\partial^2 \pi}{\partial p_h \partial v_k} \left(\sum_{n=1}^{N} \dfrac{\partial v_k}{\partial m_{2_n}} \right) & \dfrac{\partial^2 \pi}{\partial v_j \partial v_k} \left(\sum_{n=1}^{N} \dfrac{\partial v_k}{\partial m_{2_n}} \right)^2 \end{bmatrix}$$

由 Hessian 矩阵可以得出替代弹性矩阵为:

$$S = \begin{bmatrix} \sigma_{p_i p_h} & \sigma_{v_j p_h} \\ \sigma_{p v_k} & \sigma_{v_j v_k} \end{bmatrix}$$

$$= \pi \begin{bmatrix} \pi_p^{-1} \pi_{pp} \pi_p^{-1} & \pi_{v(m_2)}^{-1} \pi_{v(m_2)p} \pi_p^{-1} \\ \pi_p^{-1} \pi_{pv(m_2)} \pi_{v(m_2)}^{-1} & \pi_{v(m_2)}^{-1} \pi_{v(m_2)v(m_2)} \pi_{v(m_2)}^{-1} \end{bmatrix}$$

$$= \begin{bmatrix} \sigma_{p_i p_h} & \sigma_{v_j(m_2)p_h} \\ \sigma_{p v_k(m_2)} & \sigma_{v_j(m_2)v_k(m_2)} \end{bmatrix}$$

$$= \begin{bmatrix} \sigma_{p_i p_h} & \sigma_{v_j p_h} \\ \sigma_{p v_k} & \sigma_{v_j v_k} \end{bmatrix}$$

并且,根据 Young 定理可知,这里的 $\sigma_{v_j p_h}$ 与 $\sigma_{p v_k}$ 是对称的。$h \in i$,$i,h = 1,2,\dots,I$;$k \in j$,$j,k = 1,2,\dots,J$。

这里,

$$\sigma_{p_i p_h} = \pi \left(\frac{\partial \pi}{\partial p_i}\right)^{-1} \left(\frac{\partial^2 \pi}{\partial p_i \partial p_h}\right) \left(\frac{\partial \pi}{\partial p_h}\right)^{-1} \quad h \in i,\ h \neq i,\ i,h = 1,2,\dots,I \tag{3.7}$$

$$\sigma_{v_j(m_2)p_h} = \pi \left[-\frac{\partial \pi}{\partial v_j}\left(\sum_{n=1}^{N}\frac{\partial v_j}{\partial m_{2_n}}\right)\right]^{-1} \left[-\frac{\partial^2 \pi}{\partial p_i \partial v_j}\left(\sum_{n=1}^{N}\frac{\partial v_j}{\partial m_{2_n}}\right)\right]\left(\frac{\partial \pi}{\partial p_h}\right)^{-1}$$

$$= \pi \left(-\frac{\partial \pi}{\partial v_j}\right)^{-1} \left(-\frac{\partial^2 \pi}{\partial p_h \partial v_j}\right)\left(\frac{\partial \pi}{\partial p_h}\right)^{-1}$$

$$= \sigma_{v_j p_h} \quad h \in i,\ i = 1,2,\dots,I,\ j = 1,2,\dots,J \tag{3.8}$$

$$\sigma_{p v_k(m_2)} = \pi \left(\frac{\partial \pi}{\partial p_i}\right)^{-1} \left[-\frac{\partial^2 \pi}{\partial p_i \partial v_k}\left(\sum_{n=1}^{N}\frac{\partial v_k}{\partial m_{2_n}}\right)\right] \left[-\frac{\partial \pi}{\partial v_k}\left(\sum_{n=1}^{N}\frac{\partial v_k}{\partial m_{2_n}}\right)\right]^{-1}$$

$$= \pi \left(\frac{\partial \pi}{\partial p_i}\right)^{-1} \left(-\frac{\partial^2 \pi}{\partial p_i \partial v_k}\right)\left(-\frac{\partial \pi}{\partial v_k}\right)^{-1}$$

$$= \sigma_{p v_k} \quad i = 1,2,\dots,I,\ k \in j,\ j = 1,2,\dots,J \tag{3.9}$$

$$\sigma_{v_j(m_2)v_k(m_2)} = \pi \left[-\frac{\partial \pi}{\partial v_j}\left(\sum_{n=1}^{N}\frac{\partial v_j}{\partial m_{2_n}}\right)\right]^{-1} \left[\frac{\partial^2 \pi}{\partial v_j \partial v_k}\left(\sum_{n=1}^{N}\frac{\partial v_j}{\partial m_{2_n}}\right)^2\right] \left[-\frac{\partial \pi}{\partial v_k}\left(\sum_{n=1}^{N}\frac{\partial v_j}{\partial m_{2_n}}\right)\right]^{-1}$$

$$= \pi \left(-\frac{\partial \pi}{\partial v_j}\right)^{-1} \left(\frac{\partial^2 \pi}{\partial v_j \partial v_k}\right)\left(-\frac{\partial \pi}{\partial v_k}\right)^{-1}$$

$$= \sigma_{v_j v_k} \quad k \in j,\ k \neq jj,k = 1,2,\dots,J \tag{3.10}$$

式(3.7)—(3.10)所示的是,在有了干预 $m_2 = [m_{2_1}, m_{2_2}, \dots, m_{2_n}]$ 并介入经济以后,而固定替代弹性仍会保持不变。由此,从式(3.6)中可以看出,由于有了

$m_2 = [m_{2_1}, m_{2_2}, \ldots, m_{2_N}]$ 干预的介入,与原来没有介入时的 v 相比,$v(m_2)$ 的数值会有所不同,也就是有了变化,出现了 $e^{\beta_{v_i}(m_2)} \Delta r_{v_j}(0)$,即人为地把需求的被替代率调整了。这样,式(3.5)* 便成了:

$$e^{\beta_{v_i}(m_2)} \Delta r_{v_j}(0) = \min_h \{\sigma_{v_j p_h} e^{-\alpha_{p_h}} r_{p_h}(0)\} - \max_k \{\sigma_{v_j v_k} e^{-\beta_{v_i}(m_2)} r_{v_k}(0)\}$$

这里,$e^{\beta_{v_i}(m_2)} \Delta r_{v_j}(0)$ ——人为调整后的第 j 种需求的被替代增长率,常量;

$e^{-\beta_{v_i}(m_2)} r_{v_k}(0)$ ——人为调整后的第 k 种需求的增长率,$k \in j$,$j, k = 1, 2, \ldots,$ J,常量。

在这里,只有 $e^{-\alpha_{p_h}}$ 是变量,而其余的都是给定的常量了。于是,在式(3.5)* 中可以解得:

$$e^{-\alpha_{p_h}}$$

进而得到:

$$e^{-\alpha_{p_h}} r_{p_h}(0)$$

也就是说,有了新的需求变化以后,导致价格 p_h 有了新的变化,出现了新的增长率,$h \in i$,$i = 1, 2, \ldots, I$。

由给定需求的人为干预后的增长率,到得出相应的价格的增长率,前面已经分析过了,对于正则的经济来说,这个过程是经济自己完成的,是经济自行调节的。

于是,如果在 $t = 0$ 时刻已经有:

$$\begin{cases} e^{\alpha_{p_i}} \Delta r_{p_i}(0) = \min_h \{\sigma_{p_i p_h} e^{-\alpha_{p_h}} r_{p_h}(0)\} - \max_k \{\sigma_{p_i v_k} e^{-\beta_{v_i}(m_2)} r_{v_k}(0)\} & (3.11) \\ e^{\beta_{v_i}(m_2)} \Delta r_{v_j}(0) = \min_h \{\sigma_{v_j p_h} e^{-\alpha_{p_i}} r_{p_i}(0)\} - \max_k \{\sigma_{v_j v_k} e^{-\beta_{v_i}(m_2)} r_{v_k}(0)\} & (3.12) \end{cases}$$

$$h \in i, h \neq i, i, h = 1, 2, \ldots, I; k \in j, k \neq j, j, k = 1, 2, \ldots, J$$

式中,$e^{\beta_{v_i}(m_2)} \Delta r_{v_j}(0)$ ——人为调整后的第 j 种需求的被替代增长率,常量;

$e^{-\beta_{v_i}(m_2)} r_{v_k}(0)$ ——人为调整后的第 k 种需求的增长率,$k \in j$,$j, k = 1, 2, \ldots,$ J,常量;

$e^{-\alpha_{p_h}} r_{p_h}(0)$ ——人为干预介入需求后,经济自行调节出来的价格增长率;

$e^{-\alpha_{p_i} t} r_{p_h}(0)$ ——市场内部传递的价格增长率。

那么,到了 t($t > 0$)时刻,经济就一定会自动地调节出:

$$\begin{cases} e^{\alpha_{p_i} t} \Delta r_{p_i}(0) = \min_h \{\sigma_{p_i p_h} e^{-\alpha_{p_i} t} r_{p_h}(0)\} - \max_k \{\sigma_{p_i v_k} e^{-\beta_{v_i}(m_2) t} r_{v_k}(0)\} & (3.13) \\ e^{\beta_{v_i}(m_2) t} \Delta r_{v_j}(0) = \min_h \{\sigma_{v_j p_h} e^{-\alpha_{p_i} t} r_{p_h}(0)\} - \max_k \{\sigma_{v_j v_k} e^{-\beta_{v_i}(m_2) t} r_{v_k}(0)\} & (3.14) \end{cases}$$

$$h \in i, h \neq i, i, h = 1, 2, \ldots, I; k \in j, k \neq j, j, k = 1, 2, \ldots, J$$

试想,就在这个时刻,如果又出现了对经济的新的有效调控,也就是又有了新的正常干预。假设干预的内容可以表示为对已有干预的调整,干预向量可以表示为 $\hat{m}_2 = [\hat{m}_{2_1}, \hat{m}_{2_2}, \ldots, \hat{m}_{2_N}]$,并因此得出了新的需求向量,使得 v_j 的增长指数给定为 $-\beta_{v_j}(\hat{m}_2)$,v_k 的增长指数给定为 $-\beta_{v_k}(\hat{m}_2)$。这时,经济内部潜在地存在着一个这样的替代关系为:

$$\begin{cases} e^{\alpha_{p_i}t}\Delta r_{p_i}(0) = \min_h\{\sigma_{p_ip_h}e^{-\alpha_{p_h}t}r_{p_h}(0)\} - \max_k\{\sigma_{p_iv_k}e^{-\hat{\beta}_{v_k}(\hat{m}_2)t}r_{v_k}(0)\} & (3.15) \\ e^{\hat{\beta}_{v_j}(\hat{m}_2)t}\Delta r_{v_j}(0) = \min_i\{\sigma_{v_jp_h}e^{-\alpha_{p_h}t}r_{p_h}(0)\} - \max_k\{\sigma_{v_jv_k}e^{-\hat{\beta}_{v_k}(\hat{m}_2)t}r_{v_k}(0)\} & (3.16) \end{cases}$$

$h \in i, h \neq i, i, h = 1, 2, \ldots, I; k \in j, k \neq j, j, k = 1, 2, \ldots, J$

这样,如同前面已经看到的,从式(3.15)里便可以解出 $-\hat{\alpha}_{p_i} = -\alpha_{p_i}$ 来,因为在这个方程里,只有这一项为未知,其余的都已经给定了。这样,给定了需求的新增长率,又解出了式中的价格增长率,于是,再一次的经济正则运行继续了。

由此人们看到了经济调控及其作用的原理,特别是对宏观调控的意义可以有更明确的了解了。介入干预或主动调控,是可以进行的,而且,介入的途径是可以任意的。任何随意的可行介入,都存在着潜在的可行结果。

然而,上述的分析结果已经表明,经济自身的最优化运行是以两个极端因子的最小替代率为准的,因此,任意的可行介入不一定能呈现为可见的效果,只有针对极端因子的介入和干预才能呈现为有效的经济结果。

从改变需求的增长入手,最后达到调控整个经济格局和结构的过程,应该存在着一个更简单的逻辑进展过程。人们能够发现,在经济运行的各个时间点上,一定存在一个最小的需求被替代增长率。例如,在式(3.16)中,一定有:

$$e^{\hat{\beta}_{v_w}(\hat{m}_2)t}\Delta r_{v_w}(0) = \min_j\{e^{\hat{\beta}_{v_j}(\hat{m}_2)t}\Delta r_{v_j}(0)$$

$$= \min_h\{\sigma_{v_wp_h}e^{-\alpha_{p_h}t}r_{p_h}(0)\} - \max_k\{\sigma_{v_wv_k}e^{-\hat{\beta}_{v_k}(\hat{m}_2)t}r_{v_k}(0)\}$$

$h \in i, h \neq i, i, h = 1, 2, \ldots, I; k \in j, k \neq j, j, k = 1, 2, \ldots, J \quad (3.17)$

即在经济中,这时一定存在一种需求的被替代增长率是全经济体容量元素里最小的一个,而且,如上所述,在人为干预介入后,因为经济容量的各个元素都将成为已知的,即 $e^{\hat{\beta}_{v_w}(\hat{m}_2)t}\Delta r_{v_w}(0)$ 成为给定值,而其余的 $e^{-\hat{\beta}_{v_k}(\hat{m}_2)t}r_{v_k}(0)$ 也将成为给定值,例如有 $e^{-\hat{\beta}_{v_s}(\hat{m}_2)t}r_{v_s}(0) = \max_k\{\sigma_{v_wv_k}e^{-\hat{\beta}_{v_k}(\hat{m}_2)t}r_{v_k}(0)\}$,

那么,可以得出

$$e^{\hat{\beta}_{v_s}(\hat{m}_2)t}\Delta r_{v_W}(0) = \min_h\{\sigma_{v_W p_h}\}\min_h\{e^{-\alpha_{p_h}t}r_{p_h}(0)\} - \sigma_{v_W v_S}e^{-\hat{\beta}_{v_s}(\hat{m}_2)t}r_{v_S}(0)。$$

在这里,除了 $\min_h\{e^{-\alpha_{p_h}t}r_{p_h}(0)\}$ 为待定的之外,其余都是给定的或可以确定的数量。

于是,可以解得: $e^{-\alpha_{p_h}t}r_{p_R}(0) = \min_h\{e^{-\alpha_{p_h}t}r_{p_h}(0)\}$,$\forall v_W, h \in i, h \neq i$, $i = 1,$ $2,\dots,I$。

根据其定义,这里的 $e^{\hat{\beta}_{v_s}(\hat{m}_2)t}\Delta r_{v_W}(0)$ 可以称作经济短板容量(Weakness in Economic Capacities)的被替代增长率,可以简称为短板容量;$e^{-\alpha_{p_h}t}r_{p_i}(0)$ 为短板价格(Weakness in Prices)的增长率,可以简称为短板价格。

值得指出的是,随意的介入和干预,如果幅度较大,导致其中一个非极端因子的被替代率有了突出的变化,而成了新的极端容量,那么,这样的介入和干预可以视为是造出了新的极端容量,调整了原有的经济格局。而其性质和过程仍属于针对极端容量所给予的介入。

在此,可以将围绕式(3.17)所展开的分析总结一下。正则的经济运行时,其因子必定遵循最小被替代率,其中,还必定存在一个在整体经济意义上的最小容量增长率——短板容量。在这个短板容量上,经济自然地可以解得经济整体意义上的最小价格增长率——短板价格。如前所述,它们分别是所在集合里的最小元素,是经济体的全局性最小值。它们构成一个最小值向量,并使得式(3.13)—(3.14)向其收敛,致使(3.15)—(3.16)最终可以简写为:

$$\begin{cases} e^{\alpha_{p_R}t}\Delta r_{p_i}(0) = \sigma_{p_i p_R}e^{-\alpha_{p_R}t}r_{p_R}(0) - \sigma_{p_i v_W}e^{-\hat{\beta}_{v_s}(\hat{m}_2)t}\Delta r_{v_W}(0) & (3.18)\\ e^{\hat{\beta}_{v_s}(\hat{m}_2)t}\Delta r_{v_j}(0) = \sigma_{v_j p_R}e^{-\alpha_{p_R}t}r_{p_R}(0) - \sigma_{v_j v_W}e^{-\hat{\beta}_{v_s}(\hat{m}_2)t}\Delta r_{v_W}(0) & (3.19) \end{cases}$$

$R \in h, h \in i, h \neq i, i,h = 1,2,\dots,I$;$W \in k, k \in j, k \neq j, j,k = 1,2,\dots,J$

由此人们看到,只有针对短板容量的介入和干预,才能最后呈现为可见的整体性的经济结果。而这样介入和干预,是首先确定短板容量的被替代率,进而由经济自身调节出一个新的极端数值——短板价格的最小增长率,并由此以这两个极端数值作为基本变量,引导经济发展下去。这是一个由一个短板生成两个短板,最后引导出整个经济体有序运行的过程。据此,有人形象地称,对经济的有效调控,实际上就是"一极变两极,两极带全局"。

不知道短板容量之所在,不明了这个短板容量的具体数值,能实现真正的经济调控是很困难的,而要取得有效预期效果更是困难的。即使随意的大幅度介入和干预移动了短板容量之所在,调整了原来的格局,取得了经济的全局性变化,那么,在科学的角度看来,这也不过是经验水平上试错性试验的结果。

知道了短板容量之所在,也明了这个短板容量的具体数值,人们从这个容量入手,给定新的被替代率,经济便自然地调节出新的短板价格的增长率,进而便可以确定出经济里其余各个因子的最佳被替代率。据此,可以得出这时的第 i 个价格, $i = 1, 2, \ldots, I$,为:

$$p_i(\hat{m}_2, t) = p_i(\hat{m}_2, 0)[1 - e^{\alpha_{p_i} t} \Delta r_{p_i}(0)] \qquad \forall i \qquad (3.20)$$

第 j 种需求的固定数量, $j = 1, 2, \ldots, J$,为:

$$v_j(\hat{m}_2, t) = v_j(\hat{m}_2, 0)[1 - e^{\hat{\beta}_{v_j}(\hat{m}_2) t} \Delta r_{v_j}(0)] \qquad \forall j \qquad (3.21)$$

于是,便得到了 t ($t > 0$)时刻这个经济体的新结构:

$$\pi[p; v(\hat{m}_2), t] \qquad (3.22)$$

式(3.22)便是对应于干预的介入市场自己自动调节出来的新结构。式(3.18)—(3.21)是这种调节的具体过程。自然存在的正则性规律决定了这种调整的实在性。

这也如实地描述了宏观调控所具有的经济意义。由此可以认为,切实可行的经济宏观调控,只有遵循了经济的正则规律,在精确的正则定律指导下才可能取得较好的效果。

以式(3.22)为基础,具体代入已经可以给定的固定数量向量:

$$\hat{v}(\hat{m}_2) = [\hat{v}_1(\hat{m}_2), \hat{v}_2(\hat{m}_2), \ldots, \hat{v}_J(\hat{m}_2)]$$

经济便可以开始新的正常运行了。

纵观上述分析过程,可以得出一个重要结论:在现代经济里,对经济的调控,虽然可以从任何一个固定数量或者说从任何一个经济容量成分入手,但是,经济却依据正则规律,只会在短板容量上确定出一个短板价格的增长率,然后自行调节出整个经济体里各个价格的相应的被替代率,进而全面地改变了市场的价格系统。这样,加上已经给定的经济容量的改变,形成一个新的经济格局或新的经济结构,最终实现对经济进行调节的目的。

§3.2 改变经济结构的条件及其特征

§3.2.1 创新产业生存的条件

给定一个正则的经济,不失一般性,其初始结构为:

$$\pi_1(p;v,t)$$

这里,$p = (p_1,p_2,\ldots,p_I)$,即有 I 项供给;$v = (v_1,v_2,\ldots,v_J)$,即有 J 项需求,$I \leq J$。为便于阐述,将这里的 p 简单地视为市场,将 v 视为经济容量,它们中的各个元素被简单地称为经济成分。

当 $t = 0$ 时,其初始状态为:

$$\pi_1(p;v,0)$$

依据正则定律得知,那么,在这个初始点上,其内部各个因子之间必定存在着由最小被替代率确定的基本关系,即:

$$\begin{cases} \Delta r_{p_i}(0) = \min_h \{\sigma_{p_i p_h} r_{p_h}(0)\} - \max_k \{\sigma_{p_i v_k} r_{v_k}(0)\} \\ \Delta r_{v_j}(0) = \min_h \{\sigma_{v_j p_h} r_{p_h}(0)\} - \max_k \{\sigma_{v_j v_k} r_{v_k}(0)\} \end{cases}$$

$$h \in i, h \neq i, i,h = 1,2,\ldots,I \; ; \; k \in j, k \neq j, j,k = 1,2,\ldots,J$$

即市场成分和经济容量成分实际上都处于被替代状态上。所谓经济是正则的,就是这些被替代率是成立的,是经济的初始条件所允许的。试想,在经济运行过程中,出现了合理的对需求的干预介入 $m_2 = [m_{2_1},m_{2_2},\ldots,m_{2_N}]$,致使到了 $t(t>0)$ 时刻,如式(3.13)—(3.14)所示,经济自动地调节出:

$$\begin{cases} e^{\alpha_{p_i}t} \Delta r_{p_i}(0) = \min_h \{\sigma_{p_i p_h} e^{-\alpha_{p_i}t} r_{p_h}(0)\} - \max_k \{\sigma_{p_i v_k} e^{-\beta_{v_k}(m_2)t} r_{v_k}(0)\} \\ e^{\beta_{v_i}(m_2)t} \Delta r_{v_j}(0) = \min_h \{\sigma_{v_j p_h} e^{-\hat{\alpha}_{p_i}t} r_{p_h}(0)\} - \max_k \{\sigma_{v_j v_k} e^{-\beta_{v_k}(m_2)t} r_{v_k}(0)\} \end{cases}$$

$$h \in i, h \neq i, i,h = 1,2,\ldots,I \; ; \; k \in j, k \neq j, j,k = 1,2,\ldots,J$$

这里,$e^{\beta_{v_i}(m_2)t} \Delta r_{v_j}(0)$——人为调整后的第 j 种需求的被替代增长率,常量;

$e^{-\beta_{v_k}(m_2)t} r_{v_k}(0)$——人为调整后的第 k 种需求的增长率,$k \in j, j,k = 1,2,\ldots,$

$\qquad\qquad J$,常量;

$e^{-\hat{\alpha}_{p_i}t} r_{p_h}(0)$——人为干预介入需求后,经济自行调节出来的价格增长率;

$e^{-\alpha_{p_i}t} r_{p_h}(0)$——市场内部传递的价格增长率;

t ——时间。

正如已经提到的,这意味着,对经济的介入和干预,可以从任意的需求入手,而且,这样的介入和干预必定成为对经济的潜在影响。但是,只有针对短板的介入和干预,才能最后呈现为可预见的一般的经济结果。因为经济内部实际上可以有形传递的只能是短板容量和短板价格,而其中的短板价格又是由短板容量决定的。因而,经济的实际结果,不会呈现为任意介入和干预所期望的状态,而只能呈现为经济的自然的一般最优化状态。在整体和持久的意义上,必然如此。

即,在这个经济里,必定存在着:

$$
\begin{aligned}
e^{\hat{\beta}_{v_{*}}(\hat{m}_{2})t}\Delta r_{v_{w}}(0) &= \min_{j}\{e^{\hat{\beta}_{v_{*}}(\hat{m}_{2})t}\Delta r_{v_{j}}(0)\} \\
&= \min_{j}\{\min_{h}[\sigma_{v_{j}p_{h}}e^{-\alpha_{p_{*}}t}r_{p_{h}}(0)] - \max_{k}[\sigma_{v_{j}v_{k}}e^{-\hat{\beta}_{v_{*}}(\hat{m}_{2})t}r_{v_{k}}(0)]\} \\
&= \min_{h}\{\sigma_{v_{w}p_{h}}e^{-\alpha_{p_{*}}t}r_{p_{h}}(0)\} - \max_{k}\{\sigma_{v_{w}v_{k}}e^{-\hat{\beta}_{v_{*}}(\hat{m}_{2})t}r_{v_{k}}(0)\}
\end{aligned}
$$

并由此得出由短板容量和短板价格构成的最小值向量$[e^{\hat{\beta}_{v_{*}}(\hat{m}_{2})t}\Delta r_{v_{w}}(0)\quad e^{-\alpha_{p_{*}}t}r_{p_{i}}(0)]$,致使在经济的格局中有:

$$
\begin{cases}
e^{\alpha_{p_{*}}t}\Delta r_{p_{i}}(0) = \sigma_{p_{i}p_{R}}e^{-\alpha_{p_{*}}t}r_{p_{R}}(0) - \sigma_{p_{i}v_{w}}e^{-\hat{\beta}_{v_{*}}(\hat{m}_{2})t}\Delta r_{v_{w}}(0) \\
e^{\hat{\beta}_{v_{*}}(\hat{m}_{2})t}\Delta r_{v_{j}}(0) = \sigma_{v_{j}p_{R}}e^{-\alpha_{p_{*}}t}r_{p_{R}}(0) - \sigma_{v_{j}v_{w}}e^{-\hat{\beta}_{v_{*}}(\hat{m}_{2})t}\Delta r_{v_{w}}(0)
\end{cases}
$$

$$h \in i, h \neq i, i, h = 1, 2, \ldots, I; k \in j, k \neq j, j, k = 1, 2, \ldots, J$$

这时,这个经济直接呈现的状态是由人为干预向量$m_{2} = [m_{2_{1}}, m_{2_{2}}, \ldots, m_{2_{N}}]$作用于短板容量$e^{\hat{\beta}_{v_{*}}(\hat{m}_{2})t}\Delta r_{v_{w}}(0)$,再得出短板价格$e^{-\alpha_{p_{*}}t}r_{p_{i}}(0)$,最后,由它们共同决定的整体状态为:

$$\pi_{1}[p; v(m_{2}), t]$$

如果在这个经济里,这时要增添一组新的成分,即增加一个新的市场成分,或者说扩充出一个新的部门,并且随之也扩充出一个新的需求固定数量,使这个经济变为:

$$\pi_{2}[p, p_{I+1}; v(m_{2}), v_{J+1}(m_{2}), t] \tag{3.23}$$

那么,此时这组新的市场成分和新的需求成分在经济里的状态会呈现为:

$$
\begin{cases}
e^{\alpha_{p_{*+1}}t}\Delta r_{p_{I+1}}(0) = \sigma_{p_{I+1}p_{R}}e^{-\alpha_{p_{*}}t}r_{p_{R}}(0) - \sigma_{p_{I+1}v_{w}}e^{-\hat{\beta}_{v_{*}}(\hat{m}_{2})t}\Delta r_{v_{w}}(0) \\
e^{\hat{\beta}_{v_{*+1}}(\hat{m}_{2})t}\Delta r_{v_{J+1}}(0) = \sigma_{v_{J+1}p_{R}}e^{-\alpha_{p_{*}}t}r_{p_{R}}(0) - \sigma_{v_{J+1}v_{w}}e^{-\hat{\beta}_{v_{*}}(\hat{m}_{2})t}\Delta r_{v_{w}}(0)
\end{cases}
$$

与经济里的短板因子相对照,这里有 4 种情况最值得注意:

(1)

$$e^{\alpha_{p_{n+1}}t}\Delta r_{p_{I+1}}(0) < e^{|-\alpha_{p_{x}}|t}r_{p_{R}}(0)$$

和

$$e^{\hat{\beta}_{v_{n+1}}(\hat{m}_{2})t}\Delta r_{v_{J+1}}(0) > e^{|-\hat{\beta}_{v_{x}}(\hat{m}_{2})|t}\Delta r_{v_{W}}(0)$$

第(1)种情况意味着,这个市场新成分的价格被替代增长率小于短板价格,有:

$$\sigma_{p_{I+1}p_{R}}e^{-\alpha_{p_{x}}t}r_{p_{R}}(0) - \sigma_{p_{I+1}v_{W}}e^{-\hat{\beta}_{v_{x}}(\hat{m}_{2})t}\Delta r_{v_{W}}(0) < 0$$

即它的价格受市场的影响比受需求的影响小,或者从另一个角度来看,就是市场对这个新成分有大于需求的欢迎力,它不受市场欢迎。但同时,因为对它的需求,可以受到需求方面的较大作用,它的需求被替代增长率大于短板容量,容易被需求方面所接纳。

(2)

$$e^{\alpha_{p_{n+1}}t}\Delta r_{p_{I+1}}(0) > e^{|-\alpha_{p_{x}}|t}r_{p_{R}}(0)$$

和

$$e^{\hat{\beta}_{v_{n+1}}(\hat{m}_{2})t}\Delta r_{v_{J+1}}(0) < e^{|-\hat{\beta}_{v_{x}}|(\hat{m}_{2})t}\Delta r_{v_{W}}(0)$$

与第(1)种情况正相反,第(2)种情况意味着,这个市场新成分的价格被替代增长率大于短板价格,有:

$$\sigma_{p_{I+1}p_{R}}e^{-\alpha_{p_{x}}t}r_{p_{R}}(0) - \sigma_{p_{I+1}v_{W}}e^{-\hat{\beta}_{v_{x}}(\hat{m}_{2})t}\Delta r_{v_{W}}(0) > 0$$

即它的价格受市场的影响比受需求的影响大,或者从另一个角度来看,就是市场对这个新成分有大于需求的排斥力,它不受市场欢迎。但同时,却因为它的需求被替代增长率小于短板容量,会受到需求方面的欢迎。

(3)

$$e^{\alpha_{p_{n+1}}t}\Delta r_{p_{I+1}}(0) < e^{|-\alpha_{p_{x}}|t}r_{p_{R}}(0)$$

和

$$e^{\hat{\beta}_{v_{n+1}}(\hat{m}_{2})t}\Delta r_{v_{J+1}}(0) < e^{|-\hat{\beta}_{v_{x}}(\hat{m}_{2})|t}\Delta r_{v_{W}}(0)$$

第(3)种情况意味着,这个市场新成分的价格被替代增长率小于短板价格,有:

$$\sigma_{p_{I+1}p_{R}}e^{-\alpha_{p_{x}}t}r_{p_{R}}(0) - \sigma_{p_{I+1}v_{W}}e^{-\hat{\beta}_{v_{x}}(\hat{m}_{2})t}\Delta r_{v_{W}}(0) < 0$$

即它的价格受市场的影响比受需求的影响小,或者从另一个角度来看,就是市场对这个新成分有大于需求的排斥力,它受市场欢迎。同时,因为对它的需求,也受到需求方面的较大作用,它的需求被替代增长率小于短板容量。

(4)

$$e^{\alpha_{p_{t+1}}t}\Delta r_{p_{t+1}}(0) > e^{|-\alpha_{P_*}|t}r_{p_R}(0)$$

和

$$e^{\hat{\beta}_{v_{t+1}}(\hat{m}_2)t}\Delta r_{v_{J+1}}(0) > e^{|-\hat{\beta}_{v_*}|(\hat{m}_2)t}\Delta r_{v_W}(0)$$

第(4)种情况意味着,这个市场新成分的价格被替代增长率大于短板价格,有:

$$\sigma_{p_{t+1}p_R}e^{-\alpha_{P_*}t}r_{p_R}(0) - \sigma_{p_{t+1}v_W}e^{-\hat{\beta}_{v_*}(\hat{m}_2)t}\Delta r_{v_W}(0) < 0$$

即它的价格受市场的影响比受需求的影响小,或者从另一个角度来看,就是市场对这个新成分有小于需求的欢迎力,它不受市场欢迎。但同时,因为对它的需求可以不受到需求方面的较大作用,它的需求被替代增长率大于短板容量。

经验表明,这里的第(1)、第(2)和第(3)种情况,都意味着这个新的成分会成为经济的短板,也就是说:或者是短板价格,或者是短板容量,而且均小于经济原有的短板。如果这个新成分被接纳,后果必定带来高水平的全局性扩张,带来经济的整体性增长。而其中的第(3)种可能最为特殊,在这种情况下,这个新成分将在经济的供给与需求两方面楔入短板,令经济活力升到更高水平,且较难下降。因此,在正常情况下,只有第(4)种情况最为不可取,这种新成分被接纳后,不会带来经济的活跃,尽管也可能导致局部的活跃,但绝不会带来全局性的提高。

容易理解,经济短板条件,或称短板容量,是经济容量的底线,从前一节的分析结果里已经能够看出,短板容量不仅直接决定了经济持续增长条件的最低水平,它还直接决定着宏观调控时市场价格的最低增长率,即价格的短板,因而其在市场的自动调节中,扮演着原始替代基准的角色,给经济发展提供最朴素的底色背景。

一个新的经济结构要替换已有经济结构,或者最简单地,一项新的产业成分要出现在已有的经济里,在它所要满足的最起码条件里,应该与经济短板条件有直接的联系。

容易判断,如果其他条件不变,这里的前3种可能都意味着会降低最低经济容量成分的替代率,导致经济短板容量被突破,经济有了更大的非限制因素,经济发展的余地更大。在正常情况下,这样的新经济成分不应当被拒绝。只有在第(4)种可能下,新经济成分才会被拒绝。显然,新的经济成分要立住脚,从增长的意义上讲:在供给方面,它的价格被替代的增长率要不大于短板价格,或者说,它的市场价格增长趋势要不大于短板价格;在需求方面,他的被替代的增长率应不小于短板容量,也就是它需求增长趋势要不小于短板容量。或者笼统一点讲,就是新经济成分在供给和需求方面对经济的积极作用,至少也要高于现存的最低效的经济成分。这样的观念,似乎早已经成为人们的常识之一。然而,上述分析结果无疑可以让它更理性,更准确,也更精确。

经济容量的短板状态,或者说短板的经济容量,应该存在于每个经济体之中,而且应该是每个经济体自身唯一的,且因为结构不同,发展阶段不同和/或人文历史不同,在各个经济体之间应该有较大差别,但因为从上述的分析结果来看,它不仅直接决定经济的需求和资源利用的取向和方式,而且也间接地影响着市场价格的传递和形成。对其进行切实的探索和测度,应该是很有意义的。现代经济学范式可以很容易地解释经济的正则性质,也可以比较便利地计算出有关数值,为获得有关经济短板容量方面的信息开辟了简捷的道路。获得了充分的信息后,或许对认识市场结构的发展趋势、基本资源条件和技术发展方向等,都可以有不小的帮助。其中,如上所述,获得的有关新成分加入经济体的分析结果,对人们认识创新产业的生存条件,已经有很大的帮助。

值得特别指出的是,在上述分析中,容易发现这样的事实,即经济的短板容量和短板价格最终决定了经济的增长结构。也就是存在着这样的事实,即整体经济的增长会收敛于由短板所确定的状态,即:

$$\lim_{-\alpha_{p_x}\to 0;-\hat{\beta}_{v_x}2\to 0} \frac{d\ln\pi}{dt} \to f\left[e^{-\alpha_{p_x}t}r_{p_R}(0), e^{-\hat{\beta}_{v_x}(\hat{m}_2)t}\Delta r_{v_W}(0)\right]$$

在这里,前面的推导结果表明,短板价格是在经济短板容量的基础上得出来的,因此,这里的价格增长率实际上是需求增长率的函数,因而经济短板容量是短板价格的决定因素,是利润的最终变量。由此可以得出:

$$\lim_{-\alpha_{p_x}\to 0;-\hat{\beta}_{v_x}2\to 0} \frac{d\ln\pi}{dt} \to f\left[e^{-\hat{\beta}_{v_x}(\hat{m}_2)t}\Delta r_{v_W}(0)\right]$$

也就是说,经济的增长最终要收敛于经济容量的短板状况。经济状况最终是由需求决定的。这在经济不断发展、资源日益紧张的今天,实在应该予以较多注意。

这里似乎也显露了一些迹象,令人看到了经济运行必定遵循大道定理的情况。

§3.2.2 科技进步与经济结构变化

科学技术是生产力,而且是第一生产力。然而,在自由市场的经济里,它的作用在短期内却很少表现,因而,科技进步成了长期经济的主要关注点之一。从人为干预的角度来看,科技抚育与宏观调控是社会介入经济所不可或缺的。事实表明,对于经济发展,科技抚育始终具有深入持久的作用,但在自由市场的幼年期里,宏观调控往往会有更突出的表现,发挥更大的作用。然而,随着经济的进步,自由市场的健全,科学技术的实际作用会得到显现和发挥,并给经济带来深入持久的影响,从而使人们对科技抚育的真正意义有所领悟。

对自由的市场经济来说,科学技术,也像经济容量一样,是外生变量,是人为干预可以直接介入的参数集合。所不同的是,作为生产力,科学技术直接作用于生产,也就是直接作用于供给,因而它们是供给方面的参数集合。

自然,在确认了经济的正则性以后,经济学家们已经认识到了,经济学所研究的都是正则的经济体,或者说,都是正则的经济,因而在研究对象方面已经不言而喻地将其定义为是正则的经济。为简明起见,本书以下所面对的经济便都是正则的,非必要时,不再重复说明。

从 $G = \pi(p;v)$ 出发,借用 Harrigan 推论:一个具体产业的技术变化能够以同样方法化为这个具体产业的价格增长模型。因此,要得到一个显现技术进步的经济,便可以很容易地写出:

$$G = \pi(ap;v) \qquad\qquad (3.24)$$

式中, a ——标量矩阵, $a = \begin{bmatrix} a_{11} & 0 & \dots & 0 \\ 0 & a_{22} & 0 & 0 \\ \dots & 0 & \dots & 0 \\ 0 & 0 & 0 & a_{II} \end{bmatrix}$

根据科技进步的定义,这里有 $a_{ii} \geqslant 1$, $\forall i = i$ 。当 $a_{ii} \equiv 1$ 时,实际上意味着其所在部门不存在科技进步, $i = 1,2,\dots,I$ 。另外,因为科技进步具有一维进步性,因而它们的增长率都是非负的。

对式(3.24)取超越对数形式,可以得出:

$$\ln\pi(\ln a + \ln p;\ln v)$$

进而,在状态方程中,可以容易地得出 ap 的增长率为 $(r_{a_{ii}} + r_{p_i})$, $i = 1, 2,\dots,I$ 。

在式(3.24)中,可以得出 Jacobi 向量为:

$$J = \begin{bmatrix} \pi_p & \pi_v \end{bmatrix} = \begin{bmatrix} \nabla_p\pi & \nabla_v\pi \end{bmatrix} = \begin{bmatrix} \dfrac{\partial\pi}{\partial p_i}a_{ii} & -\dfrac{\partial\pi}{\partial v_j} \end{bmatrix}$$

$i = 1, 2, \ldots, I$; $j = 1, 2, \ldots, J$

在 Jacobi 向量的基础上，可以得出 Hessian 矩阵为：

$$H = \begin{bmatrix} \pi_{pp} & \pi_{pv} \\ \pi_{pv} & \pi_{vv} \end{bmatrix} = \begin{bmatrix} \nabla_{pp}^2 \pi & \nabla_{pv}^2 \pi \\ \nabla_{pv}^2 \pi & \nabla_{vv}^2 \pi \end{bmatrix}$$

$$= \begin{bmatrix} \dfrac{\partial^2 \pi}{\partial p_i \partial p_h} a_{ii} a_{hh} & -\dfrac{\partial^2 \pi}{\partial v_j \partial p_h} a_{hh} \\ -\dfrac{\partial^2 \pi}{\partial p_i \partial v_k} a_{hh} & \dfrac{\partial^2 \pi}{\partial v_j \partial v_k} \end{bmatrix}$$

$h \in i$, $i, h = 1, 2, \ldots, I$; $k \in j$, $j, k = 1, 2, \ldots, J$

由这个 Hessian 矩阵可以得出的固定替代弹性矩阵为：

$$S = \begin{bmatrix} \sigma_{p_i p_h} & \sigma_{v_j p_h} \\ \sigma_{p_i v_k} & \sigma_{v_j v_k} \end{bmatrix} = \pi \begin{bmatrix} \pi_{p_i}^{-1} \pi_{p_i p_h} \pi_{p_h}^{-1} & \pi_{v_j}^{-1} \pi_{v_j p_h} \pi_{p_h}^{-1} \\ \pi_{p_i}^{-1} \pi_{p_i v_k} \pi_{v_k}^{-1} & \pi_{v_j}^{-1} \pi_{v_j v_k} \pi_{v_k}^{-1} \end{bmatrix}$$

$h \in i$, $i, h = 1, 2, \ldots, I$; $k \in j$, $j, k = 1, 2, \ldots, J$ 。

若关注长期经济，在其初始点上，也就是在时刻 $t = 0$ 上，经济内部存在的替代关系为：

$$\begin{cases} \Delta r_{p_i}(0) = \min_h \{ \sigma_{p_i p_h} [r_{a_{hh}}(0) + r_{p_h}(0)] \} - \max_k \{ \sigma_{p_i v_k} r_{v_k}(0) \} \\ \qquad\qquad\qquad - r_{a_{ii}}(0) \Delta r_{p_i}(0) \\ \Delta r_{v_j}(0) = \min_h \{ \sigma_{v_j p_h} [r_{a_{hh}}(0) + r_{p_h}(0)] \} - \max_k \{ \sigma_{v_j v_k} r_{v_k}(0) \} \end{cases}$$

$h \in i$, $h \neq i$, $i, h = 1, 2, \ldots, I$; $k \in j$, $k \neq j$, $j, k = 1, 2, \ldots, J$

经济运行到了 t （ $t > 0$ ）时刻，在正则规律作用下，经济会自动地调节出：

$$\begin{cases} e^{\alpha_{p_i} t} \Delta r_{p_i}(0) = \min_h \{ \sigma_{p_i p_h} [e^{-\alpha_{a_{hh}} t} r_{a_{hh}}(0) + e^{-\alpha_{p_h} t} r_{p_h}(0)] \} - \max_k \{ \sigma_{p_i v_k} e^{-\beta_{v_k} t} r_{v_k}(0) \} \\ \qquad\qquad\qquad - e^{-\alpha_{a_{ii}} t} r_{a_{ii}}(0) \Delta r_{p_i}(0) \\ e^{\beta_{v_j} t} \Delta r_{v_j}(0) = \min_h \{ \sigma_{v_j p_h} [e^{-\alpha_{a_{hh}} t} r_{a_{hh}}(0) + e^{-\alpha_{p_h} t} r_{p_h}(0)] \} - \max_k \{ \sigma_{v_j v_k} e^{-\beta_{v_k} t} r_{v_k}(0) \} \end{cases}$$

在这里，依据科技进步的特性，其增长率非负，即这里有 $e^{-\alpha_{a_i}} \geqslant 0$ 和 $e^{-\alpha_{a_u}} \geqslant 0$ ，导致：

$$e^{-\alpha_{a_{hh}} t} r_{a_{hh}}(0) + e^{-\alpha_{p_h} t} r_{p_h}(0) \geqslant e^{-\alpha_{p_h} t} r_{p_h}(0)$$

和

$$e^{-\alpha_{a_{ii}} t} r_{a_{ii}}(0) + e^{-\alpha_{p_i} t} r_{p_i}(0) \geqslant e^{-\alpha_{p_i} t} r_{p_i}(0)$$

　　这意味着,有了科技进步,对比没有科技进步的情况,经济内部各个因子之间的被替代率增大了。这里的 $e^{-\alpha_{p_k}t}r_{p_k}(0)$ 和 $e^{-\alpha_{p_i}t}r_{p_i}(0)$ 就是没有科技进步的情况。

　　再从以短板因子来表示的经济状态看看科技进步对整个经济体的作用。此刻,由经济短板所决定的状态是:

$$
\begin{cases}
e^{\alpha_{p_i}t}\Delta r_{p_i}(0) = \sigma_{p_i p_R}[e^{-\alpha_{a_{RR}}t}r_{a_{RR}}(0) + e^{-\alpha_{p_R}t}r_{p_R}(0)] - \sigma_{p_i v_W}e^{-\hat{\beta}_{r_v}(\hat{m}_2)t}\Delta r_{v_W}(0) \quad (3.25)\\
\qquad\quad - e^{-\alpha_{a_{ii}}t}r_{a_{ii}}(0)\Delta r_{p_i}(0) \\[6pt]
e^{\beta_{v_j}t}\Delta r_{v_j}(0) = \sigma_{v_j p_R}[e^{-\alpha_{a_{RR}}t}r_{a_{RR}}(0) + e^{-\alpha_{p_R}t}r_{p_R}(0)] - \sigma_{v_j v_W}e^{-\hat{\beta}_{r_v}(\hat{m}_2)t}\Delta r_{v_W}(0) \quad (3.26)
\end{cases}
$$

$$R \in i, R \neq i, i = 1,2,\ldots, I ; W \in j, W \neq j, j = 1,2,\ldots,J$$

　　显然,从式(3.25)和(3.26)的右端项里可以看出,短板价格的科技进步 $e^{-\alpha_{a_{RR}}t}r_{a_{RR}}(0)$ 既可以提高全部经济容量的被替代水平,又可以提高全部价格的被替代水平;而从式(3.25)的右端项里看出,各个部门的科技进步 $e^{-\alpha_{a_{ii}}t}r_{a_{ii}}(0)$ 则会降低本部门的价格被替代水平,也就是努力保持本部门的价格上涨水平。

　　这就意味着,只要短板价格出现了科技进步,那么就不仅会增长市场活力,还会增大经济的整体容量,有利于经济的整体增长。因为增大短板容量的被替代率,也就是会增大这个短板的潜在增长水平,从根本上放松对市场的限制,进而增大短板价格的被替代水平,最终导致经济整体出现更大的增长。前面已经述及,容易证明,被替代率的负数,就是增长率,短板价格被替代率的增大在市场上直接意味着,经济里所有价格的增长率要受到短板价格科技进步的抑制,增幅减缓,趋向于价格稳定或者降价;而各个部门自己的科技进步,则反过来会降低本部门的价格被替代率,要保持或发扬自己的价格上涨趋势。

　　由此可以看出,在经济短板容量上确定的短板价格,如果有科技进步存在,这个科技进步就会通过经济体内在的传递和选择机制,最终影响到整个市场上的所有价格。并且,似乎应该首先作用于整个经济的所有容量,在经济容量方面,导致所有容量的被替代增长水平增长了,经济发展的限制条件宽松了,经济增长更轻松了。在市场价格方面,则导致所有价格的被替代率增长了,所有的价格上涨因素被抑制了,价格波动小了,市场更加稳定了。

　　下面转到关于创新产业加入经济体的分析。

　　人们容易理解,可以把这里的 $[e^{-\alpha_{a_{ii}}t}r_{a_{ii}}(0) + e^{-\alpha_{p_i}t}r_{p_i}(0)]$ 定义为经济长期的价格实际增长率,而 $e^{-\alpha_{p_i}t}r_{p_i}(0)$ 为短期的名义增长率。价格的实际增长率大于名义增长率,根据前面的有关分析结果可以看出,如果经济的短板因子存在着科技进步,会导致这些短板的被替代率在运行中有所增大,并最终导致经济体里所有因子的被替代率都增大了。在这种情况下,一个创新产业要进入现有的经济结构,那么可以看到,它要面对的名义价格的增长速度慢了,相对门槛降低了,进入的便利性增加了,但实际价格的增长速度没有变,甚至会有所增长,实际门槛没有变,甚至有所增长。此时,经济体会以名义价格为准接纳这个创新产业进入,但是,一旦进入就会接受实际价格的考验,也就是要接受短板价格科技进步的考验,这个新产业要保持和发展自己的地位,若其余条件不变,这个部门必须发展自己的科技进步,自己的科技进步增长率越高,抵御短板价格增长对自己价格被替代率的能力就越强,保持自己价格增长的优势就越明显。

综合以上分析结果,似乎可以得出以下主要结论:从一般意义上讲,作为外生变量,针对经济短板容量和短板价格的需求干预和技术抚育,都会影响到整体经济的格局和结构,但效果却不完全一样。需求干预可能更适用于短期,因为在短期里其效果会很明显;技术抚育则在短期和长期里都具有深刻的效果,特别在长期里,其作用更为持久。

以上分析结果表明,需求干预的作用可能主要会呈现为这样的结果,影响需求的增长与影响价格的增长,可能大体是同方向的。而技术抚育的影响可能主要是令二者出现反方向的发展。因为从上述分析结果里可以看出,当科技进步出现全面的增长时,它会增大对经济容量的替代,同时会抑制名义价格的增长,这样既令经济容量潜在能力扩大,又令市场发展能力更加活跃。

事实表明,在上述分析结果里,有不少内容属于人们在日常经济生活里已经了解并有所领悟的。这似乎表明,本章所讨论的真实和规律在事实层面上已经有显著的表现,或者说,迹象里已经浓浓地凝聚了真实和规律的主要成分。但是这并不等于人们可以从事实层面上就能把握这些真实和规律。实际上,只有通过上述理论分析,才能使原有的模糊认识走向准确化和精确化,从而增强对规律性和真实性的理解,也才能真正地坚定科学的和深入的理念和知识。

从实际技术上说,要切实认识经济容量的特征、价格形成的机制和经济结构变化的趋势等,能够发现经济短板容量元素之所在,并能够计算出它的数值,或许是更重要的。在宏观调控的立场上,经济容量的短板似乎就是关键所在点中的"零"触点,是关键中的关键。

值得指出的是,借用 Harrigan 推论,在所得出的初始描述 $G = \pi(ap;v)$ 里,技术进步 a 直接表示为现时价格 p(也就是名义价格)的扩张系数,是直接的上涨程度的表示。然而,深入的分析结果却表明,其作用最终要取决于它与短板价格的科技进步之间的差距,因为这个差距最终决定该部门产品价格的被替代指数。见上述的式(3.25):

$$e^{\alpha_{p_i}t}\Delta r_{p_i}(0) = \sigma_{p_i p_R}[e^{-\alpha_{a_{RR}}t}r_{a_{RR}}(0) + e^{-\alpha_{p_i}t}r_{p_R}(0)] - \sigma_{p_i v_W}e^{-\beta_{v_i}t}r_{v_W}(0)$$
$$- e^{-\alpha_{a_{ii}}t}r_{a_{ii}}(0)\Delta r_{p_i}(0)$$

即短板价格的科技进步将增大各个部门价格的被替代指数,也就是带来经济体整体市场价格增幅的减缓,或者说,就是倾向于降价;而本部门的科技进步将抵制这个被替代指数,也就是要维护价格的增幅,维护本部门的涨价。这些都是很明显的。这与人们运用 Harrigan 推论所得出的有关初始描述是一致的。值得注意的是,在经济运行中该部门价格的实际变化,也就是由它的被替代率所决定的变化,却要由它在经济体中所受到的短板容量、短板价格以及本部门自己的科技进步综合起来的作用来决定,而不单单是由它的科技进步这个系数直接决定的。部门的科技进步、价格的扩张系数,可以给本部门带来利益,但在经济的自然运行中,要被短板因子打下折扣。显然,短板因子的科技进步越高,这种折扣越高;反之越低。

由此可见,各个独立部门的科技进步,在整体科技进步水平高的经济里,也就是在短板因子科技进步水平高的经济里,其保持本部门价格增长趋势的能力越弱,非突出性科技进步的影响作用就越不明显;反之,在整体科技进步水平较低的经济里,也就是在短板因子科技水平较低的经济里,各个独立部门的科技进步,其保持本部门价格增长趋势的能力,将被打下较小的折扣,使得非突出性科技进步也有相当影响。转换到经济体的角度来看,经济体的短板价格的科技进步水平越高,也就是经济整体增长底线的科技进步水平越高,就越会鼓励单独部门的突出性科技进步;反之,经济体整体增长底线的科技进步水平越低,就越会延误单独部门的科技进步。这或许正是科技进步会给经济带来"马太效应"和经济也同样会给科技进步带来"马太效应"的原因所在。其中,起着决定作用的就是那个短板价格因子的科技进步水平。

另外,从式(3.25)—(3.26)的结构中可以看出,一个科技进步增长幅度过小或者不存在科技进步的部门,应该很难脱离短板状态,即使一旦脱离,也应该很难持久。因为一个科技进步活跃的部门有很大的科技进步潜力,即使一时成为短板,也会很快减少自己的被替代增长率,增大价格增长率,并带动其余所有价格的被替代率增长,导致不存在或具有很小科技进步的部门更容易被落下,使其重新陷入短板状态。由此可以看出,从长期来看,促使经济增长的决定因素是科技进步,特别是那些科技进步增长突出的市场因子,它们的存在和发展,是经济最活跃的推动力。

第3章建议的续读文献

[1]Harrigan,J.. Technology,Factor Supplies,and International Specialization:Estimating the Neoclassical Model [J]. The American Economic Review,1997,87:475 – 494.

[2]孙中才. 通货膨胀与宏观调控[J]. 山东财政学院学报,2012,4:5 – 11.

[3]Samuelson,P.. Economics[M]. New York:McGraw – Hill,1957:132 – 137.

[4]Hicks,J.. International Economics Essays in World Economics[M]. Oxford, England:Clarendon Press,1959:7 – 29.

[5]杨振宁. 杨振宁文录[M]. 海口:海南出版社,2002:96 – 97.

[6]孙小礼. 自然辩证法通论(第二卷:方法论)[M]. 北京:高等教育出版社,1993:145 – 146.

[7] McFadden, D.. Cost, Revenue, and Profit Functions [M]//M. Fuss and D. McFadden. Production Economics:A Dual Approach to Theory and Applications. Vol. 1. The Theory of Production. North – Holland Publishing Company:Amsterdam · New York · Oxford,1978:7 – 9.

[8] Gorman, W.. Measuring the Quantities of Fixed Factors [M]// J. N. Wolfe. Value,Capital and Growth:Papers in Honor of Sir John Hicks. Aldine Publishing Co. Chicago,1968:141 – 172.

[9]孙中才. 科学与农业经济学[M]. 北京:中国农业出版社,2009:44 – 47.

[10]高鸿业. 西方经济学(宏观部分)[M].5 版,北京:中国人民大学出版社,2011:571 – 573.

[11]Harrigan, J.. Technology, Factor Supplies, and International Specialization: Estimating the Neoclassical Model [J]. The American Economic Review, 1997, 87: 475 – 494.

[12]孙中才. 通货膨胀与环境保护[J]. 山东财经大学学报,2013,4:49 – 55.

第4章 双层容量与可持续增长

随着经济的增长,环境问题开始显现并趋于严重化,逐渐地与经济的增长形成不可忽视的关系。将环境纳入经济因子行列,使得以往的经济学概念里增添了新的成分,也带来了新的问题。今天,有关环境经济问题的探索,已经在经济学里逐步拓展出了一个独立的专门化研究领域。

事实表明,有关环境保护的问题,在以 F 函数为范式的时期里,经济学便对它们进行过很深入的探索,并取得了卓有成效的结果。G 函数确立之后,因为这个新的范式可以对这些问题做出更全面的初始描述,因而,以这样的描述为基础,再进行环境保护方面的分析,就更加便利了。

§4.1 环境元素与双层容量

§4.1.1 环境元素

如果把环境看作一个向量,那么,表征环境各个侧面的指标,即这个环境向量中的每一个元素,便都会有这样的三个性质:第一,它们都是自然给定的,人为不能直接地进行调整,而且初始数量都是充裕的,完全满足经济的正则条件;第二,经济的运行结果不应令环境元素出现过度消耗,以至于使它成了经济发展的突出性限制之一;第三,遵循环境要求,每一个环境元素都有自己特定的临界值,一个经济期结束后,环境元素的变化应能得到观测和监视,并随时可以以临界值为准提出有关限制目标,以便保证经济能够更加有效地运行。

§4.1.2 经济的双层容量分析

从 G 函数出发,设想一个经济体原来为:

$$G = \pi(p;v,t)$$

式中, $\pi(.)$ ——利润;

p ——产品的价格向量, $p = (p_1,p_2,\ldots,p_I)$; $p_i \gg 0$, $i = 1,2,\ldots,I$;

v ——固定数量向量, $v = (v_1,v_2,\ldots,v_J)$, $v_j \leqslant 0$, $j = 1,2,\ldots,J$,并有 $I \leqslant J$ 。

现在,在这个经济体里增加了一种固定数量,为 v_{J+1} 。这时,经济的初始结构成了:

$$G = \pi(p;v,v_{J+1},t)$$

注意,为简明起见,假定这里的 v_{J+1} 是一个数值,而 p 和 v 仍是原来的向量。

当 $t = 0$ 时,其初始状态为:

$$\pi(p;v,v_{J+1},0)$$

依据正则定律得知,在这个初始点上,这个经济体内的各个因子之间,必定存在着由最小被替代率所确定的基本关系,即:

$$\begin{cases} \Delta r_{p_i}(0) = \min_h\{\sigma_{p_i p_h} r_{p_h}(0)\} - \max_k\{\sigma_{p_i v_k} r_{v_k}(0)\} \\ \Delta r_{v_j}(0) = \min_h\{\sigma_{v_j v_h} r_{p_h}(0)\} - \max_k\{\sigma_{v_j v_k} r_{v_k}(0)\} \\ \Delta r_{v_{J+1}}(0) = \min_h\{\sigma_{v_{J+1} p_h} r_{p_h}(0)\} - \max_k\{\sigma_{v_{J+1} v_k} r_{v_k}(0)\} \end{cases}$$

$h \in i$, $h \neq i$, $i,h = 1,2,\ldots,I$; $k \in j$, $k \neq j$, $j,k = 1,2,\ldots,J$

如同在上一章里已经分析过的,到了 t ($t > 0$)时刻,这个经济所要呈现的状态,也就是这个经济内部存在的被替代率,应该为:

$$\begin{cases} e^{\alpha_{p_i}t}\Delta r_{p_i}(0) = \min_h\{\sigma_{p_i p_h} e^{-\alpha_{p_i}t} r_{p_h}(0)\} - \max_k\{\sigma_{p_i v_k} e^{-\beta_{v_k}t} r_{v_k}(0)\} \\ e^{\beta_{v_j}t}\Delta r_{v_j}(0) = \min_h\{\sigma_{v_j p_h} e^{-\alpha_{p_i}t} r_{p_h}(0)\} - \max_k\{\sigma_{v_j v_k} e^{-\beta_{v_k}t} r_{v_k}(0)\} \\ e^{\beta_{v_{J+1}}t}\Delta r_{v_{J+1}}(0) = \min_h\{\sigma_{v_{J+1} p_h} e^{-\alpha_{p_i}t} r_{p_h}(0)\} - \max_k\{\sigma_{v_{J+1} v_k} e^{-\beta_{v_k}t} r_{v_k}(0)\} \end{cases}$$

$h \in i$, $h \neq i$, $i,h = 1,2,\ldots,I$; $k \in j$, $k \neq j$, $j,k = 1,2,\ldots,J$

式中, α_{p_i} ——第 i 个价格的被替代增长指数, $i = 1,2,\ldots,I$;

β_{v_j} ——第 j 种需求或基本资源的被替代增长指数, $j = 1,2,\ldots,J$;

$\beta_{v_{J+1}}$ ——第 $J + 1$ 种需求的被替代增长指数;

$-\alpha_{p_h}$——第 h 个价格的增长指数, $h \in i, h \neq i, i, h = 1, 2, \ldots, I$;

$-\beta_{v_k}$——第 k 种需求的增长指数, $k \in j, k \neq j, j, k = 1, 2, \ldots, J$;

t——时间。

在这里,如同式(3.17)已经表明的,必定存在着一个短板容量,即:

$$e^{\beta_{v_i}t}\Delta r_{v_w}(0) = \min_j \{ e^{\beta_{v_j}t}\Delta r_{v_j}(0) \}$$

$$= \min_j \{ \min_h [\sigma_{v_j p_h} e^{-\alpha_{p_h}t} r_{p_h}(0)] \} - \max_j \{ \max_k [\sigma_{v_j v_k} e^{-\beta_{v_k}t} r_{v_k}(0)] \}$$

$h \in i, h \neq i, i, h = 1, 2, \ldots, I; k \in j, k \neq j, j, k = 1, 2, \ldots, J, J+1$

以这个短板容量为准,若这里存在着这样的情况,即:

$$e^{\beta_{v_{J+1}}t}\Delta r_{v_{J+1}}(0) \geqslant e^{\tilde{\beta}_{v_{J+1}}t}\Delta r_{v_{J+1}}(0) > e^{\beta_{v_i}t}\Delta r_{v_w}(0)$$

也就是:

$$e^{\beta_{v_{J+1}}t}\Delta r_{v_{J+1}}(0) > e^{\tilde{\beta}_{v_{J+1}}t}\Delta r_{v_{J+1}}(0)$$

$$> \left(\min_j [\min_h \{ \sigma_{v_j p_h} e^{-\alpha_{p_h}t} r_{p_h}(0) \}] - \max_j [\max_k \{ \sigma_{v_j v_k} e^{-\beta_{v_k}t} r_{v_k}(0) \}] \right)$$

$h \in i, h \neq i, i, h = 1, 2, \ldots, I; k \in j, k \neq j, j, k = 1, 2, \ldots, J, J+1$

$$\tag{4.1}$$

可以视为是一种常规经验。这里, $e^{\tilde{\beta}_{v_{J+1}}t}$ 为事先给定的 v_{J+1} 临界值的被替代增长率。

在式(4.1)里,有:

$$e^{\tilde{\beta}_{v_{J+1}}t}\Delta r_{v_{J+1}}(0) > \left(\min_j [\min_h \{ \sigma_{v_j p_h} e^{-\alpha_{p_h}t} r_{p_h}(0) \}] - \max_j [\max_k \{ \sigma_{v_j v_k} e^{-\beta_{v_k}t} r_{v_k}(0) \}] \right)$$

也就是有:

$$e^{\tilde{\beta}_{v_{J+1}}t}\Delta r_{v_{J+1}}(0) > e^{\beta_{v_i}t}\Delta r_{v_w}(0)$$

上述的整个过程是说, v_{J+1} 被界定为是远离短板容量的,其临界值的被替代增长率是大于经济中的短板容量的;而 $e^{\beta_{v_{J+1}}t} \geqslant e^{\tilde{\beta}_{v_{J+1}}t}$ 表示在经济正常的运行中,经济运行所确定的对 v_{J+1} 初始值替代率的增长率 $e^{\beta_{v_{J+1}}t}$ 不得小于其临界值的被替代增长率 $e^{\tilde{\beta}_{v_{J+1}}t}$。这意味着,在经济运行中,始终要保持 v_{J+1} 有高于临界值所给定的被替代率,使得这个容量一直处于很宽松的状态。因而, v_{J+1} 始终不仅不会成为经济容量中的短板,而且还可能会日益宽松,并日益远离短板。

这样,如果人们把经济体的最一般形式 $G = \pi(p; v)$ 看作市场 p 被需求容量 v 围括起来的话,那么,这些需求容量会形成一个环形带,其中,依据被替代率的大小,短板容量收得最紧,便成了这个环形带的最里沿,其余的容量被它隔开,相对地远离了市场。具有式(4.1)特征的 v_{J+1} 加入经济之后,便使经济不仅直观地成了 $G = \pi(p;v,v_{J+1})$,而且会在围括市场的环形带外沿的外面,给经济增添了一个新的围括层次。因为上述分析结果表明,这个 v_{J+1} 一直距离市场比较远,会处在 v 的外层,这样,由具有式(4.1)特征的经济限制因素,或者广义的需求,就成了经济容量的一个层次,可以称作外层需求。

容易看出,如果 v_{J+1} 是自然给定的,并且又满足了式(4.1)所描述的状态特征,那么,它的性质便很类似于或者很接近于上述的环境元素。显然,就目前我们所具有的知识来说,人们可以认为,环境元素都是具有这样的性质的,因此,如果把 v_{J+1} 扩展为一个向量,那么就可以得到一个以环境元素组成的经济容量向量。这个容量,在有约束的利润函数——G 函数里,因为它们的数量是外生给定的,因而是固定的,属于固定数量;同时,它们又是经济运行所必须顾及的一种限定性需要,因此,它们又可以被视为是一种需求。但因为与市场上的一般需求有所区别,所以可以称它们为特殊的需求。它们完全由自然给定,人为干预难以直接介入,其对经济的制约直接来自自身的临界要求,而且,在自由市场自行调节的经济里,形式是需求,但在经济运行过程中,却更像一种市场因子,其被替代率的增长率要由经济的正则性来决定。在不能满足其自身确定的临界需求时,却一定会要求经济予以适应,因而导致经济必须做出相应的结构调整。因此,为清晰起见,有必要把它们从一般的需求向量里分离出来,并构成一个新的需求向量 v_{J+1},表示它处在一般性的需求之外。因为这个向量里的每一个元素都满足式(4.1),所以可以认为,这个向量是相对远离经济短板容量的,也是相对远离市场因子的,似乎可以形象地将其称为高层经济容量,或者外层经济容量。

§4.2　可持续增长

完成了上述关于环境容量的特点分析,同时又给出了双层容量这个概念之后,人们便可以对经济的可持续增长问题进行更为深入的研究了。

§4.2.1　经济增长与需求拉动

前面已经有所叙述,在自由市场条件下,对经济的人为干预,或者说宏观调控仅可以由需求介入,介入的结果首先改变了经济运行自行给定的需求结构,进而通过经济内部存在的传导机制,致使价格体系发生了相应的变化,最后导致整个经济出现了整体性状态变化,变化结果是经济朝向了新的增长方向。从这个意义上讲,人为干预所导致的自由市场的任何一种增长,都只能是需求拉动的结果。而在正常情况下,人为干预、需求拉动是应该有着明确目标的,同时,就一般情况而言,这样的干预会牵涉一定的费用和支出,也就是要牵涉一定的经济预算。

§4.2.1.1　最简单的经济目标

上述的具有外层容量的经济体:

$$\pi(p;v,v_{J+1},0)$$

如同上一章已经分析过的,到了 t ($t>0$)时刻,这个经济体的状态,也就是这个经济的内部增长格局,或者说因子之间所呈现的被替代关系,应该为:

$$\begin{cases} e^{\alpha_{p_i}t}\Delta r_{p_i}(0) = \min_h\{\sigma_{p_ip_h}e^{-\alpha_{p_i}t}r_{p_h}(0)\} - \max_k\{\sigma_{p_iv_k}e^{-\beta_{v_i}t}r_{v_k}(0)\} \\ e^{\beta_{v_j}t}\Delta r_{v_j}(0) = \min_h\{\sigma_{v_jp_h}e^{-\alpha_{p_i}t}r_{p_h}(0)\} - \max_k\{\sigma_{v_jv_k}e^{-\beta_{v_i}t}r_{v_k}(0)\} \\ e^{\beta_{v_{J+1}}t}\Delta r_{v_{J+1}}(0) = \min_h\{\sigma_{v_{J+1}p_h}e^{-\alpha_{p_i}t}r_{p_h}(0)\} - \max_k\{\sigma_{v_{J+1}v_k}e^{-\beta_{v_i}t}r_{v_k}(0)\} \end{cases}$$

$h \in i, h \neq i, i,h = 1,2,\ldots,I; k \in j, k \neq j, j,k = 1,2,\ldots,J$

其中,必定存在着一个短板容量,即:

$$e^{\beta_{v_w}t}\Delta r_{v_w}(0) = \min_j\{e^{\beta_{v_j}t}\Delta r_{v_j}(0)\}$$
$$= \min_h\{\sigma_{v_wp_h}e^{-\alpha_{p_i}t}r_{p_h}(0)\} - \max_k\{\sigma_{v_wv_k}e^{-\beta_{v_i}t}r_{v_k}(0)\}$$

$h \in i, h \neq i, i,h = 1,2,\ldots,I; k \in j, k \neq j, j,k = 1,2,\ldots,J,J+1$

$$(4.2)$$

还有:

$$e^{\beta_{v_{J+1}}t}\Delta r_{v_{J+1}}(0) > e^{\tilde{\beta}_{v_{J+1}}t}\Delta r_{v_{J+1}}(0)$$
$$> (\min_j\{\min_h[\sigma_{v_jp_h}e^{-\alpha_{p_i}t}r_{p_h}(0)]\} - \max_j\{\max_k[\sigma_{v_jv_k}e^{-\beta_{v_i}t}r_{v_k}(0)]\})$$

$h \in i, h \neq i, i,h = 1,2,\ldots,I; k \in j, k \neq j, j,k = 1,2,\ldots,J,J+1$

先越过具体的运行过程,试想,这时的经济结构为:

$$G = \pi[p(t);v(t)]$$

即由这个时刻的价格向量 $p(t)$ 和固定数量向量 $v(t)$ 构成了经济的新状态,对照着初始时刻,这些价格和固定数量都增长了。

依据 Hotelling's 引理,这里的各个供给量为:

$$x_i(t) = \frac{\partial \pi}{\partial p_i(t)}$$

并进而可以计算得出此时的经济总供给,例如 $GDP(t)$ 为:

$$GDP(t) = \sum_{i=1}^{I} p_i(t) x_i(t) = \sum_{i=1}^{I} p_i(t) \frac{\partial \pi}{\partial p_i(t)}$$

设想,如果没有其他任何人为因素的介入,那么,到了 $t+1$ 时刻,价格向量 $p(t)$ 将变化为 $p(t+1)$,经济容量将自然地变化为 $v(t+1)$,因而,该经济的 $GDP(t+1)$ 是:

$$GDP(t+1) = \sum_{i=1}^{I} p_i(t+1) \frac{\partial \pi}{\partial p_i(t+1)}$$

如果这个 $GDP(t+1)$ 不合于要求,就需要在时刻 t ($t>0$)上做出人为干预。自由市场,干预只能从需求数量上介入。如同前述,设人为干预向量为 $m_2 = [m_{2_1}, m_{2_2}, \ldots, m_{2_N}]$ 。介入的结果导致在 $t+1$ 时刻,价格向量 $p(t)$ 将变化为 $p(t+1)$,经济容量将变化为 $v(m_2)(t+1)$, $GDP(t+1)$ 的数值会随之改变,而且,已经渗入了 m_2 的影响。如果目标合于要求了,那么,这时的经济结构变化为:

$$G = \pi[p(t+1); v(m_2)(t+1)]$$

于是,这个经济结构便可以视为最简单的经济目标。如果这个目标还没有合于要求,便需要再进行上述的调整。

这时,即在 $(t+1)$ 时刻,根据式(4.2),必定存在着经济容量短板:

$$e^{\beta_{v_i}(t+1)} \Delta r_{v_W}(0) = \min_j \{ e^{\beta_{v_j}(t+1)} \Delta r_{v_j}(0) \}$$
$$= \min_h \{ \sigma_{v_W p_h} e^{-\alpha_{p_h}(t+1)} r_{p_h}(0) \} - \max_k \{ \sigma_{v_W v_k} e^{-\beta_{v_k}(t+1)} r_{v_k}(0) \}$$

$h \in i, h \neq i, i, h = 1, 2, \ldots, I; k \in j, k \neq j, j, k = 1, 2, \ldots, J, J+1$

和短板价格:

$$e^{-\alpha_{p_R}(t+1)} = \min_h \{ \sigma_{v_W p_h} e^{-\alpha_{p_h}(t+1)} r_{p_h}(0) \}$$

而此时,经济的增长状态收敛于 $[e^{-\beta_{v_i}(t+1)} r_{v_W}(0), e^{-\alpha_{p_R}(t+1)} r_{p_R}(0)]$,或者说,收敛于 $[e^{\beta_{v_i}(t+1)} \Delta r_{v_W}(0), e^{-\alpha_{p_R}(t+1)} r_{p_R}(0)]$,得出:

$$\begin{cases} e^{\alpha_{p_i}(t+1)} \Delta r_{p_i}(0) = \sigma_{p_i p_R} e^{-\alpha_{p_R}(t+1)} r_{p_R}(0) - \sigma_{p_i v_W} e^{-\beta_{v_i}(t+1)} r_{v_W}(0) \\ e^{\beta_{v_j}(t+1)} \Delta r_{v_j}(0) = \sigma_{v_j p_R} e^{-\alpha_{p_R}(t+1)} r_{p_R}(0) - \sigma_{v_j v_W} e^{-\beta_{v_i}(t+1)} r_{v_W}(0) \\ e^{\beta_{v_{J+1}}(t+1)} \Delta r_{v_{J+1}}(0) = \sigma_{v_{J+1} p_R} e^{-\alpha_{p_R}(t+1)} r_{p_R}(0) - \sigma_{v_{J+1} v_W} e^{-\beta_{v_i}(t+1)} r_{v_W}(0) \end{cases}$$

$h \in i, h \neq i, i, h = 1, 2, \ldots, I; k \in j, k \neq j, j, k = 1, 2, \ldots, J$

因而,由此可以看出,要有效地并且比较准确地实现经济目标,必须确实地找出经济的短板容量,然后通过改动其大小,便可求得短板价格,而整体经济必定收敛于这两个短板,因此,进而可以得知整体经济的变化结构,明确包括生态目标在内的整体经济的目标。

§4.2.1.2 需求拉动

一般地讲,经济增长的目标给定之后,宏观经济管理者必定会有所举动,做出相应的决策,这就是调整需求。而在调整中,首先应该注意到经济短板容量,从理论上讲,这是一种最低要求,是一个不容忽视的底线,因而在决策中,一般会明确对它的要求,那就是非恶化规定。其次,会对其余的需求做出选择,也就是给定增长率要求。这样,最简单的情况,就是给定了需求在 $t+1$ 时刻的预测值,其中最重要的是给定短板容量的预测值。根据以前的分析结果已经知道,如果经济体的初始结构是明确的,那么它运行到时刻 t ($t>0$)时,它的状态结构也是明确的,包括其中的短板容量,这意味着式(4.2)中的所有因子都是确定了的。这时,为了达到经济目标,就要进行人为干预。实行对经济的调整,实际上就是为满足目标,以这些已经确定的值为基础,对容量元素做出修正和调节,以便得出相应的预测性准备。

在上一章里已经分析过了,人为干预能否获得整体性效果,最终取决于能否改变短板容量的结果。直接改变短板的状态,是达到目标的最佳选择。能够看到,在时刻 t ($t>0$)上,短板的结构是已知的,在:

$$e^{\hat{\beta}_{v_i}t}\Delta r_{v_w}(0) = \min_j \{ e^{\hat{\beta}_{v_i}t}\Delta r_{v_j}(0) \}$$

$$= \min_h \{ \sigma_{v_w p_h} e^{-\alpha_{p_i}t} r_{p_h}(0) \} - \max_k \{ \sigma_{v_w v_k} e^{-\hat{\beta}_{v_i}t} r_{v_k}(0) \}$$

$h \in i$, $h \neq i$, $i,h = 1,2,\ldots,I$; W , $k \in j$, $k \neq j$, $j,k = 1,2,\ldots,J$. 中 $e^{\hat{\beta}_{v_i}t}\Delta r_{v_w}(0)$, $\min_h \{ \sigma_{v_w p_h} e^{-\alpha_{p_i}t} r_{p_h}(0) \}$ 和 $\max_k \{ \sigma_{v_w v_k} e^{-\hat{\beta}_{v_i}t} r_{v_k}(0) \}$ 都是明确的了。而且,容易写出:

$$e^{\hat{\beta}_{v_i}t}\Delta r_{v_w}(0) = \sigma_{v_w p_R} e^{-\alpha_{p_i}t} r_{p_R}(0) - \sigma_{v_w v_S} e^{-\hat{\beta}_{v_i}t} r_{v_S}(0)$$

$$R \in i , R \neq i , i = 1,2,\ldots,I ; W,S \in j , j = 1,2,\ldots,J. \tag{4.3}$$

从式(4.3)的结构里可以看出,在经济运行到时刻 t ($t>0$)时,它的经济容量的最小增长状态,由3个因子的增长率来决定,这就是:短板容量,即最小的容量元素 W 的被替代增长率 $e^{\hat{\beta}_{v_i}t}\Delta r_{v_w}(0)$;短板价格,即最小的价格元素 R 的增长率 $\sigma_{v_w p_R} e^{-\alpha_{p_i}t} r_{p_R}(0)$;决定短板的最大的容量元素 S 的增长率 $\sigma_{v_w v_S} e^{-\hat{\beta}_{v_i}t} r_{v_S}(0)$ 。

由此人们看到,在自由市场条件下,要从需求入手,改变这里的结构,以便满足 $t+1$ 时刻的经济目标,实际上就是通过人为干预 $m_2 = [m_{2_1}, m_{2_2}, \ldots, m_{2_N}]$,把这里的短板容量改变为 $e^{\hat{\beta}_{v_s}(m_2)(t+1)} \Delta r_{v_W}(0)$,并把最大的容量元素 S 的增长率改变为 $\sigma_{v_W v_S} e^{-\hat{\beta}_{v_s}(m_2)(t+1)} r_{v_S}(0)$,以便让市场自由、自行地得出短板价格的增长率 $\sigma_{v_W p_R} e^{-\alpha_{p_R}(t+1)} r_{p_R}(0)$,而后,将经济状态调节为:

$$\begin{cases} e^{\alpha_{p_R}(t+1)} \Delta r_{p_i}(0) = \sigma_{p_i p_R} e^{-\alpha_{p_R} t} r_{p_R}(0) - \sigma_{p_i v_W} e^{-\beta_{v_s}(m_2)(t+1)} r_{v_W}(0) & (4.4) \\ e^{\beta_{v_j}(t+1)} \Delta r_{v_j}(0) = \sigma_{v_j p_R} e^{-\alpha_{p_R}(t+1)} r_{p_R}(0) - \sigma_{v_j v_W} e^{-\beta_{v_s}(m_2)(t+1)} r_{v_W}(0) & (4.5) \end{cases}$$

$$R \in i, R \neq i, \ i = 1,2,\ldots,I; \ W,S \in j, \ j = 1,2,\ldots,J.$$

这里,$e^{\beta_{v_s}(m_2)(t+1)} \Delta r_{v_W}(0) = \sigma_{v_W p_R} e^{-\alpha_{p_R}(t+1)} r_{p_R}(0) - \sigma_{v_W v_S} e^{-\beta_{v_s}(m_2)(t+1)} r_{v_S}(0)$

或者

$$\sigma_{v_W p_R} e^{-\alpha_{p_R}(t+1)} r_{p_R}(0) = e^{\beta_{v_s}(m_2)(t+1)} \Delta r_{v_W}(0) + \sigma_{v_W v_S} e^{-\beta_{v_s}(m_2)(t+1)} r_{v_S}(0)$$

$$R \in i, R \neq i, \ i = 1,2,\ldots,I; \ W,S \in j, \ j = 1,2,\ldots,J. \qquad (4.6)$$

这意味着,把短板容量的被替代增长率改变为 $e^{\beta_{v_s}(m_2)(t+1)} \Delta r_{v_W}(0)$,和把决定短板容量的最大的容量元素 S 的增长率改变为 $\sigma_{v_W v_S} e^{-\beta_{v_s}(m_2)(t+1)} r_{v_S}(0)$,都是人为干预介入的结果。而短板价格的增长率变为 $\sigma_{v_W p_R} e^{-\alpha_{p_R}(t+1)} r_{p_R}(0)$,则是市场自行调节出来的,是经济的自然运动结果。

在此,如果有:

$$e^{|-\beta_{v_s}(m_2)|(t+1)} r_{v_S}(0) > e^{\beta_{v_s}(m_2)(t+1)} \Delta r_{v_W}(0) > \sigma_{v_W v_S} e^{|-\beta_{v_s}(m_2)|(t+1)} r_{v_S}(0)$$

即以绝对值为准,这里尽管短板容量的被替代增长率高过了决定短板容量的最大的容量元素 S 的被替代增长作用,然而,短板容量的地位还没有改变。而随着这个短板容量的被替代增长率的相对增高,那么,由式(4.6)里可以看出,这必将导致短板价格的增长率增大,即:

$\sigma_{v_W p_R} e^{-\alpha_{p_R}(t+1)} r_{p_R}(0) \to$ 大,导致 $e^{-\alpha_{p_R}(t+1)} \to$ 大,因为这里的 $\sigma_{v_W p_R}$ 和 $r_{p_R}(0)$ 都是常量。

并且,从式(4.4)里可以看出,除了这个短板价格之外,其余的价格被替代率却都将增大,即:

$$\begin{cases} e^{-\alpha_{p_R}(t+1)} r_{p_R}(0)) \to \text{大} \\ e^{\alpha_{p_R}(t+1)} \Delta r_{p_i}(0)) \to \text{大} \end{cases}$$

最终导致:

$$\begin{cases} p_R(t)\left[1 + e^{-\alpha_{p_R}(t+1)} r_{p_R}(0)\right] \to 大 \\ p_i(t)\left[1 - e^{\alpha_{p_i}(t+1)} \Delta r_{p_i}(0)\right] \to 小 \end{cases}$$

这意味着,在市场的价格中,除了只有短板价格的增幅有所提高之外,如果其他条件不变,那么其余的价格增长率均将有所下降,价格上涨幅度减缓。

根据生产可能性集合的凸性定义和转换函数的凹形定律,以及生产函数的凹形定律可以知道,这个价格结构将使得经济整体,除了只在短板容量的边界上的价格稍有增长之外,而其余的价格增幅均会有所降低,也就是价格增长速度有所减缓,导致整体的总供给:

$$\sum_{i=1}^{l} p_i(t+1) \frac{\partial \pi}{\partial p_i(t+1)} \to 小$$

显然,这样的需求调整导致经济的总供给水平增长幅度降低了,也就是比经济自行调节的水平低了。

而这时,根据式(4.5)可以得出:

$$e^{\beta_{v_j}(t+1)} \Delta r_{v_j}(0) \to 大$$

特别是有:

$$e^{\beta_{v_{j+1}}(t+1)} \Delta r_{v_{j+1}}(0) \to 大$$

综上所述,容易了解到,增大短板容量被替代增长率的干预政策,最终会使经济的总产出的增长水平有所减缓,但是却会导致全部的经济容量元素的被替代增长率上涨,特别是外层容量。这种通过改变需求所造成的经济增长,可以称为是"反向需求拉动"。

反之,如果有:

$$e^{|-\beta_{v_s}(m_2)|(t+1)} r_{v_s}(0) < e^{\beta_{v_w}(m_2)(t+1)} \Delta r_{v_w}(0) < \sigma_{v_w v_s} e^{|-\beta_{v_s}(m_2)|(t+1)} r_{v_s}(0)$$

即以绝对值为准,短板容量的被替代增长率低于最大的容量元素 S 的被替代增长率,并且还小于这个最大的容量元素 S 的被替代增长的作用,意味着,短板容量的被替代增长率相对降低了,那么,由式(4.6)可以看出,这必将导致短板价格的增长率有所减缓,即:

$$\sigma_{v_w p_R} e^{-\alpha_{p_R}(t+1)} r_{p_R}(0) \to 小 \text{ ,也就是 } e^{-\alpha_{p_R}(t+1)} \to 小$$

从而,从式(4.4)—(4.5)里可以看出,除了这个短板价格之外,其余的价格被替代率都将增大,即:

$$\begin{cases} e^{-\alpha_{p_R}(t+1)} r_{p_R}(0)) \to 小 \\ e^{\alpha_{p_i}(t+1)} \Delta r_{p_i}(0)) \to 小 \end{cases}$$

最终导致：

$$\begin{cases} p_R(t)\left[1 + e^{-\alpha_{p_R}(t+1)} r_{p_R}(0)\right] \to 小 \\ p_i(t)\left[1 - e^{\alpha_{p_i}(t+1)} \Delta r_{p_i}(0)\right] \to 大 \end{cases}$$

而整体经济的总供给能力：

$$\sum_{i=1}^{l} p_i(t+1) \frac{\partial \pi}{\partial p_i(t+1)} \to 大$$

显然，这个结果拉动了经济的正向增长。

而这时，根据(4.5)可以得出：

$$e^{\beta_{v_j}(t+1)} \Delta r_{v_j}(0) \to 小$$

特别是有：

$$e^{\beta_{v_{j+1}}(t+1)} \Delta r_{v_{j+1}}(0) \to 小$$

这样，由经济短板容量入手，通过人为干预改变需求结构，致使这个短板的综合被替代增长率发生变化，最终带来经济总体结构的变化。这便是需求干预的概念，或者说是广义的需求调整的概念。而由经济短板容量入，通过人为干预，致使这个短板的被替代的增长率被综合作用降低了，最终导致经济的总体性增长，这便是正向的需求拉动，简称"需求拉动"。"需求拉动"是需求干预中的一种特例。计算结果表明，需求拉动，在拉动经济整体增长的同时，会使经济容量的被替代增长率减小，特别是外层容量的被替代增长率缩小，从而带来资源数量持有力的削减，也就是占用和耗费的增长。

由此可以看到，任何一个经济容量被替代率的缩小，其直接的作用必定是拉动自身需求的增长，而且，只有经济短板容量被替代率的缩减，才能拉动经济整体的增长。因此，只有经济短板容量被替代率的缩减，才具有实际的需求拉动的一般意义。

在此，也令人们看到了一种必然的对应。这就是，要进行某种有效的需求拉动，必须面对一个相互反方向的两方面运动：一方面，经济短板容量的被替代增长率要减缩，导致 GDP 要增长；而另一方面，外层容量的被替代增长率会随之缩小，也就是外层容量会紧缩。

对于外层容量，前面已经给出了它的特征，那就是：

$$e^{\beta_{v_{j+1}}t} \Delta r_{v_{j+1}}(0) \geqslant e^{\tilde{\beta}_{v_{jn}}t} \Delta r_{v_{j1}}(0) > e^{\beta_{v,t}t} \Delta r_{v_{lj}}(0)$$

能够看到，这是一个约束范围。在经济运行过程中，如果有 $e^{\beta_{v_j}(t+1)} \Delta r_{v_j}(0) \to 小$ ，

那只是意味着外层容量元素 v_{J+1} 的被替代增长率向临界值 $e^{\beta_{r_m}t}\Delta r_{v_{J+1}}(0)$ 靠近了,但并不一定意味着它已经突破了临界的限制,比临界值小了;更不意味着一定突破了这个范围的底线。由此可以看到,在不违背这个给定特征的情况下,外层元素的被替代增率是可以适当选择的。

这令人们认识到了,在决议实施需求拉动的经济调整时,也就是在实施需求拉动的开始时刻,在给出的具体拉动方案里就应该顾及它的必然后果,事先考虑到 GDP 要增长,而外层容量会缩小的情况,从而得出可行的设计,使经济在条件允许的情况下,取得更有效的运行。或许,这正是对需求拉动要进行预算的最一般的思想来源。

§4.2.1.3　需求拉动的直接预算

容易理解,设计需求拉动方案,就是在经济运行某一时刻开始点上给出短板容量与决定这个短板的另一个容量元素的相应被替代增长率的绝对值,同时要满足外层容量的特征要求,以便在提高经济整体供给水平的同时,仍然保持外层容量的变化限制。这也就是在满足一般经济目标情况下的经济调整。

经验表明,无论对经济进行怎样的调整,通常都是需要做出一定支出的,也就是需要一定预算的。

前面的分析结果已经表明,在式(4.6)中,即:

$$\sigma_{v_\mathbb{W}p_R}e^{-\alpha_{p_R}(t+1)}r_{p_R}(0) = e^{\beta_{r_s}(m_2)(t+1)}\Delta r_{v_\mathbb{W}}(0) + \sigma_{v_\mathbb{W}v_S}e^{-\beta_{r_s}(m_2)(t+1)}r_{v_S}(0)$$

$$R \in i, R \neq i, i = 1,2,\ldots,I ; W,S \in j, j = 1,2,\ldots,J.$$

如果有:

$$e^{\beta_{r_s}(m_2)(t+1)}\Delta r_{v_\mathbb{W}}(0) < \sigma_{v_\mathbb{W}v_S}e^{|-\beta_{r_s}(m_2)|(t+1)}r_{v_S}(0)$$

就可以拉动经济增长,但其后果有:

$$e^{\beta_{r_m}(t+1)}\Delta r_{v_{j+1}}(0) \to 小$$

即外层容量的增幅缩小。

对容量进行调整,是一项管理,需要做出支付,而外层容量增幅的缩小,通常意味经济的最基本资源拥有量减少了,或者说经济投入的最基本资源增加了,自然应该做出支付。

这样看来,在要实施需求拉动措施时,必然涉及一个支出函数,其中至少要牵涉这3个变量,如果以状态方程来表示,即:

$$\Delta c(t+1) = \Delta c[e^{\beta_{r_s}(m_2)(t+1)}\Delta r_{v_\mathbb{W}}(0), \sigma_{v_\mathbb{W}v_S}e^{|-\beta_{r_s}(m_2)|(t+1)}r_{v_S}(0), e^{\beta_{r_m}(t+1)}\Delta r_{v_{j+1}}(0)]$$

再把已经分析过的它必须满足的条件考虑进来,就形成了如下这样的模型:

$$\min\Delta c(t+1) = \Delta c(e^{\beta_{r_{v}}(m_{2})(t+1)}\Delta r_{v_{W}}(0), \sigma_{v_{W}v_{S}}e^{|-\beta_{r_{v}}(m_{2})|(t+1)}r_{v_{S}}(0), e^{\beta_{r_{v_{J+1}}}(t+1)}\Delta r_{v_{J+1}}(0))$$

$$(4.7)$$

s. t

$$\sigma_{v_{W}p_{R}}e^{-\alpha_{p_{R}}(t+1)}r_{p_{R}}(0) = e^{\beta_{r_{v}}(m_{2})(t+1)}\Delta r_{v_{W}}(0) + \sigma_{v_{W}v_{S}}e^{-\beta_{r_{v}}(m_{2})(t+1)}r_{v_{S}}(0) \qquad (4.8)$$

$$e^{\beta_{r_{v}}(m_{2})(t+1)}\Delta r_{v_{W}}(0) < \sigma_{v_{W}v_{S}}e^{|-\beta_{r_{v}}(m_{2})\cdot|(t+1)}r_{v_{S}}(0) \qquad (4.9)$$

$$e^{\beta_{r_{v_{J+1}}}t}\Delta r_{v_{J+1}}(0) \geqslant e^{\tilde{\beta}_{v_{J+1}}t}\Delta r_{v_{J+1}}(0) > e^{\beta_{r_{v}}\cdot t}\Delta r_{v_{W}}(0) \qquad (4.10)$$

$$e^{\beta_{r_{v_{J+1}}}(t+1)}\Delta r_{v_{J+1}}(0) = \sigma_{v_{J+1}p_{R}}e^{-\alpha_{p_{R}}(t+1)}r_{p_{R}}(0) - \sigma_{v_{J+1}v_{W}}e^{-\beta_{r_{v}}(m_{2})(t+1)}r_{v_{W}}(0) \qquad (4.11)$$

式中, $\beta_{v_{W}}$、$\gamma_{v_{S}}$、$\beta_{v_{J+1}}$ 和 $\alpha_{p_{R}}$ 为变量, 其余都为已知量。

模型(4.7)—(4.11)的解, 便是需求拉动经济增长的一般考虑。

§4.2.2　环境保护与可持续增长

§4.2.2.1　环境保护约束

依据本章开始时给出的环境元素的定义, 结合上述的关于双层容量的分析, 不难理解, 在经济学里对环境保护问题的描述, 式(4.7)—(4.11)应该是很完整的了。其中, 根据其特征, 环境被视为是经济体的外层容量里的元素, 环境约束的阈值便是上述的临界值。要在满足环境阈值所允许的范围内实施需求拉动措施, 拉动后的经济增长, 应该保证这个阈值仍旧稳定。

由此可以看出, 如果经济里增添了环境制约, 最简单的情况就是增加了环境约束条件 v_{J+1}, 致使经济结构成了 $\pi(p;v,v_{J+1},t)$。这个环境约束的基本特点就是它的被替代增率增长率不能低于环境容量自身具有特定的阈值, 而这个阈值又不低于经济里需求被替代增长率最小值, 即它不能成为经济短板容量。

上述分析结果表明, 环境问题的加入、经济体结构的这种变化, 导致通常的需求拉动方向没有变, 但所受到的约束增加了, 在确定需求拉动最优化的模型里, 考虑的内容增多了: 在目标函数里, 增添了环境被替代率变化的预算项; 在约束条件里, 增加了强调实现环境自身既定目标的要求, 即式(4.10)和(4.11)。从这两个公式的内容可以看出, 环境变化的阈值和环境容量必须大于经济需求容量。事实表明, 这一要求, 既不是经济本身产生的, 也不是经济发展可以超越的。能够发现, 这显然是自然规定的, 它是在超越了人类经济运动的边界, 在更高的社会空间上由自然规定的条件。它制约着经济, 也支撑着经济, 需要经济运行必须遵循它。自然地, 在这个规定距离经济比较远的时候, 或者说人类介入环境制约的程度还非常有限的时候,因为自由空间很大,经济运行还感受不到它的存在,但是,不管感受如何,这个规定确实是始终存在着的。由此可以看到,经济的自由是环境给定的,只有在环境所给予的空间里,经济才有自由。

§4.2.2.2　科技进步与可持续增长

对于经济的长期运行来说,科技进步必然影响到环境保护和经济的可持续增长,其作用必定明显地呈现出来,并引起人们的重视。有了需求拉动与环境容量被替代率的概念,再来分析科技进步的作用,便容易多了。

如前所述,依据 Harrigan 推论,在 G 函数的初始描述里,引入科技进步因子的对角矩阵 a ,便得到了显示科技进步的经济的长期运行模型。同理,在直接表示含有环境容量层次的初始描述里,直接引入技术进步因子,也可以得到相应的经济长期的运行模型:

$$G = \pi(ap; v, v_{J+1}, t) \tag{4.12}$$

式中, a ——标量矩阵, $a = \begin{bmatrix} a_{11} & 0 & \ldots & 0 \\ 0 & a_{22} & 0 & 0 \\ \ldots & 0 & \ldots & 0 \\ 0 & 0 & 0 & a_{II} \end{bmatrix}$

显然,这个模型式在基本结构上,与式(3.23)相同。对于式(3.23),在前一章里已经进行过深入的分析,可以推想,分析的结果应该基本适用于这里的情况。

到了 $t(t>0)$ 时刻,式(4.12)的内部被替代率,应该变化为:

$$\begin{cases} e^{\alpha_{p_i}t}\Delta r_{p_i}(0) = \sigma_{p_i p_R}[e^{-\alpha_{a_{RR}}t}r_{a_{RR}}(0) + e^{-\alpha_{p_R}t}r_{p_R}(0)] - \sigma_{p_i v_W}e^{-\beta_{v_W}t}r_{v_W}(0) \\ \qquad\qquad - e^{-\alpha_{a_{ii}}t}r_{a_{ii}}(0)\Delta r_{p_i}(0) \\ e^{\beta_{v_j}t}\Delta r_{v_j}(0) = \sigma_{v_j p_R}[e^{-\alpha_{a_{RR}}t}r_{a_{RR}}(0) + e^{-\alpha_{p_R}t}r_{p_R}(0)] - \sigma_{v_j v_W}e^{-\beta_{v_W}t}r_{v_W}(0) \\ e^{\beta_{v_{j+1}}t}\Delta r_{v_{j+1}}(0) = \sigma_{v_{j+1}p_R}[e^{-\alpha_{a_{RR}}t}r_{a_{RR}}(0) + e^{-\alpha_{p_R}t}r_{p_R}(0)] - \sigma_{v_{j+1}v_W}e^{-\beta_{v_W}t}r_{v_W}(0) \end{cases}$$

$R \in i, R \neq i, i = 1, 2, \ldots, I; W \in j, W \neq j, j = 1, 2, \ldots, J.$

这里,短板价格为:

$$\sigma_{v_W p_R}e^{-\alpha_{p_R}t}r_{p_R}(0) = e^{\beta_{v_W}t}\Delta r_{v_W}(0) + \sigma_{v_W v_S}e^{-\beta_{v_S}t}r_{v_S}(0) - \sigma_{v_W p_R}e^{-\alpha_{a_{RR}}t}r_{a_{RR}}(0)r_{p_R}(0)$$

或

$$e^{-\alpha_{p_R}t}r_{p_R}(0) = \frac{1}{\sigma_{v_W p_R}}e^{\beta_{v_W}t}\Delta r_{v_W}(0) + \frac{\sigma_{v_W v_S}}{\sigma_{v_W p_R}}e^{-\beta_{v_S}t}r_{v_S}(0) - e^{-\alpha_{a_{RR}}t}r_{a_{RR}}(0)$$

其中,

$$\sigma_{v_w v_s} e^{-\beta_{v_s} t} r_{v_s}(0) = \max_k \{ \sigma_{v_w v_k} e^{-\beta_{v_k} t} r_{v_k}(0) \}$$

需求短板容量为：

$$e^{\beta_{v_s} t} \Delta r_{v_w}(0) = \min_j \{ e^{\beta_{v_j} t} \Delta r_{v_j}(0) \}$$

短板价格的确定过程为：

$$e^{\beta_{v_s} t} \Delta r_{v_w}(0) = \min_j \{ e^{\beta_{v_j} t} \Delta r_{v_j}(0) \}$$
$$= \min_h \{ \sigma_{v_w p_h} [e^{-\alpha_{a_{hh}} t} r_{a_{hh}}(0) + e^{-\alpha_{p_h} t} r_{p_h}(0)] \} - \max_k \{ \sigma_{v_w v_k} e^{-\beta_{v_k} t} r_{v_k}(0) \}$$

$$R \in i, R \neq i, i = 1,2,\ldots,I ; W,S \in j, j = 1,2,\ldots,J.$$

在这里，从短板价格的表达式中可以看出，短板价格的科技进步，会直接降低自身价格的增长幅度，也就是增大被替代率；同时，也会增大其余所有价格的被替代增长率，即减少其余所有价格的增长幅度，导致经济整体的供给增长幅度减缓。而除短板价格之外，其余各个部门自己的科技进步则都会直接减少自身的被替代增长率。因此，在这方面，其余各个市场因子所接受的影响，将是二者在被替代率上的作用之差。

而从各个部门的科技进步会降低自身价格被替代增长率的作用可以看出，若其余条件不变，显然，科技进步率大的部门一定容易成为短板价格；而那些没有科技进步的市场因子一定很难成为短板价格，而且，即使成了，也一定很难维持，一定会很快就被科技进步率大的其他因子所代替。

由此可以看出，在经济的长期运行中，短板价格的科技进步和短板价格不断被科技进步大的因子所更替，是经济不断增长的根本所在。

而对于经济容量，短板价格的科技进步，作用会更加明显，因为需求固定数量不存在科技进步，也就没有了在价格那里能遇到的情况，不再被打折扣，而是都会直接增大它们的被替代的增长率。

此时，可以得出环境容量元素 v_{J+1} 的被替代增长率为：

$$e^{\beta_{p_{J+1}} t} \Delta r_{v_{J+1}}(0) = \sigma_{v_{J+1} p_R} [e^{-\alpha_{a_{RR}} t} r_{a_{RR}}(0) + e^{-\alpha_{p_R} t} r_{p_R}(0)] - \sigma_{v_{J+1} v_w} e^{-\beta_{v_s} t} r_{v_w}(0)$$

对比着没有科技进步的情况，这里的短板价格增加了科技进步的增长率 $e^{-\alpha_{a_{RR}} t} r_{a_{RR}}(0)$，如果其余条件不变，那么，这明显地导致环境容量元素 v_{J+1} 的被替代率增大了。这意味着，科技进步的存在，会增大环境容量元素的实际被替代率，对于环境阈值所给定的限定更有保障，更安全了。在短期的经济运行之中，这可能意味着，经济运行结果给环境带来的积极作用，比直观预想的结果要稍好一些，也应该比简单的市场观测结果要稍好一些。科技进步为环境的保护和改善提供了实实在在的积极作用。

由此,若不计科技进步在各部门里的实际支出,那么,仍然只是顾及环境质量的保护或改进的话,以上述式(4.7)—(4.11)为基础,长期的需求拉动模型可以如下:

$$\min \Delta c(t) = \Delta c \left[e^{\beta_{v_{W}}(m_2)t} \Delta r_{v_{W}}(0), \sigma_{v_{W}v_{S}} e^{|-\beta_{v_{S}}(m_2)|t} r_{v_{S}}(0), e^{\beta_{v_{J+1}}t} \Delta r_{v_{J+1}}(0) \right] \quad (4.13)$$

s. t.

$$\sigma_{v_{W}p_{R}} e^{-\alpha_{p_{R}}t} r_{p_{R}}(0) = e^{\beta_{v_{W}}t} \Delta r_{v_{W}}(0) + \sigma_{v_{W}v_{S}} e^{-\beta_{v_{S}}t} r_{v_{S}}(0) - \sigma_{v_{W}p_{R}} e^{\alpha_{a_{RR}}t} r_{a_{RR}}(0) \quad (4.14)$$

$$e^{\beta_{v_{W}}(m_2)t} \Delta r_{v_{W}}(0) < \sigma_{v_{W}v_{S}} e^{|-\beta_{v_{S}}(m_2)|t} r_{v_{S}}(0) \quad (4.15)$$

$$e^{\beta_{v_{J+1}}t} \Delta r_{v_{J+1}}(0) \geqslant e^{\tilde{\beta}_{v_{J+1}}t} \Delta r_{v_{J+1}}(0) > e^{\beta_{v_{W}}(m_2)t} \Delta r_{v_{W}}(0) \quad (4.16)$$

$$e^{\beta_{v_{J+1}}t} \Delta r_{v_{J+1}}(0) = \sigma_{v_{J+1}p_{R}} \left[e^{-\alpha_{a_{RR}}t} r_{a_{RR}}(0) + e^{-\alpha_{p_{R}}t} r_{p_{R}}(0) \right] - \sigma_{v_{J+1}v_{W}} e^{-\beta_{v_{W}}(m_2)t} r_{v_{W}}(0) \quad (4.17)$$

式中,$\beta_{v_{W}}$、$\beta_{v_{S}}$、$\beta_{v_{J+1}}$ 和 $\alpha_{p_{R}}$ 为变量,其余都为已知量。

模型(4.13)—(4.17)的解,便是在经济的长期运行期间里,关于需求拉动经济增长的最一般的考虑。

在模型(4.13)—(4.17)中,人们还不难发现,除了刚刚讨论过的科技进步会增大环境容量元素的被替代增长率之外,其还会导致经济为满足给定环境指标的花费相对降低。这主要是因为,从式(4.17)里可以看出,如果经济体中技术进步很普遍,短板价格的科技进步必定更加突出,导致经济短板容量的被替代增长率增大,经济的限制条件普遍松弛,需求的自由度增大。如果目标函数式(4.13)不变,单位支出不变,那么,模型的解可以更多地选择那些单位支出低的需求被替代率,而科技进步能够导致这里所有的需求被替代率增大了,这就为这种选择提供了有利条件。实际上,在式(4.13)右端项里有关需求的各项,在求解过程中,可以看作按单位支出的大小,由小到大的排队。在满足约束条件(4.14)—(4.17)的情况下,单位支出最小的,首先会被选择出来,其值会达到尽量满足的程度;其次,取单位支出最小居于第二位的需求。而后,再照此办理,直至目标得到满足为止。

这个求解过程完全一致于式(4.13)右端项中的环境保护容量项。在环境容量元素 v_{J+1} 不只是一个单项值而且是一个向量的情况下,短板价格的科技进步将导致这里的各个元素都有所增大,那么,如果满足这些元素临界值的单位支出费用没有变,支出最优化选择的顺序不会变,由此导致总支出的效率提高了,有关的支出费用必定相对节省了。由此可以看出,科技进步越普遍、程度越明显,短板价格被科技进步更大的部门更替的可能性越大,也就是短板价格的科技进步会越加增大,那么,环境改善的速度应该越快,而且,支出费用相对越节省。这里再一次印证了:从长久的经济发展来看,科技进步是解决环境问题的真正动力之一。

将需求拉动、环境容量和经济增长之间的基本关系综合起来进行讨论,人们从中可以看出,环境保护与经济可持续增长的问题,在现代经济学的范式里,基本上可以归结为需求调整与科技发展之间的协调问题。环境容量,是自然给定的,必须予以重视;市场自由与需求调整,是当今经济的理论之所在,科学途径应该遵从;科技进步,作用非凡,经济发展,环境改善,最终取决于科学技术的进步。经济的可持续发展,最直接的动力来源于科学技术的持续进步。环境保护与经济可持续增长,归根结底,是在科学技术的持久发展与需求增长的短期决定之间,可以进行协调的问题。

第4章建议的续读文献

[1] Maeler, Karl – Goeran. Environmental Economics: A Theoretical Inquiry. Washington:RFF Press,1974.

[2]穆勒. 理论环境经济学[M]. 孙中才,译. 北京:生活·读书·新知三联书店,1992:28.

[3]孙中才. 农业经济数理分析[M]. 北京:中国农业出版社,2006:175.

[4][美]布洛姆雷,D. A. 物理学[M]//[美]D. J. 凯福尔斯,J. L. 斯托尔乔,等. 美国科学家论近代科技. 范岱年,孟长麟,等,译. 北京:科学普及出版社,1987:87.

[5]孙中才. 外贸顺差与通货膨胀[J]. 山东财政学院学报,2011,3:5 – 9.

[6]孙中才. 宏观干预与通货膨胀[J]. 汕头大学学报(人文社会科学版),2011,6:34 – 41.

[7]孙中才. 农业经济数理分析[M]. 北京:中国农业出版社,2006:175.

[8] Gorman, W.. Measuring the Quantities of Fixed Factors [M]// J. N. Wolfe. Value,Capital and Growth:Papers in Honor of Sir John Hicks. Aldine Publishing Co. Chicago,1968:141 – 172.

[9] McFadden, D.. Cost, Revenue, and Profit Functions [M]//M. Fuss and

D. McFadden. Production Economics：A Dual Approach to Theory and Applications. Vol. 1. The Theory of Production. North – Holland Publishing Company：Amsterdam · New York · Oxford,1978：4.

［10］Samuelson,P.. Economics［M］. New York：McGraw – Hill,1957：152 – 157.

［11］孙中才. 理论农业经济学［M］. 北京：中国人民大学出版社,1998：21.

［12］孙中才. 科学与农业经济学［M］. 北京：中国农业出版社,2009：72 – 73.

［13］孙中才. 生态安全与农业发展［J］. 汕头职业技术教育论坛,2010,3：3 – 7.

［14］孙中才. G 函数与新古典：两部门分析［J］. 汕头大学学报(人文社会科学版)2009,1：66 – 69.

［15］Einstein,A. ,"Autobiographical Notes" in Albert Einstein,Philosopher – Scientist［A］,in：Schilpip,P. (ed),Open Court［C］. Evanston,Ⅲ. ,1949：17 – 18.

［16］孙中才. 粮食安全与耕地保护［J］. 汕头职业技术教育论坛,2010,1：3 – 7.

［17］孙中才. 科技进步与通货膨胀［J］. 山东财政学院学报,2011,4：5 – 10.

［18］Hotelling,H.. Edgeworth's Taxation Paradox and the Nature of Demand and Supply Functions［J］. Journal of Political Economy,1932,40(5)：577 – 616.

［19］张坤民. 低碳经济：可持续发展的挑战与机遇［M］. 北京：中国环境科学出版社,2010：22 – 24.

［20］孙中才. G 函数与经济学的新进展［J］. 汕头大学学报(人文社会科学版) ,2006(6)：20 – 24.

［21］Harrigan,J.. Technology,Factor Supplies, and International Specialization：Estimating the Neoclassical Model ［J］. The American Economic Review,1997,87：475 – 494.

［22］马瑜. 我国积极财政政策的效应分析：以"四万亿"为例［D］. 昆明：云南财政大学硕士研究生学位论文,2013：17 – 20.

［23］高鸿业. 西方经济学(宏观部分)［M］. 5 版. 北京：中国人民大学出版社,2011：412.

［24］肖锐. 扩大需求消费拉动经济增长［J］. 经济师,2012,2：29 – 31.

［25］张彩华. 扩大内需促进经济增长［D］. 上海：复旦大学硕士研究生学位论文,2002：10 – 11.

第 5 章　监测与调节

　　经济双层容量的发现,导致人们对经济的监测和调控,在概念上更加准确、更加精确,在实际技术上更加直观、更加简单了。类似于环境容量,经济中的某些资源或者某些社会需求,会具有稍稍远离市场却更有深广影响力的特点。其与环境容量相对比,二者相同的是,在所需要的监测方面,这些资源或一般的社会需求,与环境容量基本相同。但不同的是,在调节方面,对类似环境容量这种由自然所给定的量进行干预,通常是很困难的;而对某些资源或一般的社会需求进行调节,通常是容易的,也是有效的。随着经济的成熟和发展,对某些资源或一般社会需求进行监测和调节,或许会成为将来经济工程中一项不可或缺的任务。

§5.1　双层容量扩大了监测与调节的范围

　　从宏观干预的角度来看,一个新概念——双层容量的确立,明显地扩大了对于经济进行监测与调节的视野。从短期经济运行的立场上,可以看到,

　　在 $G = \pi(p;v)$ 的一般结构中,分化成了:

$$G = \pi(p;v,v_{J+1})$$

　　如前所述,也就是在固定数量向量 v 中分化出一个经济容量元素 v_{J+1} ,显然 v_{J+1} 是一个需要给予格外关注的元素。对比着没有这种分化的情况,这个元素的出现,使得分析的切入点增加了,人们的视野扩大了,有关的分析可以更加明确,也更加精确了。从实用技术的角度来看,这意味着对经济的监测和调节的着眼点增加了,实施有关调节的可介入点更加准确了。由此可以看到,经济容量的细分,必定可以导致对有关问题的更加精准的分析,从而进入更加精准的探索。

　　经济容量的双层划分,必定凸显某些基本资源或特定需求的作用,以便引起

人们的关注,使得监测与调节的切入点更加明确。对于有关当事人来说,这样的划分,会随着对作用认识的加深,而对这些基本资源或特定需求在经济中的实际地位有所区别,从而使它们的某些特征更加显露出来,有关信息或数据更加直观鲜明,令观测与调节更容易取得实际效果。对比着简单的平铺性的容量元素概念,双层容量的概念既扩大了视野,又增加了实际工程的知识点和控制点,增强了人们对经济有效运行的理解能力和预测能力。

在实际经济运行中,确实存在着需要从两个需求层次或者两个内容来把握经济活动的发展。

§5.2 粮食安全与耕地保护

§5.2.1 正则运行与被替代的比较

设存在于粮食安全与耕地保护之间的问题,就是呈现在经济局部结构里的一个思考。在短期里,这个局部可以初始性地描述在如下的经济结构之中:

$$G = \pi(p; v, v_{J+1}, t) \tag{5.1}$$

式中, p ——产品的价格向量, $p = (p_1, p_2, \ldots, p_I)$, $p_i \gg 0$, $i = 1, 2, \ldots, I$ 。其中, p_1 ——农产品价格;

v ——产品需求向量, $v = (v_1, v_2, \ldots, v_J)$, $v_j \leqslant 0$, $j = 1, 2, \ldots, J$,并有 $I \leqslant J$ 。其中, v_1 ——对农产品的需求;

v_{J+1} ——耕地固定数量,一个数值。

当 $t = 0$ 时,式(5.1)的初始状态为:

$$\pi(p; v, v_{J+1}, 0)$$

它的 Jacobi 向量为:

$$J = [\pi_p \quad \pi_v][\nabla_p \pi \quad \nabla_v \pi] = \left[\frac{\partial \pi}{\partial p_i}; -\frac{\partial \pi}{\partial v_j}\right]$$

在 Jacobi 向量的基础上,可以得出的 Hessian 矩阵为:

$$H = \begin{bmatrix} \pi_{pp} & \pi_{vp} \\ \pi_{pv} & \pi_{vv} \end{bmatrix} = \begin{bmatrix} \nabla_{pp}^2 \pi & \nabla_{vp}^2 \pi \\ \nabla_{pv}^2 \pi & \nabla_{vv}^2 \pi \end{bmatrix} = \begin{bmatrix} \dfrac{\partial^2 \pi}{\partial p_i \partial p_h} & -\dfrac{\partial^2 \pi}{\partial v_j \partial p_h} \\ -\dfrac{\partial^2 \pi}{\partial p_i \partial v_k} & \dfrac{\partial^2 \pi}{\partial v_j \partial v_k} \end{bmatrix}$$

由 Hessian 矩阵可以得出的固定替代弹性矩阵为：

$$S = \begin{bmatrix} \sigma_{p_i p_k} & \sigma_{v_j p_k} \\ \sigma_{p_i v_k} & \sigma_{v_j v_k} \end{bmatrix} = \pi \begin{bmatrix} \pi_{p_i}^{-1} \pi_{p_i p_k} \pi_{p_k}^{-1} & \pi_{v_j}^{-1} \pi_{v_j p_k} \pi_{p_k}^{-1} \\ \pi_{p_i}^{-1} \pi_{p_i v_k} \pi_{v_k}^{-1} & \pi_{v_j}^{-1} \pi_{v_j v_k} \pi_{v_k}^{-1} \end{bmatrix}$$

$h \in i$，$i,h = 1,2,\ldots,I$；$k \in j$，$k \neq j$，$j,k = 1,2,\ldots,J,J+1$。

依据正则定律得知，在这个初始点上，经济内部的各个因子之间必定存在着由最小被替代率确定的基本关系，即：

$$\begin{cases} \Delta r_{p_1}(0) = \min_h \{\sigma_{p_1 p_k} r_{p_k}(0)\} - \max_k \{\sigma_{p_1 v_k} r_{v_k}(0)\} \\ \Delta r_{v_1}(0) = \min_h \{\sigma_{v_1 p_k} r_{p_k}(0)\} - \max_k \{\sigma_{v_1 v_k} r_{v_k}(0)\} \\ \Delta r_{v_{J+1}}(0) = \min_h \{\sigma_{v_{J+1} p_k} r_{p_k}(0)\} - \max_k \{\sigma_{v_{J+1} v_k} r_{v_k}(0)\} \end{cases}$$

$h \in i, h \neq i$，$i,h = 1,2,\ldots,I$；$k \in j$，$k \neq j$，$j,k = 1,2,\ldots,J$

如同在上一章已经分析过的，到了 t（$t > 0$）时刻，这个经济的状态，也就是这个经济的内部被替代率，应该变化为：

$$e^{\alpha_{p_i} t} \Delta r_{p_1}(0) = \min_h \{\sigma_{p_1 p_k} e^{-\alpha_{p_i} t} r_{p_k}(0)\} - \max_k \{\sigma_{p_1 v_k} e^{-\beta_{v_i} t} r_{v_k}(0)\} \quad (5.2)$$

$$e^{\beta_{v_i} t} \Delta r_{v_1}(0) = \min_h \{\sigma_{v_1 p_k} e^{-\alpha_{p_i} t} r_{p_k}(0)\} - \max_k \{\sigma_{v_1 v_k} e^{-\beta_{v_i} t} r_{v_k}(0)\} \quad (5.3)$$

$$e^{\beta_{v_i} t} \Delta r_{v_{J+1}}(0) = \min_h \{\sigma_{v_{J+1} p_k} e^{-\alpha_{p_i} t} r_{p_k}(0)\} - \max_k \{\sigma_{v_{J+1} v_k} e^{-\beta_{v_i} t} r_{v_k}(0)\} \quad (5.4)$$

$h \in i, h \neq i$，$i,h = 1,2,\ldots,I$；$k \in j$，$k \neq j$，$j,k = 1,2,\ldots,J$

如同在第 3 章里已经阐述的，这里一定存在着一个需求短板容量：

$$e^{\beta_{v_i} t} \Delta r_{v_w}(0) = \min_j \{e^{\beta_{v_i} t} \Delta r_{v_j}(0)\}$$
$$= \min_h \{\sigma_{v_w p_k} e^{-\alpha_{p_i} t} r_{p_k}(0)\} - \max_k \{\sigma_{v_w v_k} e^{-\beta_{v_i} t} r_{v_k}(0)\}$$

并可以表示出：

$$e^{\beta_{v_i} t} \Delta r_{v_w}(0) = \sigma_{v_w p_R} e^{-\alpha_{p_i} t} r_{p_R}(0) - \sigma_{v_w v_S} e^{-\beta_{v_i} t} r_{v_S}(0)$$

这里，

$$e^{\beta_{v_i} t} \Delta r_{v_w}(0) = \min_j \{e^{\beta_{v_i} t} \Delta r_{v_j}(0)\}$$

$$\sigma_{v_w p_R} e^{-\alpha_{p_i} t} r_{p_R}(0) = \min_h \{\sigma_{v_w p_k} e^{-\alpha_{p_i} t} r_{p_k}(0)\}$$

$$\sigma_{v_w v_S} e^{-\beta_{v_i} t} r_{v_S}(0) = \max_k \{\sigma_{v_w v_k} e^{-\beta_{v_i} t} r_{v_k}(0)\}$$

并且，容易得出：

$$e^{\beta_{v_i} t} \Delta r_{v_w}(0) = \min_{W,S} \{e^{\beta_{v_i} t} \Delta r_{v_w}(0), e^{|-\beta_{v_i}| t} r_{v_S}(0)\}$$

这显示出短板容量，就是在经济整体意义上，这个容量有着最小的被替代率。

另外,假定在短期的情况下,依据双层容量的规定,这里还有:

$$e^{\beta_{v_{j+1}}t}\Delta r_{v_{j+1}}(0) \geqslant e^{\tilde{\beta}_{v_{j+1}}t}\Delta r_{v_{j+1}}(0) > e^{\beta_{v_{w}}t}\Delta r_{v_{w}}(0)$$

此处的 $e^{\tilde{\beta}_{v_{j+1}}t}\Delta r_{v_{j+1}}(0)$ 是为了保护需求水平而设定的阈值。具体到在此所要分析的耕地保护问题,这个规定所显现的内容意味着,经济在运行的过程中,耕地的被替代增长率不得小于这个阈值;而且,耕地也不能成为经济容量中的短板。能够看到,类似这样的规定,在不少现代的经济活动中是很常见的。

于是,在经济运行过程里,我们所关注的 3 个变量,会呈现为这样的状态如:

$$\begin{cases} e^{\alpha_{p_1}t}\Delta r_{p_1}(0) = \sigma_{p_1 p_R}e^{-\alpha_{p_R}t}r_{p_R}(0) - \sigma_{p_1 v_W}e^{-\beta_{v_W}t}\Delta r_{v_W}(0) & (5.5) \\ e^{\beta_{v_1}t}\Delta r_{v_1}(0) = \sigma_{v_1 p_R}e^{-\alpha_{p_R}t}r_{p_R}(0) - \sigma_{v_1 v_W}e^{-\beta_{v_W}t}\Delta r_{v_W}(0) & (5.6) \\ e^{\beta_{v_{j+1}}t}\Delta r_{v_{j+1}}(0) = \sigma_{v_{j+1} p_R}e^{-\alpha_{p_R}t}r_{p_R}(0) - \sigma_{v_{j+1} v_W}e^{-\beta_{v_W}t}\Delta r_{v_W}(0) & (5.7) \end{cases}$$

$R \in i, R \neq i, i = 1, 2, \dots, I; W \in j, W \neq j, j = 1, 2, \dots, J$

式中,α_{p_1} ——农产品价格的被替代指数;

β_{v_1} ——农产品需求的被替代指数;

$\beta_{v_{j+1}}$ ——耕地需求的被替代指数;

$-\beta_{v_W}$ ——经济中需求短板的增长指数;

$-\alpha_{p_R}$ ——经济中短板价格的增长指数;

并有:$e^{\beta_{v_{j+1}}t}\Delta r_{v_{j+1}}(0) \geqslant e^{\tilde{\beta}_{v_{j+1}}t}\Delta r_{v_{j+1}}(0) > e^{\beta_{v_W}t}\Delta r_{v_W}(0)$,也就是 $\beta_{v_{j+1}} \geqslant \beta_{v_{j+1}} > \beta_{v_W}$。

如同前面已经阐述过的,在正则规律作用下,经济体在时刻 $t = 0$ 时,其内部的农业部门在供给、常规需求和特定资源需求方面,必定存在着式(5.2)—(5.4)所表示的状态,而运行到了时刻 $t > 0$ 时,若没有其他任何人为干预的介入,经济体内的农业部门,必定呈现出式(5.5)—(5.7)所表示的状态。这是市场自然调节的结果,是经济增长的必然表现。

这里,在供给、常规需求和特定资源需求方面所呈现出来的变化,必定由相应的 3 个增长指数反映出来,这就是:α_{p_1} ——农产品价格的被替代增长指数;β_{v_1} ——农产品需求的被替代增长指数;$\beta_{v_{j+1}}$ ——耕地需求的被替代增长指数。依据 Hotelling 引理,利润对价格的一阶导数便是供给数量,因此,这里农产品价格的被替代增长指数 α_{p_1} 的变化,实际上隐含着供给的增长;相应地,农产品需求的被替代增长指数 β_{v_1},实际上隐含着对常规需求的增长;耕地需求的被替代增长指数 $\beta_{v_{j+1}}$,实际上隐含着对特定需求的增长。

容易理解,所谓被替代,从性质上讲就是指一个因子的作用被其他因子所代替、削弱,也就是它对经济的限制程度或贡献程度被顶替或者被减弱。换句话说,就是在经济的整体性发展过程中,经济中所有因子发挥出综合的作用,从而给其中各个因子的单独作用打了折扣,令其被替代了一部分,从而其增长程度被综合作用相对地减弱了一部分。这也就意味着,对比着初始情况,该项因子出现了可以放松的程度。从宏观管理的角度来看,测定被替代率的大小,也就是要确定因子之间存在的可放松程度的差异,以便将控制的注意力更加集中,从而取得更有效的结果。

试想,如果时间足够长,假定初始给定的需求固定数量,也就是经济容量都是紧缺的,或者说,都是"紧绷"的,那么,式(5.5)—(5.7)中所给出的各个被替代增长指数,简称被替代指数,便是对应因子可以放松的指数,也就是可以放松的程度指示。这里的 α_{p_1} 便是相对于初始的限制作用情况,农产品价格作用可以放松的程度;β_{v_1} 为对农产品需求作用可以放松的程度;$\beta_{v_{j+1}}$ 是对耕地需求作用可以放松的程度。从监测和调控的角度来看,可以放松的程度,也就是可以松弛监管的程度。于是,由此可以看出,关于粮食安全与耕地保护的考虑,实质上就是关于这3个被替代指数大小顺序的识别问题。它们存在着以下3类6种情况,即:

(1) $\begin{cases} (1.1) & \alpha_{p_1} > \beta_{v_1} > \beta_{v_{j+1}} \\ (1.2) & \alpha_{p_1} > \beta_{v_{j+1}} > \beta_{v_1} \end{cases}$

(2) $\begin{cases} (2.1) & \beta_{v_1} > \alpha_{p_1} > \beta_{v_{j+1}} \\ (2.2) & \beta_{v_1} > \beta_{v_{j+1}} > \alpha_{p_1} \end{cases}$

(3) $\begin{cases} (3.1) & \beta_{v_{j+1}} > \beta_{v_1} > \alpha_{p_1} \\ (3.2) & \beta_{v_{j+1}} > \alpha_{p_1} > \beta_{v_1} \end{cases}$

在这3类6种情况里,从改善经济质量的立场来看,也就是从经济的基本资源得到保护的角度来看,显然第(2)类和第(3)类情况最合于需要,即产品需求或耕地的被替代增长指数大于农产品供给的被替代增长指数。而其中的(3.1)这种情况,即 $\beta_{v_{j+1}} > \beta_{v_1} > \alpha_{p_1}$,或许更符合要求。因为这种情况意味着,在耕地的被替代增长指数为相对最大的同时,对农产品需求的被替代增长指数居于其次。这意味着,在对农产品的常规需求不变时,更低的限制最宽松,而供给的保障能力相对更强。因此,在粮食安全与耕地保护的考虑方面,如果经济呈现出(3.1)这种情况,那么必定意味着,耕地和粮食对经济的限制作用都明显地松缓了,因而,对耕地保护和粮食安全的监测和调控,都可以稍稍松弛了。

这样,在短期的经济运行中可以看出,关于粮食安全与耕地保护的争论,实际上可以归结为农业供给、产品常规需求和经济基本资源需求之间存在的替代关系的比较。依据经济的正则性规律,可以认识到,经济内在的替代关系是经济体自然给定的,人为干预是对这种自然规律的反应,其中,正确而有效的干预也仅仅是对这种规律的顺应。准确和精确,存在于人类社会,更存在于自然世界。

§5.2.2 技术进步与耕地保护

运用 Harrigan 推论,在式(5.1)里,引入技术进步参数,便得到了一个长期的经济运行的初始描述:

$$G = \pi(ap;v,v_{J+1},t) \tag{5.8}$$

式中, a ——标量矩阵, $a = \begin{bmatrix} a_{11} & 0 & \dots & 0 \\ 0 & a_{22} & 0 & 0 \\ \dots & 0 & \dots & 0 \\ 0 & 0 & 0 & a_{II} \end{bmatrix}$

p ——产品的价格向量, $p = (p_1,p_2,\dots,p_I)$, $p \gg 0$ 。其中, p_1 ——农产品价格;

v ——产品需求向量, $v = (v_1,v_2,\dots,v_J)$, $v \leq 0$,并有 $I \leq J$ 。其中, v_1 ——对农产品的需求;

v_{J+1} ——耕地的固定数量,一个数值。

当 $t = 0$ 时,式(5.8)的初始状态为:

$\pi(ap;v,v_{J+1},0)$

它的 Jacobi 向量为:

$$J = [\pi_p \quad \pi_v][\nabla_p\pi \quad \nabla_v\pi] = \left[\frac{\partial\pi}{\partial p_i}a_{ii}; \ -\frac{\partial\pi}{\partial v_j}\right]$$

在 Jacobi 向量的基础上,可以得出 Hessian 矩阵为:

$$H = \begin{bmatrix} \pi_{pp} & \pi_{vp} \\ \pi_{pv} & \pi_{vv} \end{bmatrix} = \begin{bmatrix} \nabla_{pp}^2\pi & \nabla_{vv}^2\pi \\ \nabla_{pv}^2\pi & \nabla_{vv}^2\pi \end{bmatrix} = \begin{bmatrix} \dfrac{\partial^2\pi}{\partial p_i\partial p_h}a_{ii}a_{hh} & -\dfrac{\partial^2\pi}{\partial v_j\partial p_h}a_{hh} \\ -\dfrac{\partial^2\pi}{\partial p_i\partial v_k}a_{ii} & \dfrac{\partial^2\pi}{\partial v_j\partial v_k} \end{bmatrix}$$

由 Hessian 矩阵可以得出的固定替代弹性矩阵为:

$$S = \begin{bmatrix} \sigma_{p_i p_k} & \sigma_{v_j p_k} \\ \sigma_{p_i v_k} & \sigma_{v_j v_k} \end{bmatrix} = \pi \begin{bmatrix} \pi_p^{-1} \pi_{pp} \pi_p^{-1} & \pi_v^{-1} \pi_{vp} \pi_p^{-1} \\ \pi_p^{-1} \pi_{pv} \pi_v^{-1} & \pi_v^{-1} \pi_{vv} \pi_v^{-1} \end{bmatrix}$$

$h \in i$，$h \neq i$，$i,h = 1,2,\ldots,I$；$k \in j$，$k \neq j$，$j,k = 1,2,\ldots,J,J+1$.

依据正则定律得知，那么，在初始时刻，其内部各个因子之间必定存在着由最小被替代率确定的基本关系，即：

$$
\begin{cases}
\Delta r_{p_1}(0) = \min_h \{ \sigma_{p_i p_k} [r_{a_{hh}}(0) + r_{p_k}(0)] \} - \max_k \{ \sigma_{p_i v_k} r_{v_k}(0) \} & (5.9) \\
\qquad - r_{a_{11}}(0) \Delta r_{p_1}(0) \\
\Delta r_{v_1}(0) = \min_h \{ \sigma_{v_i p_k} [r_{a_{hh}}(0) + r_{p_k}(0)] \} - \max_k \{ \sigma_{v_i v_k} r_{v_k}(0) \} & (5.10) \\
\Delta r_{v_{J+1}}(0) = \min_h \{ \sigma_{v_{J+1} p_i} [r_{a_{hh}}(0) + r_{p_k}(0)] \} - \max_k \{ \sigma_{v_{J+1} v_k} r_{v_k}(0) \} & (5.11)
\end{cases}
$$

$h \in i$，$h \neq i$，$i,h = 1,2,\ldots,I$；$k \in j$，$k \neq j$，$j,k = 1,2,\ldots,J$

若所有的条件均未变，那么，经济运行到 t（$t > 0$）时刻，这个经济的内部被替代率应该变化为：

$$
\begin{cases}
e^{\alpha_{p_i}(a)t} \Delta r_{p_1}(0) = \min_h \{ \sigma_{p_i p_k} [e^{-\alpha_{a_{hh}}t} r_{a_{hh}}(0) + e^{-\alpha_{p_k}t} r_{p_k}(0)] \} \\
\qquad\qquad - \max_k \{ \sigma_{p_i v_k} e^{-\beta_{v_k}t} r_{v_k}(0) \} - e^{-\alpha_{a_{11}}t} r_{a_{11}}(0) \Delta r_{p_1}(0) \\
e^{\beta_{v_i}(a)t} \Delta r_{v_1}(0) = \min_h \{ \sigma_{v_i p_k} [e^{-\alpha_{a_{hh}}t} r_{a_{hh}}(0) + e^{-\alpha_{p_k}t} r_{p_k}(0)] \} \\
\qquad\qquad - \max_k \{ \sigma_{v_i v_k} e^{-\beta_{v_k}t} r_{v_k}(0) \} \\
e^{\beta_{v_{J+1}}(a)t} \Delta r_{v_{J+1}}(0) = \min_h \{ \sigma_{v_{J+1} p_k} [e^{-\alpha_{a_{hh}}t} r_{a_{hh}}(0) + e^{-\alpha_{p_k}t} r_{p_k}(0)] \} \\
\qquad\qquad - \max_k \{ \sigma_{v_{J+1} v_k} e^{-\beta_{v_k}t} r_{v_k}(0) \}
\end{cases}
$$

$h \in i$，$h \neq i$，$i,h = 1,2,\ldots,I$；$k \in j$，$k \neq j$，$j,k = 1,2,\ldots,J$.

式中，$-\alpha_{a_{hh}}$——第 h 个部门的技术进步指数；

$-\alpha_{a_{ii}}$——第 i 个部门的技术进步指数，$h \in i$，$h \neq i$，$i,h = 1,2,\ldots,I$；

$\alpha_{p_i}(a)$——有技术进步时农产品价格的被替代指数；

$-\alpha_{a_{11}}$——农业部门的技术进步指数；

$\beta_{v_i}(a)$——有技术进步时农产品需求的被替代指数；

$\beta_{v_{J+1}}(a)$——有技术进步时耕地需求的被替代指数。

这里存在着短板容量，为：

$$
\begin{aligned}
e^{\beta_{v_e}t} \Delta r_{v_w}(0) &= \min_j \{ e^{\beta_{v_k}t} \Delta r_{v_j}(0) \} \\
&= \min_h \{ \sigma_{v_w p_k} [e^{-\alpha_{a_{hh}}t} r_{a_{hh}}(0) + e^{-\alpha_{p_k}t} r_{p_k}(0)] \} - \max_k \{ \sigma_{v_w v_k} e^{-\beta_{v_k}t} r_{v_k}(0) \}
\end{aligned}
$$

$h \in i$，$h \neq i$，$i,h = 1,2,\ldots,I$；$k \in j$，$k \neq j$，$j,k = 1,2,\ldots,J$.

并可以简写为：

$$e^{\beta_{v_w}(a)t}\Delta r_{v_w}(0) = \sigma_{v_w p_R}\left[e^{-\alpha_{a_{RR}}t}r_{a_{RR}}(0) + e^{-\alpha_{p_R}t}r_{p_R}(0) \right] - \sigma_{v_w v_S}e^{-\beta_{v_S}t}r_{v_S}(0)$$

出于双层容量的考虑，这里应该有：

$$e^{\beta_{v_{j+1}}t}\Delta r_{v_{j+1}}(0) \geq e^{\tilde{\beta}_{v_{j+1}}t}\Delta r_{v_{j+1}}(0) > e^{\beta_{v_w}t}\Delta r_{v_w}(0)$$

从而可以把这个经济在 t（$t > 0$）时刻的各个因子的被替代增长率简写为：

$$\begin{cases} e^{\alpha_{p_i}(a)t}\Delta r_{p_i}(0) = \sigma_{p_i p_R}\left[e^{-\alpha_{a_{RR}}t}r_{a_{RR}}(0) + e^{-\alpha_{p_R}t}r_{p_R}(0) \right] \\ \qquad\qquad\qquad - \sigma_{p_i v_w}e^{-\beta_{v_w}(a)t}\Delta r_{v_w}(0) - e^{-\alpha_{a_{11}}t}r_{a_{11}}(0)\Delta r_{p_i}(0) \qquad (5.12) \\ e^{\beta_{v_i}(a)t}\Delta r_{v_i}(0) = \sigma_{v_i p_R}\left[e^{-\alpha_{a_{RR}}t}r_{a_{RR}}(0) + e^{-\alpha_{p_R}t}r_{p_R}(0) \right] \\ \qquad\qquad\qquad - \sigma_{v_i v_w}e^{-\beta_{v_w}(a)t}\Delta r_{v_w}(0) \qquad\qquad\qquad\qquad (5.13) \\ e^{\beta_{v_{j+1}}(a)t}\Delta r_{v_{j+1}}(0) = \sigma_{v_{j+1} p_R}\left[e^{-\alpha_{a_{RR}}t}r_{a_{RR}}(0) + e^{-\alpha_{p_R}t}r_{p_R}(0) \right] \\ \qquad\qquad\qquad - \sigma_{v_{j+1} v_w}e^{-\beta_{v_w}(a)t}\Delta r_{v_w}(0) \qquad\qquad\qquad\qquad (5.14) \end{cases}$$

$R \in i, R \neq i$，$i = 1,2,\ldots,I$，$W,S \in j$，$j = 1,2,\ldots,J$.

这时，如果监视的结果发现了经济容量中某个最值得关注的元素，例如外层容量里的 v_{J+1}，它的被替代增长率 $e^{\beta_{v_{j+1}}t}\Delta r_{v_{j+1}}(0)$ 不合要求，它与目标值 $e^{\vec{\beta}_{v_{j+1}}t}\Delta r_{v_{j+1}}(0)$ 有差距，差距为 $e^{\beta_{v_{j+1}}t}\Delta r_{v_{j+1}}(0) - e^{\vec{\beta}_{v_{j+1}}t}\Delta r_{v_{j+1}}(0)$，并需要进行调整。

显然，这样的例子，在未来的经济运行中应该是会经常遇到的，换句话说，就是需要对经济容量进行适当的调整，在未来的经济运行中，这或许会经常化。

自然，这首先需要判断一下，这种调整要改变需求短板的方向在哪里。这也就是首先要判断一下，这个差距是逆差还是顺差，也就是要判断出，这个差距是

$$e^{\beta_{v_{j+1}}t}\Delta r_{v_{j+1}}(0) - e^{\vec{\beta}_{v_{j+1}}t}\Delta r_{v_{j+1}}(0) > 0,$$

还是：

$$e^{\beta_{v_{j+1}}t}\Delta r_{v_{j+1}}(0) - e^{\vec{\beta}_{v_{j+1}}t}\Delta r_{v_{j+1}}(0) < 0 。$$

前一个是顺差；后一个是逆差。若是顺差，意味着现行的经济给这个外层容量带来的被替代增长率过大了，调整的方向是让它小一些。显然，需要采取外生的干预措施，把这个经济容量的被替代率缩小一些。

前面已经分析过，需求拉动与经济增长之间存在着同向的运动关系，即需求拉动必然带来经济增长；而经济容量与需求拉动和经济增长之间却是反向的关系，即经济容量要缩小，就是要通过需求拉动求得经济增长。这样，在出现下列情

况时：

$$e^{\beta_{r_{j+1}}t}\Delta r_{v_{j+1}}(0) - e^{\tilde{\beta}_{r_{j+1}}t}\Delta r_{v_{j+1}}(0) > 0$$

要采取措施，缩小这个顺差。这实际上就是要做出需求拉动，促进经济增长。在第4章中已经分析过，在确定经济短板的简写表达式中，存在着短板缩小，即在下面这一公式中：

$$e^{\hat{\beta}_{v_r}t}\Delta r_{v_w}(0) = \min_j\{e^{\hat{\beta}_{v_r}t}\Delta r_{v_j}(0)\}$$

$$= \min_h\{\sigma_{v_w p_h}e^{-\alpha_{p_h}t}r_{p_h}(0)\}\} - \max_k\{\sigma_{v_w v_k}e^{-\hat{\beta}_{v_r}t}r_{v_k}(0)\}$$

$$= \sigma_{v_w p_R}e^{-\alpha_{p_R}t}r_{p_R}(0) - \sigma_{v_w v_S}e^{-\hat{\beta}_{v_r}t}r_{v_S}(0)$$

有：

$$e^{\beta_{v_r}(m_2)t}\Delta r_{v_w}(0) < \sigma_{v_w v_S}e^{|-\beta_{v_r}(m_2)|t}r_{v_S}(0)$$

这便意味着出现了正向的需求拉动，也即需求拉动。

于是，在给定有关的调整目标以后，这个实际的需求拉动问题，可以转化为完全类似于式(4.13)—(4.17)一样的模型，即求解：

$$\min\Delta c(t) = \Delta c[e^{\beta_{v_r}(m_2)t}\Delta r_{v_w}(0), \sigma_{v_w v_S}e^{|-\beta_{v_r}(m_2)|t}r_{v_S}(0), e^{\beta_{r_{j+1}}t}\Delta r_{v_{j+1}}(0))] \quad (5.15)$$

s. t.

$$\sigma_{v_w p_R}e^{-\alpha_{p_R}t}r_{p_R}(0) = e^{\beta_{v_r}t}\Delta r_{v_w}(0) + \sigma_{v_w v_S}e^{-\beta_{v_r}t}r_{v_S}(0) - \sigma_{v_w p_R}e^{-\alpha_{a_{RR}}t}r_{a_{RR}}(0) \quad (5.16)$$

$$e^{\beta_{v_r}(m_2)t}\Delta r_{v_w}(0) < \sigma_{v_w v_S}e^{|-\beta_{v_r}(m_2)|t}r_{v_S}(0) \quad (5.17)$$

$$e^{\beta_{r_{j+1}}t}\Delta r_{v_{j+1}}(0) \geqslant [e^{\tilde{\beta}_{r_{j+1}}t}\Delta r_{v_{j+1}}(0) - e^{\tilde{\beta}_{r_{j+1}}t}\Delta r_{v_{j+1}}(0)] > e^{\beta_{v_r}(m_2)t}\Delta r_{v_w}(0) \quad (5.18)$$

$$e^{\beta_{r_{j+1}}t}\Delta r_{v_{j+1}}(0) = \sigma_{v_{j+1}p_R}[e^{-\alpha_{a_{RR}}t}r_{a_{RR}}(0) + e^{-\alpha_{p_R}t}r_{p_R}(0)] - \sigma_{v_{j+1}v_w}e^{-\beta_{v_r}(m_2)t}r_{v_w}(0)$$

$$(5.19)$$

式中，β_{v_w}、γ_{v_S}、$\beta_{v_{j+1}}$ 和 α_{p_R} 为变量，其余都为已知量。

如果在监视目标上发现有了逆差，即 $e^{\beta_{r_{j+1}}t}\Delta r_{v_{j+1}}(0) - e^{\tilde{\beta}_{r_{j+1}}t}\Delta r_{v_{j+1}}(0) < 0$，并且也需要进行调整的话，那么，问题成了要进行反向需求拉动和让经济减慢增长，这也就是通常所说的纠正经济过热的问题。

根据上述分析的结果可以知道，如果需要做出反方向的需求拉动，以便纠正经济过热，就需要在需求拉动预算模型里，出现两个关系的改变，或者说只是两个符号的改变。这就是式(5.17)要变化为：

$$e^{\beta_{v_r}(m_2)t}\Delta r_{v_w}(0) > \sigma_{v_w v_S}e^{|-\beta_{v_r}(m_2)|t}r_{v_S}(0)$$

原来的"<"变为">"了；另一个是式(5.18)要变化为：

$$e^{\beta_{v_{J+1}}t}\Delta r_{v_{J+1}}(0) \geqslant \left[e^{\tilde{\beta}_{v_{J+1}}t}\Delta r_{v_{J+1}}(0) + e^{\vec{\beta}_{v_{J+1}}t}\Delta r_{v_{J+1}}(0) \right] > e^{\beta_{v_w}(m_2)t}\Delta r_{v_w}(0)$$

式中括号里原来的"－"变成"＋"了。这样变化后的模型,可以被称作反向的需求拉动预算模型。它的基础,就是一般的需求拉动预算模型式(5.15)—(5.19)。

从式(5.15)—(5.19)出发,无论是正向需求拉动问题,还是反向需求拉动问题,所得出的解,一定仍然存在着以下 3 类情况 6 种结果。为便于识别,在类型和种类里都加进了表示技术进步的符号"a",以表示这些都是经济在长期运行里的状态,以便将它们与忽略科技进步的短期情况加以区分。于是,有:

$$(1,a) \begin{cases} 1.1a & \alpha_{p_1}(a) > \beta_{v_1}(a) > \beta_{v_{J+1}}(a) \\ 1.2a & \alpha_{p_1}(a) > \beta_{v_{J+1}}(a) > \beta_{v_1}(a) \end{cases}$$

$$(2,a) \begin{cases} 2.1a & \beta_{v_1}(a) > \alpha_{p_1}(a) > \beta_{v_{J+1}}(a) \\ 2.2a & \beta_{v_1}(a) > \beta_{v_{J+1}}(a) > \alpha_{p_1}(a) \end{cases}$$

$$(3,a) \begin{cases} 3.1a & \beta_{v_{J+1}}(a) > \beta_{v_1}(a) > \alpha_{p_1}(a) \\ 3.2a & \beta_{v_{J+1}}(a) > \alpha_{p_1}(a) > \beta_{v_1}(a) \end{cases}$$

这 3 类 6 种结果就是经济里 3 个因子被替代增长率的可能排序情况,从监视和调整对象的情况来看,这就是这 3 个因子在监视和调整方面可以放松的顺序。最大的,可以最放松,重视程度低一些;最小的,当然最不放松,重视程度要加强。

具体到我们所关注的这个特例,这里的 $\alpha_{p_1}(a)$、$\beta_{v_1}(a)$ 和 $\beta_{v_{J+1}}(a)$ 分别是农产品价格的被替代增长指数、农产品需求的被替代增长指数和耕地数量的被替代增长指数。这里的第一类结果 $(1,a)$ 是说,在农产品局部经济里,农产品价格的被替代增长率最高,对它的监视和重视程度可以放松一些,而被注意力更集中于其余的那两个对象——农产品需求和耕地数量上;第二类结果 $(2,a)$ 是说,农产品需求的被替代增长率最高,因而在这个局部经济里,对它的监视和重视程度可以放松一些,而被注意力更集中于其余的那两个对象上;第三类结果 $(3,a)$ 是说,耕地数量的被替代增长率最高,对它的监视和重视程度可以居于这个局部经济里最放松的地步。从长久的发展来看,似乎第 3 类情况应该更合于需要。

对照着式(5.9)—(5.11)的右端项,也就是对照着短期的情况,在长期的情况,即在式(5.12)—(5.14)的右端项中,因为出现了短板价格的科技进步 $e^{-\alpha_{a_{RR}}t}r_{a_{RR}}(0)$ 这一项,导致式(5.12)—(5.14)里的短板价格所在项的值都增大了,这意味着,它对所在的式的左端分别起到了扩大的作用。在式(5.12)里,这种作用要受到该部门的科技进步率 $e^{-\alpha_{a_{11}}t}r_{a_{11}}(0)$ 所抵制,也就是经济整体的短板容量所造成的对价格被替代的增长,会受到农业供给部门自身科技进步率的抵制,但在式(5.13)和(5.14)里则没有这样的抵制,也就是说,仅有短板价格的科技进步对经济容量起着扩大的作用,而其他的不起作用。这样,在经济里普遍存在着科技进步的情况下,也就是短板价格和各个部门都存在科技进步时,如果其他条件不变,那么,经济容量的被替代增长率都会有大于价格被替代增长率的趋势。由此可以看出,在经济的长期运行中,不管初始状况如何,因为有科技进步的存在,第二类结果 (2, a) 和第三类结果 (3, a) 一定会出现,也就是说,农产品需求的被替代增长率和耕地数量的被替代增长率,分别高于农产品价格的被替代增长率的情况一定会出现的。而且,似乎 (3, a) 这类结果更容易出现,而其中的 (3.1a) 这种情况,即耕地数量的被替代增长率高于农产品需求的被替代增长率,而农产品需求的被替代增长率又高于农产品价格的被替代增长率的情况,也就是 $\beta_{v_{j+1}}(a)>$ $\beta_{v_i}(a)>\alpha_{p_i}(a)$,会不难出现,甚至会很容易达到。因为在式(5.12)—(5.14)里可以看到,当 $e^{-\alpha_{a_{RR}}t}r_{a_{RR}}(0)\to$ 大 和 $e^{-\alpha_{a_{11}}t}r_{a_{11}}(0)\to$ 大 ,且 $\sigma_{p_ip_R}e^{-\alpha_{a_{RR}}t}r_{a_{RR}}(0)<{}^{-\alpha_{a_{11}}t}r_{a_{11}}(0)$ 时,农产品价格的被替代增长率不再扩大,反而会减缩。这也就是说,当农业部门自身的科技进步大于短板价格对该部门的替代作用,那么,农产品价格的被替代增长率要被缩小。而同时,因为有外层容量的考虑,存在着 $e^{\beta_{a_{RR}}t}\Delta r_{v_{j+1}}(0)\geq$ $e^{\tilde{\beta}_{a_{RR}}t}\Delta r_{v_{j+1}}(0)>e^{\beta_{v_i}t}\Delta r_{v_w}(0)$,那么从式(5.13)与式(5.14)右端项的比较中可以发现,因为其余条件均不变,那么,随着经济的运行,这个外层容量的限制必定导致式(5.14)的值大于式(5.13)的值,因而,致使 $\beta_{v_{j+1}}(a)>\beta_{v_i}(a)>\alpha_{p_i}(a)$ 的状态是不难出现的。

从式(5.12)—(5.14)结构里看以看出,如果其余条件不变,若 $e^{-\alpha_{a_{RR}}t}r_{a_{RR}}(0)\to$ 大 ,那么,也就是短板价格的科技进步增长了,那么,容易看出,式(5.13)—(5.14)的左端项都会有所增大。这也就是说,有了短板价格的科技进步之后,经济里所有容量因子的被替代增长率都会随之有所增长,使得对经济整体的限制将被放宽,经济发展的空间宽松了。与此同时,在市场方面,随着短板价格科技进步的增大,所有价格的被替代增率也都增大了,整个市场的价格下降趋势明显了。这样,导致各个部门自身能抵制这个价格被替代率增长的能力,也就是抵制这个价格下降趋势的能力——本部门的科技进步必须有更大的增长,才能保持或提高自己原来的价格走势。当有了 $\sigma_{p_ip_R}e^{-\alpha_{a_{RR}}t}r_{a_{RR}}(0)<{}^{-\alpha_{a_{11}}t}r_{a_{11}}(0)$,即本部门科技进步高

过短板价格在本部门的作用时,本部门的价格被替代增长率就将下降,导致价格走势上扬,本部门产出增长。据此,容易理解,在农产品价格上扬、产出增长的情况下,无疑更能保持 $\beta_{v_{j+1}}(a) > \beta_{v_1}(a) > \alpha_{p_1}(a)$,然而,即使没有这样的态势,在式(5.12)—(5.14)的结构里仍能发现,也仍保持 $\beta_{v_{j+1}}(a) > \beta_{v_1}(a) > \alpha_{p_1}(a)$ 。因此可以认为,在自由市场自行调节的经济里,农业的基本自然资源和产品需求的被替代增长率均会高于农产品价格的被替代增长率,这会是一个很一般的趋势。换一个角度来说就是,在自由市场经济里,农产品的供给日益充裕,需求相对下降,耕地的限制作用日益放松。这样的趋势应该是很正常的。

§5.2.3　工业化经济与农业发展和耕地保护

设想,在工业部门出现之前,初始经济体只是一个有着单一农业部门的经济,即:

$$G_1 = \pi(p_1; v_1, v_{J+1}, t)$$

这里, p_1 ——农产品价格;

v_1 ——农产品需求;

v_{J+1} ——耕地数量。

在这里,可以得出这个经济的增长状态如下:

$$
\begin{cases}
e^{\alpha_{p_1}t}\Delta r_{p_1}(0) = e^{-\alpha_{p_1}t}r_{p_1}(0) - \max\{\sigma_{v_1 p_1}e^{-\beta_{v_1}t}r_{v_1}(0), \sigma_{v_{J+1}p_1}e^{-\beta_{v_{J+1}}t}r_{v_{J+1}}(0)\} \\
e^{\beta_{v_1}t}\Delta r_{v_1}(0) = \min\{\sigma_{v_1 p_1}e^{-\alpha_{p_1}t}r_{p_1}(0), \sigma_{v_{J+1}p_1}e^{-\alpha_{p_1}t}r_{p_1}(0)\} \\
\qquad\qquad - \max\{e^{-\beta_{v_1}t}r_{v_1}(0), \sigma_{v_{J+1}v_1}e^{-\beta_{v_{J+1}}t}r_{v_{J+1}}(0)\} \\
e^{\beta_{v_{J+1}}t}\Delta r_{v_{J+1}}(0) = \min\{\sigma_{v_1 p_1}e^{-\alpha_{p_1}t}r_{p_1}(0), \sigma_{v_{J+1}p_1}e^{-\alpha_{p_1}t}r_{p_1}(0)\} \\
\qquad\qquad - \max\{\sigma_{v_{J+1}v_1}e^{-\beta_{v_1}t}r_{v_1}(0), e^{-\beta_{v_{J+1}}t}r_{v_{J+1}}(0)\}
\end{cases}
$$

根据上述的分析结果,这里要保持

$$\beta_{v_{J+1}} > \beta_{v_1} > \alpha_{p_1}$$

那么,必定有:

$$e^{\beta_{v_1}t}\Delta r_{v_W}(0) = e^{\beta_{v_1}t}\Delta r_{v_1}(0)$$

和

$$e^{\alpha_{p_1}t}\Delta r_{p_R}(0) = e^{\alpha_{p_1}t}\Delta r_{p_1}(0)$$

也就是说,在这个"纯农业经济"里,经济的普遍性变化仅仅由农业自身来决定。

进一步设想,如果在这个"纯农业经济"里出现了工业,并实现了工业化,即经济的普遍性变化不再由农业来决定,而是由工业来决定了,那么,农业的发展,特别是耕地保护问题的发展会呈现怎样的态势呢?

试想,此时经济的收敛状态是:

$$
\begin{cases}
e^{\alpha_{p_1}t}\Delta r_{p_1}(0) = e^{-\alpha_{p_R}t}r_{p_R}(0) - \sigma_{v_W p_R}e^{-\beta_{v_W}t}r_{v_W}(0)\\[2mm]
e^{\beta_{v_W}t}\Delta r_{v_W}(0) = \sigma_{v_W p_R}e^{-\alpha_{p_R}t}r_{p_R}(0) - e^{-\beta_{v_W}t}r_{v_W}(0)\\[2mm]
e^{\beta_{v_{J+1}}t}\Delta r_{v_{J+1}}(0) = \sigma_{v_{J+1}p_R}e^{-\alpha_{p_R}t}r_{p_R}(0) - \sigma_{v_{J+1}v_W}e^{-\beta_{v_W}t}r_{v_W}(0)
\end{cases}
$$

如果这时出现了创新的产业——工业,而且考虑到了技术进步,那么,经济体的结构,可以表示为:

$$G_2 = \pi(a_{11}p_1, a_{22}p_2; v_1, v_2, v_{J+1}, t)$$

这里,a_{11}——农业部门的技术进步;

p_1——农产品价格;

a_{22}——工业部门的技术进步;

p_2——工业品价格;

v_1——农产品需求;

v_2——工业品需求;

v_{J+1}——耕地数量。

由本书在第三章中"§3.2.1 创新产业生存的条件"和"§3.2.2 科技进步与经济结构变化"的分析结果得知,一个新的创新产业要得以在现有的经济体里顺利生存,其初始条件最好就是,不是它的价格是短板价格;就是它的需求是短板容量。也就是说,这里有:

$$[e^{-\alpha_{a_{11}}t}r_{a_{11}}(0) + e^{-\alpha_{p_R}t}r_{p_1}(0)] > [e^{-\alpha_{a_{22}}t}r_{a_{22}}(0) + e^{-\alpha_{p_R}t}r_{p_2}(0)]; e^{\beta_{v_1}t}\Delta r_{v_2}(0) < e^{\beta_{v_1}t}\Delta r_{v_1}(0)$$,导致经济在其初始期间的收敛状态为:

$$
\begin{cases}
e^{\alpha_{p_1}t}\Delta r_{p_1}(0) = e^{-\alpha_{p_R}t}r_{p_R}(0) - \sigma_{v_W p_R}e^{-\beta_{v_W}t}r_{v_W}(0) - e^{-\alpha_{a_{11}}t}r_{a_{11}}(0)\Delta r_{p_1}(0)\\[2mm]
e^{\alpha_{p_2}t}\Delta r_{p_2}(0) = \sigma_{p_2 p_R}[e^{-\alpha_{a_{11}}t}r_{a_{11}}(0) + e^{-\alpha_{p_R}t}r_{p_R}(0)] - \sigma_{p_2 v_W}e^{-\beta_{v_W}t}r_{v_W}(0) - e^{-\alpha_{a_{22}}t}r_{a_{22}}(0)\Delta r_{p_2}(0)\\[2mm]
e^{\beta_{v_1}t}\Delta r_{v_W}(0) = \sigma_{v_1 p_R}[e^{-\alpha_{a_{11}}t}r_{a_{11}}(0) + e^{-\alpha_{p_R}t}r_{p_R}(0)] - e^{-\beta_{v_W}t}r_{v_W}(0)\\[2mm]
e^{\beta_{v_2}t}\Delta r_{v_2}(0) = \sigma_{v_2 p_R}[e^{-\alpha_{a_{11}}t}r_{a_{11}}(0) + e^{-\alpha_{p_R}t}r_{p_R}(0)] - \sigma_{v_2 v_W}e^{-\beta_{v_W}t}r_{v_W}(0)\\[2mm]
e^{\beta_{v_{J+1}}t}\Delta r_{v_{J+1}}(0) = \sigma_{v_{J+1}p_R}[e^{-\alpha_{a_{11}}t}r_{a_{11}}(0) + e^{-\alpha_{p_R}t}r_{p_R}(0)] - \sigma_{v_{J+1}v_W}e^{-\beta_{v_W}t}r_{v_W}(0)
\end{cases}
$$

这里，$e^{\beta_{r_i}t}\Delta r_{v_w}(0) = e^{\beta_{r_i}t}\Delta r_{v_1}(0)$ 和 $e^{\alpha_{r_i}t}\Delta r_{p_R}(0) = e^{\alpha_{p_i}t}\Delta r_{p_1}(0)$

这意味着，在工业化的初始期间里，工业产品需求的增长幅度应该不低于农业，而价格增长幅度应该高于农业。从而，短板向量的元素应有农产品的需求或农产品的价格，工农业决定着经济整体的增长趋势，农产品需求拉动着整体经济。事实表明，随着结构的变化，其中特别是工业需求的变化，整个经济的状态趋势必然发生变化。

工业需求的被替代状态方程如下：

$$e^{\beta_{r_i}t}\Delta r_{v_2}(0) = \sigma_{v_2 p_R}e^{-\alpha_{r_i}t}r_{p_R}(0) - \sigma_{v_2 v_w}e^{-\beta_{r_i}t}r_{v_w}(0)$$

从中可以看出，只要干预介入是合理的，致使

$$e^{\beta_{r_i}t} \to 小 ，$$

也就是增大工业需求的增长，致使

$$e^{-\beta_{r_i}t} \to 大 ，$$

便容易使其成为短板容量，从而拉动经济的整体增长。

相比之下，要使工业品价格成为短板价格，从而共同决定经济整体变化，便不是很容易的了。但是，从工业品价格的被替代状态方程

$$e^{\alpha_{p_i}t}\Delta r_{p_2}(0) = \sigma_{p_2 p_R}[e^{-\alpha_{a_w}t}r_{a_{RR}}(0) + e^{-\alpha_{r_i}t}r_{p_R}(0)] - \sigma_{p_2 v_w}e^{-\beta_{r_i}t}r_{v_w}(0) - e^{-\alpha_{a_w}t}r_{a_{22}}(0)\Delta r_{p_2}(0)$$

里，可以明显地看出，在这里，如果有

$$[e^{-\alpha_{a_w}t}r_{a_{RR}}(0) + e^{-\alpha_{r_i}t}r_{p_R}(0)] \to 大$$

会导致

$$e^{\alpha_{p_i}t} \to 大 。$$

也就是会导致工业价格的增长幅度减弱，

$$e^{-\alpha_{p_i}t} \to 小 ，$$

即收敛于短板价格的速度加快，会导致工业品价格更容易成为短板价格。

这意味着，农业基础越强，其增长势头越大，导致工业价格比较迅速地成为短板，从而控制整体经济增长的可能性也就越大。

另外，在工业品价格增长状态方程里容易看出，如果其余条件均不变，工业部门自身的科技进步增长率 $e^{-\alpha_{a_w}t}r_{a_{22}}(0)$ 越大，使其远离短板的可能性就越大；反之，距离短板越近，远离的可能性越小，成为短板的可能性就越大。

正如本书在"§3.2 改变经济结构的条件及其特征"里已经分析过的，作为新的创新产业，工业要顺利生存，若其他条件均不变，那么，在其初始期里，应该有：

$[e^{-\alpha_{a_{22}}t}r_{a_{22}}(0)+e^{-\alpha_{p_2}t}r_{p_2}(0)]>[e^{-\alpha_{a_{RR}}t}r_{a_{RR}}(0)+e^{-\alpha_{p_R}t}r_{p_R}(0)]$。也就是工业品价格的增长幅度高于农产品。而后发生了转变,工业品成了短板价格,一般地讲,应该是农产品价格增长幅度更大了,超过了工业品的技术进步增长幅度,致使工业品市场价格降低增长势头,使自己成了短板。尽管如此,工业品价格的实际总增长率,仍不低于初始时农业的情况。因此,一旦工业品价格成为短板,因为其增长势头不低于初始期的农业,因而,经济基本容量的理想被替代顺序不会变,而且,被替代的强度不会减弱而是有所增强。就我们所分析的内容而言,这意味着,在工业化经济里,农产品需求和耕地保护的任务,应该有着更有利的发展势头,也就是都会呈现比较宽松的发展势头。也就是说,经过一段平稳的增长之后,在工业化经济里,随着农业的发展,工业品需求和工业品价格成为短板,可能都是很正常的。其结果是导致农产品的供给和需求,以及耕地保护的任务都会变得更加稳定、宽松。依据前面已经分析过的内容,可以知道,这就是保证耕地保护、农产品需求和农产品价格的被替代率呈现出依次缩小的顺序,即 $\beta_{v_{j+1}}(a)>\beta_{v_j}(a)>\alpha_{p_i}(a)$ 更容易实现。从直观统计结果来看,工业化经济的正常发展,将会使得农产品价格的增长幅度高于农产品需求;而农产品需求的增长幅度又高于对耕地的需求。

上述的分析结果表明,这样的正常发展,将使农产品和耕地的约束力大为减轻,而且,这应该是一个难以逆转的趋势。因此,在工业化经济里,在农业部门的可以进步和价格增长发生有利变化之后,农产品价格增长强劲,科技进步稳定,供给充足,需求渐弱,并且耕地宽裕,应该是很正常的状态。

容易理解,在大数据技术迅速发展的情况下,通过田野试验和统计数据,发现和测得这样的实际结果,应该是很容易的。有关的实际监测结果,对于获得有关科学知识,是重要的;对于现实工作,也是重要的。

§5.3　福利储备与投资需求

现代经济发展到今天,全社会的福利保障和保险等项内容逐渐成了经济容量的元素。这种元素本身具有常规产品需求性的一面,又具有远离市场类似基本资源的另一面。类似于基本资源的这另一面性质,在经济学上可以称为储备性或后备性。在现代经济学的最新范式里,从双层容量的概念出发,将这两面性质分别表示为不同的元素,也就是将它们分别表示成双层容量向量里各自的元素,并成为范式的初始描述成分,继而,再进行有关分析便很方便了。例如,关于社会福利的储备与投资问题,便可以作为这方面研究的一个比较典型的事例。

设关于福利储备与投资需求的结构,可以初始地描述如下:

$$G = \pi(p; v, v_{J+1}, t) \tag{5.23}$$

式中,p——产品的价格向量,$p = (p_1, p_2, \ldots, p_I)$,$p \gg 0$。其中,$p_1$——税收率,相当于一个价格;

v——产品需求向量,$v = (v_1, v_2, \ldots, v_J)$,$v \leqslant 0$,并有 $I \leqslant J$。其中,v_1——关于福利基金的投资需求;

v_{J+1}——福利基金的储备,一个固定数量。

当 $t = 0$ 时,式(5.23)的初始状态为:

$\pi(p, v, v_{J+1}, 0)$

运行到 t($t > 0$)时刻,这个经济的内部被替代率,类似(5.12)—(5.14)所示,应该变化为:

$$
\begin{cases}
e^{\alpha_{p_1}(a)t}\Delta r_{p_1}(0) = \sigma_{p_1 p_R}\left[e^{-\alpha_{a_{RR}}t}r_{a_{RR}}(0) + e^{-\alpha_{p_R}t}r_{p_R}(0)\right] \\
\qquad\qquad - \sigma_{p_1 v_W}e^{-\beta_{v_s}(a)t}\Delta r_{v_W}(0)
\end{cases} \tag{5.24}
$$

$$
\begin{cases}
e^{\beta_{v_1}(a)t}\Delta r_{v_1}(0) = \sigma_{v_1 p_R}\left[e^{-\alpha_{a_{RR}}t}r_{a_{RR}}(0) + e^{-\alpha_{p_R}t}r_{p_R}(0)\right] \\
\qquad\qquad - \sigma_{v_1 v_W}e^{-\beta_{v_s}(a)t}\Delta r_{v_W}(0)
\end{cases} \tag{5.25}
$$

$$
\begin{cases}
e^{\beta_{v_{J+1}}(a)t}\Delta r_{v_{J+1}}(0) = \sigma_{v_{J+1} p_R}\left[e^{-\alpha_{a_{RR}}t}r_{a_{RR}}(0) + e^{-\alpha_{p_R}t}r_{p_R}(0)\right] \\
\qquad\qquad - \sigma_{v_{J+1} v_W}e^{-\beta_{v_s}(a)t}\Delta r_{v_W}(0)
\end{cases} \tag{5.26}
$$

式中,α_{p_1}——税收的被替代指数;

β_{v_1}——福利基金投资需求的被替代指数;

$\beta_{v_{J+1}}$——福利基金储备的被替代指数;

$-\alpha_{a_{RR}}$——短板价格的科技进步指数;

$-\alpha_{p_R}$——短板价格的增长指数;

$-\beta_{v_W}$——短板容量的增长指数;

t——时间。

这里有:

$$
\begin{aligned}
e^{\beta_{v_s}t}\Delta r_{v_W}(0) &= \min_j\{e^{\beta_{v_s}t}\Delta r_{v_j}(0)\} \\
&= \min_h\{\sigma_{v_W p_h}\left[e^{-\alpha_{a_{hh}}t}r_{a_{hh}}(0) + e^{-\alpha_{p_h}t}r_{p_h}(0)\right]\} - \max_k\{\sigma_{v_W v_k}e^{-\beta_{v_s}t}r_{v_k}(0)\} \\
&= \sigma_{v_W p_R}e^{-\alpha_{p_R}t}r_{p_R}(0) - \sigma_{v_W v_S}e^{-\beta_{v_s}t}r_{v_S}(0)
\end{aligned}
$$

$$e^{\beta_{v_m}t}\Delta r_{v_{J+1}}(0) \geqq e^{\tilde{\beta}_{v_m}t}\Delta r_{v_{J+1}}(0) > e^{\beta_{v_t}t}\Delta r_{v_{\overline{v}}}(0)$$

其中，$e^{\tilde{\beta}_{v_m}t}\Delta r_{v_{J+1}}(0)$ 为指定的福利基金的储备 v_{J+1} 的被替代增长率的阈值。

如同前面已经阐述过的，在正则规律作用下，经济运行到了时刻 $t > 0$ 时，若没有任何人为干预的介入，它们必定呈现出式(5.24)—(5.26)所表示的状态。这是市场自然调节的结果，是经济增长的必然表现。

从式(5.24)—(5.26)里可以看到，当经济运行到时刻 $t > 0$ 时，福利基金的供给、投资需求和储备需求的被替代增长率将分别被短板价格的科技进步所放大，它们各自的约束作用，都要被放松。这是经济自然运行所给定的结果，是自然最优化的必然发展趋势。以此为基础，实施必要的监视和调整，在正则规律所给定的范围里，参照这里所展示的数值进行适当调整，也就是给定新的供给、投资需求和储备需求的数值，应该是符合经济自然要求的，并且，应该有可以预期的效果。

这样，关于福利基金在供给、投资需求和储备需求方面的关注，实际上便集中到了对如下 3 类情况的观测和调整上：

(1) $\begin{cases} 1.1 & \alpha_{p_1} > \beta_{v_1} > \beta_{v_{J+1}} \\ 1.2 & \alpha_{p_1} > \beta_{v_{J+1}} > \beta_{v_1} \end{cases}$

(2) $\begin{cases} 2.1 & \beta_{v_1} > \alpha_{p_1} > \beta_{v_{J+1}} \\ 2.2 & \beta_{v_1} > \beta_{v_{J+1}} > \alpha_{p_1} \end{cases}$

(3) $\begin{cases} 3.1 & \beta_{v_{J+1}} > \beta_{v_1} > \alpha_{p_1} \\ 3.2 & \beta_{v_{J+1}} > \alpha_{p_1} > \beta_{v_1} \end{cases}$

与粮食安全和耕地保护问题相类似，但应该是这里的第(1)与第(2)类很合于经验理想，它们意味着，税收的被替代增长率或者有关的投资需求被替代的增长率最高，而储备相应次之或最低。其中，或许 1.1 所示的情况可更合于理想。在这种情况下，税收的被替代增长率最大，投资需求次之，而福利储备最小。

值得注意的是，虽然从初始描述的结构上来看，福利储备与投资需求的问题与上述的粮食安全与耕地保护问题很相像，但是，它们的实际内容和有关的分析路径却有不小的差别。其中一个重要的差别，在于福利的供给，也就是税收，但是没有科技进步。因此，它自身没有抵制短板价格给定的被替代水平，更不能抵制这个短板的科技进步所要扩大这个水平的能力，因而，它的被替代率增长率不会低于那些具有科技进步的价格，从而在正则的经济运行中，它不会成为短板价格。

在经济的一般的平稳发展中,这必然如此;而在需求拉动时,这更无疑如此。换句话说,这种没有科技进步的价格,在经济非需求拉动中,不会成为短板;而在出现需求拉动时,更不会成为短板。这样,不难发现,那些没有科技进步的价格,在经济的运行中,均不会成为短板价格,这意味着,这样的经济因子终归不能对经济整体起着决定性的作用,即使它们在经济运行的初始期里有着短板的地位,也会在经济发展过程中逐步丧失。这一点很值得注意。

第 5 章建议的续读文献

[1]Samuelson,P.. Foundations of Economic Analysis[M]. Cambridge,MA:Harvard University Press,1947:22 - 24.

[2]Fuss,M. and Mcfadden,D. Production Economics:A Dual Approach to Theory and Applications[M]. North - Holland Publishing Company,Amsterdam · New York · Oxford,1978:311 - 320.

[3]丰雷,魏丽,蒋妍. 论耕地要素对中国经济增长的贡献[J]. 中国土地科学,2008,12:4 - 10.

[4]孙中才. G 函数与经济学的新进展[J]. 汕头大学学报(人文社会科学版),2006,6:20 - 24.

[5]孙中才. 农业经济数理分析[M]. 北京:中国农业出版社,2006:114 - 12.

[6]孙中才. 技术传递、价格传递与农产品超量供给[J]. 汕头大学学报(人文社会科学版),2003,6:19 - 26.

[7]Harrigan,J.. Technology,Factor Supplies,and International Specialization:Estimating the Neoclassical Model [J]. The American Economic Review,1997,87:475 - 494.

第6章 科技进步与国际贸易

技术效率是经济学研究的主线与核心。在自由市场自行调节的条件下，技术变化的效率作用规律是经济学探索的基本目标。其中，技术变化本身，以及这种变化所带来的组合变化、交叉效应等，成为经济学最为关注的焦点。

§6.1 两部门分析

如前所述，将经济容量划分为两个层次，既扩大了经济分析的视野，又增加了宏观调控的切入点，给有关研究带来了不小的便利。与此相类似，对于市场，也可以进行类似的划分，以便将有关概念引向深入，给研究带来便利。其实，早在经济学范式以 F 函数为核心的中期，经济学家们就开发了两部门分析法，就是把供给方面抽象为只有两个部门，进而运用经济学已经发现的定律、法则和定理进行分析，揭示和解释了存在于这两个部门之间的一些特殊规律。事实表明，两部门分析法，能更准确地和更精确地分析这些规律，进而增加了更多的科学知识。

经验表明，在现代经济里，最简单的两部门结构，就是农业与非农业组成的经济体。随着经济工业化的进展，农业丧失了过去在农业社会中的经济主导地位，并逐步演化成了工业部门的附属，而后又成了包括工业在内的其他非农业部门的附属。由此，导致要对农业技术的经济作用做出较为充分的分析，必须在能够体现农业附属性或者可做并列比较的模型里进行。于是，诞生了两部门分析法。资料表明，在以生产函数和经营函数也就是统称为 F 函数为基本范式的科学探索中，关于技术进步规律的分析和探索，两部门分析法发挥了重要的作用，取得了众多的成果，并促使有关研究进展到相当深入的地步。然而，由于这些范式在一般数学性质上，仅适用于描述单点与单点的对应或者多点对单点的对应，还不能对两部门分析所需要的空间状况做出更直接和更完整的描绘,因而,由此所得出的初始模型,在陈述经济体的结构方面还有不足,还难以做到直观、明确和严谨。

作为经济学理论的最新综合,有约束的利润函数——G 函数可以直接描述多点对应多点的空间结构,从而使有关两部门的初始陈述变得既简单、直观,又明确、严谨。而以此为出发点所进行的分析,过程往往更加明确,结果更加准确。因此,所得出的数理分析结论更加严谨深入。更重要的是,这些结论往往更加精确,所给出的有关定义,可以呈现为细节之间的更加深入的对应,从而增加新的和更加清晰的科学知识。

能够看到,对于农业技术效率的研究已经有着较为久远的历史,也取得了较为深入的研究成果。但是,也正如大量资料所显示的那样,由于范式所限,这些结果的相当部分在严谨性和明确性上尚存在不足。而那些用自然语言所做出的推想和描述,在准确性和精确性上,更有提高和充实的余地。

随着经济全球一体化的发展,一个个独立经济体与对外贸易越来越紧密地联系起来了,而它们的变化也就越来越受到了一体化的直接影响。其中,特别是结构变化与科技进步方面的联系尤为紧密,有关变化尤其值得重视。由此,导致运用两部门分析法聚焦于技术进步与国际贸易的研究,成了当代一个很突出的经济课题。

§6.2　技术引进与技术互动

§6.2.1　两部门技术描述

在 G 函数这个最新的理论框架里,依据 Harrigan 推论,可以很容易地构建出一个两个部门的直接显示科技进步的初始描述。如果再融入这两个部门各自的技术进口市场,便可以得到一个关于两部门现在所运用的技术与进口技术相耦合的经济模型。从这个模型出发,通过经济学对 Jacobi 向量和 Hessian 矩阵所给予的定义,聚焦于关于因子交叉效应的解释,从中既可以识别出技术交叉效应的内容,又可以精确地得出技术引进与技术互动的相互关系,从而可以揭示和解释其中的一些规律。在两个部门之间进行技术状况的比较,通常是现代经济工作所关注的,如对农业与非农业这两个部门之间所进行的技术比较,就一直为经济管理部门所重视。下面,为直观、简明和便于阐述起见,我们把这两个部门视作农业部门和非农业部门。

给定所考虑的技术引进与技术运用的情况均在经济体的一般结构上,即都在宏观水平上。并进一步地设想,该经济体的内部供给结构可以简单地划分为两个部门——农业与非农业,它们的生产技术状况可以用现行的形式分别表示出来,同时,它们还各自拥有独立的技术引进机制。于是,在 G 函数的框架下,可以写出其 GNP 模型为:

$$GNP = \pi(a_1 p_1, a_2 p_2, p_{1I}, p_{2I}; v) \tag{6.1}$$

式中, a_1 ——农业部门的生产技术,即农业现在所运用的技术,常量;

p_1 ——农产品价格;

a_2 ——非农部门的生产技术,即非农业现在所运用的技术,常量;

p_2 ——非农产品的价格;

p_{1I} ——农业技术进口的价格;

p_{2I} ——非农业技术进口的价格;

v ——资源禀赋向量, $v = [v_1, v_2, \ldots, v_J]$, $4 \leqslant J$ 。

在式(6.1)中,把技术变量直接写为价格的系数形式,是因为具体产业的技术变化能够以同样方法化为具体产业的价格增长模型。

式(6.1)的 Jacobi 向量为:

$$\left[\frac{\partial \pi}{\partial p_1} a_1, \frac{\partial \pi}{\partial p_2} a_2, -\frac{\partial \pi}{\partial p_{1I}}, -\frac{\partial \pi}{\partial p_{2I}}, -\frac{\partial \pi}{\partial v_j} \right] \tag{6.2}$$

根据 Hotelling 引理,在(6.2)的元素中,除了 $-\frac{\partial \pi}{\partial v_j}$, $j = 1, 2, \ldots, J$,为固定数量的影子利润之外,其余的均为数量。其中, $\frac{\partial \pi}{\partial p_1} a_1$, $\frac{\partial \pi}{\partial p_2} a_2$ 分别是现行技术的产出量; $-\frac{\partial \pi}{\partial p_{1I}}$ 和 $-\frac{\partial \pi}{\partial p_{2I}}$ 则分别是技术进口的数量。因为进口对于国内利润而言属于支出,所以其符号都是"$-$"的。依据 Hotelling 引理,人们知道,这里的 $\frac{\partial \pi}{\partial p_1}$ 和 $\frac{\partial \pi}{\partial p_2}$ 分别是没有技术进步时的产出数量,而在这里,它们分别成了各自技术进步的系数。而且,农业产品和非农业产品的供给,对于国内利润而言,是产出,所以 $\frac{\partial \pi}{\partial p_1} a_1$ 和 $\frac{\partial \pi}{\partial p_2} a_2$ 的符号分别为"$+$"。

由式(6.2)可以得出它的 Hessian 矩阵：

$$
\begin{bmatrix}
\dfrac{\partial^2 \pi}{\partial p_1^2}a_1^2 & \dfrac{\partial^2 \pi}{\partial p_2 \partial p_1}a_2 a_1 & -\dfrac{\partial^2 \pi}{\partial p_{1I}\partial p_1}a_1 & -\dfrac{\partial^2 \pi}{\partial p_{2I}\partial p_1}a_1 & -\dfrac{\partial^2 \pi}{\partial v_j \partial p_1}a_1 \\[3mm]
\dfrac{\partial^2 \pi}{\partial p_1 \partial p_2}a_1 a_2 & \dfrac{\partial^2 \pi}{\partial p_2^2}a_2^2 & -\dfrac{\partial^2 \pi}{\partial p_{1I}\partial p_2}a_2 & -\dfrac{\partial^2 \pi}{\partial p_{2I}\partial p_2}a_2 & -\dfrac{\partial^2 \pi}{\partial v_j \partial p_2}a_2 \\[3mm]
-\dfrac{\partial^2 \pi}{\partial p_1 \partial p_{1I}}a_1 & -\dfrac{\partial^2 \pi}{\partial p_2 \partial p_{1I}}a_2 & \dfrac{\partial^2 \pi}{\partial p_{1I}^2} & \dfrac{\partial^2 \pi}{\partial p_{2I}\partial p_{1I}} & \dfrac{\partial \pi}{\partial v_j \partial p_{1I}} \\[3mm]
-\dfrac{\partial^2 \pi}{\partial p_1 \partial p_{2I}}a_1 & -\dfrac{\partial^2 \pi}{\partial p_2 \partial p_{2I}}a_1 & -\dfrac{\partial^2 \pi}{\partial p_{1I}\partial p_{2I}}a_2 & \dfrac{\partial^2 \pi}{\partial p_{2I}^2} & \dfrac{\partial^2 \pi}{\partial v_j \partial p_{2I}} \\[3mm]
\left[-\dfrac{\partial^2 \pi}{\partial p_1 \partial v_k}a_1\right. & -\dfrac{\partial^2 \pi}{\partial p_2 \partial v_k}a_2 & \dfrac{\partial^2 \pi}{\partial p_{1I}\partial v_k} & \dfrac{\partial^2 \pi}{\partial p_{2I}\partial v_k} & \left.\dfrac{\partial^2 \pi}{\partial v_j \partial v_k}\right]
\end{bmatrix}
$$

$$(6.3)$$

$k \in j, j = 1,2,\ldots,J$

式(6.3)所表示的是式(6.1)里已经定义的各个因子之间的交叉效应，即农业和非农业部门现在所运用的技术 a_1，a_2 和这两个产业的产品价格 p_1，p_2，以及这两个部门各自进口技术的价格 p_{1I}，p_{2I} 和固定投入的元素 v_j（$j = 1,2,\ldots,J$）中任意两两因子之间的相互影响作用。根据式(6.2)所表明的意义，能够认为，其中所谓的技术互动，就是包括自身对自身能力的作用在内，各种技术之间的数量影响；也就是任意两个技术之间的交互作用，包括自身对自身的作用在内。值得指出的是，对于我们所要进行的分析而言，式(6.3)中最后一个向量，即固定数量与价格和固定数量预估数量之间的相互影响，可以撇开不谈。为节省篇幅和清晰起见，我们在此不再展开，而用"[ ]"将其简单括起。在此，可以对其余的元素做出如下分析：

$$
\frac{\partial^2 \pi}{\partial p_1^2}a_1^2 = \frac{\partial\left[\dfrac{\partial \pi}{\partial(a_1 p_1)}\right]}{\partial(a_1 p_1)}
\qquad (6.4)
$$

式(6.4)表示农业现在所运用的技术 a_1（作为价格的系数）对市场供给效果 $\dfrac{\partial \pi}{\partial(a_1 p_1)}$ 的作用，是价格变动给自身效果带来的影响。从技术交叉效应或者从技术相互运动的角度来看，这是市场变动反过来影响自身能力的效应，所以，可以称之为是农业市场的反身效应（The Reverse Effect of Agricultural Market）。

$$\frac{\partial^2 \pi}{\partial p_2 \partial p_1} a_2 a_1 = \frac{\partial \left[\frac{\partial \pi}{\partial (a_2 p_2)} \right]}{\partial (a_1 p_1)} \tag{6.5}$$

式(6.5)表示农业现在所运用的技术 a_1（作为价格的系数）对非农业现在所运用的技术的能力 $\frac{\partial \pi}{\partial (a_2 p_2)}$ 的效应。

$$-\frac{\partial^2 \pi}{\partial p_{1I} \partial p_1} a_1 = -\frac{\partial \left(\frac{\partial \pi}{\partial p_{1I}} \right)}{\partial (a_1 p_1)} \tag{6.6}$$

式(6.6)表示农业现在所运用的技术 a_1（作为价格的系数）对进口的农业技术数量 $-\frac{\partial \pi}{\partial p_{1I}}$ 的效应。

$$-\frac{\partial^2 \pi}{\partial p_{2I} \partial p_1} a_1 = -\frac{\partial \left(\frac{\partial \pi}{\partial p_{2I}} \right)}{\partial (a_1 p_1)} \tag{6.7}$$

式(6.7)则是农业现在所运用的技术 a_1（作为价格的系数）对进口的非农业技术数量 $-\frac{\partial \pi}{\partial p_{2I}}$ 的效应。

$$\frac{\partial^2 \pi}{\partial p_2^2} a_2^2 = \frac{\partial \left[\frac{\partial \pi}{\partial (a_2 p_2)} \right]}{\partial (a_2 p_2)} \tag{6.8}$$

式(6.8)为非农业部门现在所运用的技术 a_2（作为价格的系数）对反身能力 $\frac{\partial \pi}{\partial (a_2 p_2)}$ 的效应。

$$-\frac{\partial^2 \pi}{\partial p_{1I} \partial p_2} a_2 = -\frac{\partial \left(\frac{\partial \pi}{\partial p_{1I}} \right)}{\partial (a_2 p_2)} \tag{6.9}$$

式(6.9)表示非农业现在所运用的技术 a_2（作为价格的系数）对进口的农业技术数量 $-\frac{\partial \pi}{\partial p_{1I}}$ 的效应。

$$-\frac{\partial^2 \pi}{\partial p_{2I} \partial p_2} a_2 = -\frac{\partial \left(\frac{\partial \pi}{\partial p_{2I}} \right)}{\partial (a_2 p_2)} \tag{6.10}$$

式(6.10)则是非农业现在所运用的技术 a_2 对进口的非农业技术数量 $-\frac{\partial \pi}{\partial p_{2I}}$

的效应。

容易理解,对于由式(6.1)所陈述的经济结构,式(6.4)—(6.7)揭示了农业现在所运用的技术,对应着农产品价格每变动一个微量单位,给自己的能力和给其他技术数量所带来的影响,也就是技术之间的效应。其中有:自身的反身效应,即式(6.4);与非农业现在所运用的技术之间的交叉互动,即式(6.5);与进口的农业技术和进口的非农业技术之间的交叉互动,即式(6.6)和(6.7)。

式(6.8)是非农业部门现在所运用的技术,对应着非农产品价格每变动一微量单位,所具有的自身的反身效应。式(6.9)和(6.10)则揭示了非农业部门的技术变动与农业进口技术和非农业进口技术之间的互动。

似乎也可以认为,从式(6.1)的模型出发,式(6.4)—(6.10)给出了所考虑的农业与非农业这两个部门,在技术上互动的定义和测度。对于特定的经济体而言,就此展开有关数据试验和实验,可以进一步明确这些定义和测度的特定含义,也可以得出更精确化的有关知识。

§6.2.2 技术效应的识别与判断

式(6.4)—(6.10)所给出的定义,在具体的数值试验中,便可以成为具体的测度和指标,用于衡量和比对所关注经济的有关效率。对于同一个经济来说,这些指标可以明确地表示出该经济内农业与非农业这两个部门在技术互动效率上的不同情况。而由此似乎可以透发出一些有关的信息,指示这些部门在技术反应、技术融合、技术传递和技术转化等方面存在的差距。因为在一般情况下,式(6.4)—(6.10)的数值,实际上会综合这些方面的信息,反映这些方面的差距。特别是,两个可比数值明显不同时,更可以推断出在这些方面存在的差距。例如,若式(6.8)的值明显大于式(6.4)的值,即有:

$$\left(\frac{\partial^2 \pi}{\partial p_2^2} a_2^2 = \frac{\partial \left[\frac{\partial \pi}{\partial (a_2 p_2)} \right]}{\partial (a_2 p_2)} \right) > \left(\frac{\partial^2 \pi}{\partial p_1^2} a_1^2 = \frac{\partial \left[\frac{\partial \pi}{\partial (a_1 p_1)} \right]}{\partial (a_1 p_1)} \right)$$

那么,根据上述分析结果所给出的定义得知,在该经济体中,两个部门现在所运用的技术,在反身效应上,非农业部门的高于农业。若其他条件不变,这一定意味着,这两个部门的技术,在自身的反应、融合、传递和转化等方面的综合效率上,是存在差距的。

与此相类似,若式(6.6)的值大于式(6.10)的值,即:

$$\left(-\frac{\partial^2 \pi}{\partial p_{1I} \partial p_1} a_1 = -\frac{\partial \left(\frac{\partial \pi}{\partial p_{1I}} \right)}{\partial (a_1 p_1)} \right) > \left(-\frac{\partial^2 \pi}{\partial p_{2I} \partial p_2} a_2 = -\frac{\partial \left(\frac{\partial \pi}{\partial p_{2I}} \right)}{\partial (a_2 p_2)} \right)$$

这意味着,在吸收和消化同类进口技术方面,农业的效率高于非农业。反之亦然。

若式(6.7)的值不同于式(6.9)的值,即:

$$\left(-\frac{\partial^2 \pi}{\partial p_{2I} \partial p_1} a_1 = -\frac{\partial \left(\frac{\partial \pi}{\partial p_{2I}} \right)}{\partial (a_1 p_1)} \right) \neq \left(-\frac{\partial^2 \pi}{\partial p_{1I} \partial p_2} a_2 = -\frac{\partial \left(\frac{\partial \pi}{\partial p_{1I}} \right)}{\partial (a_2 p_2)} \right)$$

则意味着,农业与非农业这两个部门现在所运用的技术,在转化对方进口技术方面存在着效率上的差距。

对于两个可比的不同经济体来说,进行同类的对比,情况完全是与上述类似的。不过,在进行这种对比时,或许式(6.5)的作用会突显出来。因为在本经济体内部做上述比较时,这个指标派不上用场,只有在不同经济体之间进行有关对比时,它才起作用。而且,似乎可以认为,这是唯一仅仅用于经济体之间进行对比的测度。例如,对于经济体 E_1 与 E_2 ,如果存在着:

$$\left(\frac{\partial^2 \pi}{\partial p_2 \partial p_1} a_2 a_1 = \frac{\partial \left[\frac{\partial \pi}{\partial (a_2 p_2)} \right]}{\partial (a_1 p_1)} \right)_{E_1} \neq \left(\frac{\partial^2 \pi}{\partial p_2 \partial p_1} a_2 a_1 = \frac{\partial \left[\frac{\partial \pi}{\partial (a_2 p_2)} \right]}{\partial (a_1 p_1)} \right)_{E_2}$$

那么意味着,这两个经济体的农业与非农业,在部门间进行相互技术转换时,实际能力是存在差距的。这或许是表征两个经济体之间在技术上存在差距的重要指标之一。

综合以上分析结果,主要可以得出以下 4 点结论:

(1)正确地运用 G 函数可以对两部门的技术状况进行有效的陈述,可以得出一个简单明了的初始模型。

(2)该模型的 Jacobi 向量,根据 Hotelling 引理,将给出初始描述中所给定的技术的精确定义,解释了 G 函数框架下有关技术能力和技术数量的构成情况。

(3)进一步得出的 Hessian 矩阵,解释了原模型中各个因子之间的交叉效应,其中,根据 Jacobi 向量所定义的内容,可以识别出各个部门现在所运用技术的反身效应,以及所有技术两两之间的交叉效应,从而揭示出技术互动的结构。

(4)互动结构可以作为测度,度量出经济体内部或经济体之间,在技术运行效率上存在的差别。其中,在进行不同经济体之间的技术效率对比时,两部门现在所运用技术之间的转化效率,或许会成为显示经济体之间技术效率差别的有力标识。另外,似乎还可以设想,结合其他的经济特征指标,这个转化效率或许可以成为解释经济活力和国际市场行为等问题的重要工具,特别是它可以衡量出各经济体之间在农业技术进步趋势上的差别,并指明了这种差别的基本原因,从而在一定程度上为进一步探索技术进步的规律提供了一个新的起点。

§6.3 经济技术水平与产品反倾销

§6.3.1 技术进步与超量供给

为直观和简单起见,这一节的内容,仍然只涉及农业与非农业这两个部门,并注意到内外两个市场,即国内市场与国际市场。但是,为了更加明了简单,在对外贸易的考察中,仅仅考察农业这一个部门的情况。

经济体内的技术水平与国内市场之间的增长差异造就了超量供给,超量供给决定着产品的竞争力。在国际贸易中,产品竞争力的变化,支持了有关概念的形成与发展。

在工业化的经济中,农业可能会经常存在着超量供给。依据定义,超量供给是技术进步率与准化价格增长率之间存在的差异所造成的。分析结果表明,在工业化经济中,农业生产可能会经常出现这个差异。农产品的超量供给,导致农业以相对高出实际比价的名义价格,向非农业部门销售了农产品,而非农业部门做出了相等的支付,使得农业获得了超额收益(或超额利润)。与此同时,如果这种超量供给的数量超过了经济体内的市场允许容量,便会产生经济体总体水平上的农产品超量剩余。这些超量剩余,一般地必然成为负担。在经济运行过程中,技术的进步率与市场价格增长率的差,"自然"地产生了超量供给,当其数量足够大,超出了本经济体市场的吸纳能力时,那些不能被吸纳的多余部分便必然地受到排斥而游离于交易之外,结果是,其价值不能实现,内涵的技术和劳动被沉淀下来。在完全闭合的经济里,这种沉淀将被浪费,而经济体本身会在反馈信息的作用下,不断调整结构,减慢技术进步率,这样才能减少超量供给的数量,避免过多地造成这种浪费。在完全闭合的情况下,没有其他市场可以利用,也就是没有市场出路,沉淀的实物没有价值实现的机会。但是,如果是开放的经济,外部存在着国际市场,情况就将大为改观了。有了市场出路,沉淀的实物有了价值实现的机会,那么,该经济体可以同时选择如下两方面的努力,也可以选择其一:一方面,增强经济体内的约束能力,努力调整农业技术进步的速率,减少超量供给的数量;另一方面,加强对外销售,努力把超量剩余输往国际市场,避免价值沉淀。事实表明,若其余条件不变,后一方面的努力更具有双重的效果:一个是,对比着在生产和科学研究领域的大范围内实施调节和试验,而将商品推向市场,总归要简单一些,因而在能够达到同样目的的过程中,后者应该比前者更经济;另一个是,将剩余商品推向国际市场,一般地不会立时给国内市场带来不利影响,更不会立时给生产和技术带来不利影响。游离于国内市场的产品,找到新的市场出路,显然是一种独立的后期举动,反过来联系过去的经历,即时作用很有限。因此,这种推销本身,对于国内市场秩序的自由和稳定,对于有关技术研究的独立独行和自我主宰,其不利影响会很小;甚至相反,会明显地给予维护和支持。事实表明,向国际市场推销的努力,通常比进行内部结构的调整更简洁便利,也就是更经济。因而,在处理产品剩余方面,各个经济体通常首先选择外贸出口,然后才顾及其他。

显然,超量供给的概念,是技术进步对市场变化而言的;超量剩余的概念,则是超量供给对国内市场吸纳能力而言的。在农业超量供给的前提下,对于农产品净出口或完全自给的经济来说,必然出现超量剩余;而对于净进口的经济,则不一定了。一般地,这要依据国内市场的吸纳能力而定:吸纳能力大于或等于超量供给量,即需求缺口大于或等于供给量,仍需要进口或正好能满足需求缺口,便不会产生超量剩余;否则,吸纳能力小于超量供给量,即需求缺口小于供给量,便会产生超量剩余。但也会有特殊,在净进口的经济里,出于囤积或失误等原因,也可能存在着超量剩余。

有了超量剩余,就有了净出口的能力,自然也就有了净出口的要求。由此可以认为,有了超量供给,才可能有超量剩余,把超量剩余销往国际市场,是国内经济运行存在超量供给的必然要求,反过来,也是维护和保持超量供给所需要的、"自然产生的"经济机理。

容易理解,在工业化经济里,农业的超量供给是经济最优化的结果,是自由市场自行调节的产物,是技术最优组合的体现。维护和保持它,是满足经济的效率所必需的。由此可以看到,存在着农业超量剩余的经济,为维护自己的超量供给状态,会尽力开通国际市场的渠道,将其超量剩余的农产品推销出去;而那些不存在农业超量剩余的经济,在国际贸易日益发达的情况下,仍不可避免地会进行农产品的进出口,会格外注意保护自己的超量供给,以便保障自己农业的技术进步水平,令其不受侵害,因为这种侵害,一定意味着贬低了农业的(甚至整体的)技术效率。在国际贸易中,这种侵害在很大程度上来源于农产品的进口。若其余条件不变,来源于那些具有超量剩余的经济的进口,侵害倾向会更严重。超量剩余既具有更大的竞争力,又具有更强的倾销要求。

§6.3.2 超量供给与超量剩余

在 G 函数中,因为具体产业的技术变化能够以同样方法化为具体产业的价格增长模型,因而可以得出一个最简单的两部门的有约束利润函数:

$$G = \pi(a_1 p_1, a_2 p_2, p_3, p_4; v) \tag{6.11}$$

式中, $\pi(.)$ ——利润函数;

a_1 ——农业部门的平均技术,常量;

p_1 ——农产品价格;

a_2 ——非农业部门的平均技术,常量;

p_2 ——非农产品价格;

p_3 ——农产品出口价格;

p_4 ——农产品进口价格;

v ——约束向量, $v = [v_1, v_2, \ldots, v_J]$, $v_j \leqslant 0$, $j = 1, 2, \ldots, J$,有 $4 \leqslant J$ 。

根据 Hotelling 引理和转换函数的定义,对于式(6.11),有:

$$\frac{\partial \pi}{\partial(a_1 p_1)} = x_1 = a_1 f_1(a_2 f_2)$$

$$\frac{\partial \pi}{\partial(a_2 p_2)} = x_2 = a_2 f_2$$

得出: $\frac{\partial x_1}{\partial x_2} = a_1 a_2 \frac{\partial f_1}{\partial f_2}$ 。这里, f_1 ——无技术进步的农业转换函数; f_2 ——无技术进步的非农业转换函数。

并根据对偶原理和经营函数最优化的一阶条件,得出:

$$\frac{\partial x_1}{\partial x_2} = a_1 a_2 \frac{\partial f_1}{\partial f_2} = \frac{p_2}{p_1}$$

进而得到: $\frac{\partial f_1}{\partial f_2} = \frac{1}{a_1 a_2} \frac{p_2}{p_1}$

令
$$\ln\left(\frac{\partial f_1}{\partial f_2}\right) = -\ln a_1 - \ln a_2 + \ln p_2 - \ln p_1 \tag{6.12}$$

设式(6.12)中有：$\frac{\partial f_1}{\partial f_2} = \varphi(t)$，$a_1 = a_1(t)$，$a_2 = a_2(t)$，$p_2 = p_2(t)$，$p_1 = p_1(t)$，$t$——时间。

对式(6.12)求关于 t 的全微分,得出:

$$\frac{d\varphi_1}{dt}\frac{1}{\varphi} = -\frac{da_1}{dt}\frac{1}{a_1} - \frac{da_2}{dt}\frac{1}{a_2} + \frac{dp_2}{dt}\frac{1}{p_2} - \frac{dp_1}{dt}\frac{1}{p_1} \tag{6.13}$$

已经证明,若式(6.13)小于0,即有:

$$-\frac{da_1}{dt}\frac{1}{a_1} - \frac{da_2}{dt}\frac{1}{a_2} + \frac{dp_2}{dt}\frac{1}{p_2} - \frac{dp_1}{dt}\frac{1}{p_1} < 0 \tag{6.14}$$

那么,农业就会存在着超量供给。这时,由技术和市场所给定的实际投入—产出数量分别为:

农产品供给：
$$\frac{\partial \pi}{\partial(a_1 p_1)} = x_1 = a_1 f_1(a_2 f_2)$$

非农业产品需求：
$$\frac{\partial \pi}{\partial(a_2 p_2)} = x_2 = a_2 f_2$$

而单纯地由市场价格确定的平衡条件,即无技术进步的平衡条件,则分别是:

$$\frac{\partial \pi}{\partial p_1} = f_1(f_2)$$

$$\frac{\partial \pi}{\partial p_2} = f_2$$

于是存在着：$s_1 = x_1 - f_1 = a_1 f_1(a_2 f_2) - f_1(f_2)$。因为转换函数是齐次线性的,因而可以得到:

$$s_1 = (a_1 a_2 - 1)f_1(f_2) \tag{6.15}$$

和
$$s_2 = (a_2 - 1)f_2 \tag{6.16}$$

式(6.15)所示明的便是在 G 函数(有约束的利润函数)背景下的农业超量供给量;式(6.16)是非农业对农业的超量投入量。并且,依据技术进步的一般定义: $a_1 > 1$ 和 $a_2 > 1$,因此有 $a_1,a_2 > 1$,因而,必然有:

$$s_1 = (a_1 a_2 - 1)f_1(f_2) > 0$$

另外,根据 Hotelling 引理,还可以得出,出口数量为 $\frac{\partial \pi}{\partial p_3}$,进口数量为 $\frac{\partial \pi}{\partial p_4}$。于是,在式(6.11)中,能够得到这样一个核算等式,即:

$$d = s_1 - m = (a_1 a_2 - 1)f_1(f_2) - \left(\frac{\partial \pi}{\partial p_3} - \frac{\partial \pi}{\partial p_4}\right) \tag{6.17}$$

式中, d ——超量供给量与国际市场准入量之间的差;

s_1 ——国内农产品超量供给量;

m ——国际贸易的市场准入量,即出口数量与进口数量的差;

$\frac{\partial \pi}{\partial p_3}$ ——出口数量;

$\frac{\partial \pi}{\partial p_4}$ ——进口数量。

容易发现,式(6.17)有 3 个取值范围,即:

$$d = s_1 - m = (a_1 a_2 - 1)f_1(f_2) - \left(\frac{\partial \pi}{\partial p_3} - \frac{\partial \pi}{\partial p_4}\right) > 0 \tag{6.18}$$

$$d = s_1 - m = (a_1 a_2 - 1)f_1(f_2) - \left(\frac{\partial \pi}{\partial p_3} - \frac{\partial \pi}{\partial p_4}\right) = 0 \tag{6.19}$$

$$d = s_1 - m = (a_1 a_2 - 1)f_1(f_2) - \left(\frac{\partial \pi}{\partial p_3} - \frac{\partial \pi}{\partial p_4}\right) < 0 \tag{6.20}$$

直观地就可以看出,要使 d 有所增减,在式(6.18)—(6.20)中,均不会有 $m = \left(\frac{\partial \pi}{\partial p_3} - \frac{\partial \pi}{\partial p_4}\right) = 0$,而必须是 $m = \left(\frac{\partial \pi}{\partial p_3} - \frac{\partial \pi}{\partial p_4}\right) > 0$ 或 $m = \left(\frac{\partial \pi}{\partial p_3} - \frac{\partial \pi}{\partial p_4}\right) < 0$ 。这意味着,在国际贸易中,超量供给量的增减,必须借助净出口或者净进口来完成。当然这也意味着,超量供给量的取值范围,无论是在净出口的情况下,还是在净进口的情况下,都是可能成立的。然而,它们所呈现的市场情况却是有差别的。式(6.19)中必有 $m = \left(\frac{\partial \pi}{\partial p_3} - \frac{\partial \pi}{\partial p_4}\right) = s_1$,这意味着,开放的经济体实现了总体性的贸易平衡,农产品市场准入量为净出口 m ,并且正好等于超量供给量 s_1 ,两者之差为 0,正好满足了市场吸纳的容量。式(6.20)中必定有 $m = \left(\frac{\partial \pi}{\partial p_3} - \frac{\partial \pi}{\partial p_4}\right) > s_1$,这意味着,开放的经济存在净出口,市场准入量 m 与超量供给量 s_1 的差为负,农产品的超量供给量已经被市场所吸纳,但还不能满足吸纳容量。

相反,式(6.18)则意味着, $m = \left(\frac{\partial \pi}{\partial p_3} - \frac{\partial \pi}{\partial p_4}\right) < s_1$,对外贸易的净出口不能完全吸收超量供给量,会存在部分(甚至全部)剩余,即超量剩余。造成这种剩余的因素,既可能是净出口不足,也可能是净进口有余。这告诉人们,存在超量剩余的情况,既可能出现在净出口的经济里,也可能出现在净进口的经济里。因此,要减

少或消除这种剩余,有必要首先区别一下该经济的市场准入是净出口的,还是净进口的。

§6.3.3 倾销倾向与反倾销的必要性

上述分析结果表明,在 G 函数这个初始陈述模型的基础上,可以将农业的超量供给归结为技术与国内市场所共同决定的状态。这种状态会产生农产品的超量供给量。在现有的市场结构里,若其余条件不变,这个超量供给量有两种可能:一种是完全被市场吸纳;另一种是没有被市场完全吸纳,部分或全部地成了超量剩余。吸纳与剩余则是国内市场与国际市场共同作用的结果。若其余条件不变,吸纳,意味着现有的市场结构适合于被吸纳的部分;而剩余,则意味着现有市场结构不再适合于这剩余的部分。因此,当超量剩余已经出现并需要尽快地减少或消除的时候,便需要适当地改变市场结构,也就是需要改变价格结构。于是,关键的经济作用点便集中到了净出口上。降低出口价格,提高竞争力,可能是最有效的。

在这里,我们将有效地减少或消除超量剩余的考虑,这些集中在价格竞争力方面。为此,我们从式(6.18)出发,将农产品超量剩余 d_{s_1} 定义为:

$$d_{s_1} = s_1 - m = (a_1 a_2 - 1) f_1(f_2) - \left(\frac{\partial \pi}{\partial p_3} - \frac{\partial \pi}{\partial p_4} \right) > 0 \qquad (6.21)$$

式中, d_{s_1} ——农产品超量剩余。

容易理解,以国内农产品价格来计算,这个超量剩余的价值为:

$$p_1 d_{s_1} = p_1 (s_1 - m) = p_1 \left[(a_1 a_2 - 1) f_1(f_2) - \left(\frac{\partial \pi}{\partial p_3} - \frac{\partial \pi}{\partial p_4} \right) \right]$$

并得到:

$$p_{s_1} = (a_1 a_2 - 1) p_1 \qquad (6.22)$$

这里, p_{s_1} ——超量供给的实际价格。

由此可以理解,超量供给量和超量剩余,在国内市场上虽然均可被视为具有销售价格 p_1 ,而实际上却只有供给价格 p_{s_1} 。令:

$$(1 - \alpha_1) p_1 = p_{s_1}$$

这里, α_1 ——国内销售价格对于超量供给实际价格的最大可下降幅度。

由式(6.22)得出: $\qquad (1 - \alpha_1) p_1 = (a_1 a_2 - 1) p_1$

并解得: $\qquad \alpha_1 = 2 - a_1 a_2 \qquad (6.23)$

由此可以看出,超量供给的实际价格,就是由技术进步给国内市场价格带来的隐含的可下降率。①

同理,令:

$$p_1 = (1 - \beta)p_3$$

这里,β——出口价格对于国内销售价格的可选择的最大下降幅度。

并能得出出口的价格 p_3 对国内销售价格 p_1 的最大比价为:

$$\frac{p_1}{p_3} = 1 - \beta$$

根据定义,价格的竞争力为比价的倒数,从而得出出口的价格 p_3 对国内销售价格 p_1 的最大竞争力为:

$$\frac{p_3}{p_1} = \frac{1}{1 - \beta}$$

因为 β 是可选择的最大下降幅度。

并根据式(6.22),得出

$$\frac{p_3}{p_{s_1}} = (a_1 a_2 - 1)\frac{p_3}{p_1} = \frac{(a_1 a_2 - 1)}{1 - \beta} \tag{6.24}$$

式(6.24)表明,在超量供给的价格 p_{s_1} 支持下,出口的价格 p_3 对国内销售价格 p_1 的最大竞争力 $\frac{p_1}{p_3} = \frac{1}{1 - \beta}$ 最大可以扩大到 $\frac{(a_1 a_2 - 1)}{1 - \beta}$。能够看出,当 $a_1 a_2 = 1$ 时,式(6.24)的值将为0,并从式(6.23)可以得出 $\alpha_1 = 2 - a_1 a_2 = 1$。这意味着,如果超量供给的实际价格与国内市场价格的差等于0,那么,由它所决定的出口价格的竞争力也降至0,这也就意味着,不存在超量供给了。然而,根据技术进步的定义,一般地总会有 $a_1 > 1$ 和 $a_2 > 1$,因此,$a_1 a_2 \leqslant 1$ 的情况是可以忽略的。于是,在 $0 \leqslant \beta < \alpha_1$ 时,式(6.24)是成立的,是有效的。为保证其有效性,$a_1 > 1$ 和 $a_2 > 1$ 是必须的,$0 \leqslant \beta < 1$ 是充分的。于是,能够理解到,在式(3.4)充分有效的情况下,经济体通过调整出口价格,扩大出口竞争力,积极推销超量供给量,特别

---

① 值得注意的是,在式(6.23)"$\alpha_1 = 2 - a_1 a_2$"里,如同定义,α_1 为国内销售价格对于超量供给实际价格的最大可下降幅度;$a_1 a_2$ 为两部门技术进步的乘积。从这个公式的右端项里能够看出,一个经济的科技进步水平越高,即 $a_1 a_2$ 的值越大,α_1 越小。这意味着,经济体的技术进步水平越高,国内销售价格对于超量供给实际供给价格的最大可下降幅度越小,从而通过改变国内销售价格来调节超量供给的余地越小。相反,经济体的技术进步水平越低,国内销售价格对于超量供给实际供给价格的最大可下降幅度越大,通过改变国内销售价格来调节超量供给的余地也就越大。

是积极推销超量剩余的要求,不仅必然地要产生出来,而且还有了最大可能性的保障。或者说,该经济体在存在技术进步的情况下,任意选择一个 β ,满足 $0 \leq \beta < \alpha_1$,并以 β 作为国内农产品市场价格 p_1 可以下降的幅度,来降低出口价格,都是可行的,都是具有竞争力的,也就是说,仍然是有利可图的。

于是人们看到,只要存在有效的技术进步,就存在超量供给的可能性,有了超量供给,就有了对外推销的自然保证。而在出现超量剩余的情况下,这种保证更将发挥作用,成为有关经济运动的关键。下面我们可以将分析的重点集中于市场准入的结构方面。

根据以上分析,可以设式(6.21)中的 s_1 为常量,并将该式的变化情况简化为:

$$\hat{d}_{s_1} = -\left(\frac{\partial \pi}{\partial p_3} - \frac{\partial \pi}{\partial p_4} \right) \tag{6.25}$$

式中, $\hat{d}_{s_1}$ ——必须出口的超量剩余。

根据上述分析结果知道,减少或消除超量剩余的可选择价格为:

$$p_{s_1} = \frac{1-\beta}{\alpha_1} p_3 \qquad 0 \leq \beta < 1$$

假定按照国际市场统一规定,在双方贸易中,一方进行价格调整,也应该允许对方进行相应的调整。设对方,即进口方按可选择的比率 γ 调整其出口价格。这样,在我们所考虑的经济这一方所形成的进口价格为:

$$\frac{1-\gamma}{\alpha_2} p_4 \qquad 0 \leq \gamma < 1$$

这里, α_2 ——进口方的国内销售价格对于超量供给实际价格的最大可下降幅度。

于是,式(6.1)变为:

$$G = \pi \left(a_1 p_1 \quad a_2 p_2 \quad \frac{1-\beta}{\alpha_1} p_3 \quad \frac{1-\gamma}{\alpha_2} p_4 ; v \right)$$

得出:

$$\hat{d}_{s_1} = -\left(\frac{\partial \pi}{\partial p_3} \frac{1-\beta}{\alpha_1} - \frac{\partial \pi}{\partial p_4} \frac{1-\gamma}{\alpha_2} \right) \tag{6.26}$$

根据前面的分析结果知道,要减少或消除超量剩余量 $\hat{d}_{s_1}$,必须有

$$\frac{\partial \pi}{\partial p_3} \frac{1-\beta}{\alpha_1} > \frac{\partial \pi}{\partial p_4} \frac{1-\gamma}{\alpha_2}$$

由此,鉴于市场准入的状态,可考虑两种初始情况:(1)净出口;(2)净进口。

（1）净出口，$\dfrac{\partial \pi}{\partial p_3} \geqslant \dfrac{\partial \pi}{\partial p_4}$，即有 $\left(\dfrac{\partial \pi}{\partial p_3}\right)/\left(\dfrac{\partial \pi}{\partial p_4}\right) \geqslant 1$。要保证 $\dfrac{\partial \pi}{\partial p_3}\dfrac{1-\beta}{\alpha_1} > \dfrac{\partial \pi}{\partial p_4}\dfrac{1-\gamma}{\alpha_2}$，致使 $\left(\dfrac{\partial \pi}{\partial p_3}\right)/\left(\dfrac{\partial \pi}{\partial p_4}\right) > \left(\dfrac{1-\gamma}{\alpha_2}\right)/\left(\dfrac{1-\beta}{\alpha_1}\right)$。这样，至少有 $\left(\dfrac{1-\gamma}{\alpha_2}\right)/\left(\dfrac{1-\beta}{\alpha_1}\right) \leqslant 1$，即：

$$\frac{1-\gamma}{1-\beta} \leqslant \frac{\alpha_2}{\alpha_1}$$

令 $\alpha_1 = 2 - a_1 a_2$，$\alpha_2 = 2 - \hat{a}_1 \hat{a}_2$。如果存在着 $a_1 a_2 \geqslant \hat{a}_1 \hat{a}_2$，那么必有：

$$\frac{1-\gamma}{1-\beta} \leqslant 1 < \frac{2 - \hat{a}_1 \hat{a}_2}{2 - a_1 a_2}$$

得到：$\gamma \leqslant \beta$。

可以看出，如果本国确定了出口价格下降率 β 后，$0 < \beta < \alpha_1$，那么，处于提供进口的贸易伙伴，如果处于 $\alpha_2 \geqslant \alpha_1$ 的地位，也就是出口方技术水平高于进口方，$a_1 a_2 \geqslant \hat{a}_1 \hat{a}_2$，那么，进口方就会处于 $\gamma \leqslant \beta$ 的境地，而且，$\gamma = \beta$ 会成为力求争得的最佳地位。同理，如果反过来，出口方技术水平低于进口方，即存在着 $a_1 a_2 \leqslant \hat{a}_1 \hat{a}_2$，那么，必有：

$$\frac{2 - \hat{a}_1 \hat{a}_2}{2 - a_1 a_2} < 1 \leqslant \frac{1-\gamma}{1-\beta}$$

得到：$\gamma \geqslant \beta$。

即如果本国处于 $\alpha_1 \geqslant \alpha_2$ 的地位，也就是 $a_1 a_2 \leqslant \hat{a}_1 \hat{a}_2$，本国就会处于 $\gamma \geqslant \beta$ 的境地，而且，$\gamma = \beta$ 会成为力求争得的最佳地位。由此可以得出，在其余均不变的情况下，$\gamma = \beta$ 是双方力争的鞍点。

（2）净进口，$\dfrac{\partial \pi}{\partial p_3} \leqslant \dfrac{\partial \pi}{\partial p_4}$，即有 $\left(\dfrac{\partial \pi}{\partial p_4}\right)/\left(\dfrac{\partial \pi}{\partial p_3}\right) \geqslant 1$，要保证 $\dfrac{\partial \pi}{\partial p_3}\dfrac{1-\beta}{\alpha_1} > \dfrac{\partial \pi}{\partial p_4}\dfrac{1-\gamma}{\alpha_2}$，致使 $\left(\dfrac{1-\beta}{\alpha_1}\right)/\left(\dfrac{1-\gamma}{\alpha_2}\right) \geqslant 1 > \left(\dfrac{\partial \pi}{\partial p_4}\right)/\left(\dfrac{\partial \pi}{\partial p_3}\right)$。这样，至少有 $\left(\dfrac{1-\gamma}{\alpha_2}\right)/\left(\dfrac{1-\beta}{\alpha_1}\right) \geqslant 1$，即：

$$\frac{1-\gamma}{1-\beta} \geqslant \frac{\alpha_2}{\alpha_1}$$

令 $\alpha_1 = 2 - a_1 a_2$，$\alpha_2 = 2 - \hat{a}_1 \hat{a}_2$。如果存在着 $a_1 a_2 \geqslant \hat{a}_1 \hat{a}_2$，那么，必有：

$$\frac{2 - \hat{a}_1 \hat{a}_2}{2 - a_1 a_2} < 1 \leqslant \frac{1-\gamma}{1-\beta}$$

得到：$\gamma \geqslant \beta$。

可以看出，如果本国确定了出口价格下降率 β 后，$0 < \beta < \alpha_1$，那么，处于提供进口的贸易伙伴，如果处于 $\alpha_2 \geqslant \alpha_1$ 的地位，也就是 $a_1 a_2 \geqslant \hat{a}_1 \hat{a}_2$，进口方就会处于 $\gamma \geqslant \beta$ 的境地，而且，$\gamma = \beta$ 会成为其力求争得的最佳地位。同理，如果反过来，存在着 $a_1 a_2 \leqslant \hat{a}_1 \hat{a}_2$，那么，必有

$$\frac{1 - \gamma}{1 - \beta} \leqslant 1 < \frac{2 - \hat{a}_1 \hat{a}_2}{2 - a_1 a_2}$$

得到：$\gamma \leqslant \beta$。

即如果本国处于 $\alpha_1 \geqslant \alpha_2$ 的地位，也就是 $a_1 a_2 \leqslant \hat{a}_1 \hat{a}_2$，那么，也就会处于 $\gamma \leqslant \beta$ 的境地，而且，$\gamma = \beta$ 会成为力求争得的最佳地位。由此可以得出，在其余条件均不变的情况下，$\gamma = \beta$ 是双方力争的鞍点。

这里的分析结果表明，本国是处于净出口的还是处于净进口的情况，在减少或消除超量剩余时，在国际贸易中的竞争地位是正好相反的；自身选择出口价格下降率 β 的主动性与被动性也正好是相反的。但无论如何，$\gamma = \beta$ 始终是地位不同的贸易双方所力争的鞍点。

这意味着，在推销超量剩余的策略中，国际贸易的双方，无论哪一方主动提出自己的降价率，另一方只要随之也提出同样的降价率，就是对的，也是最优的。

但是，绝不能有 $\beta > \alpha_1$ 和 $\gamma > \alpha_2$，因为上述分析结果已经表明，如果有 $\beta > \alpha_1$，必定意味着出口方正在以低于国内技术供给的价格进行推销，其结果是，根本改变了初始市场技术竞争的性质，破坏了市场运作的经济基础。同理，若出现了 $\gamma > \alpha_2$，则是进口方在进行类似的推销，其结果同样如此。因而，当代农产品市场将 $\beta > \alpha_1$ 和 $\gamma > \alpha_2$ 定义为倾销。倾销是当代国际市场所不能允许的。这里，由各自技术水平所决定的农产品倾销指数 α_1 和 α_2，也可以被称作各自的"倾销阈值"。

§6.3.4　简要的总结

综合以上关于反倾销的分析，可以认为，在工业化经济里，由于技术进步的存在，农产品的超量供给会经常存在，出现超量剩余的可能性增大，从而尽力向国际市场推销农产品的情况会更加平常。从市场准入的结构来看，对比净出口的经济，净进口的经济出现超量剩余的可能性应该小一些，但也不能完全排除。

当净出口的或者净进口的经济出现超量剩余时，均需通过增强国际贸易竞争

力来推销。竞争力来源于农业生产的技术水平,技术水平决定着超量供给价格,它决定了农产品出口价格的最大可降低程度,也就是最大的竞争地位。出口价格若降低到这个最大可降低程度以下,便是倾销,理应受到贸易对方和国际市场的制裁。

由此可以看到,当出现超量剩余时,一般的推销做法应该是:在可以确定自己的倾销阈值,并能主动地确定自己出口价格下降率的情况下,应在不出现倾销的前提下,主动地提出有利于自己的下降率,并监视对方在进口价格上是否突破了它的倾销阈值。若有所突破,即应制止。而要增强出口价格的竞争力,却又难以主动确定自己的出口价格下降率时,一个最简捷的办法,就是在自己不出现倾销的前提下,监视进口价格的下降幅度,并力争与之相等。对于减少或消除超量剩余,这些必定是有效的,不管造成这种剩余的市场准入的状况如何,也即不管造成这种剩余的贸易状态是净出口的,还是净进口的。

归纳起来,似乎可以得出以下3点主要结论:

(1)由于G函数可以在价格增长的形式上将技术水平陈述得更简捷、更清晰,因此,运用以此为基础的框架,来分析农业超量供给问题,将更加直观、准确。G函数可以把农业的国内外市场统一起来,可以得出一个更加统一的分析模型,就此,可以将有关超量供给的观察结果纳入一个逻辑更加严谨的初始结构,从而对其规律进行更加深入的探索。

(2)运用超量供给的概念,可以将国际贸易中的有关测度,诸如"竞争力","竞争地位"和"市场准入"等精确化,并由此将这些精确后的测度与技术水平联系起来,致使有关研究可以深入经济学探索的理论核心层次。

(3)借助技术水平与倾销阈值的内在联系,可以得出国际贸易中的有关精确的测度。例如由技术水平所确定的"竞争地位指数",出口价格的"最大下降率指数"或"倾销阈值"等,这些测度可以将有关实践进一步地引向准确、实用。

§6.4 市场准入与出口补贴

§6.4.1 市场准入与重新平衡

随着国际贸易的迅速发展,国家之间的商品贸易往来日益频繁,其中,农产品的进口与出口日益成为国际贸易的焦点,日益为国际贸易自由化所关注。从贸易核算的角度来看,焦点的关键在于"净",即在于各个经济体对自身的"净进口"和"净出口"所进行的调整和控制。其中,净进口被定义为"市场准入"(Market Access),尤其值得人们注意。因为市场准入问题已经占据了贸易协定原则的每一个中心舞台,而市场准入的重新平衡问题更日益成为总贸易谈判中的主要考虑。相应地,因为出口是抵销市场准入的直接手段,是获得重新平衡的首要因素,因而,随着市场准入问题的日益突出,关于出口的考虑也变得越加重要。

就一个经济体本身而言,在国际贸易上的重新平衡,以及由此引起的在一般均衡上的重新平衡,是自身经济的重新分配(Re-allocation),也就是结构的重新调整和因子的重新求解。这些重新的调整和求解是经济条件变化的结果,对于科学探索来说,它们不过是对初始陈述模型内在逻辑的再一次解释。由此导致初始陈述成为得出这些结果的关键,也就是探索重新分配的关键。资料表明,G 函数既是这种初始陈述的理论基础,又可以是很便捷的表达模型。

从 G 函数的结构来理解,贸易是一个经济体内部不同市场上的运行,国际贸易是进口市场和出口市场与国内市场分化开来的表示,净进口和净出口是前两个市场综合核算的结果。国际贸易的平衡可以定义为是一般均衡实现时这些净进口和净出口的给定值,所谓重新平衡,可以理解为是,经济运行中,从上一阶段结束时的状态出发,给出一般均衡所需要的净进口和净出口的规划值,并力求在本阶段里得以实现,从而使本经济体的国际贸易服从一般均衡的需要达到了新的平衡。这样,这些净进口和净出口的规划值,便会作为一种事前设定的目标,出现在原有的经济运行模型里。不失一般性,这些规划值可以视为消费需求的数量约束条件,它们出现在 G 函数中,似乎可以理解为是在自由市场中融入了新的受约束的消费。由此可以看出,运用 G 函数来陈述有关规划的净进口和净出口的情况,就是在原本描述贸易情况的模型中,增添这二者的数量约束条件。而关于其作用的分析,在有效地得出这样的陈述之后,便可以展开了。

§6.4.2 市场准入与出口补贴的形成

对于一个国民经济体来说,它的基本行为可以初始性地写为:

$$Max\ s = px \tag{6.27}$$

s. t.

$$x \in Y(v) \tag{6.28}$$

$$p, x \in R^I, v \in R^J$$

这里，s——国民收入总值；

　　x——最终产品向量，$x = (x_1, x_2, \ldots, x_I)$；

　　p——最终产品的价格向量，$p = (p_1, p_2, \ldots, p_I)$；

　　$Y(v)$——资源禀赋 v 的凸性生产可能性集合，其中，$v = (v_1, v_2, \ldots, v_J)$。

　　如同在第 2 章中已经讨论过的，当 $Y = \pi(p; v) = GNP(p; v)$ 时，模型(6.27)—(2.28)的解将是 GNP 的最大值。

　　据此，为全面地反映农产品贸易的情况，我们可以写出一个开放经济的国民收入模型：

$$GNP = \pi(p; v) = \pi(p_h, p_1, p_2, p_3; v)$$

式中，$\pi(.)$——国民收入总值；

　　p——市场价格向量，$p = (p_h, p_1, p_2, p_3)$；

　　v——资源禀赋向量，$v = (v_1, v_2, \ldots, v_J)$；

　　p_h——非农产品国内销售价格向量，$p_h = (p_{h_1}, p_{h_2}, \ldots, p_{h_n})$；

　　p_1——农产品国内销售价格向量，$p_1 = (p_{11}, p_{12}, \ldots, p_{1I})$；

　　p_2——农产品进口价格向量，$p_2 = (p_{21}, p_{22}, \ldots, p_{2I})$；

　　p_3——农产品出口供给价格向量，$p_3 = (p_{31}, p_{32}, \ldots, p_{3I})$。

　　这里有，$J \geq (H + 3 \times I)$，即资源禀赋的数目不少于价格体系里元素的总数目，并有 $p \gg 0_{H+3 \times I}$ 和 $v \leq 0_J$，即所有的价格元素均为正的，资源的数量为非正的。为简明起见，设这里的 3 个农产品市场上所交易的产品种类是一致的，即都是 I 种，$i = 1, 2, \ldots, I$。

　　根据 Hotelling 引理得出：

$$-x_{2i} = \frac{\partial \pi}{\partial p_{2i}}$$

$$x_{3i} = \frac{\partial \pi}{\partial p_{3i}}$$

这里，$-x_{2i}$——第 i 种农产品的进口量，被视为是国民收入的投入，其符号为"$-$"；

　　x_{3i}——第 i 种农产品的出口量，被视为是国民收入的产出，其符号为"$+$"。

$$i = 1, 2, \ldots, I$$

　　令

$$M(v) = \{m \mid m = x_3 - x_2, x_3 \in Y(v)\}$$

即有：$m_i = x_{3i} - x_{2i}$ $i = 1,2,\ldots,I$。

这里，若 $m_i < 0$，即第 i 种农产品为净进口；若 $m_i = 0$，即第 i 种农产品进出口相抵；若 $m_i > 0$，即第 i 种农产品为净出口，$i = 1,2,\ldots,I$。

令

$$M^*(M;v) = \{m^* \mid m^*(M;v), m^* \in Y(v)\}$$

M^* 为一个规划的数量向量，它是在已经得知国际贸易中农产品净进口和净出口的情况下，根据自身资源禀赋所允许的条件规划出来的。它是为实现经济一般均衡的一个局部目标集合，是与资源禀赋无矛盾的约束条件。

于是，可以得出重新平衡的 GNP 模型为：

$$GNP = \pi(p;v,M^*) = \pi(p_h, p_1, p_2, p_3; v, M^*) \tag{6.29}$$

进而得出：

$$\mu_i = \frac{\partial \pi}{\partial m_i^*} \qquad i = 1,2,\ldots,I \tag{6.30}$$

这里，μ_i——第 i 种农产品净进口或净出口对国民收入的内部报酬率，即净支出率或净利润率。

μ_i 的符号遵从进口和出口的规定，即若为净进口的净支出率，其符号为"－"；若为净出口的净利润率，其符号为"＋"。依据 G 函数的定义可以知道，这些 μ_i（$i = 1,2,\ldots,I$）是满足给定的农产品净进口和净出口数量约束，GNP 达到最大时，这些约束的一单位变化给国民收入带来的内部净支出或净利润，是达到市面利润时给定约束条件所具有的最佳内部报酬率，即影子净支出率或影子净利润率，可以统称为"影子报酬"。换另一个角度来看，"影子报酬"也就是为使 GNP 达到最大，整个经济对这些约束的一单位变化应做出的最适当的内部补偿。根据有效约束的定义得知，它们的值是以 0 为极限的，即 $\mu_i \leq 0$，当其为影子净支出率时；或 $\mu_i \geq 0$，当其为影子净利润率时。约束条件与最佳的内部报酬是一种对应，给定了约束条件值，便可求出最佳的内部报酬值；反之，得知了最佳的内部报酬值，也可求得约束条件值。

现实经验表明，作为最佳内部报酬，影子净支出率通常呈现为两种基本形式：一种是关于净进口的关税；另一种是消费税。影子净利润率，也有两种基本形式：

一种是出口补贴(或出口退税);另一种是生产补贴。① 从式(6.29)和(6.30)中可以看出,净进口和净出口的数量约束给定之后,这些税收和补贴的值是可以确定的,反之,若其他条件不变,从税收和补贴的变化中也可以推导出相应的数量约束值。

由此可以认为,在国家级水平上出现的净进口和净出口的变化,如配额或限量,税收或补贴,甚至技术壁垒或贸易争端等,都客观地与国民经济收入的最大化运行规律直接相关联,而且也不同程度地反映出了这些联系的某些数值特征。影子净支出率和影子净利润率支配着国家在边界上采取利己的行动。最佳的内部报酬决定着市场准入和出口补贴的数量和举措。

另外,由式(6.29)还可以得出其 Hessian 矩阵的一部分:

$$\pi_{m\cdot v} = \nabla^2_{m\cdot v} = \frac{\partial^2 \pi}{\partial m_i^* \partial v_k} \qquad i = 1,2,\ldots I; k = 1,2,\ldots, H + 3 \times I \quad (6.31)$$

进而解得:

$$v_k = f(\pi_{m\cdot v}; M^*) \qquad k = 1,2,\ldots, H + 3 \times I \qquad (6.32)$$

由此可以认为,在实际的平衡规划中,根据需要,随着规划数据 M^* 的给定,式(6.29)中的 v 可以给予一定的有效变动。这也就是说,国际贸易的净进口和净出口,会因为实际存在的替代作用,导致资源的固定投入量内在地发生变化,给定净进口和净出口的数量,资源的固定投入量实际上在稍稍变化。

§6.4.3　公司级的利润补贴函数

可以设想,在国家级水平上形成的市场准入的影子净支出率和影子净利润率,要直接转让给外贸公司,由这些公司的相应决策结果,导致净进口和净出口数量的变化,才可能最终达到国民收入重新平衡的目的。为了实现国家对整体经济和社会福利的义务,这种转让要通过一个转让机制来完成,也就是通过一个转让函数来完成。对于这个转让函数的结构和性质,我们将在后面讨论,现在先转向公司级补贴利润函数:

$$S_j = S_j(\lambda; \pi_j, M_j^*) \qquad j = 1,2,\ldots, J \qquad (6.33)$$

式中, S_j ——第 j 个外贸公司的补贴利润;

λ ——净进口和净出口的利润补贴率(/单价)向量, $\lambda = \{\lambda \mid \lambda_i = \lambda_i[\mu,$

---

① 当然也还有这些形式的各种混合。虽然其内容繁杂,却也不过都是这些形式的组合而已。

$U(m;v);v]$,其中,$U(m;v)$ 为福利函数;

π_j——第 j 个外贸公司的利润;

M_j^*——国家分配给第 j 个外贸公司的净进口和净出口量的指导性参照指标,$M_j^* = [m_{ij}^*]$,$i = 1,2,\ldots,I$;$j = 1,2,\ldots,J$。

由式(6.33),根据 Hotelling 引理得出:

$$m_{ij} = \frac{\partial S_j}{\partial \lambda_i} \qquad i = 1,2,\ldots,I;j = 1,2,\ldots,J \qquad (6.34)$$

式(6.34)是第 j 个外贸公司在国家指导约束下实施农产品净进口和净出口的最佳数量。是净进口量时,m_{ij} 的符号为" $-$ ";是净出口时,为" $+$ "。另外,由式(6.33)还可以得出:

$$\lambda_{ij}^* = \frac{\partial S_j}{\partial m_{ij}^*} \qquad i = 1,2,\ldots,I;j = 1,2,\ldots,J \qquad (6.35)$$

式(6.35)所示出的是,第 i 种农产品净进口或净出口约束在第 j 个外贸公司里的内部报酬率,即公司级的影子净支出率或者影子净利润率。一般地讲,即使在国家给定的补贴利润率相同,甚至给定的净进口和净出口指导目标值也相同时,即获得的总补贴量相等时,由于各个外贸公司自身的利润状况不同,或者说自身具有的效率(或特定的约束条件)不同,这些影子值在各个公司之间也会是不尽相同的。

根据对偶理论,人们在第 j 个外贸公司里可以看到,若 $\lambda_{ij}^* \geq \lambda_i$,那么必定有 $m_{ij} \leq m_{ij}^*$,反之,若 $\lambda_{ij}^* \leq \lambda_i$,那么必定有 $m_{ij} \geq m_{ij}^*$,$i = 1,2,\ldots,I$;$j = 1,2,\ldots,J$。

这意味着,在点 (λ_i,m_{ij}^*) 上,具有 $\lambda_{ij}^* \geq \lambda_i$ 的公司,即内部净支出率和内部净利润率均高于国家补贴率的公司,将把国家给定的指导约束数量视为上限,倾向于既尽量减少净进口量,也尽量减少净出口量。也就是说,在这样的公司里,国家给定的约束数量将成为强制达到的目标,会被消极地对待,有机会懈怠就懈怠。而具有 $\lambda_{ij}^* \leq \lambda_i$ 的公司,即内部净支出率和内部净利润率均低于国家补贴率的公司,将把国家给定的指导约束数量视为下限,倾向于既尽量增加净进口量,也尽量增加净出口量。国家给定的约束数量,会被这样的公司作为继续盈利的基础,毫不懈怠,积极完成目标,并倾向于额外多进口和多出口。

在点 (λ_i,m_{ij}^*) 上,是具有 $\lambda_{ij}^* \geq \lambda_i$,还是具有 $\lambda_{ij}^* \leq \lambda_i$,是由公司的实际经营能力决定的,也就是公司之间效率不同的体现。前者为低效的,后者为高效的。

在 m_{ij}^* 给定之后,λ_i 的高低将直接导致 m_{ij}^* 被贯彻的可能后果。若 λ_i 较低,$\lambda_{ij}^* \geq \lambda_i$ 容易发生,导致低效性公司的行为容易奏效,即消极地对待国家给定的约束量目标,没有达到经济平衡目标的可能性较大;反之,若 λ_i 较高,$\lambda_{ij}^* \leq \lambda_i$ 容易发生,导致高效性公司的行为容易发生,即积极地对待国家给定的约束量目标,超过了经济平衡的目标,偏离新的平衡需要的可能性加大。

容易理解,(λ_i, m_{ij}^*) 是在国家水平上形成的市场准入和出口补贴 μ_i,然后转让到对外贸易公司的。在其转让过程中,会融入在新的经济平衡里国家所做的多方面考虑中。其中,因为涉及再分配,社会福利方面的考虑会被突显出来,并且,已经有迹象表明,在国际贸易再平衡的考虑中,社会福利正在被作为一个很综合的变量来对待。

设对于任何的 $m \in M(v)$,其中,$m_i < (>)0$,即存在一个严格负的(或正的)关于农产品 i 的净进口和净出口,有一个贸易福利函数:

$$U(m;v) = \max_{x_2,x_3}\{u(m), m = x_3 - x_2, m \geq 0, x_3 \in Y(v)\} \qquad (6.36)$$

$U(m;v)$ 是一个连续的实值函数,在 $(m;v)$ 上是联合地拟凹的,在 m 和 v 上分别是非减的,具有 $U(m';v) \geq U(m;v)$,若 $m' \geq m$;并且 $U(m';v) \geq U(m;v)$,若 $v' \geq v$。

还存在一个关于第 i 种农产品的对外贸易利润补贴函数:

$$\lambda_i(\mu_i, p_2, p_3, U[m;v], v; M^*) \qquad i = 1,2,\ldots,I \qquad (6.37)$$

这个 $\lambda_i(.)$ 也是一个连续的实值函数,对其中所有因子是联合地拟凹的,并在所有的因子上,包括 M^* 在内,均为非减的。

根据式(6.36)和(6.37)的性质,结合上述关于公司效率对完成国家制定约束量目标的分析,能够看出,效率不同的公司对整体经济达到新的平衡,不仅作用不同,而且,即使都给新的平衡带来了不平衡的因素,其对社会福利的影响仍然是不同的。

§6.4.4 讨论与结论

本章在以上内容里,给出了农产品的市场准入和出口补贴的经济学定义,并对有约束的利润函数——G 函数给予了具体的陈述。陈述的内容,实际上划分为两个层次:一个是国家水平上的定义,及其可操作的贯彻模型;另一个是对外贸易公司水平上的利润补贴模型。前者包括了关于净进口和净出口决策方面的一般性考虑;后者描述了这个一般性考虑最终可能得以实现的机制和保证。

由式(6.29)和(6.30)的结构可以认为,从外界观察的角度来看,模型中的其他变量可能都是可以直接观察到的,但经济当事国为保证重新平衡而确定的外贸调整和控制值向量 M^* 是不能直接观察到的,因而,由其决定的内部报酬率,即影子净支出率和影子净利润率 $\mu_i(i=1,2,\ldots,I)$,更是不能直接观察到的。而在现实经济生活中,这些数值在当事人那里也未必都是明了的,对其内在的经济意义可能更缺乏了解。但运动规律仍在以某些现象和迹象透露出有关它的信息。国家摸索着确定有关税收和补贴,正是这些现象和迹象的体现。从规律的陈述入手,进而对有关现象和迹象进行归纳,已经成为近年来有关研究的主体。

就农产品的外贸而言,市场准入和出口补贴的内在作用,最终要通过边境上的机构——对外贸易公司来贯彻。这些外贸公司的举动最终决定着这些内在作用的实现程度,以及留下的潜在问题。为获得新的经济平衡,为贯彻市场准入和出口补贴的内在机制,国家通常给这些公司下达指导性约束量的指标,并公布有关的补贴率。

由于公司之间在实际运行效率上是不同的,在同样的补贴率面前,反应不同,运行结果不同,对整体经济的实际影响后果也不同。根据式(6.34)和(6.35)的结果所进行的上述分析结论表明,对于这些指导性约束指标和给定的补贴率,运行效率低的公司会把它们视为追求利润补贴最大化的上限约束,倾向于低于这些约束的运行,在非强行约束的情况下,不能达到新平衡所要的最低要求。而根据式(6.36)和(6.37)的性质可以看出,这种懈怠,也将导致关于社会福利的预想目标难以达到。而对于给定的补贴率,运行效率高的公司会把这些指导性约束指标视为追求利润补贴最大化的下限约束,倾向于高于这些约束的运行,即在非强行约束的情况下,通常会超过新平衡所要的最低要求,可能给新平衡带来新的不平衡因素。然而,根据式(6.36)和(6.37)的性质可以看出,这种不平衡因素却会带来社会福利的增长。由此可以认为,国家级确定调整和控制机制的过程中,以及在设定有关转让模型的过程中,似乎应考虑到经济平衡与社会福利的主次地位。

另外,从补贴率的角度来看:补贴率较低,容易导致效率低的公司数目增多,效率高的公司数目减少;补贴率较高,容易导致效率高的公司数目增多,效率低的公司数目减少。这样会导致在市场准入和出口补贴的实际贯彻中,如同上述分析过的,会出现不同的倾向性。

这些都是就补贴而言的。其实,在实际经济生活中,要实行对净进口和净出口数量的调整和控制,还会采取税收和/或税收与补贴(或退税)并用的手段。容易理解,如果对净进口和净出口都采用税收,那么,结论与采用全补贴的情况正相反,效率低的公司将获得鼓励,积极减少净进口,也积极减少净出口;而效率高的公司则都消极对待。若采用税收与补贴混合的形式,即通常要减少净进口,但不希望压制净出口,于是,便对净进口收税,而对净出口补贴。在这种情况下,效率低的公司将对净进口积极,对净出口消极;而效率高的公司则相反,对净进口消极,对净出口积极。

综合上述,可以看出:实行全部补贴,有利于高效率公司的运行,也有利于国际贸易的活跃;实行全部税收,有利于低效率公司的运作;实行净进口收税,净出口补贴(或退税),有利于低效率公司对压制净进口的运作,而有利于高效率公司对鼓励净出口的运行。

对于福利的作用,则要视制定这些税收和补贴时所选定的转让函数而定。转让函数的性质和具体结构不同,其内涵的福利程度不同。

§6.5　自由贸易与经济发展

§6.5.1　国际贸易自由化与农产品贸易

随着世界经济的发展,出现了国际贸易自由化。20世纪40年代,在战后的经济恢复时期,世界的局部地区开始出现区域经济一体化现象,尔后,随着世界经济格局的发展,特别是在20世纪80年代以来,随着世界经济一体化趋势的出现和发展,区域经济一体化更有了突出的进步。其主要表现就是自由贸易协定FTA(Free Trade Agreement,FTA)和经济一体化协议EIA(Economic Integration Agreement,EIA)的迅速发展。其中,后者是前者的发展趋势。20世纪后半叶以来,FTA的数量快速增加,截至2010年的统计,生效的FTA已经集中了世界贸易流的50%以上。在WTO多边贸易规则之外,大多数的WTO成员经济体都加入了一个或一个以上的自由贸易区。

资料表明,在FTA和自由贸易区的形成过程中,农产品的降税以及有关的模式,通常是最重要的议题,也是难点和焦点。值得注意的是,自由贸易区谈判的核心内容是市场准入,重点在于当事者之间贸易壁垒的消除,而对当事者在各自经济体内实行的支持或补贴不做要求。因而,在有关谈判中,当事者为了实现对自己农业利益的保护,都对农产品关税的减让安排给予高度重视,也做谨慎处理。因此,有关农产品贸易安排的谈判日益发展,在某些情况下,开始或者已经步入自由贸易区谈判的核心内容。已有实例说明,农产品关税的大幅度消减,对自由贸易区的形成和发展,往往有着重要的作用,对其中处于发展中经济的当事者似乎更为重要。

对于自由贸易区,在理论上,主要是针对社会福利增减的可能性,借助两个静态效应——贸易创造(Trade Creation)和贸易转移(Trade Diversion)来做出分析和判断。资料表明,这些概念在以往的解释中,曾做出了很大的贡献。然而,因为数学语言运用有限,显然还不够精确,而由此产生的推理也容易产生模糊和歧义,并容易得出同样模糊和歧义的结论。

对此,在以生产函数,或称 F 函数为经济学基本理论前沿并作为范式的时期,有关经济学家就已经做过探索,并取得了卓有成效的结果。只是因为 F 函数还不能给这些概念提供一个完整的初始结构,很难给出有关贸易的确切定义,因而,其推理过程和基本结论,只可能给出不精确的和难于严谨的解释。

有约束的利润函数,即 G 函数被发现并成为当代经济学的理论前沿之后,似乎可以为这些问题的解决提供一个很便利的基础了。首先,G 函数本身的直观结构就是一个贸易函数,直接地就是一个关于贸易结构的初始结构,可以便利地给有关贸易的结构做出精确的定义和陈述;其次,G 函数除了自由市场的陈述之外,还包括了约束条件和基本固定数量的陈述,这后一方面的陈述,对比着 F 函数,就明显地扩展了想象的空间,从而允许人们将市场价格之外的众多经济因子归入约束条件,并给予抽象的定义,将分析引向深入;最后,作为新的理论前沿,G 函数已经成熟的推理过程和给定的定理,可以更精确地给出有关定义和解释,从而使上述有关概念得到更有说服力的阐述,其结果可以使人们得到更值得信赖的科学的知识。

§6.5.2　一个部门——农业的贸易及其市场表现

为简明起见,我们给出关于一个部门——农业的贸易陈述。这是一个局部均衡模型。在此,我们将农产品市场分为 3 个成分,即国内直接销售、出口供给和进口,它们分别呈现为不同的价格。同时,考虑了相应的几个固定数量,即劳动力、资本存量和福利指数,以及市场需求约束、技术限制和生态指数等。由此得出一个关于农业部门的 G 函数：

$$\pi(p_1;v) = \pi(p_{1i};v_j) = \pi(p_{11},p_{12},p_{13};v_j) \tag{6.38}$$

式中，$\pi(.)$ ——农业利润总值；

p_{1i} ——农产品市场价格。i ——市场，$i=1$，农产品国内销售市场；$i=2$，农产品出口；$i=3$，农产品进口，$p_1=(p_{11},p_{12},p_{13})$；

v_j ——固定数量。$j=1$，劳动力；$j=2$，资本存量；$j=3$，福利指数；

$v=(v_1,v_2,v_3)$。

由式(6.38)，得出它的 Jacobi 向量为：

$$\left[\frac{\partial\pi}{\partial p_{11}} \quad \frac{\partial\pi}{\partial p_{12}} \quad -\frac{\partial\pi}{\partial p_{13}} \quad -\frac{\partial\pi}{\partial v_j}\right], j=1,2,3$$

并如上所述，根据 Hotelling 引理，这里有：

$x_{11}=\frac{\partial\pi}{\partial p_{11}}$，农产品国内供给量，并根据前述的定义，其符号为"+"；

$x_{12}=\frac{\partial\pi}{\partial p_{12}}$，农产品出口量，其符号为"+"；

$x_{13}=-\frac{\partial\pi}{\partial p_{13}}$，农产品进口量，其符号为"-"；

$\lambda_j=-\frac{\partial\pi}{\partial v_j}$，固定数量 j 的影子利润率，$j=1,2,3$。

进一步，得出它的 Hessian 矩阵为：

$$H=\begin{bmatrix} \frac{\partial^2\pi}{\partial p_{11}^2} & \frac{\partial^2\pi}{\partial p_{11}\partial p_{12}} & -\frac{\partial^2\pi}{\partial p_{11}\partial p_{13}} & -\frac{\partial^2\pi}{\partial p_{11}\partial v_j} \\ \frac{\partial^2\pi}{\partial p_{12}\partial p_{11}} & \frac{\partial^2\pi}{\partial p_{12}^2} & -\frac{\partial^2\pi}{\partial p_{12}\partial p_{13}} & -\frac{\partial^2\pi}{\partial p_{12}\partial v_j} \\ -\frac{\partial^2\pi}{\partial p_{13}\partial p_{11}} & -\frac{\partial^2\pi}{\partial p_{13}\partial p_{12}} & -\frac{\partial^2\pi}{\partial p_{13}^2} & \frac{\partial^2\pi}{\partial p_{13}\partial v_j} \\ -\frac{\partial^2\pi}{\partial v_j\partial p_{11}} & -\frac{\partial^2\pi}{\partial v_j\partial p_{12}} & -\frac{\partial^2\pi}{\partial v_j\partial p_{13}} & \frac{\partial^2\pi}{\partial v_h\partial v_j} \end{bmatrix}$$

这个 Hessian 矩阵所反映的便是式(6.38)中各个因子之间的相互影响，也就是因子之间的效应。其中，其主对角线上的元素为各个因子的自效应，即自身的反身效应，其余为所对应因子之间的相互效应。就我们的讨论目标——解释国际贸易的基本效应而言，在这个矩阵里，我们的目光聚焦于 p_{12} 和 p_{13} 所涉及的那些元素，以及由这些元素所引申出来的组合。其中，我们格外关注的有以下3个静态效应：

（1）农产品国际贸易对国内生产的综合效应：

$$e_{p_{11}12,13}(0,0) = e_{p_{11},p_{12}}(0) + e_{p_{11},p_{13}}(0) = \frac{\partial^2 \pi}{\partial p_{12} \partial p_{11}} - \frac{\partial^2 \pi}{\partial p_{13} \partial p_{11}} \qquad (6.39)$$

（2）农产品国际贸易对国内福利的综合效应：

$$e_{v_3 12,13}(0,0) = e_{v_3,p_{12}}(0) + e_{v_3,p_{13}}(0) = -\frac{\partial^2 \pi}{\partial p_{12} \partial v_3} + \frac{\partial^2 \pi}{\partial p_{13} \partial v_3} \qquad (6.40)$$

（3）国际贸易本身的综合效应：

$$e_{12,13}(0,0) = e_{p_{12},p_{12}}(0) + e_{p_{13},p_{13}}(0) + e_{p_{12},p_{13}}(0,0)$$

$$= \frac{\partial^2 \pi}{\partial p_{12}^2} - \frac{\partial^2 \pi}{\partial p_{13}^2} + 2\frac{\partial^2 \pi}{\partial p_{12} \partial p_{13}} \qquad (6.41)$$

显然，通常用来分析国际贸易效果的两个静态效应——贸易创造和贸易转移就应该分别包含在式(6.39)和(6.40)之中。式(6.41)可以作为一个基准测度，用来比较国际贸易对本身和对国内生产，以及对国内福利的影响，到底哪个作用更大。

§6.5.3　价格楔子与国际贸易结构

国际贸易的实践表明，贸易结构的变化，从市场的角度来看，就是进口与出口税率的变化。税率，就是给价格加入了一个增长率，俗称价格楔子(Price Wedge)。价格楔子束决定了国际贸易的不同结构。自由贸易协定中的一项重要内容，在很多情况下，甚至是最重要的这项内容就是确定这个价格楔子束中的各个元素，也就是各种进口和出口物品的税收率。容易理解，这些税收率，总是自觉地或者不自觉地围绕着各自的一个参照基准来增减，这便是谈判的基本目的。这个参照基准税率，可以成为期望水平税率。从理论上讲，在国际贸易中，各种商品的期望水平税率都是存在的。

引入价格楔子，若其余不变，我们可以把式(6.38)改写为：

$$\pi(p_1;v) = \pi[p_{11},(1 + r_{12})p_{12},(1 + r_{13})p_{13};v_j] \quad j = 1,2,3 \qquad (6.42)$$

这里，r_{12}——出口税率；

　　　　r_{13}——进口税率。

给定国际期望的出口税率为 $\bar{r}_{12}$；国际期望的进口税率为 $\bar{r}_{13}$。如果有 $r_{12} < \bar{r}_{12}$ 和/或 $r_{13} < \bar{r}_{13}$，即出口税率和/或进口税率，有一个或者两个都低于国际期望的税率，那么，这个经济体就在这里获得了特惠。事实表明，这种特惠的程度和范

围以及可持久的状况,就成了衡量和区别 FTA 类别的基本标准。

不失一般性,$r_{12} = 0$ 和 $r_{13} = 0$ 是一个很重要的可参照点。这就是出口和进口均没有税收的情况,是一种完全自由的国际贸易。人们能够看出,式(6.38)所陈述的就是这样的贸易情况。之后所得出的式(6.39)—(6.41)也是就这种情况所得出的结果。因此,从关税同盟的立场来看,式(6.38)是出口特惠和进口特惠都达到了 0 时的情况,如果贸易双方都达到了这种情况,不再有关税壁垒,那么就是双边贸易真正实现了市场不再有关税壁垒的情况。可以认为,这种情况便是自由贸易区的起码条件具备了。否则,仍属于 FTA 向着这种自由贸易区的发展过程之中,一般地讲,也就是仍处在特惠贸易安排的谈判之中。不失一般性,也就是处在 $r_{12} < \bar{r}_{12}$ 和 $r_{13} < \bar{r}_{13}$ 的过程中。由此看来,自由贸易区是地区贸易协定中实现了国际贸易之间取消了过境关税的情况,是 FTA 发展的终极性特例。于是,在式(6.42)中,我们有理由设 $0 < r_{12} < \bar{r}_{12}$ 和 $0 < r_{13} < \bar{r}_{13}$。

由式(6.42),得出它的 Jacobi 向量为:

$$\left[\frac{\partial \pi}{\partial p_{11}} \quad (1 - r_{12}) \frac{\partial \pi}{\partial p_{12}} \quad (-1 - r_{13}) \frac{\partial \pi}{\partial p_{13}} \quad -\frac{\partial \pi}{\partial v_j} \right] \quad j = 1,2,3 \quad (6.43)$$

这里因为 r_{12} 和 r_{13} 所在的项为税收额,所以该项的符号为"−",因而这个 Jacobi 向量中相应的元素如此。

类似于前面的做法,在式(6.43)的基础上,得出相应的 Hessian 矩阵,并从而得出,存在特惠时的 3 个综合效应:

(4)农产品国际贸易对国内生产的综合效应:

$$e_{p_{11}12,13}(r_{12}, r_{13}) = e_{p_{11},p_{12}}(r_{12}) + e_{p_{11},p_{13}}(r_{13})$$

$$= (1 - r_{12}) \frac{\partial^2 \pi}{\partial p_{12} \partial p_{11}} - (1 + r_{13}) \frac{\partial^2 \pi}{\partial p_{13} \partial p_{11}} \quad (6.44)$$

(5)农产品国际贸易对国内福利的综合效应:

$$e_{v_3 12,13}(r_{12}, r_{13}) = e_{v_3,p_{12}}(r_{12}) + e_{v_3,p_{13}}(r_{13})$$

$$= -(1 - r_{12}) \frac{\partial^2 \pi}{\partial p_{12} \partial v_3} + (-1 - r_{13}) \frac{\partial^2 \pi}{\partial p_{13} \partial v_3} \quad (6.45)$$

(6)国际贸易本身的综合效应:

$$e_{12,13}(r_{12}, r_{13}) = e_{p_{12},p_{12}}(r_{12}) + e_{p_{13},p_{13}}(r_{13}) + e_{p_{12},p_{13}}(r_{12}, r_{13})$$

$$= (1 - r_{12}^2) \frac{\partial^2 \pi}{\partial p_{12}^2} - (1 + r_{13}) 2 \frac{\partial^2 \pi}{\partial p_{13}^2} - 2r_{12}(1 + r_{13}) \frac{\partial^2 \pi}{\partial p_{12} \partial p_{13}}$$

$$(6.46)$$

§6.5.4 效应分析

从式(6.43)—(6.46)中能够看出,式(5.42)中所增加的因子系数,都分别转移到了相应的效应上。

首先,从式(6.44)里容易看到,作为价格楔子的税收率被转移到了出口和进口数量上。这些税率的大小,直接影响到出口和进口数量的同比例变化。特惠的税率 $0 < r_{12} < \bar{r}_{12}$ 和 $0 < r_{13} < \bar{r}_{13}$ 导致出口和进口的数量,都比国际期望税率所决定的要多,但一定低于自由贸易——税率为 0,即 $r_{12} = 0$ 和/或 $r_{13} = 0$ ——所决定的水平。因此,从 FTA 的角度来看,特惠税率比国际期望税率创造了双向的贸易流量,促进了边境贸易的畅通。但如果能达到自由贸易区的高水平,即出口和进口的特惠税率均为 0,那么,这种创造必将达到自由市场水平。

式(6.44)—(6.46)所呈现的是特惠税率的综合效应。为简明起见,我们采用相对静态分析的定点分析法,对这些公式最后右端项中的因子,除包含价格楔子的系数保留不变外,其余的均设定为 1。那么,式(6.44)—(6.46)的内容将简化为:

农产品国际贸易对国内生产的综合效应:

$$e_{p_{11}12,13}(r_{12},r_{13}) = (1 + r_{12}) + (-1 - r_{13}) = -r_{12} - r_{13} \tag{6.47}$$

农产品国际贸易对国内福利的综合效应:

$$e_{v,12,13}(r_{12},r_{13}) = -(1 - r_{12}) - (1 + r_{13}) = -2 + r_{12} - r_{13} \tag{6.48}$$

国际贸易本身的综合效应:

$$e_{12,13}(r_{12},r_{13}) = (1 - r_{12}^2) - (^1 + r_{13})2 - 2r_{12}(1 + r_{13})$$
$$= -2r_{12} - 2r_{13} - 2r_{12}r_{13} - r_{12}^2 - r_{13}^2 \tag{6.49}$$

从式(6.47)最后结果的右端项里可以看出,出口和进口税率的效应,对于国内生产供给的效应,都是"−"的。这意味着,出口和进口税率的存在,都会导致国内供给量的减少。然而,也不难看出,如果这些税率降低,必然会降低这方面的效应,而使减少的程度降低。因而由此可以看出,自由贸易协定的发展,若其余不变,其中主要在于进口税率的降低,即聚焦于进口准入的特惠,也就是进口税率 r_{13} 的降低,会导致对国内生产供给的阻碍减少,从而鼓励国内生产的发展。反之,则相反。从式(6.48)的右端则能够看出,出口税率与进口税率对福利的作用正好是相反的,它们的差决定着对福利的最后效应。出口税率是积极的,进口税率是消极的。如果令 $-r_{12} - r_{13} > -2 + r_{12} - r_{13}$,得出 $r_{12} < 1$ 必定成立。

这意味着,在国际贸易中,出口和进口税率的综合作用,对国内供给的影响必然大于对福利的影响。在自由贸易协定的发展中,注重进口准入的谈判,强调进口税率特惠的做法,力争不断地降低进口税率,其积极意义可能正在于此。所谓贸易创造效应,特别是自由贸易区和自由贸易协定所追求的积极效果,可能也在于此。税率降低,可以较大地降低对国内生产供给的阻碍,从而鼓励国内供给。

从静态效应的结构来看,边境贸易上的税率,直接转移成了对出口和进口数量的控制系数,同时,其作用也转移到了对国内供给和福利的作用上。式(6.47)和(6.48)反映了这种转移的内容。容易看出,由进口税率直接转移来的福利,会随着进口税率的降低而降低,如果其余条件不变,特惠进口税率的发展,主要是进口税率的不断降低,那么由这里的分析结果可以看出,其直接转移的福利是降低的。因此,可以认为,自由贸易协定的发展,自由贸易区的建立,特惠进口税率的积极作用主要在于对国内生产的创造方面,而不是在于对福利的转移方面。对直接福利转移的效应恰恰是消极的。

另外,如果令 $-2r_{12} - 2r_{13} - 2r_{12}r_{13} - r_{12}^2 - r_{13}^2 > r_{12} - r_{13}$,得出 $-3r_{12} - r_{13} - 2r_{12}r_{13} - r_{12}^2 - r_{13}^2 > 0$ 。当 $0 < r_{12}$ 和 $0 < r_{13}$ 时,这是不可能的。

并且,如果 $-2r_{12} - 2r_{13} - 2r_{12}r_{13} - r_{12}^2 - r_{13}^2 > -r_{12} + r_{13}$,得出 $-r_{12} - 3r_{13} - 2r_{12}r_{13} - r_{12}^2 - r_{13}^2 > 0$,也是不可能的,当 $0 < r_{12}$ 和 $0 < r_{13}$ 时。

这两个结果意味着,国际贸易中的边境税收,自然首先会影响到边境贸易自身,但是,在税收正常的情况下,只要这种税率存在,其强度必定低于对国内生产和对福利的影响。而当这种税率不再存在,自由贸易实现了,这些影响均归于0时,它们之间的强度差也将归于0。因而,正常的国际贸易税率,特惠的或者非特惠的,其主要作用均在于对国内生产和福利的影响。对此,非数理分析是很难猜想到的,因而在以往的有关论述中未曾发现有如此的分析结果。

§6.5.5 长期效应

在关于国际贸易自由化的初始描述中,引入科技进步因子,便可以得出相应的长期模型:

$$\pi(a_1 p_1; v) = \pi[a_{11}p_{11}, (1+r_{12})a_{12}p_{12}, (1+r_{13})a_{13}p_{13}; v_j] \quad j = 1,2,3$$

这里, a_{11} ——国内供给的科技进步;

a_{12} ——出口产品的科技进步;

a_{13} ——进口产品的科技进步。

这样,如同前面已经提及的,便可以得出长期的经济运行初始描述,因为这里的科技进步,与国际贸易中的价格楔子一样,都是外生给定的常量,因而直观地就可以看出,这里所示的科技进步与价格楔子会形成交集,即完全是同方向相互影响的。因此,上述的关于开拓国际市场,从而取得边境税收效应的结论,对于科技进步的作用,都完全适用;反过来,科技进步对市场的作用,也完全适应于国际贸易自由化。

值得注意的是,在现实经济生活中,科技进步系数,也是部门供给的质量系数,对于不同的经济体来说,很可能这里有 $a_{11} \neq a_{12}$,即国内供给的产品质量有别于供出口的产品,但随着经济的发展和科技的进步,它们会趋于相等,也就是有 $a_{11} = a_{12}$。由此似乎可以认为,国际贸易的顺利发展、自由化的不断加强,应该对全球的技术进步有着促进作用。

第6章建议的续读文献

［1］Harrigan,J.. Technology,Factor Supplies,and International Specialization:Estimating the Neoclassical Model［J］. The American Economic Review,1997,87:475 – 494.

［2］Gopinath,M. and Kennedy L.. Agricultural Trade and Productivity Growth:A State – level Analysis［J］. American Journal of Agricultural Economics,2000,82(5):1213 –1218.

［3］Lau,L.,and Yotopoulos,P.. Profit,Supply and Factor Demand Functions［J］. American Journal of Agricultural Economics,1972:142 – 174.

［4］孙中才. G 函数与经济学的新进展［J］. 汕头大学学报(人文社会科学版),2006,6:20 – 24.

［5］孙中才. 国际贸易与农业增长［J］. 汕头大学学报(人文社会科学版),2003,4:7 – 14.

［6］Anderson,K.. Peculiarities of Retaliation in WTO Dispute Settlement［J］. World Trade Review,2002,1:123 – 134.

［7］Bagwell,K. and R. Staiger.. An Economic Theory of the GATT［J］. American Economic Review,1999,89:215 – 248.

[8]Bresnahan,T. F.. Empirical Studies of Industries With Market Power[M]// R. Schmalensee and R. D. Willig. Handbook of Industrial Organization. Amsterdam: North - Holland,1989:27 - 28.

[9]Chipman,J.. The Theory and Applications of Trade Utility Functions[M]// J. R. Green,and J. A. Scheinkman. General Equilibrium,Growth and Trade:Essays in Honor of Lionel McKenzie. New York:Academic Press,1970:277 - 296.

[10]Woodland,A.. Direct and Indirect Trade Utility Functions[J]. Review of E-conomic Studies,1980,47(5):907 - 926.

[11]Grossman,Gene M. and Helpman,Elhanan. The Politics of Free - Trade A-greement[J]. American Economic Review,1995,85(4):667 - 690.

[12] Lederman,Daniel,Maloney,William F. and Serveen,Luis. Lessons From NAFTA for Latin America and the Caribbean[M]. World Bank Publications,2005: 41 - 57.

[13]De Janvry,Alain and Sadoulet,Elisabeth.. NAFTA's Impact on Mexico:Ru-ral Household - level Effects[J]. American Journal of Agricultural Economics,1995,77 (5):1283 - 1291.

[14]Levy,Philip L.. A Political - Economic Analysis of Free - Trade Agreements [J]. American Economic Review,1997,87:506 - 517.

[15]Debreu,G. Theory of Value:An Axiomatic Analysis of Economic Equilibrium [M]. New York:Wiley and Sons,1959:21.

[16]Harrigan,J.. Technology,Factor Supplies,and International Specialization: Estimating the Neoclassical Model [J]. The American Economic Review,1997,87: 475 - 494.

第7章 转型经济与经济转型

在现代经济的运行过程中,时常会出现一些比较重大的结构性调整。为达到理想的目的,对于这样的调整,无论是在过程方面,还是在结果方面,都需要科学理论能够给予准确和精确的解释。

随着现代社会的不断进步和发展,市场经济的可持续性得到了更进一步的证实。同时,对以前实施的对市场的干预,人们也有了新的认识。例如,一些曾经实行计划经济体制的国家,在经济全球化的洪流之中都不同程度地接受了市场经济的概念,并实际行动起来,开始向自由市场这个经济体制转变。由此,出现了转型经济(Transition Economy)和转型国家(Transition Countries),并导致这些经济体出现了一系列向市场经济转变的过程。

面对转型经济和经济的转型,经济学探索的内容基本上可以划分为两大类:一类是转型经济与平行的非转型经济之间的效率比较;另一类是转型经济本身在转型前后的效率变化分析。资料表明,这两大类研究的结果,在识别对象的属性和特征方面,做出了重要的贡献,同时也积累了为数不少的信息,为进一步的理论探索奠定了基础。

§7.1 市场经济与非市场经济

作为经济学理论的最新综合,G 函数可以为有关转型经济的探索提供初始范式,从而明确其定义。G 函数的典型结构——有约束的利润函数把市场的价格体系和资源禀赋统一起来,给出了一个可以更直观地描述经济结构的理论框架,特别是可以更加直观地陈述有关政府职能或宏观控制方面的概念,并可以更加直接地容纳有关现象,得出一个很便利的初始模型,用于更进一步的有关分析之中。

经济学建立在"自由市场自行调节"这个原理之上,可以认为,其理论陈述的基点便是自由的市场。由这个原理出发,人们发现,在微观水平上经济当事人所进行的经济活动都是服从市场运动规律的自我调节,对市场没有干预能力;在宏观水平上,因为存在着有能力干预市场的特定社会组织(如政府),因而,市场通常是被干预的。然而,市场被干预的多少,或者说市场的自由程度高低,一般来说是衡量市场经济成熟的标准。市场受到政府的干预越多,自由程度越低,市场经济的成熟程度便越低;反之,受到的干预越少,自由程度越高,成熟程度也就越高。

在自由市场条件下,政府的职能是管理公共事务和社会公共物品,政府不是经济当事人,不直接参与经济活动,但因为负有公共管理的职责,可以调节社会公共事务和物品的数量,给市场提供约束条件,限制或促进市场的运行,而成为市场秩序的制定者和市场环境的维护者。另外,随着市场经济的发展,社会宏观调节机制对社会福利和消费再分配的管理日益加强了。这似乎可以理解为,在资源数量管理的基础上正派生出有关责任来,而这些责任正日益成为现代化宏观管理职能的焦点。

这样,人们似乎可以得出这样的概念,即如果以自由市场作为经济变化的目标,政府的职能由对市场的干预逐渐转向对社会公共事务的管理,再转到对社会福利的调控,从而实现经济改革目标的话,那么,这个过程就可以成为经济转型理论陈述的主线。相应地,可以把处在这个转变过程中的经济体定义为转型经济。由此,在理论上,可以把经济转型陈述为这样的一个过程,即对市场干预逐步减少,同时对资源禀赋的有效管理逐步加强,最后过渡到对社会需求进行更有效的调节和限制。市场的自由程度不断发展,对资源固定数量和社会公共消费的管理不断加强,隐含其中的技术组合的变化,便是经济转型的实质所在。

§7.2 转型经济及其转型过程

§7.2.1 转型过程的描述

一般的经济体如下:

$$GNP(p;v) = \pi(p;v) \tag{7.1}$$

从一般的经济体出发,融入有关的观察陈述,可以得出转型经济的一系列模

型,从而将转型过程描述为:

$$GNP = \pi[p(m_2);v(m_1)] \qquad (7.2)$$

$$\Downarrow$$

$$GNP = \pi[p;v(m_1)] \qquad (7.3)$$

$$\Downarrow$$

$$GNP = \pi[p,v(m_1);g(m_3)] \qquad (7.4)$$

式(7.2) $\Rightarrow$ (7.3) $\Rightarrow$ (7.4)表示转型经济在基本结构上的变化过程。其中,依据有关定义,经济体的宏观干预机制 m_1 可以始终贯彻在固定数量 v 的直接影响之中,因而有 $v(m_1)$,表示 v 是 m_1 的函数,是由 m_1 来决定的。式(7.2)是转型经济的初始描述模型,其特征是,宏观干预机制是二元的,即 m_1 和 m_2 并存。其中,m_2 直接作用于市场,是直接对市场的干预,经济不是处于"自由市场自行调节"的状况。式(7.3)为转型后的一般结果,在这里,宏观机制只直接作用于固定数量投入,不再有对市场的直接干预,市场恢复自由,经济进入"自由市场,自行调节"的情况。式(7.4)表示,在宏观干预机制中出现了明显的结构性变化,即在市场经济的前提下,宏观管理的内容在社会资源控制的机制中,逐步增加了对公共物品和社会平等消费的要求,呈现出宏观干预机制进一步向社会福利方面靠拢的转变。其中,$g(m_3)$ 是社会公共福利函数,m_3 是 $g(m_3)$ 的直接决定因素,m_3 是从 m_1 中衍生出来的,它直接作用于社会消费方面。社会福利是社会消费的数量表示,是经济运行中的新约束条件,或者说,可以视为新的固定数量投入。

从经济学的意义上讲,从式(7.2)开始到式(7.4)的逐步过渡,其内在的推动因素来自效率。同时出现的宏观干预,由于对经济运行结果的效率不同,相互间发生替代,最终导致干预的内容朝向高效和可持续的作用方向发展,低效的干预让渡于高效合理的干预。这样的过程便称得上是经济转型,或真正经济意义上的转型(Economical Transfer)。

不失一般性,在式(7.1)—(7.4)中,定义:

π ——利润;

p ——价格向量,$p = [p_1,p_2,\ldots,p_I]$;$p_i \gg 0$;$i = 1,2,\ldots,I$;

v ——需求数量向量,$v = [v_1,v_2,\ldots,v_J]$;$I \leqslant J$;$v_j \leqslant 0$;$j = 1,2,\ldots,J$;

m_1 ——对一般需求的干预向量,$m_1 = [m_{11},m_{12},\ldots,m_{1K_1}]$;$m_{1k} \geqslant 0$;$k = 1,2,\ldots,K_1$;

m_2 ——对价格的干预向量,$m_2 = [m_{21},m_{22},\ldots,m_{2K_2}]$;$m_{2l} \geqslant 0$;$l = 1,$

$2, \ldots, K_2$;

m_3——对特殊需求数量的干预向量，$m_3 = [m_{31}, m_{32}, \ldots, m_{3K_3}]$; $m_{3q} \geqslant 0$;

$q = 1, 2, \ldots, K_3$; $K_1, K_2, K_3 \leqslant I$ 。

依据 Hotelling 引理和 Shephard 引理，对于式(7.1)，有：

$$x_i(p;v) = \nabla_{p_i} \pi = \frac{\partial \pi}{\partial p_i} \qquad i = 1, 2, \ldots, I$$

和

$$\lambda_j(p;v) = \nabla_{v_j} \pi = \frac{\partial \pi}{\partial v_j} \qquad j = 1, 2, \ldots, J$$

这里，$x_i(p;v)$——供给数量，如果是产出，符号为"+"；如果是投入，符号为"-"；

$\lambda_j(p;v)$——一般需求数量的影子利润率。

容易理解，这里的 $x_i(p;v)$ 和 $\lambda_j(p;v)$ 是不存在干预情况的数值。

对于式(7.2)，有：

$$x_i[p(m_2);v(m_1)] = \nabla_{p_i(m_2)} \pi = \frac{\partial \pi}{\partial p_i} \left(\sum_{l=1}^{K_2} \frac{\partial p_i}{\partial m_{2l}} \right) \qquad i = 1, 2, \ldots, I ;$$

和

$$\lambda_j[p(m_2);v(m_1)] = \nabla_{v_j(m_1)} \pi = \frac{\partial \pi}{\partial v_j} \left(\sum_{k=1}^{K_1} \frac{\partial v_j}{\partial m_{1k}} \right) \qquad j = 1, 2, \ldots, J$$

这里的 $x_i[p(m_2);v(m_1)]$ 和 $\lambda_j[p(m_2);v(m_1)]$ 是因为有了干预 m_2 和 m_1 之后的供给数量和影子利润率。能够看出，有了干预便给"自由"的数值增加了一个系数，这个系数就是干预对干预对象所产生的综合效应，即效应之和。干预失效或被解除，实际上就是这个和等于1或者被默认为等于1了。

依据"自由市场自行调节"的原理，以及给定的转型目标，那么对照着没有干预的情况，可以得出：

$$\lim_{p_i > 0} \sum_{l=1}^{K_2} \frac{\partial p_i}{\partial m_{2l}} = 1$$

和

$$\lim_{v_j \leqslant 0} \sum_{k=1}^{K_1} \frac{\partial v_j}{\partial m_{1k}} = 1$$

即对市场的干预以市场自身的自由运行效率为准；对固定数量的干预以自行存在时的影子利润率为准。由此可以认为，当 $\lim\limits_{p_i > 0} \sum\limits_{l=1}^{K_2} \dfrac{\partial p_i}{\partial m_{2l}} = 1$ 或者 $\lim\limits_{p_i > 0} \sum\limits_{l=1}^{K_2} \dfrac{\partial p_i}{\partial m_{2l}} \rightarrow$

1时,对价格 p_i , $i = 1,2,\ldots,I$,的干预将是无效的或者是接近无效的,也就是已经或者趋近于自行取消了。

同理,当 $\lim\limits_{v_j \leqslant 0} \sum\limits_{k=1}^{K_1} \dfrac{\partial v_j}{\partial m_{1k}} = 1$ 或者 $\lim\limits_{v_j \leqslant 0} \sum\limits_{k=1}^{K_1} \dfrac{\partial v_j}{\partial m_{1k}} \to 1$ 时,对固定数量 v_j , $j = 1$, $2,\ldots,J$,的干预将是无效的或者是接近无效的,也已经或者趋近于自行取消了。

据此,人们可以做这样的推断,即在自由市场自行调节这个基本规律指引下,市场经济的运行本身会在效率上进行调节,调节的结果,可能首先使某个局部市场或某个价格令干预失灵,从而摆脱了干预,然后这种摆脱将会进一步扩大,最终使整个市场摆脱了原有的干预。依据自由市场自行调节的规律,在一般情况下和在一般趋势上,市场本身调节出来的效率是最高的,也就是最经济的,也是唯一可持续的。

固定数量的变化是市场失灵的,对固定数量的干预不直接受市场变化的支配,但是,因为固定数量和价格体系被同一到了利润上,于是根据对偶原理,市场运行结果便标定了这些固定数量的影子利润率。在没有干预的情况下,这些固定数量的影子利润率为 $\lambda_j(p;v) = \nabla_{v_j}\pi = \dfrac{\partial \pi}{\partial v_j}$, $j = 1,2,\ldots,J$,这个影子利润率是经济的实际市场利润达到最大时,固定数量所具有的最佳内部报酬率。对于具体的干预来说,如果其综合作用不能有效地引起某种固定数量的数值变化,即干预向量中各个分量的影响效率之和等于1或者逼近1,那么,意味着这些干预对于这种固定数量来说,已经失灵或接近失灵,已经或者应该被取消了。

于是,根据这样的分析结果,似乎可以得出转型经济的定义,即过去存在的对市场的干预,会随着市场运行效率的自行提高,使部分干预开始失灵,并逐步扩大,最终导致干预整体无效而退出。然而,根据宏观管理的定义,对于固定数量的干预,不会是完全退出的,应该是不断调整、不断补充的。

在市场方面,干预不断退出;在固定数量方面,干预不断调整或补充,或许这就是经济转型的确切表现。一方面向退出发展,另一方面向调整或补充发展,二者之间必定存在着此长彼消或彼长此消的交互状况,其内在的决定因素便是存在于二者之间的替代效应。

由式(7.1)可以得出它的 Hessian 矩阵为:

$$H = \begin{bmatrix} \pi_{pp} & \pi_{pv} \\ \pi_{pv} & \pi_{vv} \end{bmatrix} = \begin{bmatrix} \nabla_{pp}^2 \pi & \nabla_{vp}^2 \pi \\ \nabla_{pv}^2 \pi & \nabla_{vv}^2 \pi \end{bmatrix}$$

其中,

$$\nabla_{pp}{}^2\pi = \frac{\partial\left(\dfrac{\partial\pi}{\partial p_i}\right)}{\partial p_h} = \frac{\partial^2\pi}{\partial p_i\partial p_h}$$

$$h \in i, h \neq i, i = 1,2,\ldots,I; h = 1,2,\ldots,I \tag{7.5}$$

$$\nabla_{pv}{}^2\pi = \frac{\partial\left(\dfrac{\partial\pi}{\partial p_i}\right)}{\partial v_q} = \frac{\partial^2\pi}{\partial p_i\partial v_q} \quad i = 1,2,\ldots,I\ ; j = 1,2,\ldots,J \tag{7.6}$$

$$\nabla_{vv}{}^2\pi = \frac{\partial\left(\dfrac{\partial\pi}{\partial v_j}\right)}{\partial v_q} = \frac{\partial^2\pi}{\partial v_j\partial v_q} \quad q \in j\ , j \neq q\ ; q,j = 1,2,\ldots,J \tag{7.7}$$

由式(7.2)可以得出其 Hessian 矩阵为:

$$H(m_2,m_1) = \begin{bmatrix} \pi_{p(m_2)p(m_2)} & \pi_{p(m_2)v(m_1)} \\ \pi_{p(m_2)v(m_1)} & \pi_{v(m_1)v(m_1)} \end{bmatrix} = \begin{bmatrix} \nabla_{p(m_2)p(m_2)}{}^2\pi & \nabla_{p(m_2)v(m_1)}{}^2\pi \\ \nabla_{p(m_2)v(m_1)}{}^2\pi & \nabla_{v(m_1)v(m_1)}{}^2\pi \end{bmatrix}$$

其中,

$$\nabla_{p(m_2)p(m_2)}{}^2\pi = \frac{\partial\left[\dfrac{\partial\pi}{\partial p_i}\left(\displaystyle\sum_{l=1}^{K_2}\dfrac{\partial p_i}{\partial m_{2l}}\right)\right]}{\partial p_h}\left(\sum_{l=1}^{K_2}\frac{\partial p_h}{\partial m_{2l}}\right)$$

$$= \left[\frac{\partial^2\pi}{\partial p_i\partial p_h}\left(\sum_{l=1}^{K_2}\frac{\partial p_i}{\partial m_{2l}}\right) + \frac{\partial\pi}{\partial p_i}\left(\sum_{l=1}^{K_2}\frac{\partial^2 p_i}{\partial m_{2l}\partial p_h}\right)\right]\left(\sum_{l=1}^{K_2}\frac{\partial p_h}{\partial m_{2l}}\right)$$

$$h \in i, h \neq i, i = 1,2,\ldots,I; h = 1,2,\ldots,I \tag{7.8}$$

$$\nabla_{p(m_2)v(m_1)}{}^2\pi = \frac{\partial\left[\dfrac{\partial\pi}{\partial p_i}\left(\displaystyle\sum_{l=1}^{K_2}\dfrac{\partial p_i}{\partial m_{2l}}\right)\right]}{\partial v_q}\left(\sum_{k=1}^{K_1}\frac{\partial v_j}{\partial m_{1k}}\right)$$

$$= \left[\frac{\partial^2\pi}{\partial p_i\partial v_q}\left(\sum_{l=1}^{K_2}\frac{\partial p_i}{\partial m_{2l}}\right) + \frac{\partial\pi}{\partial p_i}\left(\sum_{l=1}^{K_2}\frac{\partial^2 p_i}{\partial m_{2l}\partial v_q}\right)\right]\left(\sum_{k=1}^{K_1}\frac{\partial v_q}{\partial m_{1k}}\right)$$

$$i = 1,2,\ldots,I\ ; j = 1,2,\ldots,J \tag{7.9}$$

$$\nabla_{v(m_1)v(m_1)}{}^2\pi = \frac{\partial\left[\dfrac{\partial\pi}{\partial v_j}\left(\displaystyle\sum_{k=1}^{K_1}\dfrac{\partial v_j}{\partial m_{1k}}\right)\right]}{\partial v_q}\left(\sum_{k=1}^{K_1}\frac{\partial v_q}{\partial m_{1k}}\right)$$

$$= \left[\frac{\partial^2\pi}{\partial v_j\partial v_q}\left(\sum_{j=1}^{K_1}\frac{\partial v_j}{\partial m_{1k}}\right) + \frac{\partial\pi}{\partial v_j}\left(\sum_{k=1}^{K_1}\frac{\partial^2 v_j}{\partial m_{1k}\partial v_q}\right)\right]\left(\sum_{k=1}^{K_1}\frac{\partial v_q}{\partial m_{1k}}\right)$$

$$q \in j\ , j \neq q\ ; q,j = 1,2,\ldots,J \tag{7.10}$$

由式(7.3)可以得出其 Hessian 矩阵为：

$$H(m_1) = \begin{bmatrix} \pi_{pp} & \pi_{v(m_1)p} \\ \pi_{pv(m_1)} & \pi_{v(m_1)v(m_1)} \end{bmatrix} = \begin{bmatrix} \nabla_{pp}^2\pi & \nabla_{v(m_1)p}^2\pi \\ \nabla_{pv(m_1)}^2\pi & \nabla_{v(m_1)v(m_1)}^2\pi \end{bmatrix}$$

其中，

$$\nabla_{pp}^2\pi = \frac{\partial\left(\frac{\partial\pi}{\partial p_i}\right)}{\partial p_h} = \frac{\partial^2\pi}{\partial p_i\partial p_h}$$

$$h \in i, h \neq i, i = 1,2,\dots,I; h = 1,2,\dots,I \tag{7.11}$$

$$\nabla_{pv(m_1)}^2\pi = \frac{\partial\left(\frac{\partial\pi}{\partial p_i}\right)}{\partial v_q}\left(\sum_{k=1}^{K_1}\frac{\partial v_q}{\partial m_{1k}}\right) = \frac{\partial^2\pi}{\partial p_i\partial v_q}\left(\sum_{k=1}^{K_1}\frac{\partial v_q}{\partial m_{1k}}\right)$$

$$i = 1,2,\dots,I; j = 1,2,\dots,J \tag{7.12}$$

$$\nabla_{v(m_1)v(m_1)}^2\pi = \frac{\partial\left[\frac{\partial\pi}{\partial v_j}\left(\sum_{k=1}^{K_1}\frac{\partial v_j}{\partial m_{1k}}\right)\right]}{\partial v_q}\left(\sum_{k=1}^{K_1}\frac{\partial v_q}{\partial m_{1k}}\right)$$

$$= \left[\frac{\partial^2\pi}{\partial v_j\partial v_q}\left(\sum_{j=1}^{K_1}\frac{\partial v_j}{\partial m_{1k}}\right) + \frac{\partial\pi}{\partial v_j}\left(\sum_{k=1}^{K_1}\frac{\partial^2 v_j}{\partial m_{1k}\partial v_q}\right)\right]\left(\sum_{k=1}^{K_1}\frac{\partial v_q}{\partial m_{1k}}\right)$$

$$q \in j, j \neq q; q,j = 1,2,\dots,J \tag{7.13}$$

将式(7.8)与式(7.5)加以对照，可以看出，在式(7.8)中，当 $\left(\sum\limits_{l=1}^{K_2}\frac{\partial p_i}{\partial m_{2l}}\right) =$

$\left(\sum\limits_{l=1}^{K_2}\frac{\partial p_h}{\partial m_{2l}}\right) = 1$ 和 $\left(\sum\limits_{l=1}^{K_2}\frac{\partial^2 p_i}{\partial m_{2l}\partial p_h}\right) = 0$ 时，式(7.8)便与式(7.5)完全相等了。

这意味着，在市场方面的干预，在各部门之间的替代上完全失去了效率，或者说被市场本身的效率完全替代了。如上文所述，这些干预的综合效应是以 1 为极限的，因此可以看出，当这些干预在各部门之间的替代上没有失去效率时，必然形成对市场调节的抵抗，致使各部门之间的效率出现偏倾性替代，也就是说，价格扭曲导致技术效率也被扭曲了。例如，对于产出而言，如果 $\left(\sum\limits_{l=1}^{K_2}\frac{\partial p_i}{\partial m_{2l}}\right) \neq 1$，

$\left(\sum\limits_{l=1}^{K_2}\frac{\partial p_h}{\partial m_{2l}}\right) \neq 1$ 和 $\left(\sum\limits_{l=1}^{K_2}\frac{\partial^2 p_i}{\partial m_{2l}\partial p_h}\right) \neq 0$，并有 $\left(\sum\limits_{l=1}^{K_2}\frac{\partial p_i}{\partial m_{2l}}\right) > \left(\sum\limits_{l=1}^{K_2}\frac{\partial p_h}{\partial m_{2l}}\right)$，因为干预的综合效应有利于第 i 个部门产品的价格增长，而不利于第 h 个部门，那么，在技术替代上必然也出现扭曲，从而有利于第 i 个部门的发展，而不利于第 h 个部门的发

展;而对于投入,情况则正好相反,即如果有 $\left(\sum\limits_{l=1}^{K_2} \dfrac{\partial p_i}{\partial m_{2l}} \right) > \left(\sum\limits_{l=1}^{K_2} \dfrac{\partial p_h}{\partial m_{2l}} \right)$,则干预的综合效应有利于第 h 个部门,而不利于第 i 个部门。由此可以认为,有效的市场干预,其综合效应就是扭曲了市场,其结果是降低了市场对技术的调节效率。

类似地,可以分析出在固定数量方面以及在价格与固定数量之间,有关干预所产生的效应。基本结论也完全是类似的。特别是,在式(7.9)中如果有 $\left(\sum\limits_{l=1}^{K_2} \dfrac{\partial p_i}{\partial m_{2l}} \right) = 1$ 或者 $\left(\sum\limits_{l=1}^{K_2} \dfrac{\partial p_i}{\partial m_{2l}} \right) \to 1$,而 $\left(\sum\limits_{k=1}^{K_1} \dfrac{\partial v_j}{\partial m_{1k}} \right) \neq 1$,那么意味着,对于价格 p_i 的干预 m_2 必定已经或者即将被对于固定数量 v_j 的干预 m_1 所替代,$j = 1,2,\ldots,J$。也就是说,如果有这样的情况出现,对价格 p_i,$i = 1,2,\ldots,I$,的干预 m_2 必定已经或者即将过渡给对于固定数量 v_j 的干预 m_1,$j = 1,2,\ldots,J$。或许,在经济转型过程中,这是很值得注意的情况。由此可以认为,式(7.9)中的有关项可以成为经济转型程度的重要测度。

§7.2.2 转型后的发展

式(7.4)实际上表示的是经济转型后的发展。如前所述,这种发展的结果意味着,对经济的宏观调节和控制的机制,会在原先对固定数量调节和控制的基础上,逐渐衍生出福利和消费上的约束条件,然后便逐步转向对这些条件的有效作用方面。

设存在一个关于宏观调整的再分配模型:

$$\vec{D}^g[g,\mu,v(m_1);z] = \max\{\beta \,|\, U[g-\beta z,v(m_1)] \geq \mu\} \tag{7.14}$$

式中,g——消费规划数量向量,$g = [g_1,g_2,\ldots,g_n]$,$N \leq I$;

μ——社会福利指数向量,$\mu = [\mu_1,\mu_2,\ldots,\mu_M]$,$M \leq N$;

z——可行目标向量,为一个有方向的向量,$z = [z_1,z_2,\ldots,z_N]$,$N \leq I$,$z_i \geq 0$;

$U(.)$——效用函数:

β——一个标量,$\beta = \begin{cases} 致使 \ g - \beta z \in Y(v) \\ 否则,致使 \ g - \beta z = -\infty \end{cases}$。

于是,式(7.14)是一个以目标向量 z 为单位的有方向的距离函数,其解为消费规划数量向量 g。g 测度出在 z 方向上为保证达到福利水平 μ,所需要由宏观干预来保证的消费数量的多少。容易理解,式(7.14)是市场完全失灵的产物,应该属于固定数量所衍生的内容,在经济运行中,应该属于社会福利调控机制所起作用的方面。显然，g 是经济外的规划结果，在将其付诸市场来实施时，似乎还有必要附加上有关的干预，以便保证它能够有效地独立运行。于是，便有了式(7.4)中的 $g(m_3)$。

在式(7.4)的 Hessian 矩阵中有：

$$\nabla_{pg(m_3)}{}^2\pi = \frac{\partial\left(\frac{\partial\pi}{\partial p_i}\right)}{\partial g_j}\left(\sum_{q=1}^{K_3}\frac{\partial g_j}{\partial m_{3q}}\right) = \frac{\partial^2\pi}{\partial p_i\partial g_j}\left(\sum_{q=1}^{K_3}\frac{\partial g_j}{\partial m_{3q}}\right)$$

$$i = 1,2,\ldots,I\ ;\ j = 1,2,\ldots,N \tag{7.15}$$

$$\nabla_{g(m_3)v(m_1)}{}^2\pi = \frac{\partial\left[\frac{\partial\pi}{\partial g_j}\left(\sum_{q=1}^{K_3}\frac{\partial g_j}{\partial m_{3q}}\right)\right]}{\partial v_p}\left(\sum_{k=1}^{K_1}\frac{\partial v_p}{\partial m_{1k}}\right)$$

$$= \left[\frac{\partial^2\pi}{\partial g_j\partial v_p}\left(\sum_{q=1}^{K_3}\frac{\partial g_j}{\partial m_{3q}}\right) + \frac{\partial\pi}{\partial g_j}\left(\sum_{p=1}^{K_3}\frac{\partial^2 g_j}{\partial m_{3p}\partial v_p}\right)\right]\left(\sum_{k=1}^{K_1}\frac{\partial v_p}{\partial m_{1k}}\right)$$

$$j = 1,2,\ldots,N\ ;\ p = 1,2,\ldots,J \tag{7.16}$$

根据前面的有关分析结果能够看出，为保持 g 在经济运行中的独立性，即它的数量和功能不能轻易地被市场价格 p_i，$i = 1,2,\ldots,I$，和固定数量 v_p，$p = 1,2,\ldots,J$，所替代，必须有：

$$\left(\sum_{q=1}^{K_3}\frac{\partial g_j}{\partial m_{3q}}\right) \neq 1\ \text{和}\ \left(\sum_{q=1}^{K_3}\frac{\partial g_j}{\partial m_{3q}}\right) \geqslant \left(\sum_{k=1}^{K_1}\frac{\partial v_p}{\partial m_{1k}}\right)$$

$$j = 1,2,\ldots,N\ ;\ p = 1,2,\ldots,J \tag{7.17}$$

或许，在经济转型完成之后，式(7.17)正是测度"宏观调控机制是否有效"的重要指标之一。如果说经济转型后，宏观调控机制必须有所升级，那么似乎可以认为，要使式(7.17)成立，便是这种升级的集中体现。

§7.3　技术进步与经济转型

§7.3.1　科技进步与经济转型的关系

依据 Harrigan 推论，在式(7.2)—(7.4)所给出的经济转型描述中，引入科技进步系数，可以得出相应的一系列有关模型，从而将科技进步与经济转型联系起来，即：

$$GNP = \pi[ap(m_2); v(m_1)] \tag{7.18}$$

$$\Downarrow$$

$$GNP = \pi[ap; v(m_1)] \tag{7.19}$$

$$\Downarrow$$

$$GNP = \pi[ap, v(m_1); g(m_3)] \tag{7.20}$$

式$(7.18) \Rightarrow (7.19) \Rightarrow (7.20)$ 表示转型经济在显示科技进步的结构上的变化过程。

式中，

π ——利润；

a ——技术系数，$a = diag(.) = \begin{bmatrix} a_{11} & 0 & 0 \\ 0 & a_{22} & 0 \\ 0 & 0 & 0 \\ 0 & 0 & a_{II} \end{bmatrix}$，即为对角矩阵。依据技术

进步的定义，有 $a_{ii} \geqslant 1$，$i = 1, 2, \ldots, I$，常量；

p ——价格向量，$p = [p_1, p_2, \ldots, p_I]$；$p_i \gg 0$；$i = 1, 2, \ldots, I$；

v ——一般需求数量向量，$v = [v_1, v_2, \ldots, v_J]$；$I \leqslant J$；$v_j \leqslant 0$；$j = 1, 2, \ldots, J$；

g ——特殊消费需求数量向量，$g = [g_1, g_2, \ldots, g_F]$；$g_f \leqslant 0$；$f = 1, 2, \ldots, G$；

m_1 ——对一般需求数量的干预向量，$m_1 = [m_{11}, m_{12}, \ldots, m_{1K_1}]$；$m_{1k} \geqslant 0$；$k = 1, 2, \ldots, K_1$；

m_2 ——对价格的干预向量，$m_2 = [m_{21}, m_{22}, \ldots, m_{2K_2}]$；$m_{2l} \geqslant 0$；$l = 1, 2, \ldots, K_2$；

m_3 ——对特殊消费需求数量的干预向量，$m_3 = [m_{31}, m_{32}, \ldots, m_{3K_3}]$；$m_{3q} \geqslant 0$；$q = 1, 2, \ldots, K_3$；$K_1, K_2$ 和 $K_3 \leqslant I$。

对于式(7.18)，有 Jacobi 向量：

$$\left[\frac{\partial \pi}{\partial p_i} \left(\sum_{l=1}^{K_2} \frac{\partial p_i}{\partial m_{2l}} \right) a_{ii}, \frac{\partial \pi}{\partial v_j} \left(\sum_{k=1}^{K_1} \frac{\partial v_j}{\partial m_{1k}} \right) \right]$$

$$i = 1, 2, \ldots, I；j = 1, 2, \ldots, J \tag{7.21}$$

对于式(7.19)，有 Jacobi 向量：

$$\left[\frac{\partial \pi}{\partial p_i}a_{ii}, \frac{\partial \pi}{\partial v_j}\left(\sum_{k=1}^{K_1}\frac{\partial v_j}{\partial m_{1k}}\right)\right]$$

$$i = 1,2,\ldots,I \; ; j = 1,2,\ldots,J \qquad\qquad (7.22)$$

对于式(7.20),有 Jacobi 向量:

$$\left[\frac{\partial \pi}{\partial p_i}a_{ii}, \frac{\partial \pi}{\partial v_j}\left(\sum_{k=1}^{K_1}\frac{\partial v_j}{\partial m_{1k}}\right), \frac{\partial \pi}{\partial g_f}\left(\sum_{q=1}^{K_3}\frac{\partial g_f}{\partial m_{3q}}\right)\right]$$

$$i = 1,2,\ldots,I \; ; j = 1,2,\ldots,J \; ; f = 1,2,\ldots,F \qquad (7.23)$$

由式(7.21)可以得出其 Hessian 矩阵为:

$$H(a,m_2,m_1) = \begin{bmatrix} \boldsymbol{\pi}_{ap(m_2)ap(m_2)} & \boldsymbol{\pi}_{v(m_1)ap(m_2)} \\ \boldsymbol{\pi}_{ap(m_2)v(m_1)} & \boldsymbol{\pi}_{v(m_1)v(m_1)} \end{bmatrix} = \begin{bmatrix} \nabla_{ap(m_2)ap(m_2)}{}^2\boldsymbol{\pi} & \nabla_{v(m_1)ap(m_2)}{}^2\boldsymbol{\pi} \\ \nabla_{ap(m_2)v(m_1)}{}^2\boldsymbol{\pi} & \nabla_{v(m_1)v(m_1)}{}^2\boldsymbol{\pi} \end{bmatrix}$$

其中,

$$\begin{aligned}
\nabla_{ap(m_2)ap(m_2)}{}^2\boldsymbol{\pi} &= \frac{\partial\left[\frac{\partial \pi}{\partial p_i}\left(\sum_{l=1}^{K_2}\frac{\partial p_i}{\partial m_{2l}}\right)a_{ii}\right]}{\partial(a_{hh}\ p_h)} \\
&= \left[\frac{\partial^2 \pi}{\partial p_i \partial p_h}\left(\sum_{l=1}^{K_2}\frac{\partial p_i}{\partial m_{2l}}\right) + \frac{\partial \pi}{\partial p_i}\left(\sum_{l=1}^{K_2}\frac{\partial^2 p_i}{\partial m_{2l}\partial p_h}\right)\right]a_{ii}a_{hh} \\
&\qquad h \in i \; ; i \neq h \; ; i,h = 1,2,\ldots,I \qquad (7.24)
\end{aligned}$$

$$\begin{aligned}
\nabla_{ap(m_2)v(m_1)}{}^2\boldsymbol{\pi} &= \frac{\partial\left[\frac{\partial \pi}{\partial p_i}\left(\sum_{l=1}^{K_2}\frac{\partial p_i}{\partial m_{2l}}\right)a_{ii}\right]}{\partial v_j}\left(\sum_{k=1}^{K_1}\frac{\partial v_j}{\partial m_{1k}}\right) \\
&= \left[\frac{\partial^2 \pi}{\partial p_i \partial v_j}\left(\sum_{l=1}^{K_2}\frac{\partial p_i}{\partial m_{2l}}\right) + \frac{\partial \pi}{\partial p_i}\left(\sum_{l=1}^{K_2}\frac{\partial^2 p_i}{\partial m_{2l}\partial v_j}\right)\right]\left(\sum_{k=1}^{K_1}\frac{\partial v_j}{\partial m_{1k}}\right)a_{ii} \\
&\qquad i = 1,2,\ldots,I \; ; j = 1,2,\ldots,J \qquad (7.25)
\end{aligned}$$

$$\begin{aligned}
\nabla_{v(m_1)v(m_1)}{}^2\boldsymbol{\pi} &= \frac{\partial\left[\frac{\partial \pi}{\partial v_j}\left(\sum_{k=1}^{K_1}\frac{\partial v_j}{\partial m_{1k}}\right)\right]}{\partial v_q}\left(\sum_{k=1}^{K_1}\frac{\partial v_q}{\partial m_{1k}}\right) \\
&= \left[\frac{\partial^2 \pi}{\partial v_j \partial v_q}\left(\sum_{j=1}^{K_1}\frac{\partial v_j}{\partial m_{1k}}\right) + \frac{\partial \pi}{\partial v_j}\left(\sum_{k=1}^{K_1}\frac{\partial^2 v_j}{\partial m_{1k}\partial v_q}\right)\right]\left(\sum_{k=1}^{K_1}\frac{\partial v_q}{\partial m_{1k}}\right) \\
&\qquad q \in j \; ; q \neq j \; ; q,j = 1,2,\ldots,J \qquad (7.26)
\end{aligned}$$

由式(7.22)可以得出其 Hessian 矩阵为:

$$H(a,m_1) = \begin{bmatrix} \boldsymbol{\pi}_{apap} & \boldsymbol{\pi}_{v(m_1)ap} \\ \boldsymbol{\pi}_{apv(m_1)} & \boldsymbol{\pi}_{v(m_1)v(m_1)} \end{bmatrix} = \begin{bmatrix} \nabla_{apap}{}^2\boldsymbol{\pi} & \nabla_{v(m_1)ap}{}^2\boldsymbol{\pi} \\ \nabla_{apv(m_1)}{}^2\boldsymbol{\pi} & \nabla_{v(m_1)v(m_1)}{}^2\boldsymbol{\pi} \end{bmatrix}$$

其中，

$$\nabla_{apap}{}^2\pi = \frac{\partial\left(\frac{\partial\pi}{\partial p_i}a_{ii}\right)}{\partial(a_{hh}\ p_h)} = \frac{\partial^2\pi}{\partial p_i\partial p_h}a_{ii}a_{hh}$$

$$h \in i\ ;\ i \neq h\ ;\ i,h = 1,2,\ldots,I \tag{7.27}$$

$$\nabla_{apv(m_1)}{}^2\pi = \frac{\partial\left(\frac{\partial\pi}{\partial p_i}a_{ii}\right)}{\partial v_j}\left(\sum_{k=1}^{K_1}\frac{\partial v_j}{\partial m_{1k}}\right) = \frac{\partial^2\pi}{\partial p_i\partial v_j}\left(\sum_{k=1}^{K_1}\frac{\partial v_j}{\partial m_{1k}}\right)a_{ii}$$

$$i = 1,2,\ldots,I\ ;\ j = 1,2,\ldots,J \tag{7.28}$$

$$\nabla_{v(m_1)v(m_1)}{}^2\pi = \frac{\partial\left[\frac{\partial\pi}{\partial v_j}\left(\sum_{k=1}^{K_1}\frac{\partial v_j}{\partial m_{1k}}\right)\right]}{\partial v_q}\left(\sum_{k=1}^{K_1}\frac{\partial v_q}{\partial m_{1k}}\right)$$

$$= \left[\frac{\partial^2\pi}{\partial v_j\partial v_q}\left(\sum_{k=1}^{K_1}\frac{\partial v_j}{\partial m_{1k}}\right) + \left(\sum_{k=1}^{K_1}\frac{\partial^2 v_j}{\partial m_{1k}\partial v_q}\right)\frac{\partial\pi}{\partial v_j}\right]\left(\sum_{k=1}^{K_1}\frac{\partial v_q}{\partial m_{1k}}\right)$$

$$q \in j\ ;\ q \neq j\ ;\ q,j = 1,2,\ldots,J \tag{7.29}$$

由式(7.23)可以得出其 Hessian 矩阵为：

$$H(a,m_1,m_3) = \begin{bmatrix} \pi_{apap} & & \pi_{v(m_1)ap} & \pi_{g(m_3)ap} & \pi_{v(m_1)g(m_3)} \\ \pi_{apv(m_1)} & \pi_{apg(m_3)} & \pi_{v(m_1)g(m_3)} & \pi_{v(m_1)v(m_1)} & \pi_{g(m_3)g(m_3)} \end{bmatrix}$$

$$= \begin{bmatrix} \nabla_{apap}{}^2\pi & & \nabla_{v(m_1)ap}{}^2\pi & \nabla_{g(m_3)ap}{}^2\pi & \nabla_{v(m_1)g(m_3)}{}^2\pi \\ \nabla_{apv(m_1)}{}^2\pi & \nabla_{apg(m_3)}{}^2\pi & \nabla_{v(m_1)g(m_3)}{}^2\pi & \nabla_{v(m_1)v(m_1)}{}^2\pi & \nabla_{g(m_3)g(m_3)}{}^2\pi \end{bmatrix}$$

其中，

$$\nabla_{apap}{}^2\pi = \frac{\partial\left(\frac{\partial\pi}{\partial p_i}a_{ii}\right)}{\partial(a_{hh}\ p_h)} = \frac{\partial^2\pi}{\partial p_i\partial p_h}a_{ii}a_{hh}$$

$$h \in i\ ;\ i \neq h\ ;\ i,h = 1,2,\ldots,I \tag{7.30}$$

$$\nabla_{apv(m_1)}{}^2\pi = \frac{\partial\left(\frac{\partial\pi}{\partial p_i}a_{ii}\right)}{\partial v_j}\left(\sum_{k=1}^{K_1}\frac{\partial v_j}{\partial m_{1k}}\right) = \frac{\partial^2\pi}{\partial p_i\partial v_j}\left(\sum_{k=1}^{K_1}\frac{\partial v_j}{\partial m_{1k}}\right)a_{ii}$$

$$i = 1,2,\ldots,I\ ;\ j = 1,2,\ldots,J \tag{7.31}$$

$$\nabla_{apg(m_3)}{}^2\pi = \frac{\partial\left(\frac{\partial\pi}{\partial p_i}a_{ii}\right)}{\partial g_f}\left(\sum_{q=1}^{K_3}\frac{\partial g_f}{\partial m_{3q}}\right) = \frac{\partial^2\pi}{\partial p_i\partial g_f}\left(\sum_{q=1}^{K_3}\frac{\partial g_f}{\partial m_{3q}}\right)a_{ii}$$

$$i = 1,2,\ldots,I\ ;\ j = 1,2,\ldots,J\ ;\ f = 1,2,\ldots,F \tag{7.32}$$

$$\nabla_{v(m_1)g(m_3)}^2\pi = \frac{\partial\Big[\frac{\partial\pi}{\partial v_j}\Big(\sum_{k=1}^{K_1}\frac{\partial v_j}{\partial m_{1k}}\Big)\Big]}{\partial g_f}\Big(\sum_{q=1}^{K_3}\frac{\partial g_f}{\partial m_{3q}}\Big)$$

$$= \Big[\frac{\partial^2\pi}{\partial v_j\partial g_f}\Big(\sum_{k=1}^{K_1}\frac{\partial v_j}{\partial m_{1k}}\Big) + \Big(\sum_{k=1}^{K_1}\frac{\partial^2 v_j}{\partial m_{1k}\partial g_f}\Big)\frac{\partial\pi}{\partial v_j}\Big]\Big(\sum_{q=1}^{K_3}\frac{\partial g_f}{\partial m_{3q}}\Big)$$

$$j = 1,2,\ldots,J\ ;\ f = 1,2,\ldots,F \tag{7.33}$$

$$\nabla_{v(m_1)v(m_1)}^2\pi = \frac{\partial\Big[\frac{\partial\pi}{\partial v_j}\Big(\sum_{k=1}^{K_1}\frac{\partial v_j}{\partial m_{1k}}\Big)\Big]}{\partial v_q}\Big(\sum_{k=1}^{K_1}\frac{\partial v_q}{\partial m_{1k}}\Big)$$

$$= \Big[\frac{\partial^2\pi}{\partial v_j\partial v_q}\Big(\sum_{k=1}^{K_1}\frac{\partial v_j}{\partial m_{1k}}\Big) + \Big(\sum_{k=1}^{K_1}\frac{\partial^2 v_j}{\partial m_{1k}\partial v_q}\Big)\frac{\partial\pi}{\partial v_j}\Big]\Big(\sum_{k=1}^{K_1}\frac{\partial v_q}{\partial m_{1k}}\Big)$$

$$q \in j\ ;\ q \neq j\ ;\ q,j = 1,2,\ldots,J \tag{7.34}$$

$$\nabla_{g(m_3)g(m_3)}^2\pi = \frac{\partial\Big[\frac{\partial\pi}{\partial g_f}\Big(\sum_{q=1}^{K_3}\frac{\partial g_f}{\partial m_{3q}}\Big)\Big]}{\partial g_d}\Big(\sum_{q=1}^{K_3}\frac{\partial g_d}{\partial m_{3q}}\Big)$$

$$= \Big[\frac{\partial^2\pi}{\partial g_f\partial g_d}\Big(\sum_{q=1}^{K_3}\frac{\partial g_f}{\partial m_{3q}}\Big) + \Big(\sum_{q=1}^{K_3}\frac{\partial^2 g_f}{\partial m_{3q}\partial g_d}\Big)\frac{\partial\pi}{\partial g_f}\Big]\Big(\sum_{q=1}^{K_3}\frac{\partial g_d}{\partial m_{3q}}\Big)$$

$$j = 1,2,\ldots,J\ ;\ q = 1,2,\ldots,K_3\ ;\ d \in f\ ;\ d \neq f\ ;\ d,f = 1,2,\ldots,F \tag{7.35}$$

§7.3.2　科技进步对转型的作用

转型经济的初始结构见式(7.18)。并以其中宏观干预的转移和替代的变化趋势,给出了经济转型的过程,见式(7.18)—(7.20)。

由式(7.18)—(7.20)分别得出的各个 Jacobi 向量,实际上是从经济因子自身的角度解释了各个因子在各自位置上的作用。从中可以看出各个因子的影响趋势。式(7.21)—(7.23)便分别是从因子自身位置来解释自己作用的 Jacobi 向量。其中,依据 Hotelling 定理,各个价格一阶导数所在项便是供给数量,能够看到,在这些项里科技进步一直以系数存在,说明它一直影响着供给。而且,因为它的值是大于等于 1 的,因而,如同前面已经提到的,科技进步是一直扩大供给的。而对于经济转型来说,因为在描述转型经济初始结构的 Jacobi 向量式(7.21)

$$\Big[\frac{\partial\pi}{\partial p_i}\Big(\sum_{l=1}^{K_2}\frac{\partial p_i}{\partial m_{2l}}\Big)a_{ii},\frac{\partial\pi}{\partial v_j}\Big(\sum_{k=1}^{K_1}\frac{\partial v_j}{\partial m_{1k}}\Big)\Big]$$

里有

$$\frac{\partial \pi}{\partial p_i}\Big(\sum_{l=1}^{K_2} \frac{\partial p_i}{\partial m_{2l}} \Big)a_{ii} = \frac{\partial \pi}{\partial p_i}\Big[\Big(\sum_{l=1}^{K_2} \frac{\partial p_i}{\partial m_{2l}} \Big)a_{ii} \Big]$$

也就是可以把科技进步系数直接写为对市场干预向量综合作用的系数,这意味着,可以把科技进步的作用放到对市场干预的作用上来考察。由此可以看到,因为转型的目的就是要使对市场干预的综合作用等于 1。在这里,就是要使

$$\Big(\sum_{l=1}^{K_2} \frac{\partial p_i}{\partial m_{2l}} \Big)a_{ii} = 1$$

而这里依据科技进步的定义,已经有 $a_{ii} \geqslant 1$, $i = 1,2,\ldots,I$ 。那么,可以看出,科技水平较高的部门,即 $a_{ii} \geqslant 1$ 且值较大,必定对自身部门的转型作用更显著,因为如果这里有 $\sum_{l=1}^{K_2} \frac{\partial p_i}{\partial m_{2l}} < 1$,即中央计划导致市场效率低下(这应该是这种经济的普遍现象,也是转型的基本原因),科技进步的值越大,导致其所在部门的转型越快。或许,由此可以看出,科技进步越强烈,对市场自由的要求越强烈。自然由此也可以看出,市场的非自由发展,必然阻碍和妨碍科技的进步。

在 Jacobi 向量的基础上,得出各自的 Hessian 矩阵,是为了将分析的焦点引申至因子之间相互作用的水平上,以便揭示这种结构变化所隐含的运动规律。这便是式(7.24)—(7.35)的内容。其中,式(7.24)(7.27)和(7.30)所解释的是市场价格之间的相互影响;式(7.25)(7.28)(7.31)和(7.32)所解释的是市场价格与不同类型需求之间的影响;式(7.26)(7.29)(7.33)(7.34)和(7.35)所表示的是不同类型需求的内部,每两个因子之间的影响。

从式(7.24)(7.27)和(7.30)的结构里可以看到,每两个部门的科技进步将以乘积的形式影响市场,也就是都存在着这个系数 $a_{ii}a_{hh}$ 。这意味着,经济里的市场因子——价格,不仅受自身部门科技进步的直接影响,还会受到整个市场上其他部门科技进步的直接影响。因此从式(7.24)里容易看出,如果经济整体的科技水平较高,那么,各个部门的转型会更容易实现。因为在式(7.24)里有:

$$\Big[\frac{\partial^2 \pi}{\partial p_i \partial p_h}\Big(\sum_{l=1}^{K_2} \frac{\partial p_i}{\partial m_{2l}} \Big) + \frac{\partial \pi}{\partial p_i}\Big(\sum_{l=1}^{K_2} \frac{\partial^2 p_i}{\partial m_{2l} \partial p_h} \Big) \Big]a_{ii}a_{hh}$$

经变换,得到

$$\Big[\frac{\partial^2 \pi}{\partial p_i \partial p_h}\Big(\sum_{l=1}^{K_2} \frac{\partial p_i}{\partial m_{2l}}\Big) + \frac{\partial \pi}{\partial p_i}\Big(\sum_{l=1}^{K_2} \frac{\partial^2 p_i}{\partial m_{2l} \partial p_h}\Big) \Big] a_{ii} a_{hh}$$

$$= \frac{\partial^2 \pi}{\partial p_i \partial p_h}\Big[\Big(\sum_{l=1}^{K_2} \frac{\partial p_i}{\partial m_{2l}}\Big) a_{ii} a_{hh} \Big] + \frac{\partial \pi}{\partial p_i}\Big(\sum_{l=1}^{K_2} \frac{\partial^2 p_i}{\partial m_{2l} \partial p_h}\Big) a_{ii} a_{hh}$$

类似于在前面已经分析过的,因为有 $a_{ii} a_{hh}$ 这个项,而 $a_{ii} \geq 1$ 和 $a_{hh} \geq 1$,那么,这里这个中括号的数值 $\Big(\sum_{l=1}^{K_2} \frac{\partial p_i}{\partial m_{2l}}\Big) a_{ii} a_{hh}$ 达到 1 的速度,应该比只有 a_{ii} 这个单个因子时更快。

式(7.25)(7.28)(7.31)和(7.32)所表示的是价格对需求的界面作用。这里都有 a_{ii} 这个因子,而且与价格或供给方面为 a_{ii} 的情况不同,这里只有 a_{ii} 这个因子。这意味着,从科技进步的角度来看,市场对需求的作用,是单独部门直接作用的,而不是全体性的。而且也容易看出,这里与经济是否转型没有关系。

式(7.26)(7.29)(7.33)(7.34)和(7.35)所呈现的是经济转型前后,需求内部各个因子之间的影响关系。在这里,没有出现科技进步因子。这意味着,就需求内部的影响而言,部门的科技进步,或者说自由市场或供给方面的科技进步不影响需求内部的影响关系,或者说,科技进步对需求内部存在的相互作用关系不起作用。自然,对这方面的转型,也不起作用。

第7章建议的续读文献

[1][英]I. 拉卡托斯. 科学研究纲领方法论[M]. 兰征,译. 上海:上海译文出版社,1986:4-6.

[2]李西林. G 函数与现代经济学派分析[J]. 汕头大学学报(人文社会科学版),2008,1:10-14.

[3]钱颖一. 理解现代经济学[J]. 经济社会体制比较,2002(2):14-18.

第8章　遏制通货膨胀与保证充分就业

从最新的经济学理论范式——G 函数出发,借助固定替代弹性定律、经济正则定律和经济容量最小限制原理,可以得出经济自然给定的货币需求的被替代率,也就是紧缩率。而以此自然给定的紧缩率为准,进一步地即可得出通货膨胀的确切定义,因为对这个紧缩率的增长率非自然的放松,即是通货膨胀率。

通货膨胀会使市场遭到虚假现象的冲击,导致经济非正常运行,实际效率下降,资源浪费。通货膨胀的危害已经引起现代经济的重视,但是,在发现和确立有约束的利润函数——G 函数这个前沿理论范式之前,也就是在以生产函数为代表的 F 函数为范式的时期,对于通货膨胀,要得出经济结构上的精确解释,却一直很困难。困难主要在于其中所能依托的理论不足,而经验概念却又显得过分成熟和可靠,二者削弱了科学的发展。

充分就业,是宏观经济政策的最重要内容之一,也是宏观经济管理者最为关注的经济调控目标之一。通货膨胀要遏制和充分就业要保证,已经成为现代经济不容回避的宏观管理目标,事实表明,这两个目标的交替实现或者并行实现,曾经是经济学说史上的一个著名研究课题。

§8.1　通货膨胀与宏观调控

§8.1.1　通货膨胀的精确定义

事实表明,随着自由市场经济的发展,宏观干预对整个经济体的影响,在某些方面不是减弱了而是加强了。现代经济理论已经探明,通货膨胀便是这种干预的结果,是一种违背自然规律的不利后果。

如同一种疾病一样,在科学尚未发达的情况下,尽管人们还难以认识和把握它的根本原因,但是对其危害却是感受颇深的。为此,即使在还不能有效地说明通货膨胀的根本原因之前,经济专家们在经验水平上,已经开辟了一些测定方法,并且,也得出了一些比较形象的原因推断。从科学的精确性来说,这些方法和推断,无疑并不可避免地带有模糊概念的性质。

事实表明,只有科学理论才能准确地解释真实和规律,而真实和规律的精确性更是只能存在于科学理论之中。最新的经济学理论范式——G 函数确定以后,由于它能够以更为直观的形式得出产品市场、货币市场和有关需求的初始描述,因而可以容易地呈现出,货币在经济正则规律作用下应有的增长变化,从而得出关于通货膨胀的更精确的定义。

§8.1.2　固定替代弹性与基准运行

设一个突出显示货币市场的经济体,在 G 函数的框架里可以写为:

$$G = \pi(ap;v,t) \tag{8.1}$$

式中,$\pi(.)$——利润函数;

p——产出价格向量,$p = (p_1,p_2,\ldots,p_{I+1})$,$p_i \gg 0$,$i = 1,2,\ldots,I+1$,其中,$p_{I+1}$ 为货币价格;

v——资源数量向量,$v = (v_1,v_2,\ldots,v_{J+1})$,$v_j \leq 0$,$j = 1,2,\ldots,J+1$,其中,$v_{J+1}$ 为货币投放固定数量,并有 $I \leq J$;

a——技术进步,$a = \begin{bmatrix} a_{11} & 0 & \ldots & 0 \\ 0 & a_{22} & 0 & 0 \\ \ldots & 0 & \ldots & 0 \\ 0 & 0 & 0 & a_{I+1I+1} \end{bmatrix}$。

这里有 $a_{I+1I+1} \equiv 1$,即意味着,在货币的价格上不存在科技进步。

如同以前已经分析过的,到了 t($t > 0$)时刻,有:

$$\begin{cases} e^{\alpha_{p_i}(a)t}\Delta r_{p_i}(0) = \min_h \{ \sigma_{p_ip_h}[e^{-\alpha_{a_{hh}}t}r_{a_{hh}}(0) + e^{-\alpha_{p_h}t}r_{p_h}(0)] \} - \max_k \{ \sigma_{p_iv_k}e^{-\beta_{v_k}t}r_{v_k}(0) \} \\ \qquad\qquad - e^{-\alpha_{a_{ii}}t}r_{a_{ii}}(0) \\ e^{\beta_{v_j}(a)t}\Delta r_{v_j}(0) = \min_h \{ \sigma_{v_jp_h}[e^{-\alpha_{a_{hh}}t}r_{a_{hh}}(0) + e^{-\alpha_{p_h}t}r_{p_h}(0)] \} - \max_k \{ \sigma_{v_jp_k}e^{-\beta_{v_k}t}r_{v_k}(0) \} \end{cases}$$

$h \in i$,$i,h = 1,\ldots,I+1$;$k \in j$,$j,k = 1,\ldots,J+1$。

这时,这里必定存在着短板容量:

$$
\begin{aligned}
e^{\beta_{v_i}t}\Delta r_{v_W}(0) &= \min_j\{e^{\beta_{v_j}t}\Delta r_{v_j}(0)\} \\
&= \min_h\{\sigma_{v_W p_h}[e^{-\alpha_{a_M}t}r_{a_M}(0) + e^{-\alpha_{p_h}t}r_{p_h}(0)]\} - \max_k\{\sigma_{v_W v_k}e^{-\beta_{v_k}t}r_{v_k}(0)\} \\
&= \sigma_{v_W p_R}[e^{-\alpha_{a_{RR}}t}r_{a_{RR}}(0) + e^{-\alpha_{p_R}t}r_{p_R}(0)] - \sigma_{v_W v_S}e^{-\beta_{v_S}t}r_{v_S}(0)
\end{aligned}
$$

并由此可以得到：

$$
\left\{
\begin{aligned}
e^{\alpha_{p_i}(a)t}\Delta r_{p_i}(0) &= \sigma_{p_i p_R}[e^{-\alpha_{a_{RR}}t}r_{a_{RR}}(0) + e^{-\alpha_{p_R}t}r_{p_R}(0)] - \sigma_{p_i v_W}e^{-\beta_{v_s}(a)t}\Delta r_{v_W}(0) \\
&\quad - e^{-\alpha_{a_i}t}r_{a_{ii}}(0) \\
e^{\beta_{v_j}(a)t}\Delta r_{v_j}(0) &= \sigma_{v_j p_R}[e^{-\alpha_{a_{RR}}t}r_{a_{RR}}(0) + e^{-\alpha_{p_R}t}r_{p_R}(0)] - \sigma_{v_j v_W}e^{-\beta_{v_s}(a)t}\Delta r_{v_W}(0)
\end{aligned}
\right.
$$

$R \in i$，$R \neq ii = 1,\ldots,I+1$；$W \in j$，$W \neq jj = 1,\ldots,J+1$。

而且,因为 $a_{I+1I+1} \equiv 1$，所以有 $e^{-\alpha_{a_{n+1}}t}r_{a_{I+1}}(0) = 0$。进而,经济自身会在此确定出短板容量和短板价格,并自行调节出包括货币价格与货币投放数量在内的其余全部因子的被替代增长率。其中,货币价格与货币投放数量的具体状态如下：

$$
\left\{
\begin{aligned}
e^{\alpha_{p_{b_l}}(a)t}\Delta r_{p_{I+1}}(0) &= \sigma_{p_{I+1}p_R}[e^{-\alpha_{a_{nn}}t}r_{a_{RR}}(0) + e^{-\alpha_{p_R}t}r_{p_R}(0)] \\
&\quad - \sigma_{p_{I+1}v_W}e^{-\beta_{v_s}(a)t}\Delta r_{v_W}(0)
\end{aligned}
\right.
\tag{8.2}
$$

$$
\left.
\begin{aligned}
e^{\beta_{v_{b_l}}(a)t}\Delta r_{v_{J+1}}(0) &= \sigma_{v_{J+1}p_R}[e^{-\alpha_{a_{nn}}t}r_{a_{RR}}(0) + e^{-\alpha_{p_R}t}r_{p_R}(0)] \\
&\quad - \sigma_{v_{J+1}v_W}e^{-\beta_{v_s}(a)t}\Delta r_{v_W}(0)
\end{aligned}
\right.
\tag{8.3}
$$

由此可以看出,随着经济的增长变化,像经济中的其他因子一样,货币价格与货币投放数量也随之变化。经济在增长,货币价格与货币投放数量也在增长。

这时,如果有了人为的干预 $m_2 = [m_{2_1}, m_{2_2}, \ldots, m_{2_N}]$，并介入了需求或固定数量向量,致使有了 $e^{\beta_{v_s}(m_2,a)t}\Delta r_{v_W}(0)$ 和 $\sigma_{v_W v_S}e^{|-\beta_{v_s}(m_2,a)|t}r_{v_S}(0)$，也就是改变了经济短板容量的状态。设：

$$
e^{\beta_{v_s}(m_2,a)t}\Delta r_{v_W}(0) < \sigma_{v_W v_S}e^{|-\beta_{v_s}(m_2,a)|t}r_{v_S}(0)
$$

从而导致在短板容量上,即在

$$
e^{\beta_{v_s}(m_2,a)t}\Delta r_{v_W}(0) = \sigma_{v_W p_R}[e^{-\alpha_{a_{nn}}t}r_{a_{RR}}(0) + e^{-\alpha_{p_R}t}r_{p_R}(0)] - \sigma_{v_W v_S}e^{-\beta_{v_s}(m_2,a)t}r_{v_S}(0)
$$

上,必定有：

$$
[e^{-\alpha_{a_{nn}}t}r_{a_{RR}}(0) + e^{-\alpha_{p_R}t}r_{p_R}(0)] \to 小
$$

从而导致在式(8.2)和(8.3)里有：

$$
e^{\alpha_{p_{b_l}}(a)t}\Delta r_{p_{I+1}}(0) \to 小
$$

和

$$
e^{\beta_{v_{b_l}}(a)t}\Delta r_{v_{J+1}}(0) \to 小
$$

这也就是说,有了人为的干预,如果经济短板容量的被替代增长率降低了,结果会使得货币的价格和货币投放数量的被替代增长率也都随之降低了。换句话说,这也就是,货币的价格上涨幅度和货币投放数量的上涨幅度都会有所增长了。

在第 5 章里已经分析过了,这便是人为干预、需求拉动的结果。这就是说,随着经济的增长,货币价格和货币投放数量的被替代增长率都下降了,也就是它们的实际水平都上涨了。显然,这种被替代的下降,或者说实际水平的上涨,是经济自行给定的,是与经济自身的正常比例相适应的。货币投放数量被替代的下降,或者说实际投放量的上涨,是符合经济自然需要的。

如果这时候,有了

$$e^{\beta_{v_{j+1}}(m_3,a)t}\Delta r_{v_{j+1}}(0) < e^{\beta_{v_{j+1}}(a)t}\Delta r_{v_{j+1}}(0)$$

也就是说,这时候又有了人为的直接对货币投入量的干预 $m_3 = [m_{3_1}, m_{3_2}, \ldots, m_{3_v}]$,并导致货币投放的被替代增长率继续降低,也就是人为地把货币投放量的增长率继续增大了,增大的程度超过了经济自然需要的界限,也就是人为的干预降低了货币投放数量的被替代水平,低过了经济自然需要的水平,也即人为干预的货币投放数量,增长率高过了经济自行规定的水平。投放的比需要的多了,自然,这便是通货膨胀。更确切地讲,这是人为投放的比自然需要的多了,是人违背了自然,后果可想而知。从数值意义上讲,通货膨胀的破坏作用,不在于货币投放数量和货币价格的增长是否影响了经济格局的变化,而在于这种格局的变化是真还是假。货币在经济体中是一种交易契约的体现,与其余实体需求相比,只是一种形式,一种符号。实体变化拉动形式和符号的变化,是形符合实;但反过来,若是货币价格和货币投放数量拉动了其余实体因子的增长,那是由于符号放大而带来的实体虚假增长。

在此能够看出,如果有了

$$e^{\beta_{v_{j+1}}(m_3,a)t}\Delta r_{v_{j+1}}(0) < e^{\beta_{v_w}(m_2)t}\Delta r_{v_w}(0)$$

也就是说,如果人为的干预导致货币的被替代增长率低于经济短板容量,那么,显然这便是货币投放数量会替代原来的短板容量而成了新的经济短板容量,也就是通货膨胀会成了经济短板容量,那么,其作用必定影响到经济全局。其结果便是经济整体的价格被替代率迅速下降,也就是市场价格飞涨;同时,伴随着需求和基本资源被替代率的大幅度下降,经济整体呈现出快速增长。但这样的增长,应该是价格上涨的速度大大快于实际供给的增长,在供给价值与显示它的符号之间,比例失调了。符号夸大了经济增长,符号扩大的速度高过了供给实际内容的速度,给经济带来了伤害。扩大得越大,伤害越大。因此,防止通货膨胀,必然地就成了经济调控的一项重要任务。

在此人们看到了,如果没有人为干预直接介入货币投放量,不会导致它的被替代增长率下降,便不会出现通货膨胀。相反,正因为有了人为的干预,使得货币投放数量的被替代增长率低过了经济自行调节所给定的速率,也就是人为地放纵了货币投放数量的增大,就一定会出现通货膨胀。而且,如果这种放纵使得货币投放数量的被替代增长率过分低于经济自行给定的速率,也就是出现了更高程度的通货膨胀,那么,这种更高程度的通货膨胀便可能成为经济短板容量。而一旦通货膨胀成了经济短板容量,便会给经济带来更大的伤害。因而可以认为,这种会给经济带来更大和更普遍伤害的通货膨胀,就是精确意义上的恶性通货膨胀。由此看来,恶性通货膨胀的确切定义应该就是通货膨胀成了经济短板容量,其恶性作用是对经济整体性的伤害。

根据第 5 章中已经得出的结论,从式(8.2)—(8.3)的结构里可以看出,在经济运行中,随着短板价格的科技进步的不断增大,那么在经济的非需求拉动的发展过程中,货币投放数量成为短板容量是不可能的。而在需求拉动的经济增长过程中,即使是在剧烈的增长的过程中,若没有对这个投放量的直接放纵性干预介入,也不会引起通货膨胀。因此,通货膨胀一定是人为干预的不当所造成的,而恶性的通货膨胀必定尤其如此。自然,人们也容易看出,通货膨胀一定会出现需求拉动之中,或者出现在通货膨胀所造成的经济增长之中。因此,通货膨胀既可能是经济不正常增长的结果,也可能是这种不正常增长的原因。总之,它一定与不正常的经济增长联系在一起,其结果又一定是更加不正常地增长,不利于经济发展。因而,防范通货膨胀的出现,会是经济发展过程中宏观监测和调整的一项重要任务。而以上的分析结果已经表明,在经验水平上发现通货膨胀或者发现通货膨胀的迹象,都应该不是很困难的。

在式(8.2)—(8.3)里,从式(8.3)中可以看出,如果监测和调整的内容可以表示为 $e^{\beta_{v_{j+1}}(m_3,a)t}\Delta r_{v_{j+1}}(0)$,也就是说,有了人为干预 $m_3 = [m_{3_1}, m_{3_2}, \ldots, m_{3_N}]$ 的介入,要调节货币投放量的变化,那么,要防止出现通货膨胀,就必须有:

$$e^{\beta_{v_{j+1}}(m_3,a)t}\Delta r_{v_{j+1}}(0) > e^{\beta_{v_{j+1}}(a)t}\Delta r_{v_{j+1}}(0)$$

而且,一旦有了这个约束,也就一定有了:

$$e^{\beta_{v_{j+1}}(m_3,a)t}\Delta r_{v_{j+1}}(0) > e^{\beta_{v_{j+1}}(a)t}\Delta r_{v_{j+1}}(0) > e^{[-\beta_{v}(a)]t}\Delta r_{v_{w}}(0)$$

这意味着,在经济运行过程中,只要知道了经济自然给定的货币投放量的被替代增长率,并始终使人为的投放量的被替代速率高于其上,也就是使投放量的增长率低于其下,货币固定数量便处于市场自然给定水平的临近紧缩状态,也就不会出现通货膨胀。

而同时,人们从式(8.2)里容易看出,在自由市场自行调节的机制下,货币的价格一般不会成为市场短板价格,也就是说,货币的价格一般不具备影响经济全局的能力。

这样,把货币投放数量和货币价格所具有的这些性质综合起来能够看出,这样的固定数量应该属于外层容量,而价格是没有科技进步的市场因子,因此,经济在非需求拉动的平静运行过程中,货币价格的被替代增长率没有大幅度下降的理由。也就是说,这时的货币价格没有大幅度上涨的根据,所以,货币市场在非需求拉动时间里,价格是否大幅度上涨可以成为判断是否有通货膨胀的根据之一。这或许就是货币市场的基本特征。由这个特征出发,树立起有关的监视和调整观念应该是很有效的。

由此可以认为,通货膨胀首先是货币市场失调的结果,是货币市场需求拉动所造成的。因而,对通货膨胀的监测和调控,应该首先是货币市场上的一项必需。

本书第5章给出了经济的双层容量概念,并以农产品的供给和需求以及它们与耕地保护之间的关系,展示了外层容量的特征。从中我们知道,在外层容量里,必定存在着某种特定的容量必须遵守的界限——阈值。在耕地方面,这个阈值是基本资源自然条件给定的;而在货币市场方面,货币投放量的这个阈值是经济运行自身自然给定的。自然给定的必须遵守或参照,似乎是最值得指明的经济运动本色。

这样可以看到,通货膨胀的真正原因,只在于人为对货币需求的不当干预,而不在于其他任何条件。由此可以看出,通货膨胀纯粹是宏观管理的不当行为所致。以往在经验水平上所得出的分析结果,如"价格导致通货膨胀"或"产品需求拉动通货膨胀"等,实际上是不能成立的。而恰恰相反,从式(8.3)的结构能够看出,如果出现了通货膨胀,有了货币投放被替代增长率降低,也就是实际投放量的不当扩张,会导致短板价格的增长率随之降低,引起产品价格的被替代增长率下降,拉动产品价格上涨;同时,也一定会使产品需求的被替代增长率下降,导致经济容量的被替代增长率下降,放纵了资源的不适当投放。这样看来,在自由市场自行调节的经济里,自由的运行,不会存在着"价格拉动通货膨胀"或"产品需求拉动通货膨胀"的条件。相反,如果出现了通货膨胀并发展到相当程度,倒必定是后者拉动前者,导致市场价格迅速上涨,产品需求不正常增长。

§8.1.3 被替代率与增长率

从经济容量元素被替代的角度来理解,如果在时刻 $t > 0$,实际观测到货币的被替代率的增长率为 $e^{\hat{\beta}_0}$,而依据正则法则和经济容量被最小替代原理计算得出的这个增长指数为 β_0,且 $\beta_0 > \hat{\beta}_0$,并且,同时若能够确定不存在人为干预对产品需求的拉动,那么就可以反过来推断出,此时存在着通货膨胀了,而且根据上述的分析结果,可以容易地判断出,这完全是人为不当所造成的。

上述运用被替代的增长指数来做判断,是从缩减率的方向来看问题的;而传统的关于通货膨胀的理解,通常是从货币投放量的扩张角度来看的。

容易理解,扩张率的增长指数就等于缩减率增长指数的负数。若根据式(8.3)计算得出的货币被替代率的增长率为 e^{β_0},即这就是它的缩减率的增长率;而这个缩减率的增长指数便是 β_0。而从扩张率的角度来看,也就是货币投放的增长指数就是 $-\beta_0$。若出现了 $\beta_0 > \hat{\beta}_0$,也就是出现了 $-\beta_0 < -\hat{\beta}_0$,即实际测得的货币投放增长指数高过了经济自然给定的界限,显然是通货膨胀了。

这意味着,从缩减率的角度来看,如果经济自身给定的货币数量的缩减率增长指数大于实地观测到的值,那么,从扩张率来看,必定相反,是实地扩张率的增长指数大于经济给定的最佳值,也就是人为直接干预的货币投放量的增长速率高过了经济自身给的最佳速率,换句话说,就是人为的不当干预,导致货币的投放量高过产品需求和价格拉动的程度。如上所述,这便是通货膨胀了,至于程度如何,需要另定。由此可以看出,对于通货膨胀,是由缩减率的角度来定义,还是由扩张率的角度来定义,完全是等价的。

§8.1.4 遏制通货膨胀

从式(8.1)出发,该经济运行到了 t ($t > 0$)时刻,如式(8.2)—(8.3)所示,货币市场上有:

$$\begin{cases} e^{\alpha_{p_{J+1}}(a)t}\Delta r_{p_{J+1}}(0) = \sigma_{p_{J+1}p_R}\left[e^{-\alpha_{a_{RR}}t}r_{a_{RR}}(0) + e^{-\alpha_{p_R}t}r_{p_R}(0)\right] - \sigma_{p_{J+1}v_W}e^{-\beta_{v_W}(a)t}\Delta r_{v_W}(0) \\ e^{\beta_{v_{J+1}}(a)t}\Delta r_{v_{J+1}}(0) = \sigma_{v_{J+1}p_R}\left[e^{-\alpha_{a_{RR}}t}r_{a_{RR}}(0) + e^{-\alpha_{p_R}t}r_{p_R}(0)\right] - \sigma_{v_{J+1}v_W}e^{-\beta_{v_W}(a)t}\Delta r_{v_W}(0) \end{cases}$$

这里, $-\alpha_{RR}$ ——短板价格的科技进步的增长指数;

$-\alpha_{p_R}$ ——短板价格的增长指数;

$-\beta_{v_W}(a)$ ——短板容量的增长指数;

$\alpha_{p_{J+1}}(a)$——货币价格的被替代增长指数；

$\beta_{v_{J+1}}(a)$——货币投放量的被替代增长指数。

假如这时在产品市场和货币市场上都发生了需求拉动，即在产品市场出现了人为干预 $m_2 = [m_{2_1}, m_{2_2}, \ldots, m_{2_N}]$，导致短板容量的被替代增长率变小了，即 $e^{|-\beta_{v_x}(m_2, a)|}\Delta r_{v_W}(0) \to 小$，而同时，货币市场上出现了人为干预 $m_3 = [m_{3_1}, m_{3_2}, \ldots, m_{3_N}]$，使得货币的被替代增长率也发生了变化，也就是有了：$e^{\beta_{v_{pin}}(m_3, a)t}\Delta r_{v_{J+1}}(0)$。

从理论上来看，这个变化的后果，在经验水平上，要到下一个时刻，也就是到了 $t+1$ 时刻才能够显现出来，也就是要以这样的数据显现，即：

$$e^{|-\beta_{v_x}(m_2, a)|(t+1)}\Delta r_{v_W}(0) \to 小$$

和

$$e^{\beta_{v_{pin}}(m_3, m_2, a)(t+1)}\Delta r_{v_{J+1}}(0) \to 小$$

也就是说，在时刻 $t+1$，经济短板容量的被替代增长率应该呈现为产品需求拉动的独立作用结果，但货币投放的被替代增长率，却会呈现为产品需求拉动和货币投放拉动共同作用的结果。而真正的通货膨胀必须是共同拉动的结果减去产品需求拉动的部分。这便是要求得：

$$e^{\beta_{v_{pin}}(m_3, a)(t+1)}\Delta r_{v_{J+1}}(0) = e^{\beta_{v_{pin}}(m_3, m_2, a)(t+1)}\Delta r_{v_{J+1}}(0) - e^{|-\beta_{v_x}(m_2, a)|(t+1)}\Delta r_{v_W}(0)$$

而

$$e^{|-\beta_{v_x}(m_2, a)|(t+1)}\Delta r_{v_W}(0) = \sigma_{v_W p_R}[e^{-\alpha_{a_m}(t+1)} r_{a_{RR}}(0) + e^{-\alpha_{p_R}(t+1)} r_{p_R}(0)] - \sigma_{v_W v_S} e^{-\beta_{v_x}t} r_{v_S}(0)$$

这也就是意味着，要在 t（$t > 0$）时刻上给出 $t+1$ 时刻上的短板容量的被替代增长率 $e^{|-\beta_{v_x}(m_2, a)|(t+1)}\Delta r_{v_W}(0)$；以及在 t（$t > 0$）时刻上决定这个短板的最大的需求替代增长率 $\sigma_{v_W v_S} e^{-\beta_{v_x}t} r_{v_S}(0)$，从而在此求得：$e^{-\alpha_{a_m}(t+1)} r_{a_{RR}}(0) + e^{-\alpha_{p_R}(t+1)} r_{p_R}(0)$。

将这里的 $e^{-\beta_{v_x}(m_2, a)(t+1)}\Delta r_{v_W}(0)$ 和 $[e^{-\alpha_{a_m}(t+1)} r_{a_{RR}}(0) + e^{-\alpha_{p_R}(t+1)} r_{p_R}(0)]$ 代入式（8.3）便得出了：

$$e^{\beta_{v_{pin}}(m_2, a)(t+1)}\Delta r_{v_{J+1}}(0) = \sigma_{v_{J+1} p_R}[e^{-\alpha_{a_m}(t+1)} r_{a_{RR}}(0) + e^{-\alpha_{p_R}(t+1)} r_{p_R}(0)]$$
$$- \sigma_{v_{J+1} v_W} e^{-\beta_{v_x}(m_2, a)(t+1)}\Delta r_{v_W}(0)$$

在这里，若得知 $e^{\beta_{v_{pin}}(m_3, m_2, a)(t+1)}\Delta r_{v_{J+1}}(0)$ 的值，也就是实际测得了 $t+1$ 时刻的货币投放量的被替代增长率，那么，进而便可以得出：

$$e^{\beta_{v_{pin}}(m_3, a)(t+1)}\Delta r_{v_{J+1}}(0) = e^{\beta_{v_{pin}}(m_3, m_2, a)(t+1)}\Delta r_{v_{J+1}}(0) - e^{|-\beta_{v_x}(m_2, a)|(t+1)}\Delta r_{v_W}(0)$$

$$= e^{\beta_{v_{j+1}}(m_3,m_2,a)(t+1)} \Delta r_{v_{j+1}}(0) - \{\sigma_{v_{j+1}p_R}[e^{-\alpha_{a_{RR}}(t+1)} r_{a_{RR}}(0)$$
$$+ e^{-\alpha_{p_R}(t+1)} r_{p_R}(0)] - \sigma_{v_{j+1}v_{w}} e^{-\beta_{v_{w}}(m_2,a)(t+1)} \Delta r_{v_{w}}(0)\} \quad (8.4)$$

于是,这就确定了真正的通货膨胀率。

事实表明,因为通货膨胀,特别是恶性的通货膨胀,会对经济发展有着非常不利的作用,所以,在出现通货膨胀之前要予以防范,在出现了通货膨胀之后要给予遏制,这是保证经济正常运行的必然要求。显然,无论是要防范,还是要遏制,首要的是能够确定是否真的存在通货膨胀,而这一要务的核心,或者说确定的准则,是要明确经济正则法则所给定的货币投放数量的被替代增长指数。确定了这个核心性的指数以后,要防范或者要遏制的内容也就明确了。

这样,有关的思考就聚焦到了式(8.4)最后表达的右端项里。在这里,因为其余的都为常数,所以,具体的焦点体现在了这里的 4 个增长指数上,即体现在了 $\beta_{v_{j+1}}(m_3,m_2,a)(t+1)$、$-\alpha_{a_{RR}}(t+1)$、$-\alpha_{p_R}(t+1)$ 和 $-\beta_{v_{w}}(m_2,a)(t+1)$ 上了。依据前面的有关分析结果知道,这里的价格增长率 $-\alpha_{p_R}(t+1)$ 为经济的内生变量,其余的都是外生变量,因而从调控和选择的意义上讲,它成了给定的常数,而在要从改变外生变量来进行调整的考虑中时,也就自然将它排除在外了。于是,焦点简化到了所剩下的这 3 个指数上。

而且,容易看出,如果有:

$$\beta_{v_{j+1}}(m_3,m_2,a)(t+1) < |-\alpha_{a_{RR}}(t+1) - [-\beta_{v_{w}}(m_2,a)(t+1)]|$$

也就是有了:

$$\beta_{v_{j+1}}(m_3,m_2,a)(t+1) < \beta_{v_{w}}(m_2,a)(t+1) - \alpha_{a_{RR}}(t+1) \quad (8.5)$$

这一定意味着,在 $t+1$ 时刻是出现通货膨胀了。由此也确定了,式(8.5)变成了监测和遏制通货膨胀的基点。

在长期的经济运行中,要防止出现通货膨胀,就是要保证有:

$$\beta_{v_{j+1}}(m_3,m_2,a)(t+1) \geqslant \beta_{v_{w}}(m_2,a)(t+1) - \alpha_{a_{RR}}(t+1) \quad (8.6)$$

因而,在实际经济活动中,要防范或遏制通货膨胀,首先就是判定式(8.6)是否还能成立。如果不能成立,而是变成了式(8.5),那就是出现了通货膨胀,并且需要予以遏制了。

容易理解,遏制通货膨胀的最优目标就是把货币投放数量恢复到市场自行调节的状态,或者说要恢复到监测的临界状态,就是要保证式(8.6)成立。由此产生了一个可选择的模型:

$$\text{min} s = \beta_{v_{j+1}}(m_3,m_2,a)(t+1) - \beta_{v_{w}}(m_2,a)(t+1) + \alpha_{a_{RR}}(t+1)$$

s. t.

$$\alpha_{a_{RR}}(t+1) > 0$$

$$\beta_{v_{w}}(m_2, a)(t+1) \geqslant 0$$

$$\alpha_{a_{RR}}(t+1) - \beta_{v_{w}}(m_2, a)(t+1) \geqslant 0$$

$$\beta_{v_{j+1}}(m_3, m_2, a)(t+1) \geqslant 0$$

这 4 个大于或大于等于 0 的约束条件,体现了在经济长期运行过程中,人为干预的最低选择和科技进步的基本特征。若是在这个时刻,只是进行短期的调整,并想取得快速的效果,那么这个可选择模型可以简化为:

$$\min s = \beta_{v_{j+1}}(m_3, m_2, a)(t+1) - \beta_{v_{w}}(m_2, a)(t+1) \tag{8.7}$$

s. t.

$$\beta_{v_{w}}(m_2, a)(t+1) \geqslant 0 \tag{8.8}$$

$$\beta_{v_{j+1}}(m_3, m_2, a)(t+1) \geqslant 0 \tag{8.9}$$

$$\alpha_{p_R}(t+1) - \beta_{v_{j+1}}(m_3, m_2, a)(t+1) \geqslant 0 \tag{8.10}$$

式中, $\alpha_{p_R}(t+1)$ ——短板价格的被替代增长指数,常量,给定值。

在模型(8.7)—(8.10)中,有一个最简单的解是:

$$\beta_{v_{j+1}}(m_3, m_2, a)(t+1) = \beta_{v_{w}}(m_2, a)(t+1)$$

依据这个解,人们可以得出这样的观念:在可以判定已经出现了通货膨胀的时刻,要快速遏制通货膨胀,就是要在不改变当前短板容量水平的情况下,立刻把货币投放量的被替代增长指数调整到与之相等。

值得指出的是,这个理论结果会与某些经验判断在基本方向上是一致的。例如,在经验水平上,人们已经发现了,要遏制通货膨胀,必须"抑制商品涨价",必须"加大消费"和必须"减少货币发行量"等认识,便与此很一致。然而,值得注意的是,来自经验的这些认识,显然还属于非结构性的和非准确性的猜测;而理论结果才更准确,也更精确地做出了解释。现代科学所追求的认识,不仅在于基本方向,更在于真实和规律的结构。而现代技术更离不开准确和精确。

§8.2　遏制通货膨胀与保证充分就业

§8.2.1　失业与通货膨胀

作为宏观经济的主要调控目标,失业和通货膨胀一直都受到高度重视。而从20 世纪下半叶以来,在一些出版的经济学教科书里,二者通常更是以专门的章节加以论述。论述的出发点是总需求和总供给之间的基本关系,其中,需要特别注意的是,总需求与总供给未必能够相交于充分就业这个点上,而且,即使二者偶然相交于充分就业这个点上,二者的向左或向右移动也可以造成失业和/或物价的持续上涨,从而引发通货膨胀。这样的论述,显然前提就是已经认定或默认了失业与通货膨胀是直接联系在一起的。事实表明,正是这样的认定和默认,激发了有关短期经济的更深入的研究,进而揭示了失业与通货膨胀的基本关系,从而取得了不少令人瞩目的成果。其中,最为显著的是菲利普斯曲线(Phillips' Curve)。该曲线首先把通货膨胀率直接表示为失业率的函数,继之又以英国 1861—1957年近 100 年的统计数据进行了拟合分析,从而提出了这一表示二者可以交替的模型。

事实证明,这样的认定或默认,以及由此所取得的经验函数,不仅推进了现代经济学理论的进展,还直接带动了有关宏观政策的发展。

然而,精确性始终是科学理论探索的永恒主题。如同本章此前已经叙述过的,关于通货膨胀等问题,虽然已经在经验水平上早有定论,但是,仍然还很有必要在理论上给出更准确和更精确的探索。从那里也可以看出,经济学仍需要在理论不断精确化的道路上,为自己的发展开辟途径。于是,更加精确地说明失业与通货膨胀的关系,便在宏观经济学的研究里,占据了一个不容忽视的位置。

依据 G 函数的基本结构,产品市场、劳动力市场和货币市场可以很容易地耦合在一个一致性的数学框架里,可以将有关内容清晰地表示在两个不同因子成分的集合之中,也就是可以更清楚地展示供给和需求这两方面的结构。这使得宏观问题能够很直观地并且初始性地陈述在一个一般均衡的模型里。继而,有关分析便可以很自然地在这个一般均衡的结构里完成,从而借助这个一般均衡的结构,依据经济学已经探索清楚的真实和规律,使一些更具体的真实和规律得以准确和精确化。更简单、更自然的范式，一定可以解释更精确、更简洁的规律，从而将科学理论引至更深入的真理境地。

§8.2.2　显示产品劳动力市场与货币需求约束的经济

从 G 函数出发，设显示产品市场、劳动力市场与货币需求数量约束的一般均衡模型，可以初始性地陈述为：

$$G = \pi(ap;v,v_{J+1}) \tag{8.11}$$

式中，$\pi(.)$ ——利润；

a ——技术进步，$a = \begin{bmatrix} a_{00} & 0 & \dots & 0 \\ 0 & a_{11} & 0 & 0 \\ \dots & 0 & \dots & 0 \\ 0 & 0 & 0 & a_{II} \end{bmatrix}$；

p ——市场价格向量，$p = (p_0,p_1,p_2,\dots,p_I)$；$p_i \gg 0$，$i = 0,1,2,\dots,I$，其中，$p_0$ ——劳动力价格，变量；

v ——需求数量向量，$v = (v_0,v_1,v_2,\dots,v_J)$，$v_j \leqslant 0$，$j = 0,1,2,\dots,J$，其中，$v_0$ ——失业数量约束，有 $I \leqslant J$；

v_{J+1} ——货币投放数量。

容易理解，式(8.11)是一个一般的宏观经济模型，这里耦合了 I 种产品的价格：$p_1,p_2,\dots,p_I$；一个劳动力价格 p_0；J 种产品的需求数量约束，即 $v_1,v_2,\dots,v_J$；一个失业数量约束 v_0；和一个货币投放数量约束 v_{J+1}。并且，它们严格地满足具有完全解的条件，即 $I \leqslant J$。

如同前面已经分析过的，如果这个经济是正则的，那么，它运行到了 t（$t > 0$）时刻，必定有：

$$\begin{cases} e^{\alpha_{p_i}(a)t}\Delta r_{p_i}(0) = \sigma_{p_i p_R}[e^{-\alpha_{a_{RR}}t}r_{a_{RR}}(0) + e^{-\alpha_{p_R}t}r_{p_R}(0)] - \sigma_{p v_W}e^{-\beta_{v_i}(a)t}\Delta r_{v_W}(0) \\ \qquad - e^{-\alpha_{a_{ii}}t}r_{a_{ii}}(0) \\ e^{\beta_{v_j}(a)t}\Delta r_{v_j}(0) = \sigma_{v_j p_R}[{}^{-\alpha_{a_{RR}}t}r_{a_{RR}}(0) + e^{-\alpha_{p_R}t}r_{p_R}(0)] - \sigma_{v p_W}e^{-\beta_{v_i}(a)t}\Delta r_{v_W}(0) \end{cases}$$

$R \in i$，$R \neq ii = 0,1,\dots,I$；$W \in j$，$W \neq jj = 0,1,\dots,J+1$。

这里，$e^{\beta_{v_i}t}\Delta r_{v_W}(0)$ ——经济的短板容量；

$[e^{-\alpha_{a_{RR}}t}r_{a_{RR}}(0) + e^{-\alpha_{p_R}t}r_{p_R}(0)]$ ——短板价格。

短板容量与短板价格之间的关系是：

$$e^{\beta_{v_w}t}\Delta r_{v_w}(0) = \min_j\{e^{\beta_v t}\Delta r_{v_j}(0)\}$$

$$= \min_h\{\sigma_{v_w p_h}[e^{-\alpha_{a_m}t}r_{a_{hh}}(0) + e^{-\alpha_{p_s}t}r_{p_h}(0)]\} - \max_k\{\sigma_{v_w v_k}e^{-\beta_{v_l}t}r_{v_k}(0)\}$$

$$= \sigma_{v_w p_R}[e^{-\alpha_{a_m}t}r_{a_{RR}}(0) + e^{-\alpha_{p_s}t}r_{p_R}(0)] - \sigma_{v_w v_S}e^{-\beta_{v_s}t}r_{v_S}(0)$$

要具体地考察所关注的劳动力价格、失业和货币投放量时,人们的眼光会集中在下面这一部分的状态上,即:

$$\begin{cases} e^{\alpha_{p_s}(a)t}\Delta r_{p_0}(0) = \sigma_{p_0 p_R}[e^{-\alpha_{a_m}t}r_{a_{RR}}(0) + e^{-\alpha_{p_s}t}r_{p_R}(0)] \\ \qquad\qquad - \sigma_{p_0 v_W}e^{-\beta_{v_s}(a)t}\Delta r_{v_W}(0) - e^{-\alpha_{a_m}t}r_{a_{00}}(0) & (8.12) \\ e^{\beta_{v_s}(a)t}\Delta r_{v_0}(0) = \sigma_{v_0 p_R}[e^{-\alpha_{a_m}t}r_{a_{RR}}(0) + e^{-\alpha_{p_s}t}r_{p_R}(0)] \\ \qquad\qquad - \sigma_{v_0 v_W}e^{-\beta_{v_s}(a)t}\Delta r_{v_W}(0) & (8.13) \\ e^{\beta_{v_m}(a)t}\Delta r_{v_{J+1}}(0) = \sigma_{v_{J+1} p_R}[e^{-\alpha_{a_m}t}r_{a_{RR}}(0) + e^{-\alpha_{p_s}t}r_{p_R}(0)] \\ \qquad\qquad - \sigma_{v_{J+1} v_W}e^{-\beta_{v_s}(a)t}\Delta r_{v_W}(0) & (8.14) \end{cases}$$

$R \in i , R \neq ii = 0,1,\ldots,I ; W \in j , W \neq jj = 0,1,\ldots,J+1$。

式(8.12)所示的是劳动力价格的被替代增长率;式(8.13)是失业数量的被替代增长率;式(8.14)是货币投放数量的被替代增长率。

在这里,从式(8.12)的右端项里可以看出,如果劳动力的科技进步率$e^{-\alpha_{a_m}t}r_{a_{00}}(0)$有比较高的速率,例如,在知识经济时代,研究结果已经表明,劳动力的科技进步增长有时会很快,通常可以远高于经济总体里的科技进步的平均水平,那么会导致劳动力价格的被替代增长率明显地逐步走低,呈现出劳动力的价格有接近甚至逼近短板价格的趋势。

§8.2.3 遏制膨胀与保证就业

在式(8.13)里,这时如果有了人为的干预 $m_2 = (m_{2_1}, m_{2_2}, \ldots, m_{2_N})$,并介入失业数量的调整,导致失业数量的被替代增长率发生了变化,即有了 $e^{\beta_{v_s}(m_2,a)t}\Delta r_{v_0}(0)$。其中,在拉动经济的举动里,表现为两种可能:

(8.13.1) $e^{\beta_{v_s}(m_2,a)t}\Delta r_{v_0}(0) < e^{\beta_{v_s}(a)t}\Delta r_{v_0}(0) < e^{\beta_{v_s}(a)t}\Delta r_{v_W}(0)$;

(8.13.2) $e^{\beta_{v_s}(a)t}\Delta r_{v_W}(0) < e^{\beta_{v_s}(m_2,a)t}\Delta r_{v_0}(0) < e^{\beta_{v_s}(a)t}\Delta r_{v_0}(0)$ 。

这里的第(8.13.1)种情况是说,人为干预令失业的被替代增长率下降了,下降的幅度不仅低于经济自行调节的结果,还低于短板容量。这样,前面的有关分析结果已经述及,一定意味着,这种降低失业被替代率的做法,也就是充分就业的政策,必定会拉动经济全面提升,而同时,失业数量本身也就成了经济短板容量。第(8.13.2)种情况是说,人为干预的介入虽然也拉动了失业数量的变化,但变化程度有限,不足以影响经济整体,只是将自己的数量改动了一下,没有拉动全体容量,自然也就没有拉动整体经济。

在式(8.14)里,也会有类似在式(8.13)里出现的情况。假定在 $m_2 = [m_{2_1}, m_{2_2}, \ldots, m_{2_N}]$ 介入失业数量之后,又有了人为干预 $m_3 = [m_{3_1}, m_{3_2}, \ldots, m_{3_N}]$ 介入货币投放数量,导致货币投放量的被替代增长率变化为 $e^{\beta_{r_m}(m_3, m_2, a)t} \Delta r_{v_{j+1}}(0)$,其中,在拉动性的举动里,也会出现两种类似的可能:

(8.14.1) $e^{\beta_{r_m}(m_3, m_2, a)t} \Delta r_{v_{j+1}}(0) < e^{\beta_{r_m}(m_2, a)t} \Delta r_{v_{j+1}}(0) < e^{\beta_{r_v}(a)t} \Delta r_{v_W}(0)$

(8.14.2) $e^{\beta_{r_v}(a)t} \Delta r_{v_W}(0) < e^{\beta_{r_m}(m_3, m_2, a)t} \Delta r_{v_{j+1}}(0) < e^{\beta_{r_m}(m_2, a)t} \Delta r_{v_{j+1}}(0)$

这里的 $e^{\beta_{r_m}(m_2, a)t} \Delta r_{v_{j+1}}(0)$ 为人为干预介入失业数量以后经济自行调节出来的货币投放的被替代增长率。这样,第(8.14.1)种情况是说,在实施了旨在通过充分就业来拉动经济的人为干预之后,又实施了货币拉动政策,其结果是,货币投放数量的被替代增长率既低于经济自行调节的结果,还低于了经济的短板容量。根据前述我们知道,这时必定出现了通货膨胀,而且,货币投放数量会继失业数量之后,成为经济短板容量。第(8.14.2)种情况是说,人为干预的介入虽然也拉动了货币投放数量的变化,但其变化程度有限,虽然超出了充分就业干预所拉动的范围,但没有超过经济短板容量给定的界限,没有出现通货膨胀,因而,只是将自己的数量改动了一下,仅仅拉动了自己这个局部,还不足以影响经济整体,不至于给经济整体带来不利影响。

把这里的(8.13.1)(8.13.2)(8.14.1)和(8.14.2),对应于市场的划分,做一对一的组合,可以得出以下4种组合的情况,即:

(1)(8.13.1)与(8.14.1)的组合,有:

$$
\begin{cases}
e^{\beta_{r_v}(m_2, a)t} \Delta r_{v_0}(0) <^{\beta_{r_v}(a)t} \Delta r_{v_0}(0) < e^{\beta_{r_v}(a)t} \Delta r_{v_W}(0) \\
e^{\beta_{r_m}(m_3, m_2, a)t} \Delta r_{v_{j+1}}(0) < e^{\beta_{r_m}(m_2, a)t} \Delta r_{v_{j+1}}(0) < e^{\beta_{r_v}(a)t} \Delta r_{v_W}(0)
\end{cases}
$$

(2)(8.13.1)与(8.14.2)的组合,有:

$$
\begin{cases}
e^{\beta_{r_v}(m_2, a)t} \Delta r_{v_0}(0) <^{\beta_{r_v}(a)t} \Delta r_{v_0}(0) < e^{-\beta_{r_v}(a)t} \Delta r_{v_W}(0) \\
e^{\beta_{r_v}(a)t} \Delta r_{v_W}(0) < e^{\beta_{r_m}(m_3, m_2, a)t} \Delta r_{v_{j+1}}(0) < e^{\beta_{r_m}(m_2, a)t} \Delta r_{v_{j+1}}(0)
\end{cases}
$$

(3)(8.13.2)与(8.14.1)的组合,有:

$$\begin{cases} e^{\beta_{v_w}(a)t}\Delta r_{v_w}(0) < e^{\beta_{v_0}(m_2,a)t}\Delta r_{v_0}(0) < {}^{\beta_{v_0}(a)t}\Delta r_{v_0}(0) \\ e^{\beta_{v_w}(a)t}\Delta r_{v_w}(0) < e^{\beta_{v_{j+1}}(m_3,m_2,a)t}\Delta r_{v_{j+1}}(0) < e^{\beta_{v_{j+1}}(m_2,a)t}\Delta r_{v_{j+1}}(0) \end{cases}$$

(4)(8.13.2)与(8.14.2)的组合,有:

$$\begin{cases} e^{\beta_{v_w}(a)t}\Delta r_{v_w}(0) < e^{\beta_{v_0}(m_2,a)t}\Delta r_{v_0}(0) < e^{\beta_{v_0}(a)t}\Delta r_{v_0}(0) \\ e^{\beta_{v_w}(a)t}\Delta r_{v_w}(0) < e^{\beta_{v_{j+1}}(m_3,m_2,a)t}\Delta r_{v_{j+1}}(0) < e^{\beta_{v_{j+1}}(m_2,a)t}\Delta r_{v_{j+1}}(0) \end{cases}$$

在这4种情况里,显然,第(1)种情况是一个极端,第(4)种情况是另一个极端。在第(1)种情况里,失业数量与货币投放数量的被替代增长率都突破了短板容量;而第(4)种情况正相反,都没有突破短板容量。事实已经表明,通货膨胀是应该避免的,因而,货币投放数量的被替代增长率突破经济短板容量的状态应该避免,而与此同时,若保持就业需求拉动的自由,那么,便可以既避免了通货膨胀,又保证了充分就业。于是,这里的第(2)种情况里的避免通货膨胀的边界与第(3)种情况里的保证充分就业的边界被选择出来,构成了人为干预必须参照的基准。它们也组成了一个可选择模型的约束条件。如果以利润支出作为目标函数,便可得出这个模型如下:

$$\mathrm{min}s = -\frac{\partial(\ln\pi)}{\partial(\ln v_{j+1})}\left[e^{\beta_{v_{j+1}}(m_3,m_2,a)t}\Delta r_{v_{j+1}}(0)\right] - \frac{\partial(\ln\pi)}{\partial(\ln v_0)}\left[e^{\beta_{v_0}(m_2,a)t}\Delta r_{v_0}(0)\right]$$

$$(8.15)$$

s. t.

$$e^{\beta_{v_w}(a)t}\Delta r_{v_w}(0) < e^{\beta_{v_{j+1}}(m_3,m_2,a)t}\Delta r_{v_{j+1}}(0) < e^{\beta_{v_0}(m_2,a)t}\Delta r_{v_{j+1}}(0) \qquad (8.16)$$

$$e^{\beta_{v_w}(a)t}\Delta r_{v_w}(0) < e^{\beta_{v_0}(m_2,a)t}\Delta r_{v_0}(0) < {}^{\beta_{v_0}(a)t}\Delta r_{v_0}(0) \qquad (8.17)$$

式中,$\beta_{v_{j+1}}(m_3,m_2,a)$——货币投放数量的被替代指数,变量;

$\beta_{v_0}(m_2,a)$——失业数量的被替代增长指数,变量;

$-\dfrac{\partial(\ln\pi)}{\partial(\ln v_{j+1})}$——利润对货币投放数量的支出弹性,参数;

$-\dfrac{\partial(\ln\pi)}{\partial(\ln v_0)}$——利润对失业数量的支出弹性,参数;

$\beta_{v_w}(a)$——经济短板容量的被替代增长指数,已知;

$\beta_{v_{j+1}}(m_2,a)$——随同就业拉动由市场自行给定的货币被替代增长指数,已知;

$\beta_{v_0}(a)$——市场自行给定的失业数量被替代增长指数,已知。

式(8.15)—(8.17)的最优解,就是在满足避免通货膨胀并保证充分就业的条件下,失业数量的被替代增长指数与货币投放数量之间,依据利润支出最小化原则所获得的协调,也是在这两个容量局部变化之间所进行的协调。这个模型也完全适用于失业剧烈增长、通货膨胀已经出现的情况。显然,这样的情况就是上述的第(1)种情况,也就是(8.13.1)与(8.14.1)的组合,也就是菲利普斯曲线所关注和所描述的内容。由此可见,菲利普斯曲线是通货膨胀和劳动失业并存事件中的一个特例。当这个特例出现时,要求得既减缓通货膨胀又满足充分就业的结果,便仍然可以运用式(8.15)—(8.17)这个模型来求解。

在式(8.16)—(8.17)中,人们会注意到,这里主要涉及3个数值,即$\beta_{v_w}(a)$、$\beta_{v_{j+1}}(m_2,a)$和$\beta_{v_0}(a)$,而这两个公式里所描述的就是这3个数值所对应的3个经济容量。在这两个公式里实际上规定了这样的关系:$\beta_{v_w}(a) < \beta_{v_{j+1}}(m_2,a)$和$\beta_{v_w}(a) < \beta_{v_0}(a)$。这意味着,在正常的情况下,货币投放数量和失业数量的被替代增长指数均大于经济短板容量的被替代增长指数。从两层经济容量的概念来思考,这实际上把这两个数量安排在了经济容量的外层里。

事实表明,货币投放数量和失业数量分别是货币市场和劳务市场的基本容量,从上述的分析结果可以看出,它们对经济增长的作用决定了它们在总体自由市场经济里的特征。它们处于经济容量的外层,也就是与经济短板容量保持适当的距离,实际上也就是要与影响经济的主导地位保持着适当的距离。

第8章建议的续读文献

[1]孙中才. 外贸顺差与通货膨胀[J]. 山东财政学院学报,2011,3:5-9.

[2]孙中才. 宏观干预与通货膨胀[J]. 汕头大学学报(人文社会科学版),2011,6:34-41.

[3]孙中才. 科技进步与通货膨胀[J]. 山东财政学院学报,2011,4:5-10.

[4]艾慧. 中国当代通货膨胀理论研究[M]. 上海:上海财经大学出版社,2007:14-17.

[5]Samuelson,P.. Foundations of Economic Analysis[M]. Cambridge,MA:Harvard University Press,1947:122-124.

[6]Einstein,A.. On the Method of Theoretical Physics[J]. Oxford:Clarendon,1933:27-28.

[7]P. 萨缪尔森,W. 诺德豪斯. 经济学[M]. 萧琛,主译. 北京:华夏出版社,1999:16 - 18.

[8]孙中才. G 函数与经济学的新进展[J]. 汕头大学学报(人文社会科学版),2006,6:20 - 24.

[9]原宇,夏慧. 金融学基础[M]. 北京:科学出版社,2010:72 - 75.

[10]Harrigan, J.. Technology, Factor Supplies, and International Specialization:Estimating the Neoclassical Model [J]. The American Economic Review, 1997, 87:475 - 494.

[11]Einstein, A. , "Autobiographical Notes" in Albert Einstein, Philosopher - Scientist[A], in: Schilpip, P. (ed), Open Court[C]. Evanston, Ⅲ. ,1949:17 - 18.

[12]McFadden, D.. Cost, Revenue, and Profit Functions [M]//M. Fuss and D. McFadden. Production Economics:A Dual Approach to Theory and Applications. Vol. 1. The Theory of Production. North - Holland Publishing Company:Amsterdam · New York · Oxford,1978:14.

[13]Samuelson, P.. Economics[M]. New York:McGraw - Hill,1957:152 - 157.

[14]高鸿业. 西方经济学(宏观部分)[M].5 版. 北京:中国人民大学出版社,2011:504 - 528.

[15]孙中才. 科学历程与经济学的进展[J]. 贵州社会科学,2008,3:85 - 91.

[16]F. Mishkin. The Economics of Money, Banking, and Financial Market[M]. 6th ed. Pearson Addison - Wesley Press,2004:127 - 129.

[17](美)F. 米什金. 货币金融学[M]. 刘毅,蒋理,王秀萍,刘霞,夏乐译. 北京:中国人民大学出版社,2005:152.

[18]孙中才. 通货膨胀与宏观调控[J]. 山东财政学院学报,2012,4:5 - 11.

[19]孙中才. 科学与农业经济学[M]. 北京:中国农业出版社,2009:73 - 74.

[20]孙中才. 货币运营与通货膨胀[J]. 山东财政学院学报,2013,1:51 - 58.

第9章 需求预算与供给预期

§9.1 需求调控与经济变化

§9.1.1 短板因子与人为干预的作用

在一个正则的经济体里：

$$G = \pi(p;v)$$

如同在本书第 4 章和第 5 章里已经讨论过的,其内部存在着固定替代弹性为:

$$S = \begin{bmatrix} \sigma_{p_i p_h} & \sigma_{v p_h} \\ \sigma_{p v_k} & \sigma_{v_j v_k} \end{bmatrix} = \pi \begin{bmatrix} \pi_p^{-1} \pi_{pp} \pi_p^{-1} & \pi_v^{-1} \pi_{vp} \pi_p^{-1} \\ \pi_p^{-1} \pi_{pv} \pi_v^{-1} & \pi_v^{-1} \pi_{vv} \pi_v^{-1} \end{bmatrix}$$

$h \in i , h \neq i , i,h = 1,2,\ldots,I ; k \in j , k \neq j , j,k = 1,2,\ldots,J$

在 $t = 0$ 时刻,它的因子之间存在着这样的固定替代关系,即:

$$\begin{cases} \Delta r_{p_i}(0) = \min_h \{ \sigma_{p_i p_h} r_{p_h}(0) \} - \max_k \{ \sigma_{p v_k} r_{v_k}(0) \} & (9.1) \\ \Delta r_{v_j}(0) = \min_h \{ \sigma_{v_j p_h} r_{p_h}(0) \} - \max_k \{ \sigma_{v_j v_k} r_{v_k}(0) \} & (9.2) \end{cases}$$

$h \in i , h \neq i , i,h = 1,2,\ldots,I ; k \in j , k \neq j , j,k = 1,2,\ldots,J$

式中, $\Delta r_{p_i}(0)$ ——第 i 种产品的价格的被替代率, $i = 1,2,\ldots,I$;

$\sigma_{p_i p_h}$ ——第 i 种产品的价格对第 h 种产品的价格的固定替代弹性;

$r_{p_h}(0)$ ——第 h 种产品的价格的增长率, $h \in i,h \neq i , i = 1,2,\ldots,I$;

$\sigma_{v p_h}$ ——第 h 种产品的价格对需求数量 v_j 的固定替代率; $i = 1,2,\ldots,I ; j = 1,2,\ldots,J$;

$r_{v_k}(0)$——需求数量 v_k 的增长率；

$\Delta r_{v_j}(0)$——需求数量 v_j 的被替代率，$j = 1,2,\ldots,J$；

$r_{p_i}(0)$——第 i 种产品的价格增长率，$i = 1,2,\ldots,I$；

$\sigma_{v_j v_k}$——需求数量 v_j 与需求数量 v_k 之间的固定替代弹性值，$k \in j$，$k \neq j$，$j = 1,2,\ldots,J$。

式(9.1)—(9.2)所表明的是，如果在 $t = 0$ 时刻所给定经济的初始条件确定为 $\pi(p;v)$，若这个经济体是正则的话，也就是可以正常运行的话，那么，它的市场因子——价格便处于这样的最小被替代状态下；同时，它的经济容量——固定数量也必定处于这样的被替代关系之中。

试想，因为经济体中的因子在增长，这个状态应该随时间推移也会有所变化，那么，到了足够长的 t（$t > 0$）时刻，它变化应该为：

$$\begin{cases} e^{\alpha_{p_i}t}\Delta r_{p_i}(0) = \sigma_{p_i p_R}e^{-\alpha_{p_R}t}r_{p_R}(0) - \sigma_{p_i v_W}e^{-\beta_{v_W}t}r_{v_W}(0) & (9.3) \\ e^{\beta_{v_j}t}\Delta r_{v_j}(0) = \sigma_{v_j p_R}e^{-\alpha_{p_R}t}r_{p_R}(0) - \sigma_{v_j v_W}e^{-\beta_{v_W}t}r_{v_W}(0) & (9.4) \end{cases}$$

$R \in i, R \neq i$，$i = 1,2,\ldots,I$，$W \in j$，$j = 1,2,\ldots,J.$

式中，α_{p_i}——第 i 个价格的被替代增长指数，$i = 1,2,\ldots,I$；

$-\alpha_{p_R}$——短板价格的增长指数，$R \in i, R \neq i$，$i = 1,2,\ldots,I$；

$-\beta_{v_W}$——短板容量的增长指数，$W \in j$，$j = 1,2,\ldots,J$；

β_{v_j}——第 j 种需求的被替代增长指数。

这里，

$$e^{\beta_{v_W}t}\Delta r_{v_W}(0) = \sigma_{v_W p_R}e^{-\alpha_{p_R}t}r_{p_R}(0) - \sigma_{v_W v_S}e^{-\beta_{v_S}t}r_{v_S}(0) \qquad (9.5)$$

其中，

$$\begin{aligned} e^{\beta_{v_W}t}\Delta r_{v_W}(0) &= \min_j\{e^{\beta_{v_j}t}\Delta r_{v_j}(0)\} \\ &= \min_j\{\min_h[\sigma_{v_j p_h}e^{-\alpha_{p_R}t}r_{p_h}(0)] - \max_k[\sigma_{v_j v_k}e^{-\beta_{v_R}t}r_{v_k}(0)]\} \\ &= \min_h\{\sigma_{v_W p_h}e^{-\alpha_{p_R}t}r_{p_h}(0)\} - \max_k\{\sigma_{v_W v_k}e^{-\beta_{v_R}t}r_{v_k}(0)\} \end{aligned}$$

$$\sigma_{v_W p_R}e^{-\alpha_{p_R}t}r_{p_R}(0) = \min_h\{\sigma_{v_W p_h}e^{-\alpha_{p_R}t}r_{p_h}(0)\}$$

和

$$\sigma_{v_W v_S}e^{-\gamma_{v_S}t}r_{v_S}(0) = \max_k\{\sigma_{v_W v_k}e^{-\beta_{v_R}t}r_{v_k}(0)\}$$

$R \in i, R \neq i$，$i = 1,2,\ldots,I$，$W,S \in j$，$k \in j$，$k \neq j$，$j,k = 1,2,\ldots,J$。

式(9.5)便是短板因子的表示。容易理解，式(9.5)所表示的是一个全局性的"最小值"，因为，这里的 $e^{\beta_{v_W}t}\Delta r_{v_W}(0)$ 为给定的全局最小值，即短板容量；而在已知

$\sigma_{v_W p_R}$ 和 $\sigma_{v_W v_S} e^{-\beta_{v_s} t} r_{v_S}(0)$ 的情况下，所解得的 $e^{-\alpha_{p_r} t} r_{p_R}(0)$，即短板价格，必定也是全局性的最小值。

不失一般性，假定在时刻 $t>0$ 出现了人为干预 $m_2 = [m_{2_1}, m_{2_2}, \ldots, m_{2_N}]$，并直接介入了需求，那么式(9.5)变为：

$$e^{\beta_{v_s}(m_2) t} \Delta r_{v_W}(0) = \min_h \{\sigma_{v_W p_k} e^{-\alpha_{p_r} t} r_{p_k}(0)\} - \max_k \{\sigma_{v_W v_k} e^{-\beta_{v_s}(m_2) t} r_{v_k}(0)\}$$

$$h \in i, h \neq i, i, h = 1, 2, \ldots, I ; W, k \in j, k \neq j, j, k = 1, 2, \ldots, J$$

为便于理解，令：

$$\sigma_{v_W p_R} e^{-\alpha_{p_r} t} r_{p_R}(0) = \min_h \{\sigma_{v_W p_h} e^{-\alpha_{p_r} t} r_{p_h}(0)\}$$

和

$$\sigma_{v_W v_S} e^{-\beta_{v_s}(m_2) t} r_{v_S}(0) = \max_k \{\sigma_{v_W v_k} e^{-\beta_{v_s}(m_2) t} r_{v_k}(0)\}$$

于是，式(9.5)变化为：

$$e^{\beta_{v_s}(m_2) t} \Delta r_{v_W}(0) = \sigma_{v_W p_R} e^{-\alpha_{p_r} t} r_{p_R}(0) - \sigma_{v_W v_S} e^{-\beta_{v_s}(m_2) t} r_{v_S}(0)$$

并从中可以解得：

$$e^{-\alpha_{p_r} t} r_{p_R}(0) = \frac{1}{\sigma_{v_W p_R}} e^{\beta_{v_s}(m_2) t} \Delta r_{v_W}(0) + \frac{\sigma_{v_W v_S}}{\sigma_{v_W p_R}} e^{-\beta_{v_s}(m_2) t} r_{v_S}(0)$$

$$R \in i, , i = 1, 2, \ldots, I ; W, S, k \in j, k \neq j, j, k = 1, 2, \ldots, J$$

这个 $e^{-\alpha_{p_r} t} r_{p_R}(0)$ 就是有人为干预行为介入经济以后，经济自身调节出来的短板价格的增长率。

从短板价格或短板价格的增长率这个概念出发，便可以进行更加深入的分析。因为短板价格的增长率是经济里所有价格增长率中的最小者，能够看到，在价格的替代关系上，必然存在着：

$$\sigma_{p_i p_R} e^{-\hat{\alpha}_{p_r} t} r_{p_R}(0) < \sigma_{p_i p_h} e^{-\alpha_{p_r} t} r_{p_h}(0)$$

并且，容易看出，在式(9.3)里必定有：

$$\lim_{\hat{\alpha}_{p_r} \to 0} \min_h \{\sigma_{p_i p_h} e^{\alpha_{p_r} t} r_{p_h}(0)\} \to \sigma_{p_i p_R} e^{\hat{\alpha}_{p_r} t} r_{p_R}(0)$$

或者说，有：

$$\lim_{-\hat{\alpha}_{p_r} \to 0} e^{-\alpha_{p_r} t} r_{p_h}(0) \to e^{-\hat{\alpha}_{p_r} t} r_{p_R}(0) \tag{9.6}$$

这意味着，在价格的替代关系上，每两个价格之间都存在着相对替代，但最终的决定因素是短板价格的增长率。每一个价格的实际被替代程度最终都取决于短板价格。

同理,在式(9.4)中也必定存在着:

$$e^{\beta_{v_i}t}\Delta r_{v_j}(0) > \sigma_{v_j v_w}e^{|-\beta_{v_s}|t}r_{v_w}(0)$$

也就是:

$$e^{\beta_{v_i}t}\Delta r_{v_j}(0) > \sigma_{v_j v_w}e^{\beta_{v_s}t}r_{v_w}(0)$$

并且也有:

$$\lim_{-\beta_{v_s}(m_2)\to 0} e^{-\beta_{v_i}t}\Delta r_{v_j}(0) \to e^{-\beta_{v_s}(m_2)t}\Delta r_{v_w}(0) \tag{9.7}$$

这也就是说,在经济容量的替代关系上,类似于价格,各个经济容量元素的被替代程度,最终也是由短板容量元素决定的。

这样,人们从式(9.6)和(9.7)中可以看出,经济的正则运行,或者说自然正常运动,实际上是遵循着因子之间的最小被替代法则来实现的。这种最小的被替代关系是由经济中的短板因子来决定的,也就是由经济短板容量元素,以及由这个短板元素直接确定的短板价格决定的。因而,由此可以看出,从宏观调控的角度来看,是短板的经济容量决定了经济运行的状态,也就是决定着经济的格局。为简明起见,在此可以将短板的经济容量元素和短板的价格统称为短板因子。

由此可以推测到,任何人为的干预,通过改变经济容量来介入经济的行为,其实际作用都要通过它对短板因子的实际作用,再通过短板因子在这种作用下的变化最终体现为对经济的真正影响。然而,已经知道,短板因子是全局的最小值所在,而其余因子则是局部极值所在,上述分析结果已经表明,全局因子的变化,必定可以直接影响到全局。而且,从式(9.6)和式(9.7)中能够看到,经济的运行,也就是自由运行、自行调节的过程,必定是收敛的。经济中的各个因子都将收敛于短板因子,向短板因子的增长状态逼近。

因此从宏观条件的立场来看,要想通过人为介入尽快取得经济的整体性改观,必须要能够有效地确定经济短板容量所在,并同时确定决定这个短板的另一个容量元素所在,从而解得短板价格的可能增长率,进而了解有关干预的全局性后果。

所幸的是,在关于通货膨胀和失业数量的有关分析中,人们已经可以看到,货币投放数量和失业数量,都具有处于外层容量的特征,在非特殊情况下,它们都不应或者不会成为经济短板容量。其中,特别是货币投放数量,一旦在人为干预下成了短板,必将呈现为恶性的通货膨胀,令经济虚假增长、走向崩溃;而失业数量一旦成为短板,也会带来不无弊端的影响。这个结果,在第 8 章里已经进行过详细的阐述。

§9.1.2 人为干预介入容量因子后的结果

在自由市场经济里,人为干预只可通过固定数量才能介入经济,而且,不失一般性,介入是可以在任何一个经济容量上实现的。于是,可以设,在 $t > 0$ 时刻,有了人为干预 $m_2 = [m_{2_1}, m_{2_2}, \ldots, m_{2_N}]$,它施加给了一个经济容量,得出一个给定的值:

$$e^{\beta_v(m_2)t} \Delta r_{v_j}(0)$$

有了这个施加以后,对照着式(9.4),被施加的经济容量存在着两种可能:

(9.4.1) $e^{\beta_v(m_2)t} \Delta r_{v_j}(0) > \sigma_{v_j v_W} e^{|-\beta_v \cdot|t} r_{v_W}(0)$

(9.4.2) $e^{\beta_v(m_2)t} \Delta r_{v_j}(0) < \sigma_{v_j v_W} e^{|-\beta_v \cdot|t} r_{v_W}(0)$

这里,$e^{\beta_v \cdot t} r_{v_W}(0)$ 为经济的短板容量的被替代增长率。式(9.4.2)所表示的是,这个被施加了人为干预的容量,在被施加后,其被替代增长的作用小于现有的短板了。这意味着,该容量将成为经济容量的新短板了,这样的人为干预其实相当于干预了短板容量,其作用就是直接拉动了经济的扩张。这已经在前面的有关内容里得到详细的阐述。式(9.4.1)所表示的是,这个被施加了人为干预的容量,其被替代增长的作用仍大于短板容量的被替代增长率。这意味着,这样的施加,没有改变这个容量的基本地位。在这种情况下,对比式(9.4)的结果,会有:

$$e^{\beta_v(m_2)t} \Delta r_{v_j}(0) - e^{\beta_v \cdot t} \Delta r_{v_j}(0)$$

$$= e^{\beta_v(m_2)t} \Delta r_{v_j}(0) - [\sigma_{v_j p_R} e^{-\alpha_r \cdot t} r_{p_R}(0) - \sigma_{v_j v_W} e^{-\beta_v \cdot t} r_{v_W}(0)] > 0$$

这里,因为有 $e^{\beta_v(m_2)t} \Delta r_{v_j}(0) > \sigma_{v_j v_W} e^{|-\beta_v \cdot|t} r_{v_W}(0)$。

也就是说,对于非短板容量的微量调整,不会改变市场自行调节的结果,只是改变了这个非短板容量的数量,而且,对照经济自身的最优化结果,会出现需求或资源的闲置或剩余。此外,由于数量发生了变化,必定会在经济的基本骨架成分方面反映出来,也就是一定会在影子利润的增长率方面反映出来,导致 $\dfrac{\partial(\ln\pi)}{\partial[\ln v_j(m_2)]}$ 发生变化,以至于经济有所反映。自然,这种反映也完全适用于短板容量因子,因此,在状态水平上,在经济的总体结构里,能够得出这样的支出状态核算公式:

$$\Delta c = \sum_{j=1}^{J} \left\{ \frac{\partial(\ln\pi)}{\partial[\ln v_j(m_2)]} \left[e^{\beta_{v_j}(m_2)t} \Delta r_{v_j}(0) \right] \right\} \tag{9.8}$$

式中，Δc ——经济利润支出状态方程。

显然，经济容量数量的变化，会导致利润支出状态方程的变化，随着短板因子的变化必定会发生经济整体支出的变化；而随着那些非短板容量因子的变化，也必定带来局部的支出变化。式(9.8)既包括了前者，也包括了后者，因而，它是最一般性的经济容量变化的支出状态方程。对于那些非短板容量因子的变化，如同在第4章和第5章里已经分析过的，因为它们的变化不会带来价格的变化和供给水平的变化，也就是影响不到收入和产出，所以，在支出方面的影响必将成为经济的"纯粹"支出，带来经济效率下降。

这样，在自由市场的经济里，人为干预只可从经济容量入手，而这种干预，无论处于什么样的情况下，都必然涉及经济体支出的增长状态的变化。要改变容量，就要做出支付。于是，如何斟酌必要的干预，如何预知其可能的经济支出，就首先成了经济管理工作的重要考虑。

这似乎便是投入预算与经济预期思想的最初出发点。

§9.1.3 "多管齐下"与"对应两点的反应"

显然，在存在多个经济容量的情况下，人为干预介入经济的切入点便与之相呼应，也是多重的，因而，在发现经济出现多个问题，或者发现多个目标发生偏离的时候，人们很容易产生"多管齐下"的想法，以为把多个需求调整到所追求的目标上，而通过它们产生的影响使经济整体运行到令人满意的程度，并以为"多管齐下"，必定有多方面的作用，应当可以取得多方面的积极作用。或许，在考虑需求拉动时，人们更容易被这样的想法所引导。然而，式(9.3)—(9.4)的结构已经表明，在经济运行过程中，只有短板容量和短板价格这两个因子的数值决定着市场价格整体的变化，也因此决定着产品的供给水平。因而在人为干预的立场上似乎很容易发现这样的事实，那就是，干预可以"多管齐下"，而市场却仅仅"对应着两个点"给出反应，这两个点就是短板容量和短板价格。

而且，刚刚结束的上述分析已经表明，对需求的干预，必定影响到固定数量，从而作用于利润的边际变化，也就是直接作用于需求的影子利润，造成经济支出的增长。干预介入，即可产生支出，但是，这些干预却不一定能使市场做出有效的反应，因为市场只能对短板容量和短板价格做出反应，也就是说，这些干预介入短板容量,或者促使所介入的容量成了短板,市场才会有所反应,进而才能作用于价格整体,改变供给,给收入带来变化。因此,需求的介入尽管可以是多方面的,但如果不是直接地介入在短板容量上,或者还不足以使受干预的容量成为短板,那么,也不会带来收入方面的变化。"多管齐下",必然产生相应的"多管齐下"的支出,却不能带来"多管齐下"的收入,甚至根本就不产生收入。

只有对短板容量的需求拉动,才能使"对应两点的反应"得到贯彻,也才可能真正拉动经济增长。在宏观调控里,人们推崇"多管齐下"的策略,是与对短板容量不能明确或者不能把握有关系的。

§9.2　短期预算与经济结构变化

§9.2.1　短板容量与总供给核算

一个正则的经济,运行到了 t（$t > 0$）时刻,如式(9.3)—(9.4)所示,它必定有:

$$\begin{cases} e^{\alpha_{p_i}t}\Delta r_{p_i}(0) = \sigma_{p_i p_R}e^{-\alpha_{p_R}t}r_{p_R}(0) - \sigma_{p_i v_W}e^{-\beta_{v_W}t}r_{v_W}(0) \\ e^{\beta_{v_j}t}\Delta r_{v_j}(0) = \sigma_{v_j p_R}e^{-\alpha_{p_R}t}r_{p_R}(0) - \sigma_{v_j v_W}e^{-\beta_{v_W}t}r_{v_W}(0) \end{cases}$$

这意味着,此时经济的结构变化成了:

$$G = \pi(p;v,t)$$

式中, p ——产出价格向量, $p = (p_1,p_2,\ldots,p_I)$; $p_i \gg 0$, $i = 1,2,\ldots,I$;

v ——需求数量向量, $v = (v_1,v_2,\ldots,v_J)$, $v_j \leq 0$, $j = 1,2,\ldots,J$,有 $I \leq J$;

t ——时间。

但这里的价格变化成了:

$$p_i(t) = p_i(0)[1 - e^{\alpha_{p_i}t}\Delta r_{p_i}(0)]$$

固定数量变成了:

$$v_j(t) = v_j(0)[1 - e^{\beta_{v_j}t}\Delta r_{v_j}(0)]$$

这时的经济总产出为:

$$GDP = \sum_{i=1}^{I}\left[\frac{\partial\pi(t)}{\partial p_i(t)}p_i(t)\right] \tag{9.9}$$

式中,依据 Hotelling 引理,第 i 个部门的供给数量为:

$$x_i(t) = \frac{\partial \pi(t)}{\partial p_i(t)} \quad i = 1, 2, \ldots, I$$

这样,如果把式(9.9)和式(9.8)综合起来考虑,便得出了需求预算与供给预期的思路。

在这条思路上,决定的因素是短板集合,也就是式(9.3)—(9.4)里的这组参数:

$$[\sigma_{p_i p_R} e^{-\alpha_{p_R} t} r_{p_R}(0) \quad \sigma_{p_i v_W} e^{-\beta_{v_W} t} r_{v_W}(0)]$$

如果以被替代的方式来写,可以简写为:

$$[e^{\alpha_{p_R} t} r_{p_R}(0) \quad e^{\beta_{v_W} t} r_{v_W}(0)]$$

而且,前面已经阐述过,这里的 $e^{\alpha_{p_R} t} r_{p_R}(0)$ 是在给定 $e^{\beta_{v_W} t} r_{v_W}(0)$ 的情况下求得的,因此,也如同前面有关章节已经分析过的,对经济整体能起到最终决定性作用的,便是这个短板容量的被替代水平 $e^{\beta_{v_W} t} r_{v_W}(0)$ 。

从式(9.3)—(9.4)的结构中可以看出,在 $[e^{\alpha_{p_R} t} r_{p_R}(0) \quad e^{\beta_{v_W} t} r_{v_W}(0)]$ 给定的情况下,这个方程组有唯一解,这意味着,一旦 $e^{\beta_{v_W} t} r_{v_W}(0)$ 给定,式(9.8)和(9.9)便与它是一一对应的关系。这样,它们在经验水平上应该显现这样的迹象,即如果所关注的经济容量是短板容量,那么,它的变动一定可以引起经济整体的变动。反过来,也必定存在这样的现象,即如果经济整体发生了明显的变动,那么,它的短板容量也一定发生了变动。自然,那些自己发生变化却不能影响整体的容量一定不是短板容量,它的变动只有改变自身的作用,不会带来市场结构的变化,因而不具有供给预期的意义,尽管这样的变动在其自身的预算方面有意义。

在宏观经济学里,可以作为典型特例的是政府的购买和转移支付。政府的购买和转移支付通常被认为是拉动经济增长的重要手段。

设直接表示政府购买和转移支付的经济体结构为:

$$G = \pi(p; v_0, v, v_{J+1}) \tag{9.10}$$

式中,$\pi(.)$ ——利润函数;

p ——产出价格向量,$p = (p_1, p_2, \ldots, p_I)$;$p_i \gg 0$,$i = 1, 2, \ldots, I$;

v_0 ——政府购买预算数量;

v ——需求数量向量,$v = (v_1, v_2, \ldots, v_J)$,$v_j \leq 0$,$j = 1, 2, \ldots, J$,有 $I \leq J$;

v_{J+1} ——政府转移支付预算数量。

经济运行到 $t > 0$ 时刻,会有:

$$
\begin{cases}
e^{\alpha_{p_i}t}\Delta r_{p_i}(0) = \sigma_{p_i p_R} e^{-\alpha_{p_R}t} r_{p_R}(0) - \sigma_{p_i v_W} e^{-\beta_{v_W}t} r_{v_W}(0) \\
e^{\beta_{v_0}t}\Delta r_{v_0}(0) = \sigma_{v_0 p_R} e^{-\alpha_{p_R}t} r_{p_R}(0) - \sigma_{v_0 v_W} e^{-\beta_{v_W}t} r_{v_W}(0) \\
e^{\beta_{v_{J+1}}t}\Delta r_{v_{J+1}}(0) = \sigma_{v_{J+1} p_R} e^{-\alpha_{F_R}t} r_{p_R}(0) - \sigma_{v_{J+1} v_W} e^{-\beta_{v_W}t} r_{v_W}(0)
\end{cases}
$$

$R \in i, R \neq i, i = 1,2,\ldots,I;$

$W \in j, W \neq j, j = 1,2,\ldots,J_。$

式中，$\Delta r_{p_i}(0)$——第 i 种产品的价格的被替代率，$i = 1,2,\ldots,I$；

$\sigma_{p_i p_R}$——第 i 种产品的价格对短板价格的固定替代弹性；

$r_{p_R}(0)$——短板价格的增长率，$R \in i, R \neq i$，$i = 1,2,\ldots,I$；

$\sigma_{v_0 p_R}$——政府购买预算数量 v_0 对短板价格的固定替代弹性；

$r_{v_0}(0)$——政府购买预算数量 v_0 的增长率；

$\sigma_{v_{J+1} p_R}$——政府转移支付预算数量 v_{J+1} 对短板价格的固定替代弹性；

$\sigma_{v_W p_i}$——第 i 种产品的价格对短板容量的固定替代弹性；

$r_{v_W}(0)$——短板容量的增长率；

$\sigma_{v_W v_0}$——政府购买预算数量 v_0 对短板容量的替代弹性；

$\sigma_{v_W v_{J+1}}$——政府转移支付预算数量 v_{J+1} 对短板容量的固定替代弹性；

$\Delta r_{v_0}(0)$——政府购买预算数量 v_0 的被替代率；

$\Delta r_{v_{J+1}}(0)$——政府转移支付预算数量 v_{J+1} 的被替代率。

这里必定存在着：

$$
e^{\beta_{v_s}(m_2)t}\Delta r_{v_W}(0) = \sigma_{v_W p_R} e^{-\alpha_{p_s}t} r_{p_R} - \sigma_{v_W v_s} e^{-\beta_{v_s}(m_2)t} r_{v_s}(0)
$$

其中，

$$
\sigma_{v_W p_R} e^{-\alpha_{p_s}t} r_{p_R} = \min_h \{ \sigma_{v_W p_h} e^{-\alpha_{p_s}t} r_{p_h}(0) \}
$$

$$
\sigma_{v_W v_s} e^{-\beta_{v_s}(m_2)t} r_{v_s}(0) = \max_k \{ \sigma_{v_W v_k} e^{-\beta_{v_s}(m_2)t} r_{v_k}(0) \}
$$

这也就是说，完全可以据此确定出经济短板容量元素之所在。并在出现了人为干预 $m_2 = [m_{2_1}, m_{2_2}, \ldots, m_{2_N}]$ 时，可以依据式（9.5）求得短板价格，为：

$$
e^{-\hat{\alpha}_{p_s}t} r_{p_R}(0) = \frac{1}{\sigma_{v_W p_R}} e^{\beta_{v_s}(m_2)t}\Delta r_{v_W}(0) + \frac{\sigma_{v_W v_s}}{\sigma_{v_W p_R}} e^{-\beta_{v_s}(m_2)t} r_{v_s}(0)
$$

$$R \in i, , i = 1,2,\ldots,I ; W,S \in j, W \neq j, j = 1,2,\ldots,J \tag{9.11}$$

不失一般性，假定我们要分析的政府购买和转移支付都不是短板容量元素，即 $v_W \neq v_0$ 和 $v_W \neq v_{J+1}$，然而，根据前面的有关分析结果和这里的式（9.11）的结构可以得出：

$$\begin{cases} e^{\alpha_{p_i}t}\Delta r_{p_i}(0) = \sigma_{p_i p_R}e^{-\alpha_{p_i}t}r_{p_R} - \sigma_{p_i v_w}e^{-\beta_{v_*}t}r_{v_W}(0) \\ e^{\beta_{v_0}t}\Delta r_{v_0}(0) = \sigma_{v_0 p_R}e^{-\alpha_{p_i}t}r_{p_R}(0) - \sigma_{v_0 v_w}e^{-\beta_{v_*}t}r_{v_W}(0) \\ e^{\beta_{v_{J+1}}t}\Delta r_{v_{J+1}}(0) = \sigma_{v_{J+1} p_R}e^{-\alpha_{p_i}t}r_{p_R}(0) - \sigma_{v_{J+1} v_w}e^{-\beta_{v_*}t}r_{v_W}(0) \end{cases}$$

这意味着，依据正则法则，在经济运行的过程里，市场会自行进行调节，调节的基准是经济短板容量元素本身以及由这个短板元素所确定的短板价格。调节的内容，就是求得由这两个短板所分别确定的其余所有因子的最小的被替代率，以便保证整体经济能够在最宽松的状态下得以运行。其余所有因子的最小被替代率，就是由短板价格带给该因子的被替代增长率减去由短板容量带给该因子的被替代增长率。在局部最优或局部极值的水平上，它们分别呈现为自身所在邻域范围内最小的被替代增长率和最大的被替代增长率。

再进一步分析，在式（9.5）中，若有 $v_S \neq v_0$ 和 $v_S \neq v_{J+1}$，也就是说，政府购买和政府转移支付不仅不是短板容量，也不是决定短板价格的因子，那么，可以看出，这两项干预的结果都不会具有全局性作用，因为它们不可能对短板因子起到直接的影响。即使能起到直接的作用，即两项干预能起到直接干预作用，根据式（9.4）的结构可以得出：

$$\sigma_{v_w v_S}e^{-\beta_{v_*}(m_2)t}r_{v_S}(0) = \max_k \left\{ \sigma_{v_0 v_k}e^{-\beta_{v_*}t}r_{v_k}(0), \sigma_{v_j v_k}e^{-\beta_{v_*}t}r_{v_k}(0), \sigma_{v_{J+1} v_k}e^{-\beta_{v_*}t}r_{v_k}(0) \right\}$$

若有 $v_S = v_0$，那么，由式（9.4）中的唯一性可以看出，这里仅仅可以有 $v_S = v_0$；类似地，若有了 $v_S = v_{J+1}$，那么，也只可有 $v_S = v_{J+1}$，而不可能再有 $v_S = v_0$。这意味着，如果政府的购买或转移支付能够对经济短板容量元素起着直接作用的话，那么也一定只是其中之一能直接起到直接的作用，而不可能是两者都同时起到直接的作用，因而，即使政府的购买和转移支付对经济的全局起到了直接的调控作用，也一定只是其中之一起到了直接的作用，而不可能是"双管齐下"的直接结果。

调控可以"多管齐下"，经济却只是"两点反应"，两点中的最直接决定者只是其中的一点——经济短板容量元素 v_W。

§9.2.2　短期的需求预算与供给预期

从上面关于政府购买和政府转移支付的特例分析结果，可以进行以下归纳。正则的经济体：

$$G = \pi(p; v_0, v, v_{J+1})$$

经济运行到 $t > 0$ 时刻,会有:

$$
\begin{cases}
e^{\alpha_{p_i} t} \Delta r_{p_i}(0) = \sigma_{p_i p_R} e^{-\alpha_{p_R} t} r_{p_R} - \sigma_{p_i v_W} e^{-\beta_{v_W} t} r_{v_W}(0) \\
e^{\beta_{v_0} t} \Delta r_{v_0}(0) = \sigma_{v_0 p_R} e^{-\alpha_{p_R} t} r_{p_R}(0) - \sigma_{v_0 v_W} e^{-\beta_{v_W} t} r_{v_W}(0) \\
e^{\beta_{v_{J+1}} t} \Delta r_{v_{J+1}}(0) = \sigma_{v_{J+1} p_R} e^{-\alpha_{p_R} t} r_{p_R}(0) - \sigma_{v_{J+1} v_W} e^{-\beta_{v_W} t} r_{v_W}(0)
\end{cases}
$$

$$R \in i, R \neq i, i = 1, 2, \ldots, I; W \in j, W \neq j, j = 1, 2, \ldots, J$$

这里必定有:

$$e^{\beta_{v_W}(m_2) t} \Delta r_{v_W}(0) = \sigma_{v_W p_R} e^{-\alpha_{p_R} t} r_{p_R} - \sigma_{v_W v_S} e^{-\beta_{v_W}(m_2) t} r_{v_S}(0)$$

其中,

$$\sigma_{v_W p_R} e^{-\alpha_{p_R} t} r_{p_R} = \min_h \{ \sigma_{v_W p_h} e^{-\alpha_{p_h} t} r_{p_h}(0) \}$$

$$\sigma_{v_W v_S} e^{-\beta_{v_W}(m_2) t} r_{v_S}(0) = \max_k \{ \sigma_{v_W v_k} e^{-\beta_{v_W}(m_2) t} r_{v_k}(0) \}$$

即可以确定经济短板容量元素,并在出现了人为干预 $m_2 = [m_{2_1}, m_{2_2}, \ldots, m_{2_N}]$ 时,可以依据式(9.5)求得短板价格为:

$$e^{-\hat{\alpha}_{p_R} t} r_{p_R}(0) = \frac{1}{\sigma_{v_W p_R}} e^{\beta_{v_W}(m_2) t} \Delta r_{v_W}(0) + \frac{\sigma_{v_W v_S}}{\sigma_{v_W p_R}} e^{-\beta_{v_W}(m_2) t} r_{v_S}(0)$$

$$R \in i, , i = 1, 2, \ldots, I; W, S \in j, W \neq S, j = 1, 2, \ldots, J$$

于是,从人为干预的效应里,得出了两个短板点,即下面这个集合里的这两个元素:

$$[e^{\beta_{v_W}(m_2) t} \Delta r_{v_W}(0), \quad e^{-\alpha_{p_R} t} r_{p_R}(0)]$$

并得出,再继续运行的初始状态为:

$$
\begin{cases}
e^{\alpha_{p_i} t} \Delta r_{p_i}(0) = \sigma_{p_i p_R} e^{-\alpha_{p_R} t} r_{p_R} - \sigma_{p_i v_W} e^{-\beta_{v_W}(m_2) t} r_{v_W}(0) \\
e^{\beta_{v_0} t} \Delta r_{v_0}(0) = \sigma_{v_0 p_R} e^{-\alpha_{p_R} t} r_{p_R}(0) - \sigma_{v_0 v_W} e^{-\beta_{v_W}(m_2) t} r_{v_W}(0) \\
e^{\beta_{v_{J+1}} t} \Delta r_{v_{J+1}}(0) = \sigma_{v_{J+1} p_R} e^{-\alpha_{p_R} t} r_{p_R}(0) - \sigma_{v_{J+1} v_W} e^{-\beta_{v_W}(m_2) t} r_{v_W}(0)
\end{cases}
$$

如果其余条件均不变,那么,运行到了 $t + 1$ 时刻,必定有:

$$G = \pi[p; v, (t+1)]$$

这里:

$$p_i(t+1) = p_i(t) [1 - e^{\alpha_{p_i} t} \Delta r_{p_i}(0)], p = (p_1, p_2, \ldots, p_I); p_i \gg 0, i = 1, 2, \ldots, I;$$

$$v_j(t+1) = v_j(t) [1 - e^{\beta_{v_j} t} \Delta r_{v_j}(0)], v = (v_1, v_2, \ldots, v_{J+1}), v_j \leqslant 0, j = 1,$$

$2,\ldots,J,J+1$,有 $I \leqslant J$ 。

于是,根据 Hotelling 引理,能够得出这个时刻的总供给预期为:

$$GDP(t+1) = \sum_{i=1}^{I} \frac{\partial \pi(t+1)}{\partial p_i(t+1)} \qquad (9.12)$$

不失一般性,以本节的分析结果为基础,可以转入对长期运行情况的分析。

§9.3　长期的需求预算与供给预期

§9.3.1　科技进步的传递与调节

如同前面已经表述过的,我们所要分析的长期情况,就是着眼于科技进步的情况,也就是从

$$G = \pi(ap;v)$$

出发,来分析科技进步的实际作用。如前所述,这里,

a ——标量矩阵;

$$a = \begin{bmatrix} a_{11} & 0 & \ldots & 0 \\ 0 & a_{22} & 0 & 0 \\ \ldots & 0 & \ldots & 0 \\ 0 & 0 & 0 & a_{II} \end{bmatrix}。$$

并容易得出,在 $t = 0$ 时刻,经济体内存在着下列被替代关系:

$$\begin{cases} \Delta r_{p_i}(0) = \min_h \{ \sigma_{p_i p_h} [r_{a_{hh}}(0) + r_{p_h}(0)] \} - \max_k \{ \sigma_{p_i v_k} r_{v_k}(0) \} \\ \Delta r_{v_j}(0) = \min_h \{ \sigma_{v_j p_h} [r_{a_{hh}}(0) + r_{p_h}(0)] \} - \max_k \{ \sigma_{v_j v_k} r_{v_k}(0) \} \end{cases}$$

$h \in i, h \neq i$, $i,h = 1,2,\ldots,I$; $k \in j$, $k \neq j$, $j,k = 1,2,\ldots,J$

那么,到了 t ($t > 0$)时刻,它应该变化为:

$$\begin{cases} e^{\alpha_{p_i} t} \Delta r_{p_i}(0) = \min_h \{ \sigma_{p_i p_h} [e^{-\alpha_{a_{hh}} t} r_{a_{hh}}(0) + e^{-\alpha_{p_h} t} r_{p_h}(0)] \} - \max_k \{ \sigma_{p_i v_k} e^{-\beta_{v_k} t} r_{v_j}(0) \} \\ \qquad\qquad - e^{-\alpha_{a_{ii}} t} r_{a_{ii}}(0) \\ e^{\beta_{v_j} t} \Delta r_{v_j}(0) = \min_h \{ \sigma_{v_j p_h} [e^{-\alpha_{a_{hh}} t} r_{a_{hh}}(0) + e^{-\alpha_{p_h} t} r_{p_h}(0)] \} - \max_k \{ \sigma_{v_j v_k} e^{-\beta_{v_k} t} r_{v_k}(0) \} \end{cases}$$

$h \in i, h \neq i$, $i,h = 1,2,\ldots,I$; $k \in j$, $k \neq j$, $j,k = 1,2,\ldots,J$

而且,一定会存在着短板容量元素:

$$e^{\beta_{v_i}t}\Delta r_{v_W}(0) = \min_j\{e^{\beta_{v_i}t}\Delta r_{v_k}(0)\}$$

$$= \min_j\{\min_h\{\sigma_{v_jp_h}[e^{-\alpha_{a_{hh}}t}r_{a_{hh}}(0) + e^{-\alpha_{p_h}t}r_{p_h}(0)]\} - \max_k\{\sigma_{v_jv_k}e^{-\beta_{v_k}t}r_{v_k}(0)\}\}$$

$$= \min_h\{\sigma_{v_Wp_h}[e^{-\alpha_{a_{hh}}t}r_{a_{hh}}(0) + e^{-\alpha_{p_h}t}r_{p_h}(0)]\} - \max_k\{\sigma_{v_Wv_k}e^{-\beta_{v_k}t}r_{v_k}(0)\}$$

$$h \in i\,, h \neq i\,, i,h = 1,2,\ldots,I\,; k \in j\,, k \neq j\,, j,k = 1,2,\ldots,J$$

不失一般性,假定在时刻 $t > 0$ 出现了人为干预,那么将有:

$$e^{\beta_{v_i}(m_1,m_2)t}\Delta r_{v_W}(0) = \min_h\{\sigma_{v_Wp_h}[e^{-\alpha_{a_{hh}}(m_1)t}r_{a_{hh}}(0) + e^{-\alpha_{p_h}t}r_{p_h}(0)]\}$$

$$- \max_k\{\sigma_{v_Wv_k}e^{-\beta_{v_k}(m_2)t}r_{v_k}(0)\}$$

$$h \in i\,, h \neq i\,, i,h = 1,2,\ldots,I\,; W,k \in j\,, k \neq j\,, j,k = 1,2,\ldots,J$$

这里, m_1 为人为的对科技进步的干预向量, $m_1 = [m_{1_1}, m_{1_2}, \ldots, m_{1_M}]$。

如上所述,在这里可以解得短板价格:

$$e^{-\hat{\alpha}_{a_{RR}}(m_1)t}r_{a_{RR}}(0) + e^{-\hat{\alpha}_{p_R}t}r_{p_R}(0) = \frac{1}{\sigma_{v_Wp_R}}e^{\beta_{v_i}(m_1,m_2)t}\Delta r_{v_W}(0) + \frac{\sigma_{v_Wv_S}}{\sigma_{v_Wp_R}}e^{-\beta_{v_i}(m_2)t}r_{v_S}(0)$$

$$R \in i\,, \,, i = 1,2,\ldots,I\,; W,S \in j\,, W \neq S\,, j = 1,2,\ldots,J$$

这里,

$$e^{\beta_{v_i}t}\Delta r_{v_W}(0) = \min_k\{e^{\beta_{v_i}t}\Delta r_{v_k}(0)\}$$

$$e^{-\hat{\alpha}_{a_{RR}}(m_1)t}r_{a_{RR}}(0) + e^{-\hat{\alpha}_{p_R}t}r_{p_R}(0) = \min_h\{\sigma_{v_Wp_R}[e^{-\alpha_{a_{hh}}t}r_{a_{hh}}(0) + e^{-\alpha_{p_h}t}r_{p_h}(0)]\}$$

$$\sigma_{v_Wv_S}e^{-\beta_{v_i}(m_2)t}r_{v_S}(0) = \max_k\{\sigma_{v_Wv_k}e^{-\beta_{v_i}(m_2)t}r_{v_k}(0)\}$$

$$e^{\beta_{v_i}t}\Delta r_{v_W}(0) = \min_{W,S}\{e^{\beta_{v_i}t}\Delta r_{v_W}(0), \sigma_{v_Wv_S}e^{|-\beta_{v_i}(m_2)|t}r_{v_S}(0)\}$$

于是,从人为干预效应中,经济自行得出了两个短板点,即:

$$[e^{-\beta_{v_i}(m_1,m_2)t}\Delta r_{v_W}(0) \quad e^{-\alpha_{a_{hh}}(m_1)t}r_{a_{RR}}(0) + e^{-\alpha_{p_R}t}r_{p_R}(0)]$$

并得出,再继续运行的初始状态为:

$$\begin{cases} e^{\alpha_{p_i}t}\Delta r_{p_i}(0) = \sigma_{p_ip_R}[e^{-\alpha_{a_{hh}}(m_1)t}r_{a_{RR}}(0) + e^{-\alpha_{p_R}t}r_{p_R}(0)] \\ \qquad\qquad - \sigma_{p_iv_W}e^{-\beta_{v_i}(m_2)t}\Delta r_{v_W}(0) - e^{-\alpha_{a_{ii}}(m_1)t}r_{a_{ii}}(0) \end{cases} \tag{9.13}$$

$$\begin{cases} e^{\beta_{v_i}t}\Delta r_{v_j}(0) = \sigma_{v_jp_R}[e^{-\alpha_{a_{hh}}(m_1)t}r_{a_{RR}}(0) + e^{-\alpha_{p_R}t}r_{p_R}(0)] \\ \qquad\qquad - \sigma_{v_jv_W}e^{-\beta_{v_i}(m_2)t}\Delta r_{v_W}(0) \end{cases} \tag{9.14}$$

在式(9.13)的右端项里,第一项与第三项综合起来,呈现了市场自行调节机制在供给方面的反应。从这里可以看出,短板价格部门的科技进步,将增大这个短板价格对经济整体里其余各个价格的被替代率;而各个部门的科技进步,则会抵制和减弱由此而来的替代作用,即在 $\sigma_{p_i p_R}[e^{-\alpha_{a_m}(m_1)t}r_{a_{RR}}(0) + e^{-\alpha_{p_s}t}r_{p_R}(0)]$ $-$ $e^{-\alpha_{a_n}(m_1)t}r_{a_{ii}}(0)$ 里,短板价格的科技进步,也就是公式中第 R 部门的科技进步 $e^{-\alpha_{a_m}(m_1)t}r_{a_{RR}}(0)$,显然会增大短板价格对其余各个价格的被替代率;而其余各个部门本身的科技进步,也就是 $e^{-\alpha_{a_n}(m_1)t}r_{a_{ii}}(0)$,则会抵制或减少这种替代,从而减少市场自然运行对本供给价格的替代,从而有利于本部门的价格增长,保护或促进本部门的价格优势,或者说,就是保护或促进本部门的市场优势。这与 Harrigan 推论所描述的情况,即一个部门的科技进步可以直接表示为这个部门的价格增长模型,也就是可以把科技进步直接表示为价格的增长系数,是完全一致的。并由此可以得出,到了 $t+1$ 时刻,必定有:

$$e^{\alpha_{p_i}(t+1)}\Delta r_{p_i}(0) = \sigma_{p_i p_R}[e^{-\alpha_{a_m}(m_1)(t+1)}r_{a_{RR}}(0) + e^{-\alpha_{p_s}(t+1)}r_{p_R}(0)]$$
$$- \sigma_{p_i v_W}e^{-\beta_{v_n}(m_2)(t+1)}\Delta r_{v_W}(0) - e^{-\alpha_{a_n}(m_1)(t+1)}r_{a_{ii}}(0)$$

以及

$$e^{\beta_{v_j}(t+1)}\Delta r_{v_j}(0) = \sigma_{v_j p_R}[e^{-\alpha_{a_m}(m_1)(t+1)}r_{a_{RR}}(0) + e^{-\alpha_{p_s}(t+1)}r_{p_R}(0)]$$
$$- \sigma_{v_j v_W}e^{-\beta_{v_n}(m_2)(t+1)}\Delta r_{v_W}(0)$$

§9.3.2 供给预期

于是,如果其余条件均不变,那么,运行到了 $t+1$ 时刻,上述经济必定有:

$$G = \pi(p;v,t+1)$$

这里,

$$a_{ii}(t+1) = a_{ii}(t)[1 + e^{-\alpha_{a_n}(m_1)(t+1)}r_{a_{ii}}(0)] \tag{9.15}$$

$$p_i(t+1) = p_i(t)[1 - e^{\alpha_{p_i}(t+1)}\Delta r_{p_i}(0)]$$
$$= p_i(t)[1 - \{\sigma_{p_i p_R}e^{-\alpha_{p_s}(t+1)}r_{p_s}(0) - \sigma_{p_i v_W}e^{-\beta_{v_n}(m_2)(t+1)}\Delta r_{v_W}(0)\}]$$
$$p = (p_1, p_2, \ldots, p_I) \; ; p_i \gg 0 \; , i = 1, 2, \ldots, I; \tag{9.16}$$

$$v_j(t+1) = v_j(t)[1 - e^{\beta_{v_j}(t+1)}\Delta r_{v_j}(0)]$$
$$= v_j(t)[1 - (\sigma_{v_j p_R}\{e^{-\alpha_{a_m}(m_1)(t+1)}r_{a_{RR}}(0) + e^{-\alpha_{p_s}(t+1)}r_{p_R}(0)\}$$
$$- \sigma_{v_j v_W}e^{-\beta_{v_n}(m_2)(t+1)}\Delta r_{v_W}(0))]$$

$$v = (v_1, v_2, \ldots, v_J) \; , \; v_j \leqslant 0 \; , j = 1, 2, \ldots, J \; ,有 I \leqslant J。 \tag{9.17}$$

从而,得出该时刻各个部门的产出,也就是该时刻各个部门的供给预期为:

$$\frac{\partial \pi(t+1)}{\partial[a_{ii}(t+1)p_i(t+1)]} = \frac{\partial \pi(t+1)}{\partial p_i(t+1)}a_{ii}(t+1)$$

经济体的总供给预期为:

$$GDP(t+1) = \sum_{i=1}^{l} \frac{\partial \pi(t+1)}{\partial [a_{ii}(t+1)p_i(t+1)]} = \sum_{i=1}^{l} \frac{\partial \pi(t+1)}{\partial p_i(t+1)} a_{ii}(t+1)$$

从上述的有关短期和长期的需求预算与供给预期的分析结果中能够看到：只有经济短板容量和短板价格的变化才能直接影响经济体整体；相反地，非短板需求因子的变化只会直接影响自己或有限的局部，而其自身在整体经济力的实际作用，还要取决于短板因子对它的"折扣"，其中，"折扣"的内容，不仅涉及其固定数量的增长，还会涉及对其科技进步的增长。局部作用，还要受到全局作用的调节。人为干预，最后要顺应和服从市场的自行调节。

§9.4 教育投入与经济预期

§9.4.1 教育投入与教育需求

知识经济时代到来，科学与技术的互动、技术与教育的互动和教育与经济的互动，已经成为当今人类社会最显著的事实之一。

在经济学的最新范式——G函数里，教育需求可以直接表示为一种固定数量。而直观观察结果便可以表明，教育投入是教育需求的直接决定因子。于是，从G函数出发，如果在有关的分析里，把教育需求和教育投入等因素耦合进来，那么便可以得到一个包括知识经济主要成分——教育需求和教育投入在内的初始陈述。再由这个初始陈述开始，运用有关定理和定律进行深入的分析，便有可能揭示和解释有关规律和真实。

在G函数里，作为一种社会需求或者一种社会预算，教育需求可以划归在约束条件 v 中。根据科学的独立性和教育的独立性，似乎可以认为，教育需求预算具有相当的独立性，其固定数量构成一种经济容量，并且有类似一种基本资源的性质。那么，依照双重经济容量的概念，教育需求或预算可以被视为是距离市场较远的基本约束，因而是更具有社会基本资源性的经济容量。

如上所述，依据经济的正则性定律，经济的自行调节，不仅决定着经济容量的变化，也决定着经济体中其余一切因子的变化，包括价格变量和一切约束条件在内。由此可以认为，一个正则的经济，其未来的运行格局或状态是可以预期的。

显然，以"预期"为基准，完全可以衍生出某些必要的评价标准，从而对某些宏观管理的行为做出前瞻性评价。例如,可以设想,经济在一定的运行期间,如果给定了教育需求的增长率,那么,依据正则性定律,便可以推断出仅仅由此决定的经济预期,进而便可以像类似的研究那样,对教育投入的可能效果进行测定和评价。

设显现教育投入和教育需求的经济体,在 G 函数的框架下可以写为:

$$G = \pi[ap; v_1(e), v_2] \tag{9.18}$$

式中, $\pi(.)$ ——利润函数;

a ——科技进步标量矩阵, $a = \begin{bmatrix} a_{11} & 0 & \ldots & 0 \\ 0 & a_{22} & 0 & 0 \\ \ldots & 0 & \ldots & 0 \\ 0 & 0 & 0 & a_{II} \end{bmatrix}$;

p ——产出价格向量, $p = (p_1, p_2, \ldots, p_I)$, $p_i \gg 0$, $i = 1, 2, \ldots, I$;

v_1 ——教育需求向量, $v_1 = (v_{1_1}, v_{1_1}, \ldots, v_{1_J})$, $v_{1_j} \leq 0$, $j = 1, 2, \ldots, J$;

e ——教育投入向量, $e = (e_1, e_2, \ldots, e_M)$, $e_m \leq 0$, $m = 1, 2, \ldots, M$;

v_2 ——常规需求向量, $v_2 = (v_{2_1}, v_{2_1}, \ldots, v_{2_H})$, $v_{2_h} \leq 0$, $h = 1, 2, \ldots, H$,

有 $I \leq J + H$ 。

式(9.18)的 Jacobi 向量为:

$$J = [\pi_p \quad \pi_{v_1} \quad \pi_{v_2}] = [\nabla_p \pi \quad \nabla_{v_1} \pi \quad \nabla_{v_2} \pi]$$

$$= \left[\frac{\partial \pi}{\partial p_i} \quad \frac{\partial \pi}{\partial v_{1_j}} \frac{\partial v_{1_j}}{\partial e_m} \quad -\frac{\partial \pi}{\partial v_{2_h}} \right]$$

$$i = 1, 2, \ldots, I ; j = 1, 2, \ldots, J ; m = 1, 2, \ldots, M ; h = 1, 2, \ldots, H$$

$$\tag{9.19}$$

由式(9.19)可以得出式(9.18)的 Hessian 矩阵为:

$$H = \begin{bmatrix} \pi_{pp} & \pi_{v_1(e)p} & \pi_{v_2 p} \\ \pi_{pv_1(e)} & \pi_{v_1(e)v_1(e)} & \pi_{v_2 v_1(e)} \\ \pi_{pv_2} & \pi_{v_1(e)v_2} & \pi_{v_2 v_2} \end{bmatrix}$$

$$= \begin{bmatrix} \nabla_{pp}^2 \pi & \nabla_{v_1(e)p}^2 \pi & \nabla_{v_2 p}^2 \pi \\ \nabla_{pv_1(e)}^2 \pi & \nabla_{v_1(e)v_1(e)}^2 \pi & \nabla_{v_2 v_1(e)}^2 \pi \\ \nabla_{pv_2}^2 \pi & \nabla_{v_1(e)v_2}^2 \pi & \nabla_{v_2 v_2}^2 \pi \end{bmatrix}$$

$$
= \begin{bmatrix}
\dfrac{\partial^2 \pi}{\partial p_i \partial p_h} a_{ii} a_{hh} & \dfrac{\partial^2 \pi}{\partial v_1 \partial p} \dfrac{\partial v_1}{\partial e} a_{ii} + \dfrac{\partial^2 v_1}{\partial e \partial p} \dfrac{\partial \pi}{\partial v_1} a_{ii} & - \dfrac{\partial^2 \pi}{\partial v_2 \partial p} a_{ii} \\[3mm]
\dfrac{\partial^2 \pi}{\partial v_1 \partial p} \dfrac{\partial v_1}{\partial e} a_{ii} + \dfrac{\partial^2 v_1}{\partial e \partial p} \dfrac{\partial \pi}{\partial v_1} a_{ii} & \dfrac{\partial^2 \pi}{\partial v_1^2} \dfrac{\partial v_1}{\partial e} + \dfrac{\partial^2 v_1}{\partial e \partial v_1} \dfrac{\partial v_1}{\partial e} \dfrac{\partial \pi}{\partial v_1} & \dfrac{\partial^2 \pi}{\partial v_2 \partial v_1} \dfrac{\partial v_1}{\partial e} \\[3mm]
- \dfrac{\partial^2 \pi}{\partial p \partial v_2} a_{ii} & \dfrac{\partial^2 \pi}{\partial v_1 \partial v_2} \dfrac{\partial v_1}{\partial e} + \dfrac{\partial^2 v_1}{\partial e \partial v_2} \dfrac{\partial \pi}{\partial v_1} & \dfrac{\partial^2 \pi}{\partial v_2 \partial v_2}
\end{bmatrix}
$$

$$(9.20)$$

式(9.20)中的各个元素体现了该经济体在运行过程中,各个因子之间在二阶微分水平上的相互作用。

由式(9.20)可以得出的固定替代弹性矩阵为:

$$
S = \begin{bmatrix}
\sigma_{pp} & \sigma_{v_1(e)p} & \sigma_{v_2 p} \\[2mm]
\sigma_{pv_1(e)} & \sigma_{v_1(e)v_1(e)} & \sigma_{v_2 v_1(e)} \\[2mm]
\sigma_{pv_2} & \sigma_{v_1(e)v_2} & \sigma_{v_2 v_2}
\end{bmatrix}
$$

$$
= \pi \begin{bmatrix}
\pi_p^{-1} \nabla_{pp} \pi \pi_p^{-1} & \pi_{v_1(e)}^{-1} \nabla_{v_1(e)p} \pi \pi_p^{-1} & \pi_{v_2}^{-1} \nabla_{v_2 p} \pi \pi_p^{-1} \\[2mm]
\pi_p^{-1} \nabla_{pv_1(e)} \pi \pi_{v_1(e)}^{-1} & \pi_{v_1(e)}^{-1} \nabla_{v_1(e)v_1(e)} \pi \pi_{v_1(e)}^{-1} & \pi_{v_2}^{-1} \nabla_{v_2 v_1(e)} \pi \pi_{v_1(e)}^{-1} \\[2mm]
\pi_p^{-1} \nabla_{pv_2} \pi \pi_{v_2}^{-1} & \pi_{v_1(e)}^{-1} \nabla_{v_1(e)v_2} \pi \pi_{v_2}^{-1} & \pi_{v_2}^{-1} \nabla_{v_2 v_2} \pi \pi_{v_2}^{-1}
\end{bmatrix}
$$

$$(9.21)$$

§9.4.2 教育需求与经济运行

于是,对于式(9.18),可以在给定的时间基准点 $t = 0$ 上,计算出教育需求,即约束条件 v_{1_j} 的最小被替代率:

$$
\begin{cases}
e^{\alpha_{p_i} t} \Delta r_{p_i}(0) = \sigma_{p_i p_i} \big[e^{-\alpha_{a_{ii}}(m_1)t} r_{a_{RR}}(0) + e^{-\alpha_{p_R} t} r_{p_R}(0) \big] - \sigma_{p v_2} e^{-\beta_{v_{2*}}(m_2)t} \Delta r_{v_{2*}}(0) \\
\qquad - e^{-\alpha_{a_{ii}}(m_1)t} r_{a_{ii}}(0)
\end{cases}
\tag{9.22}
$$

$$
\begin{cases}
e^{\beta_{v_{1j}} t} \Delta r_{vj}(0) = \sigma_{v_1 p_R} \big[e^{-\alpha_{a_{ii}}(m_1)t} r_{a_{RR}}(0) + e^{-\alpha_{p_R} t} r_{p_R}(0) \big] \\
\qquad - \sigma_{v_1 v_{2*}} e^{-\beta_{v_{2*}}(m_2)t} \Delta r_{v_{2*}}(0)
\end{cases}
\tag{9.23}
$$

$R \in i, R \neq i, i = 1, 2, \ldots, I; j = 1, 2, \ldots, J, W \in h, W \neq hh = 1, 2, \ldots, H;$

式中,$e^{\beta_{v_{1j}} t} \Delta r_{vj}(0)$ ——第 j 项教育需求的被替代增长率;

$\sigma_{v_1 p_R}$ ——第 j 项教育需求与第 R 种产品短板价格之间的固定替代弹性值, R

$\in i, R \neq i$，$i = 1,2,\ldots,I$，$j = 1,2,\ldots,J$；

$e^{-\alpha_{a_{RR}}(m_1)t} r_{a_{RR}}(0)$——短板价格的科技进步增长率，$R \in i, R \neq i$，$i = 1,2,\ldots,$
　　　　　　I；

$e^{-\alpha_{p_R}t} r_{p_R}(0)$——短板价格的增长率，$R \in i, R \neq i$，$i = 1,2,\ldots,I$；

$\sigma_{p_i v_{2_*}}$——第 i 种产品价格与短板容量之间的固定替代弹性值，$i = 1,2,\ldots,$
　　　　　　I，$W \in h, W \neq h$，$h = 1,2,\ldots,H$；

$e^{-\beta_{v_{*_*}}(m_2)t} \Delta r_{v_{2_*}}(0)$——短板容量的增长率，$W \in h, W \neq h$，$h = 1,2,\ldots,H$；

$\sigma_{v_1 p_R}$——第 j 项教育需求与短板价格之间的固定替代弹性值，$j = 1,2,\ldots,$
　　　　　　J，$R \in i, R \neq i$，$i = 1,2,\ldots,I$；

$\sigma_{v_1 v_{2_*}}$——第 j 项教育需求与短板容量之间的固定替代弹性值，$W \in h, W \neq h$，
　　　　　　$h = 1,2,\ldots,H$。

　　教育的需求或者教育投资属于经济的长线行为，有理由得出，在一般情况下，经济的短板容量不应该出现在教育需求或者教育投资方面，因而在式(9.22)—(9.23)里，短板容量为常规需求集合中的一个元素。

§9.4.3　教育投入与经济预期

　　这时，如果出现了关于教育的独立投资 $e = (e_1, e_2, \ldots, e_M)$，导致教育需求发生了变化，即出现了 $e^{\beta_{v_*}(e)t} \Delta r_{v_j}(0)$。并且，为保持经济的稳定，有 $e^{\beta_{v_*}(e)t} \Delta r_{v_j}(0) > \sigma_{v_1 v_{2_*}} e^{|-\beta_{v_{*_*}}(m_2)|t} \Delta r_{v_{2_*}}(0)$，也就是说，教育投入的增长导致教育需求发生了变化，但变化的程度有限，没有成为对经济具有最为限制性的影响。那么从前面有关章节里的分析结果中已经知道，这将意味着会直接使教育需求数量发生变化，并直接导致支出发生变化。然而，教育需求与许多其他需求不尽相同，其主要的不同之点在于，教育需求的变化，通常会对应劳动力质量系数的变化，也就是科技进步，其对应的内容，往往在结构上是很明确的。例如，教育投资的变化便可能是直接针对教育年限或知识构成等结构性的调整，其直接作用就是影响到劳动力培养的结构，给劳动力的质量系数增添或者加强一个因子，也就是直接增强了决定科技进步的因子能力。为简明起见，我们设想，这些科技进步的因子与教育投资的结构是一一对应的。于是，在式(9.18)里，设 a_{11} 为劳动力的质量系数，并有了：

$$a_{11} = a_{11}(g)，g = [g_1, g_2, \ldots, g_M]$$

这里，g——教育调整向量，$g = [g_1, g_2, \ldots, g_M]$。

　　这样，在式(9.22)—(9.23)里，有了：

$$\begin{cases} e^{\alpha_{p_1}t}\Delta r_{p_1}(0) = \sigma_{p_1 p_R}\left[e^{-\alpha_{a_{m}}(m_1)t}r_{a_{RR}}(0) + e^{-\alpha_{p_*}t}r_{p_R}(0)\right] - \sigma_{p_1 v_{2_*}}e^{-\beta_{v_{1_*}}(m_2)t}\Delta r_{v_{2_*}}(0) \\ \qquad\qquad - e^{-\alpha_{a_{11}}(g)t}r_{a_{11}}(0) \end{cases} \tag{9.24}$$

$$\begin{cases} e^{\beta_{v_1}(e)t}\Delta r_{vj}(0) = \sigma_{v_1 p_R}\left[e^{-\alpha_{a_{m}}(m_1)t}r_{a_{RR}}(0) + e^{-\alpha_{p_*}t}r_{p_R}(0)\right] \\ \qquad\qquad - \sigma_{v_1 v_{2_*}}e^{-\beta_{v_{1_*}}(m_2)t}\Delta r_{v_{2_*}}(0) \end{cases} \tag{9.25}$$

为便于阐述,在 $t = 0$ 时刻,式(9.24)—(9.25)可以写为:

$$\begin{cases} e^{\alpha_{p_1}(m_1,m_2)t}\Delta r_{p_1}(0) = \sigma_{p_1 p_R}\left[e^{-\alpha_{a_{m}}(m_1)t}r_{a_{RR}}(0) + e^{-\alpha_{p_*}t}r_{p_R}(0)\right] - \sigma_{p_1 v_{2_*}}e^{-\beta_{v_{1_*}}(m_2)t}\Delta r_{v_{2_*}}(0) \\ \qquad\qquad - e^{-\alpha_{a_{11}}(m_1,m_2)t}r_{a_{11}}(0) \end{cases}$$

$$\begin{cases} e^{\beta_{v_1}(m_1,m_2)t}\Delta r_{vj}(0) = \sigma_{v_1 p_R}\left[e^{-\alpha_{a_{m}}(m_1)t}r_{a_{RR}}(0) + e^{-\alpha_{p_*}t}r_{p_R}(0)\right] \\ \qquad\qquad - \sigma_{v_1 v_{2_*}}e^{-\beta_{v_{1_*}}(m_2)t}\Delta r_{v_{2_*}}(0) \end{cases}$$

并且,如果这个时候出现了教育投资的调整和相应的教育结构的调整,那么,这个状态将有所改变,并保持到 $t > 0$ 时刻的终点,出现:

$$\begin{cases} e^{\alpha_{p_1}(g,m_1,m_2)t}\Delta r_{p_1}(0) = \sigma_{p_1 p_R}\left[e^{-\alpha_{a_{m}}(m_1)t}r_{a_{RR}}(0) + e^{-\alpha_{p_*}t}r_{p_R}(0)\right] \\ \qquad\qquad - \sigma_{p_1 v_{2_*}}e^{-\beta_{v_{1_*}}(m_2)t}\Delta r_{v_{2_*}}(0) - e^{-\alpha_{a_{11}}(g,m_1)t}r_{a_{11}}(0) \end{cases} \tag{9.26}$$

$$\begin{cases} e^{\beta_{v_1}(e,m_1,m_2)t}\Delta r_{vj}(0) = \sigma_{v_1 p_R}\left[e^{-\alpha_{a_{m}}(m_1)t}r_{a_{RR}}(0) + e^{-\alpha_{p_*}t}r_{p_R}(0)\right] \\ \qquad\qquad - \sigma_{v_1 v_{2_*}}e^{-\beta_{v_{1_*}}(m_2)t}\Delta r_{v_{2_*}}(0) \end{cases} \tag{9.27}$$

式中, $e^{\alpha_{p_1}(g,m_1,m_2)t}\Delta r_{p_1}(0)$ ——劳动力价格的被替代率;

$e^{\beta_{v_1}(e,m_1,m_2)t}\Delta r_{vj}(0)$ ——经济综合调整后的第 j 项教育需求被替代率;

$e^{-\alpha_{a_{m}}(g,m_1)t}r_{a_{11}}(0)$ ——教育调整后的劳动力科技进步增长率。

据此,可以得出:

$$a_{11}(g,m_1,t) = a_{11}(0)\left[1 + e^{-\alpha_{a_{m}}(g,m_1)t}r_{a_{11}}(0)\right];$$

$$p_1(g,m_1,m_2,t) = p_1(0)\left[1 - e^{\alpha_{p_1}(g,m_1,m_2)t}\Delta r_{p_1}(0)\right];$$

$$v_{1_j}(e,m_1,m_2,t) = v_{1_j}(0)\left[1 - e^{\beta_{v_1}(e,m_1,m_2)t}\Delta r_{vj}(0)\right]。$$

于是,可以计算出由教育结构变化所带来的收益如下:

$$a_{11}(g,m_1,t)p_1(g,m_1,m_2,t) = \left[a_{11}(0)p_1(0)\right]\left[\{1 + e^{-\alpha_{a_{m}}(g,m_1)t}r_{a_{11}}(0)\}\{1 - e^{\alpha_{p_1}(g,m_1,m_2)t}\Delta r_{p_1}(0)\}\right]$$

又根据 Shephard 引理,得到:

$$\lambda_{1_j}(e,t) = \frac{\partial \pi(t)}{\partial v_{1_j}(e,m_1,m_2,t)}\sum_{m=1}^{M}\frac{\partial v_{1_j}(e,m_1,m_2,t)}{\partial e_m} \qquad j = 1,2,\ldots,J$$

$$\tag{9.28}$$

也就是每一项教育需求所应该付出的影子利润支出。

由此,进而可以计算出,由于改变教育投入,给经济利润率带来的总效益:

$$a_{11}(g,m_1,t)p_1(g,m_1,m_2,t) - \sum_{j=1}^{J} \lambda_{1_j}(e,t)$$

$$= [a_{11}(0)p_1(0)][\{1 + e^{-\alpha_{a_{11}}(g,m_1)t}r_{a_{11}}(0)\}\{1 - e^{\alpha_{p_1}(g,m_1,m_2)t}\Delta r_{p_1}(0)\}]$$

$$- \sum_{j=1}^{J} \frac{\partial \pi(t)}{\partial v_{1_j}(e,m_1,m_2,t)}[\sum_{m=1}^{M} \frac{\partial v_{1_j}(e,m_1,m_2,t)}{\partial e_m}] \tag{9.29}$$

第 9 章建议的续读文献

[1]孙小礼. 自然辩证法通论[M]. 北京:高等教育出版社,1993:69 – 71.

[2]B. C. 涅姆钦诺夫. 经济数学方法和模型[M]. 乌家培,张守一,译. 北京:商务印书馆,1981:6 – 7.

[3]孙小礼,张祖贵. 科学技术与生产力发展[M]. 南宁:广西教育出版社,1993:103 – 105.

[4] McFadden, D.. Cost, Revenue, and Profit Functions [M]//M. Fuss and D. McFadden. Production Economics:A Dual Approach to Theory and Applications. Vol. 1. The Theory of Production. North – Holland Publishing Company:Amsterdam · New York · Oxford,1978:141 – 147.

[5]孙中才. 宏观干预与通货膨胀[J]. 汕头大学学报(人文社会科学版),2011,6:34 – 41.

[6]孙中才. 货币运营与通货膨胀[J]. 山东财经大学学报,2013,1:51 – 58.

[7]Samuelson,P.. Foundations of Economic Analysis[M]. Cambridge,MA:Harvard University Press,1947:138 – 140.

[8]高鸿业主编. 西方经济学(宏观部分)[M].5 版. 北京:中国人民大学出版社,2011:508 – 510.

[9]F. Mishkin. The Economics of Money,Banking,and Financial Market[M]. 6th ed. Pearson Addison – Wesley Press,2004:87 – 92.

[10](美)F. 米什金. 货币金融学[M]. 刘毅,蒋理,王秀萍,刘霞,夏乐,译. 北京:中国人民大学出版社,2005:103 – 105.

［11］李西林. G 函数与现代经济学派分析［J］. 汕头大学学报(人文社会科学版),2008,1:10－14.

［12］张光斗. 也谈 21 世纪高等工程教育的改革［J］. 学位与研究生教育,1995,6:14－16.

［13］孙中才. 科技进步与知识经济［J］. 三亚学院学报,2014,1:7－12.

［14］Denison,E. ,Accounting for United States Economic Growth［J］,Review of Economics & Statistics,1974,58(3):311－326.

［15］Diewert,W. E. . Applications of Duality Theory［M］//M. D. Ittriligator and D. A. Kendrick. Frontiers of Quantitative Economics. Vol. 2. Amsterdam:North － Holland,1974:74－78.

［16］Gorman,W. . Measuring the Quantities of Fixed Factors ［M］// J. N. Wolfe. Value,Capital and Growth:Papers in Honor of Sir John Hicks. Aldine Publishing Co. Chicago,1968:141－172.

［17］孙中才. 通货膨胀与环境保护［J］. 山东财政学院学报,2013,4:49－55.

［17］孙中才. 逻辑与信息:宏观经济学的课堂教育［J］. 王勋铭,隋珊珊. 改革·探索·创新·发展:三亚学院教学改革研究论文集(2014 年度)［R］. 上海:复旦大学出版社,2014:61－68.

第 10 章　社会保险与民众福利

近代以来的历史表明,市场经济导致社会保险和民众福利大大地发展了,它们的需求成了不容忽视的经济容量元素。其中,社会保险还成了一种产业,在市场结构里,它成了一个有价格呈现的部门;而福利,本身不是市场供给的产物,也不直接受着市场的调节,因而明显地是经济的外生变量,是纯粹的经济容量元素之一。事实表明,不论它们的实际性质区别如何,它们各自的显著发展,却都对经济和市场产生了越来越强的作用。相应地,经济和市场也会对它们产生反作用,令它们的发展趋势在这种反作用下受到制约和影响,从而在经济运行中表现出具有特质的状态。

§10.1　保险与福利的特征

事实表明,在现代经济学的研究中,保险和福利一直占据着一个令人注目的位置,并在有效的探索中,已经对其得出了一些重要的概念,确定了一些基本模型,形成了一定的知识结构。然而,资料表明,在 F 函数背景下,关于二者的研究通常是比较复杂的,其原因主要在于,核算它们的前提条件,特别是核算福利的前提条件,往往需要更加高度的抽象,而有关数据试验又比较烦琐,且大多数福利函数明显地独立于生产和贸易,测度计量难于精确。纵观以往的研究历史,不难看出,人们发现了这两种经济行为的特殊性,主要是:社会保险具有需求与供给,在直观形式上与一般的产业部门无异,然而,也容易发现,这个部门只是资金的运作部门,它有别于一般的生产部门,内部没有人力资本的因素和相应的科技进步运动机制,因此它是一个没有技术进步的产品供给部门;而福利,如同人们直观观察就可以发现的,它始终是一个以人口为变量或者以人口增长率为变量的社会储蓄函数,是直接针对民众数量的公共物品,是一种距离市场比较远的经济容量。由此可以认为,所谓民众福利,实际上被定义为是为经济体内全体人口所产生的后备性需求,并从而对经济的运行起到制约作用。对此,需要借助一定的形式,精确地测定这种制约本身的变化,同时也需要对这种变化的真实和作用加以揭示和解释。

资料显示,以往关于社会保险和民众福利的研究,通常是分别独立地进行的,即其在经济活动中,分别被作为独立的技术发展方向得到重视,并逐步进展为专门化领域的。从另一个角度来看,也就是关于它们的研究是缺乏经济理论统一论证的,并因此而缺少统一的测度和计量,致使有关研究难以突破单纯数据试验的水平,而不能统一在经济学的"数理分析—测度计量—实际验证"的科学体系之中,贻误了自身科学性的进展。

在现代经济学的前沿理论范式里,因为以往经济学已经确立的"一点两面三市场四个部门几乘数"的范式结构,可以得到更直观的陈述,因而对有关问题做出相应的初始陈述更加明确,也更加简单。这样,使得过去一些难以直接纳入理论范式的专项问题,可以很容易地归入统一的理论框架,并得到很明确和很简明的表述,从而令有关它们的分析更加科学化,也更加系统化。事实表明,20 世纪 90年代以来有关社会保险和民众福利的研究便体现了这样的进展。

§10.2　保险与福利的描述

给定 G 函数为:

$$G = \pi(p;v)$$

设涉及保险与福利后,它的具体形式为:

$$G = \pi(p_0,p_i;v_0,v_j,v_{J+1}) \tag{10.1}$$

式中,p——价格向量,$p = [p_0,p_1,p_2,\ldots,p_I]$,其中,$p_0$——保险的价格;

v——固定投入数量向量,$v = [v_0,v_1,v_2,\ldots,v_J,v_{J+1}]$,其中,$v_0$——对保险的需求,$v_{J+1}$——福利需求;

并有 $I \leqslant J$。

式(10.1)的 Jacobi 向量为:

$$J = [\pi_p \quad \pi_v] = [\nabla_p\pi \quad \nabla_v\pi]$$

$$= \left[\frac{\partial \pi}{\partial p_0}, \quad \frac{\partial \pi}{\partial p_1}, \quad \cdots, \quad \frac{\partial \pi}{\partial p_I}; \frac{\partial \pi}{\partial v_0}, \quad \frac{\partial \pi}{\partial v_1}, \quad \cdots, \quad \frac{\partial \pi}{\partial v_{J+1}} \right]$$

根据 Hotelling 引理,这里有:

$$x_0 = \nabla_{p_0} \pi = \frac{\partial \pi}{\partial p_0} \tag{10.2}$$

式中, x_0——保险的供给数量。

式(10.2)所表示的是市场自然调节出来的保险供给量,也就是保险的供给函数。这里,因为保险对于利润来说是投入,所以其符号为"−"。另外,容易理解

$$\lambda_0 = \nabla_{v_0} \pi = -\frac{\partial \pi}{\partial v_0} \tag{10.3.1}$$

和

$$\lambda_{J+1} = \nabla_{v_{J+1}} \pi = -\frac{\partial \pi}{\partial v_{J+1}} \tag{10.3.2}$$

式中, λ_0——保险需求的影子利润;

λ_{J+1}——福利的影子利润。

式(10.3.1)和(10.3.2)为固定数量的影子价格。对于利润函数来说,这些影子价格就是影子利润。其中,式(10.3.1)表示每增加一单位保险需求会给利润带来的报酬;相应地,式(10.3.2)表示每增加一单位福利需求会给利润带来的报酬。如同本书前面已经阐述过的,这些影子价格都是"−"的,是减少利润的。

从 Jacobi 向量出发,可以得出 Hessian 矩阵为:

$$H = \begin{bmatrix} \pi_{pp} & \pi_{vp} \\ \pi_{pv} & \pi_{vv} \end{bmatrix} = \begin{bmatrix} \nabla_{pp}^2 \pi & \nabla_{vp}^2 \pi \\ \nabla_{pv}^2 \pi & \nabla_{vv}^2 \pi \end{bmatrix} = \begin{bmatrix} \dfrac{\partial^2 \pi}{\partial p_i \partial p_h} & -\dfrac{\partial^2 \pi}{\partial v_j \partial p_h} \\ -\dfrac{\partial^2 \pi}{\partial p_i \partial v_k} & \dfrac{\partial^2 \pi}{\partial v_j \partial v_k} \end{bmatrix}$$

这里, $h \in i$, $i, h = 0, 1, \ldots, I$; $k \in j$, $j, k = 0, 1, \ldots, J+1$。

容易理解,在这个 Hessian 矩阵中,一共含有 4 个分块:第一块, $\dfrac{\partial^2 \pi}{\partial p_i \partial p_h}$ 所呈现的是供给数量与市场价格之间的相互作用,即每增加一单位第 h 个价格会带来对第 i 个供给的多少个单位的变化,因为 $\dfrac{\partial^2 \pi}{\partial p_i \partial p_h}$ 所表示的就是 $\dfrac{\partial^2 \pi}{\partial p_i \partial p_h} = \partial \left(\dfrac{\partial \pi}{\partial p_i} \right) / \partial p_h$;

第二块, $\dfrac{\partial^2 \pi}{\partial v_j \partial p_h}$ 所呈现的是供给与价格之间的相互作用,即每增加一单位第 h 个

价格会带来对第 j 个需求影子价格的多少个单位的变化,因为有 $\partial(\frac{\partial \pi}{\partial v_j})/\partial p_h$;第

三块,$\frac{\partial^2 \pi}{\partial p_i \partial v_k}$ 也是供给与价格之间的相互作用,而且,根据 Young 定理,有 $\frac{\partial^2 \pi}{\partial v_j \partial p_h} = $

$\frac{\partial^2 \pi}{\partial p_i \partial v_k}$;第四块,$\frac{\partial^2 \pi}{\partial v_j \partial v_k}$ 所呈现的是需求影子价格与需求数量的相互作用,即每增

加一单位第 k 个需求的数量会带给第 j 个需求影子价格的变化,因为有 $\frac{\partial^2 \pi}{\partial v_j \partial v_k} = $

$\partial(\frac{\partial \pi}{\partial v_j})/\partial v_k$。

众所周知,经济学的科学研究就是揭示和解释存在于经济体内的各种对应。显然,Hessian 矩阵所表明的就是经济因子之间在数量水平上所呈现的对应。出于要研究社会保险和民众福利的目的,在这种数量水平上的对应里,似乎下列对应,也就是这个 Hessian 矩阵的下列元素,更会引起人们的加倍注意,即:

$\frac{\partial^2 \pi}{\partial v_0 \partial p_0}$:每增加一单位社会保险价格对保险影子价格的作用;

$\frac{\partial^2 \pi}{\partial p_0 \partial v_{J+1}}$:每增加一单位民众福利对社会保险价格的作用;

$\frac{\partial^2 \pi}{\partial v_0 \partial v_{J+1}}$:每增加一单位民众福利对社会保险影子价格的作用。

在 Hessian 矩阵的基础上,可以得出固定替代弹性矩阵为:

$$S = \begin{bmatrix} \sigma_{p_i p_k} & \sigma_{v p_k} \\ \sigma_{p v_k} & \sigma_{v_j v_k} \end{bmatrix} = \pi \begin{bmatrix} \pi_{p_i}^{-1} \pi_{pp} \pi_{p_k}^{-1} & \pi_{v_j}^{-1} \pi_{vp} \pi_{p_k}^{-1} \\ \pi_{p_i}^{-1} \pi_{pv} \pi_{v_k}^{-1} & \pi_{v_j}^{-1} \pi_{vv} \pi_{v_k}^{-1} \end{bmatrix}$$

这里,

$$\begin{bmatrix} \pi_p & \pi_v \end{bmatrix} = \begin{bmatrix} \nabla_p \pi & \nabla_v \pi \end{bmatrix}$$

$$= \begin{bmatrix} \frac{\partial \pi}{\partial p_0}, & \frac{\partial \pi}{\partial p_1}, & \cdots, & \frac{\partial \pi}{\partial p_I}; \frac{\partial \pi}{\partial v_0}, & \frac{\partial \pi}{\partial v_1}, & \cdots, & \frac{\partial \pi}{\partial v_{J+1}} \end{bmatrix}$$

$$\begin{bmatrix} \pi_{pp} & \pi_{vp} \\ \pi_{pv} & \pi_{vv} \end{bmatrix} = \begin{bmatrix} \nabla_{pp}^2 \pi & \nabla_{vp}^2 \pi \\ \nabla_{pv}^2 \pi & \nabla_{vv}^2 \pi \end{bmatrix} = \begin{bmatrix} \frac{\partial^2 \pi}{\partial p_i \partial p_h} & -\frac{\partial^2 \pi}{\partial v_j \partial p_h} \\ -\frac{\partial^2 \pi}{\partial p_i \partial v_k} & \frac{\partial^2 \pi}{\partial v_j \partial v_k} \end{bmatrix}$$

$h \in i$,$h \neq i$,$i,h = 0,1,\ldots,I$;$k \in j$,$k \neq j$,$j,k = 0,1,\ldots,J+1$

替代弹性是两个因子的比率之间存在的增长率之比。如前所述,在经济体

里,这些弹性的值是固定不变的,因而是固定替代弹性。它们的不变性导致经济在运行中的变动有了可以测度的坐标,使得经济增长的状态可以借助它们表示出来。由它们的定义可以得知,这些弹性值就是每两个因子的比率在增长状态上的移动参数,也就是说,用它们可以准确地衡量出一个因子增长了,另一个因子的增长率被替代多少。因为任何两个因子之间,在比率的增长率,存在着这种固定不变的弹性替代关系。固定替代弹性是自然界普遍存在的规律,现代科学研究结果揭示出,这也是经济运动可以归于自然运动的重要依据之一。

资料表明,人们在保险和福利问题上所关注的要点是有关因子的相互作用,具体就是对这个固定替代弹性矩阵里的下列元素格外注意,即:

$$\sigma_{p_0 v_0} = \pi \left(\frac{\partial \pi}{\partial p_0} \right)^{-1} \frac{\partial^2 \pi}{\partial p_0 \partial v_0} \left(\frac{\partial \pi}{\partial v_0} \right)^{-1},$$ 指保险自身需求对价格的固定替代弹性值;

$$\sigma_{p_0 v_{J+1}} = \pi \left(\frac{\partial \pi}{\partial p_0} \right)^{-1} \frac{\partial^2 \pi}{\partial p_0 \partial v_{J+1}} \left(\frac{\partial \pi}{\partial v_{J+1}} \right)^{-1},$$ 指福利需求对保险价格的固定替代弹性值;

$$\sigma_{v_0 v_{J+1}} = \pi \left(\frac{\partial \pi}{\partial v_0} \right)^{-1} \frac{\partial^2 \pi}{\partial v_0 \partial v_{J+1}} \left(\frac{\partial \pi}{\partial v_{J+1}} \right)^{-1},$$ 指福利需求对保险需求的固定替代弹性值。

这些替代弹性值反映了福利与保险之间的替代关系,表示一方的增长会给另一方的增长所带来的替代或者缩减。就人们的分析目标而言,与在 Hessian 矩阵里所注意的情况相一致,这些替代弹性值是应该引起注意的。

显然,包括在 Hessian 矩阵里所做的类似关注在内,这些关注或分析是对经济里一个个特殊点的注意,是一种局部的分析。分析结果是对具体对应关系可以有更精确的了解,这对于特定的专门化探索来说,是很必要的,也是很重要的,在经济学领域里,如在财政、金融和类似的专门化领域里,这些测定结果便会有很重要的作用。

§10.3 保险福利与经济增长

如同在关于经济增长的分析中我们已经多次接触过的,在 $t = 0$ 时刻,式(10.1)的因子之间保持这样的固定替代关系,即:

$$\begin{cases} \Delta r_{p_i}(0) = \min_h \{ \sigma_{p_i p_h} r_{p_h}(0) \} - \max_k \{ \sigma_{p_i v_k} r_{v_k}(0) \} & (10.4) \\ \Delta r_{v_j}(0) = \min_h \{ \sigma_{v_j p_h} r_{p_h}(0) \} - \max_k \{ \sigma_{v_j v_k} r_{v_k}(0) \} & (10.5) \end{cases}$$

$h \in i, h \neq i, i, h = 0,1,\ldots,I$；$k \in j, k \neq j, j,k = 0,1,\ldots,J+1$。

式中，$\Delta r_{p_i}(0)$——第 i 种产品的价格被替代率，$i = 0,1,\ldots,I$；

　　$\sigma_{p_i p_h}$——第 i 种产品的价格对第 h 种产品的价格的固定替代弹性值；

　　$r_{p_h}(0)$——第 h 种产品的价格的增长率，$h \in i, h \neq i, i = 0,1,\ldots,I$；

　　$\sigma_{p_i v_k}$——第 i 种产品的价格对需求数量 v_k 的固定替代弹性值；

　　$\sigma_{v_j p_h}$——第 h 种产品的价格对需求数量 v_j 的固定替代弹性值；

　　$r_{v_k}(0)$——需求数量 v_k 的增长率；

　　$\Delta r_{v_j}(0)$——需求数量 v_j 的被替代率，$j = 0,1,\ldots,J+1$；

　　$\sigma_{v_j p_h}$——第 h 种产品价格与需求数量 v_j 之间的固定替代弹性值，$i = 0,1,\ldots,I$；$j = 0,1,\ldots,J+1$；

　　$\sigma_{v_j v_k}$——需求数量 v_j 与需求数量 v_k 之间的固定替代弹性值，$k \in j, k \neq j, j = 0,1,\ldots,J+1$；

　　$r_{v_k}(0)$——需求数量 v_k 的增长率，$k = 0,1,\ldots,J+1$。

正如前面已经分析过的，式（10.4）—（10.5）所表明的是，如果一个经济体 $\pi(p;v)$ 是正则的话，也就是可以正常运行的话，那么，在 $t = 0$ 时刻所给定的初始条件里，也就是它的经济因子之间，即市场价格和经济容量之间，便自然地处于这种最小的被替代状态之中。

对于正常的运行，那么，到了 t（$t > 0$）时刻，这个经济应该变化为：

$$\begin{cases} e^{\alpha_{p_i} t} \Delta r_{p_i}(0) = \min_h \{ \sigma_{p_i p_h} e^{-\alpha_{p_i} t} r_{p_h}(0) \} - \max_k \{ \sigma_{p_i v_k} e^{-\beta_{v_i} t} r_{v_k}(0) \} & (10.6) \\ e^{\beta_{v_j} t} \Delta r_{v_j}(0) = \min_h \{ \sigma_{v_j p_h} e^{-\alpha_{p_i} t} r_{p_h}(0) \} - \max_k \{ \sigma_{v_j v_k} e^{-\beta_{v_i} t} r_{v_k}(0) \} & (10.7) \end{cases}$$

$h \in i, h \neq i, i, h = 0,1,\ldots,I$；$k \in j, k \neq j, j,k = 0,1,\ldots,J+1$

式中，β_{v_j}——第 j 个需求数量的被替代增长指数；

　　$-\alpha_{p_i}$——第 i 个价格的增长指数，$i = 1,2,\ldots,I$；

　　$-\alpha_{p_h}$——第 h 个价格的增长指数，$h \in i, h \neq i, i = 1,2,\ldots,I$；

　　$-\beta_{v_k}$——第 k 个需求数量的增长指数，$k \in j, k \neq j, j,k = 1,2,\ldots,J$。

显然，在式（10.7）中会存在着：

$$e^{\beta_{v_s}t}\Delta r_{v_W}(0) = \min_j\{e^{\beta_{v_s}t}\Delta r_{v_j}(0)\}$$

$$= \min_j\{\min_h[\sigma_{v_W p_h}e^{-\alpha_{p_s}t}r_{p_h}(0)] - \max_k[\sigma_{v_W v_k}e^{-\beta_{v_s}t}r_{v_k}(0)]\}$$

$$= \min_h\{\sigma_{v_W p_h}e^{-\alpha_{p_s}t}r_{p_h}(0)\} - \max_k\{\sigma_{v_W v_k}e^{-\beta_{v_s}t}r_{v_k}(0)\}$$

并得出：

$$e^{\beta_{v_s}t}\Delta r_{v_W}(0) = \sigma_{v_W p_R}e^{-\alpha_{p_s}t}r_{p_R}(0) - \sigma_{v_W v_S}e^{-\beta_{v_s}t}r_{v_S}(0)$$

$$R \in i, R \neq i, i = 0,1,\ldots,I\ ;\ W,S \in j, W,S \neq j, j = 0,1,\ldots,J+1$$

$$(10.8)$$

式中，$\sigma_{v_W p_R}e^{-\alpha_{p_s}t}r_{p_R}(0) = \min_h\{\sigma_{v_W p_h}e^{-\alpha_{p_s}t}r_{p_h}(0)\}$

$$\sigma_{v_W v_S}e^{-\beta_{v_s}t}r_{v_S}(0) = \max_k\{\sigma_{v_W v_k}e^{-\beta_{v_s}t}r_{v_k}(0)\}$$

$$R \in i, R \neq i, i = 0,1,\ldots,I\ ;\ W,S \in j, W,S \neq j, j = 0,1,\ldots,J+1$$

如同前述，式(10.8)便是经济体的短板容量，它是一个全局性的"最小值"。

并且，容易理解，在逻辑上必有：

$$e^{\beta_{v_s}t}\Delta r_{v_W}(0) = \min_{W,S}\{e^{\beta_{v_s}t}\Delta r_{v_W}(0), \sigma_{v_W v_S}e^{|-\beta_{v_s}|t}r_{v_S}(0)\}$$

也就是说，短板容量，作为全局性的最小值，它的值必定也小于决定它的另一个容量的替代作用值。并进而可以得到：

$$e^{\beta_{v_s}t}\Delta r_{v_j}(0) = \min_i\{\sigma_{v_j p_i}e^{-\alpha_{p_s}t}r_{p_i}(0)\} - \max_k\{\sigma_{v_j v_k}e^{-\beta_{v_s}t}r_{v_k}(0)\}$$

$$= \sigma_{v_j p_R}e^{-\alpha_{p_s}t}r_{p_R}(0) - \sigma_{v_j v_W}e^{-\beta_{v_s}t}\Delta r_{v_W}(0)$$

和

$$e^{\alpha_{p_s}t}\Delta r_{p_i}(0) = \min_h\{\sigma_{p_i p_h}e^{-\alpha_{p_s}t}r_{p_h}(0)\} - \max_k\{\sigma_{p_i v_k}e^{-\beta_{v_s}t}r_{v_k}(0)\}$$

$$= \sigma_{p_i p_R}e^{-\alpha_{p_s}t}r_{p_R}(0) - \sigma_{p_i v_W}e^{-\beta_{v_s}t}r_{v_W}(0)$$

$$R \in i, R \neq i, i = 0,1,\ldots,I\ ;\ W,S \in j, W,S \neq j, j = 0,1,\ldots,J+1$$

也就是说，除了短板容量本身的被替代增长率之外，其余的经济容量和市场价格的被替代增长率，都是由短板价格和短板容量共同决定的。这样，人们可以看出，在式(10.6)—(10.7)里，实际上必定隐含着这样的关系，如下：

$$\begin{cases} e^{\alpha_{p_s}t}\Delta r_{p_i}(0) = \sigma_{p_i p_R}e^{-\alpha_{p_s}t}r_{p_R}(0) - \sigma_{p_i v_W}e^{-\beta_{v_s}t}r_{v_W}(0) & (10.9) \\[2mm] e^{\beta_{v_s}t}\Delta r_{v_j}(0) = \sigma_{v_W p_R}e^{-\alpha_{p_s}t}r_{p_R}(0) - e^{-\beta_{v_s}t}\Delta r_{v_W}(0) & (10.10) \\[2mm] e^{\beta_{v_s}t}\Delta r_{v_W}(0) = \sigma_{v_W p_R}e^{-\alpha_{p_s}t}r_{p_R}(0) - \sigma_{v_W v_S}e^{-\beta_{v_s}t}r_{v_S}(0) & (10.11) \end{cases}$$

考虑长期的情况，式(10.1)成为：

$$G = \pi(ap;v,t)$$

这里，a——技术进步系数矩阵，$a = \begin{bmatrix} a_{00} & 0 & \dots & 0 \\ 0 & a_{11} & \dots & 0 \\ \dots & \dots & \dots & \dots \\ 0 & 0 & \dots & a_{II} \end{bmatrix}$；

p——价格向量，$p = \begin{bmatrix} p_0 & p_1 & \cdots & p_I \end{bmatrix}$，$p_i \gg 0$，$i = 0,1,\dots,I$；

v——固定需求数量向量，$v = \begin{bmatrix} v_0 & v_1 & \cdots & v_{J+1} \end{bmatrix}$，$v_J \leqslant 0$，$j = 0,1,\dots,$

$J + 1$；

t——时间。

依据已有的定性分析结果可知，在技术进步系数矩阵里有 $a_{00} \equiv 1$，其余的 $a_{ii} \geqslant 0$，即在我们所聚焦的这个经济里，社会保险的供给价格不存在技术进步，而其余的生产部门均存在着技术进步。

这样，当经济运行到了 t（$t > 0$）时刻，它应该变化为：

$$\begin{cases} e^{\alpha_{p_i}t}\Delta r_{p_i}(0) = \sigma_{p_ip_R}[e^{-\alpha_{a_{RR}}t}r_{a_{RR}}(0) + e^{-\alpha_{p_R}t}r_{p_R}(0)] - \sigma_{p_iv_W}e^{-\beta_{v_W}t}r_{v_W}(0) \quad (10.12) \\ \qquad\quad - e^{-\alpha_{p_i}t}\Delta r_{p_i}(0) \\ e^{\beta_{v_j}t}\Delta r_{v_j}(0) = \sigma_{v_jp_R}[e^{-\alpha_{a_{RR}}t}r_{a_{RR}}(0) + e^{-\alpha_{p_R}t}r_{p_R}(0)] - \sigma_{v_jv_W}e^{-\beta_{v_W}t}\Delta r_{v_W}(0) \quad (10.13) \\ e^{\beta_{v_W}t}\Delta r_{v_W}(0) = \sigma_{v_Wp_R}[e^{-\alpha_{a_{RR}}t}r_{a_{RR}}(0) + e^{-\alpha_{p_R}t}r_{p_R}(0)] - \sigma_{v_Wv_S}e^{-\beta_{v_S}t}r_{v_S}(0) \quad (10.14) \end{cases}$$

$R \in i, R \neq i, i = 0,1,\dots,I$；$W,S \in j, W,S \neq j, j = 0,1,\dots,J+1$

因为有 $a_{00} \equiv 1$，因而当 $i = 0$，也就是保险会有 $e^{-\alpha_{a_{00}}t} = 0$，导致 $e^{-\alpha_{a_{00}}t}\Delta r_{p_0}(0) = 0$。这也就是说，对于保险来说，它的价格的被替代率，不能像其他生产部门那样，可以通过自身的技术进步的增长率来得到一定的缓解，从而在经济发展过程中有一定的灵活性，也使整体经济保持有利的可变通性。没有科技进步，经济里也就没有灵活性的因子，对经济增长就没有可变通性的经济成分。通俗地讲，科技进步是经济的"灵性"所在。

试想，如果存在社会保险，但它的价格的被替代增长率很低，这意味着，它的价格增长率居高不下，那么在这种情况下，如果以极端情况来考虑，就是成了短板价格，也就是有了：

$$e^{-\alpha_{p_0}t}\Delta r_{p_0}(0) = e^{-\alpha_{p_R}t}r_{p_R}(0)$$

将其代入式（10.12）—（10.14），得出：

$$\begin{cases} e^{\alpha_{p_i}t}\Delta r_{p_i}(0) = \sigma_{p_ip_0}\big[e^{-\alpha_{a_{\infty}}t}r_{a_{00}}(0) + e^{-\alpha_{p_0}t}r_{p_0}(0)\big] - \sigma_{p_iv_W}e^{-\beta_{v_i}t}r_{v_W}(0) \\ \qquad\qquad\quad - e^{-\alpha_{a_i}t}\Delta r_{p_i}(0) \\ e^{\beta_{v_i}t}\Delta r_{v_j}(0) = \sigma_{v_Wp_0}\big[e^{-\alpha_{a_{\infty}}t}r_{a_{00}}(0) + e^{-\alpha_{p_0}t}r_{p_0}(0)\big] - e^{-\beta_{v_i}t}\Delta r_{v_W}(0) \\ e^{\beta_{v_i}t}\Delta r_{v_W}(0) = \sigma_{v_Wp_0}\big[e^{-\alpha_{a_{\infty}}t}r_{a_{00}}(0) + e^{-\alpha_{p_0}t}r_{p_0}(0)\big] - \sigma_{v_Wv_S}e^{-\beta_{v_i}t}r_{v_S}(0) \end{cases}$$

而因为这里有 $e^{-\alpha_{a_{\infty}}t} = 0$，致使有了：

$$\begin{cases} e^{\alpha_{p_i}t}\Delta r_{p_i}(0) = \sigma_{p_ip_0}e^{-\alpha_{p_0}t}r_{p_0}(0) - \sigma_{p_iv_W}e^{-\beta_{v_i}t}r_{v_W}(0) \\ \qquad\qquad\quad - e^{-\alpha_{a_i}t}\Delta r_{p_i}(0) \\ e^{\beta_{v_i}t}\Delta r_{v_j}(0) = \sigma_{v_Wp_0}e^{-\alpha_{p_0}t}r_{p_0}(0) - e^{-\beta_{v_i}t}\Delta r_{v_W}(0) \\ e^{\beta_{v_i}t}\Delta r_{v_W}(0) = \sigma_{v_Wp_0}e^{-\alpha_{p_0}t}r_{p_0}(0) - \sigma_{v_Wv_S}e^{-\beta_{v_i}t}r_{v_S}(0) \end{cases}$$

那么，根据上述分析结果，能够看到，这个短板将直接影响到经济整体，首先是市场，因为这个短板价格不存在科技进步，导致市场价格的被替代增长指数会很快就被其他各个部门所具有的科技进步所突破，就是出现 $\sigma_{p_ip_0}e^{-\alpha_{p_0}t}r_{p_0}(0) < e^{-\alpha_{a_i}t}\Delta r_{p_i}(0)$，而保险短板价格地位被其他价格所取代。从式(10.12)的结构里可以看出，短板价格的科技进步与各个生产部门的科技进步，都是市场的潜在决定因素，都决定着市场价格的被替代增长率，而短板价格的科技进步则决定着经济整体价格的潜在底线。由此可以看出，不存在科技进步的价格一旦成了短板价格，它一定给经济带来两个明显的事实。一个是市场价格的可变通性低下。在经济的长期运行中，作为短板价格，产品的短板价格会是价格本身的变化加上科技进步共同构成对经济的整体性影响，而在保险价格这里，因为不存在科技进步，这种影响就会明显地减弱，从而会使市场的平和、宽松和协调性明显下降，可变通性降低，进而导致整体的经济容量被替代率低下，需求的受制性减弱，供给的灵活性不足。另一个是短板价格可能被很快替代，市场价格波动明显，市场结构的不稳定性加强。这是因为在式(10.12)这里，短板价格的影响作用，要受到短板容量增长率和部门科技进步的共同抵制。因为保险价格不存在科技进步，对于这样的抵制，显然缺少了力量。这样，把这两个事实综合起来考虑，可以认为，社会保险一旦存在，在长期的运行中，其价格的被替代率的增长率便一定要保持一定的不低水平的速率，也就是保持一定的供给能力，以避免因为这个增长率过低所带来的不利影响，特别是要避免它成为短板价格，给经济整体带来不利影响。换一个角度来说，因为被替代率的负数就是增长率，那么也就是说，社会保险一旦存在，它的价格的增长率便要保持一定的低水平变化，这样才能保持社会保险的稳定供

给,不给经济带来较大的波动,并避免由此带来不利影响。

在这里,人们也容易看出,如果社会保险的价格不是短板价格,那么,若其他条件不变,决定其最小被替代率增长指数的因子一定是市场的短板价格。这个短板价格所在的生产部门的技术进步的增长,一定会增大保险的被替代率,也就是增加保险的供给能力和供给效率,换句话说,就是如果社会保险总量不变,而随着生产技术进步的增强,保险会显得更加有效,从价值的角度来看,就是令它的实际使用价值增长了。这一理论结果,应该在实际经济生活中有所体现,因而,时间序列的有关统计数据应该对此有所反应。

在式(10.13)里:

$$e^{\beta_{v_j}t}\Delta r_{v_j}(0) = \sigma_{v_j p_R}\left[e^{-\alpha_{a_{RR}}t}r_{a_{RR}}(0) + e^{-\alpha_{p_R}t}r_{p_R}(0)\right] - \sigma_{v_j v_W}e^{-\beta_{v_W}t}\Delta r_{v_W}(0)$$

如果有:

$$e^{\beta_{v_0}t}\Delta r_{v_0}(0) \neq e^{\beta_{v_W}t}\Delta r_{v_W}(0)$$

和

$$e^{\beta_{v_{J+1}}t}\Delta r_{v_{J+1}}(0) \neq e^{\beta_{v_W}t}\Delta r_{v_W}(0)$$

也就是说,如果保险需求和福利需求都不是经济短板容量,那么,必定会有 $e^{\beta_{v_0}t}\Delta r_{v_0}(0) > e^{\beta_{v_W}t}\Delta r_{v_W}(0)$ 和 $e^{\beta_{v_{J+1}}t}\Delta r_{v_{J+1}}(0) > e^{\beta_{v_W}t}\Delta r_{v_W}(0)$,即社会保险和民众福利都不是经济发展中的短板,那么有:

$$e^{\beta_{v_0}t}\Delta r_{v_0}(0) = \sigma_{v_0 p_R}\left[e^{-\alpha_{a_{RR}}t}r_{a_{RR}}(0) + e^{-\alpha_{p_R}t}r_{p_R}(0)\right] - \sigma_{v_0 v_W}e^{-\beta_{v_W}t}\Delta r_{v_W}(0)$$

和

$$e^{\beta_{v_{J+1}}t}\Delta r_{v_{J+1}}(0) = \sigma_{v_{J+1} p_R}\left[e^{-\alpha_{a_{RR}}t}r_{a_{RR}}(0) + e^{-\alpha_{p_R}t}r_{p_R}(0)\right] - \sigma_{v_{J+1} v_W}e^{-\beta_{v_W}t}\Delta r_{v_W}(0)$$

这说明,如果社会保险和民众福利均不是经济短板容量,那么,它们的被替代增长率不仅不能影响经济整体,反过来,它们各自的被替代增长率还要受到短板价格和短板容量的决定。如同前面已经叙述过的,对于那些基本自然资源和具有更长时期性质的投资来说,适当远离市场,即它们都不成为经济短板容量,或者能成为经济短板容量概率越小,对经济就越有利,对经济的发挥也就越具有积极的作用。

对此,对于民众福利似乎很容易理解。民众福利是长久的社会建设,近似一种基本的自然资源,它应该适当远离市场,因而,整体经济对它的替代应保持一定高的增长率,换句话说,就是它的需求增长率应该远小于经济短板容量的需求增长率,因为这样才符合社会发展的持久需要。由此看来,社会保险可能也有近似的性质,因而也有理由认为它的被替代也应保持一定的增长,使其能够适当地小于经济短板容量的需求增长,以便使得这个部门真正可以起到"保险"的作用。

由此也令人们看出,如果在式(10.14)中,能保持社会保险和大众福利不成为直接决定短板容量的需求,似乎更能对经济的运行起到积极的作用。值得注意的是,这些需求都是更长远性的社会整体性需要,可以用更长远的眼光和更长远的预算来对待,不至于受到过分主观的短期行为的干扰,从而造成对经济运行的经常性不利影响,因此,在实际的经济生活中应该容易看到,社会保险和大众福利的需求成为经济短板容量或者成为决定短板的直接因素,应该都是罕见的,甚至是很罕见的。这意味着,在本章所描述的经济状态里,有:

$$e^{\beta_{v_{\pi}}t}\Delta r_{v_{\pi}}(0) = \sigma_{v_{\pi}p_R}\left[e^{-\alpha_{a_{RR}}t}r_{a_{RR}}(0) + e^{-\alpha_{p_R}t}r_{p_R}(0)\right] - \sigma_{v_{\pi}v_S}e^{-\beta_{v_S}t}r_{v_S}(0)$$

$$e^{\beta_{v_s}t}\Delta r_{v_0}(0) > e^{|-\beta_{v_s}|t}r_{v_S}(0)$$

和

$$e^{\beta_{v_{j+1}}t}\Delta r_{v_{j+1}}(0) > e^{|-\beta_{v_s}|t}r_{v_S}(0)$$

社会保险的被替代增长率和大众福利的被替代增长率,均高于决定短板容量的经济容量的被替代增长率。它们都与市场保持了一定的距离。

§10.4　通货膨胀与福利衰减

依据正则法则,人们可以看出,人为干预介入自由市场经济,并对其产生有利和不利影响的渠道,只在于需求的固定数量。如同本书前面已经分析过的,在能够提供这些渠道的经济容量里,货币的固定数量最值得重视。因为从宏观管理的意义上讲,通过货币固定数量的变化,来影响经济运行的速度,可能最快,也最容易实现。因而,其中所具有的有利因素和不利因素也是最容易发挥作用的。自然,它的敏锐程度和破坏力量也是最显著的。事实表明,一旦不当的人为干预造成了通货膨胀,其后果往往是严重的,其中,恶性通货膨胀所带来的破坏更加显著。关于恶性通货膨胀对保险和福利的不利影响,很容易得到下列理论性证明。

接续上述的分析,从长期的经济结构出发:

$$G = \pi(ap;v,t)$$

这里，a——技术进步系数矩阵，$a = \begin{bmatrix} a_{00} & 0 & \dots & 0 \\ 0 & a_{11} & \dots & 0 \\ \dots & \dots & \dots & \dots \\ 0 & 0 & \dots & a_{II} \end{bmatrix}$；

p——价格向量，$p = \begin{bmatrix} p_0 & p_1 & \cdots & p_I \end{bmatrix}$，$p_i \gg 0$，$i = 0, 1, \dots, I$；

v——固定需求数量向量，$v = \begin{bmatrix} v_0 & v_1 & \cdots & v_{J+1} \end{bmatrix}$，$v_J \leqslant 0$，$j = 0, 1, \dots,$ $J+1$；

t——时间。

在此，仍然令 p_0 为保险的价格，其技术水平为 $a_{00} \equiv 1$；v_0 为保险需求；v_{J+1} 为福利需求；设这里的 v_1 为货币投放数量。

当这个正则的经济运行到了 t（$t > 0$）时刻，如式（10.12）—（10.14）所示，有：

$$\begin{cases} e^{\alpha_{p_i} t} \Delta r_{p_i}(0) = \sigma_{p_i p_R}\left[e^{-\alpha_{a_{RR}} t} r_{a_{RR}}(0) + e^{-\alpha_{p_R} t} r_{p_R}(0) \right] - \sigma_{p_i v_W} e^{-\beta_{v_i} t} r_{v_W}(0) \\ \qquad\qquad - e^{-\alpha_{a_i} t} \Delta r_{p_i}(0) \\ e^{\beta_{v_i} t} \Delta r_{v_j}(0) = \sigma_{v_j p_R}\left[e^{-\alpha_{a_{RR}} t} r_{a_{RR}}(0) + e^{-\alpha_{p_R} t} r_{p_R}(0) \right] - \sigma_{v_j v_W} e^{-\beta_{v_i} t} \Delta r_{v_W}(0) \\ e^{\beta_{v_i} t} \Delta r_{v_W}(0) = \sigma_{v_W p_R}\left[e^{-\alpha_{a_{RR}} t} r_{a_{RR}}(0) + e^{-\alpha_{p_R} t} r_{p_R}(0) \right] - \sigma_{v_W v_S} e^{-\beta_{v_i} t} r_{v_S}(0) \end{cases}$$

$R \in i, R \neq i$，$i = 0, 1, \dots, I$；$W, S \in j$，$W, S \neq j$，$j = 0, 1, \dots, J+1$

为简明起见，设这个经济的初始情况是没有通货膨胀的，那么，当它运行到这个 $t(t > 0)$ 时刻时，经济自行调节所给定的货币投放状态（用它的被替代增长率来表示），就是 $e^{\beta_{v_i} t} \Delta r_{v_1}(0)$。如同在本章此前已经分析过的，这时，如果有了人为的政策干预，也就是有了干预向量 $m_2 = \begin{bmatrix} m_{2_1}, m_{2_2}, \dots, m_{2_W} \end{bmatrix}$，并介入了货币的投放状态，导致货币投放的被替代增长率出现了 $e^{\beta_{v_i}(m_2) t} \Delta r_{v_1}(0) < e^{\beta_{v_i} t} \Delta r_{v_1}(0)$，也就是人为地把货币投放的被替代增长率降低到了市场自然给定的水平以下，改变了市场自然需求的货币投放量，多投放了货币数量。显然，这便是通货膨胀了。它的膨胀程度，根据式（10.12）—（10.14）所给出的内容，会呈现为以下 3 种：

（1）$e^{\beta_{v_i} t} \Delta r_{v_W}(0) < e^{|-\beta_{v_i}| t} r_{v_S}(0) < e^{\beta_{v_i}(m_2) t} \Delta r_{v_1}(0) < e^{\beta_{v_i} t} \Delta r_{v_1}(0)$

（2）$e^{\beta_{v_i} t} \Delta r_{v_W}(0) < e^{\beta_{v_i}(m_2) t} \Delta r_{v_1}(0) < e^{|-\beta_{v_i}| t} r_{v_S}(0) < e^{\beta_{v_i} t} \Delta r_{v_1}(0)$

（3）$e^{\beta_{v_i}(m_2) t} \Delta r_{v_1}(0) < e^{\beta_{v_i} t} \Delta r_{v_W}(0) < e^{|-\beta_{v_i}| t} r_{v_S}(0) < e^{\beta_{v_i} t} \Delta r_{v_1}(0)$

这里的第（1）种情况是说，多投放了货币的数量，但多出的程度，不仅低于经济短板容量所允许的程度，还低于决定短板的那种容量所允许的程度，因而，在经济整体里,它的基本地位还没有变。第(2)种情况是说,多投放了货币的数量,但多出的程度,虽然超出了决定短板容量的那种容量所允许的程度,但还没有超出短板所允许的程度,因而,它的基本地位将发生变化,它将取代那种决定短板的容量,而成为新的决定短板的容量。这时,它的变化将直接影响到短板价格,所起的作用会通过短板价格的变化体现出来。第(3)种情况则是说,多投放了货币的数量,多出的程度已经超过了经济短板容量所允许的程度,货币投放数量成了新的经济短板容量,它的作用会影响到经济的整体,即不仅影响到全部市场和供给,而且还影响到全部需求和基本资源。

从市场的组分即市场的结构来看,这里的第(1)种情况意味着,虽然出现通货膨胀,但膨胀的程度还不至于影响到全体,所起的作用还仅限于货币市场,货币供给超过了市场自然给定的程度,宽松了,但还不会造成更大的影响。在式(10.12)—(10.14)所示出的状态方程里,这就是虽然有了 $e^{\beta_{v_1}(m_2)t}\Delta r_{v_1}(0) < e^{\beta_{v_1}t}\Delta r_{v_1}(0)$,但 $e^{\beta_{v_1}(m_2)t}\Delta r_{v_1}(0)$ 仍处在式(10.13)里的情况。也就是:

$$e^{\beta_{v_j}t}\Delta r_{v_j}(0) = \sigma_{v_j p_R}\left[e^{-\alpha_{a_{RR}}t}r_{a_{RR}}(0) + e^{-\alpha_{p_R}t}r_{p_R}(0)\right] - \sigma_{v_j v_W}e^{-\beta_{v_1}t}\Delta r_{v_W}(0)$$

这里,

$$e^{\beta_{v_1}(m_2)t}\Delta r_{v_1}(0) \in e^{\beta_{v_1}t}\Delta r_{v_1}(0) \mid e^{\beta_{v_1}t}\Delta r_{v_W}(0) < e^{\mid -\beta_{v_1}\mid t}r_{v_S}(0) < e^{\beta_{v_1}(m_2)t}\Delta r_{v_1}(0) < e^{\beta_{v_1}t}\Delta r_{v_1}(0)$$

第(2)种情况意味着,出现了通货膨胀,膨胀的程度超过了决定短板容量的那种容量所允许的程度,但是还没有达到成为短板容量所允许的程度,它所起的作用会取代决定短板的那种容量,它的地位也会变化到直接决定短板容量的位置上来。这样,人们能够看到,这样的通货膨胀,不只是直接影响到货币市场,而是将会对全体市场起作用。而且,它应该首先影响到短板价格。前面有关章节已经分析到,从科技进步的作用可以看出,在一般情况下,决定经济短板容量的价格,或者说短板价格,应该是那些具有潜在调节力,也就是具有科技进步的价格之一,也就是产品市场或者劳务市场的元素之一。然而,因为它还没有超出容量短板所允许的程度,这种通货膨胀的表现应该在市场上很为明显,但其直接作用还限于市场范围之内。这就是:

$$e^{\beta_{v_1}t}\Delta r_{v_W}(0) = \sigma_{v_W p_R}\left[e^{-\alpha_{a_{RR}}t}r_{a_{RR}}(0) + e^{-\alpha_{p_R}t}r_{p_R}(0)\right] - \sigma_{v_W v_1}e^{-\beta_{v_1}t}r_{v_1}(0)$$

这里,

$$e^{\beta_{v_1}t}\Delta r_{v_W}(0) < e^{\beta_{v_1}(m_2)t}\Delta r_{v_1}(0) < e^{\mid -\beta_{v_1}\mid t}r_{v_S}(0) < e^{\beta_{v_1}t}\Delta r_{v_1}(0)$$

第(3)种情况意味着,人为干预导致出现了通货膨胀,膨胀的程度已经超过了经济短板所允许的程度,它本身成了经济短板容量,所起的作用遍及经济整体,渗透到了经济的全部方面,供给与需求都受到了它的直接影响。也就是:

$$
\begin{cases}
e^{\alpha_{p_i}t}\Delta r_{p_i}(0) = \sigma_{p_ip_R}\left[e^{-\alpha_{a_{RR}}t}r_{a_{RR}}(0) + e^{-\alpha_{p_R}t}r_{p_R}(0)\right] - \sigma_{p_iv_1}e^{-\beta_{v_1}t}r_{v_1}(0) \\
\qquad\qquad - e^{-\alpha_{a_i}t}\Delta r_{p_i}(0) \\
e^{\beta_{v_j}t}\Delta r_{v_j}(0) = \sigma_{v_jp_R}\left[e^{-\alpha_{a_{RR}}t}r_{a_{RR}}(0) + e^{-\alpha_{p_R}t}r_{p_R}(0)\right] - \sigma_{v_jv_1}e^{-\beta_{v_1}t}\Delta r_{v_1}(0) \\
e^{\beta_{v_1}t}\Delta r_{v_1}(0) = \sigma_{v_1p_R}\left[e^{-\alpha_{a_{RR}}t}r_{a_{RR}}(0) + e^{-\alpha_{p_R}t}r_{p_R}(0)\right] - \sigma_{v_1v_S}e^{-\beta_{v_S}t}r_{v_S}(0)
\end{cases}
$$

这里,

$$
e^{\beta_{v_1}(m_2)t}\Delta r_{v_1}(0) < e^{\beta_{v_1}t}\Delta r_{v_W}(0) < e^{|-\beta_{v_1}|t}r_{v_S}(0) < e^{\beta_{v_1}t}\Delta r_{v_1}(0)
$$

由此可以看出,作为有价格的产业,社会保险会在通货膨胀达到能影响全部市场的时候受到影响,但正如上所述,所受到的并非是直接的影响,而只能是通过短板价格传递的间接影响。而当通货膨胀发展成为经济的短板容量之后,便有了:

$$
\begin{cases}
e^{\alpha_{p_0}t}\Delta r_{p_0}(0) = \sigma_{p_0p_R}\left[e^{-\alpha_{a_{RR}}t}r_{a_{RR}}(0) + e^{-\alpha_{p_R}t}r_{p_R}(0)\right] - \sigma_{p_0v_1}e^{-\beta_{v_1}t}r_{v_1}(0) \\
e^{\beta_{v_0}t}\Delta r_{v_0}(0) = \sigma_{v_0p_R}\left[e^{-\alpha_{a_{RR}}t}r_{a_{RR}}(0) + e^{-\alpha_{p_R}t}r_{p_R}(0)\right] - \sigma_{v_0v_1}e^{-\beta_{v_1}t}\Delta r_{v_1}(0) \\
e^{\beta_{v_{j+1}}t}\Delta r_{v_{j+1}}(0) = \sigma_{v_{j+1}p_R}\left[e^{-\alpha_{a_{RR}}t}r_{a_{RR}}(0) + e^{-\alpha_{p_R}t}r_{p_R}(0)\right] - \sigma_{v_{j+1}v_1}e^{-\beta_{v_1}t}\Delta r_{v_1}(0) \\
e^{\beta_{v_1}t}\Delta r_{v_1}(0) = \sigma_{v_1p_R}\left[e^{-\alpha_{a_{RR}}t}r_{a_{RR}}(0) + e^{-\alpha_{p_R}t}r_{p_R}(0)\right] - \sigma_{v_1v_S}e^{-\beta_{v_S}t}r_{v_S}(0)
\end{cases}
$$

这里, $e^{\beta_{v_1}t}\Delta r_{v_W}(0) < e^{\beta_{v_1}(m_2)t}\Delta r_{v_1}(0) < e^{|-\beta_{v_1}|t}r_{v_S}(0) < e^{\beta_{v_1}t}\Delta r_{v_1}(0)$ 。

这时,可以看出,由于通货膨胀成了新的短板容量,在其余条件都不变的情况下,通货膨胀必定提升社会保险价格、保险需求和大众福利需求的被替代增长率。这与一般经济短板容量的作用完全相同,固定数量的增长,给经济容量和市场价格带来了放松。不过,通货膨胀本身是价值符号的过度放大,由它带来的放松是符号或形式带来的放松,是不实的松懈,实际上必定造成不应有的浪费。福利,只是在符号或形式上被放大了,而实际内容没有变,甚至作用降低了,显然,这便是给大众福利带来的不实的繁荣,而实际上的衰减。

从上述的关于通货膨胀所呈现的 3 种状态及其作用情况的分析结果来看,似乎只有这 3 种状态才是区别通货膨胀程度的根本依据。

在上述的第(1)种情况里,多投放了货币的数量,出现了通货膨胀,但膨胀的程度,不仅低于经济短板容量所允许的程度,还低于决定短板的那种容量所允许的程度,因而,其在经济整体里的基本地位没有变,膨胀的作用仅局限于货币市场里,属于货币交易数量的微调。在第(2)种情况里,膨胀的程度超过了决定短板容量的那种容量所允许的程度,但是还没有超过容短板所允许的程度,它所起的作用会取代决定短板的那种容量,它的影响作用将发展到包括货币市场在内的全部市场,应该属于高度的膨胀了。第(3)种情况是,人为的不当干预导致出现了通货膨胀,膨胀的程度已经超过了经济短板所允许的程度,它本身成了经济短板容量,所起的作用遍及经济整体,渗透到了经济的全部方面,供给与需求都受到了它的直接影响,应该是恶性膨胀了。

§10.5 保险福利与特别供给

在涉及保险供给的分析中,我们接触到了技术进步系数恒等于 1 的情况,也就是供给的水平没有技术进步的情况。这就是在经济体的初始描述里

$$G = \pi(ap;v,t) \tag{10.15}$$

这里,a ——技术进步系数矩阵,$a = \begin{bmatrix} a_{00} & 0 & \ldots & 0 \\ 0 & a_{11} & \ldots & 0 \\ \ldots & \ldots & \ldots & \ldots \\ 0 & 0 & \ldots & a_{II} \end{bmatrix}$;

p ——价格向量,$p = \begin{bmatrix} p_0 & p_1 & \cdots & p_I \end{bmatrix}$,$p_i \gg 0$,$i = 0,1,\ldots,I$;

v ——固定需求数量向量,$v = \begin{bmatrix} v_0 & v_1 & \cdots & v_{J+1} \end{bmatrix}$,$v_J \leqslant 0$,$j = 0,1,\ldots,$ $J + 1$;

t ——时间。

这里:p_0 为保险的价格,其技术水平为 $a_{00} \equiv 1$;v_0 为保险需求,v_{J+1} 为福利需求。另外,出于分析特别供给和需求的需要,令这里的 p_2 为一种特别部门的价格,v_2 为特别需求。

其实,从一般的物理意义上讲,在式(10.15)中,如果 p 是数量,那么它的系数 a 实际上就是质量。这样,人们能够看出,在长期经济的分析中,引入技术水平矩阵,实际上引入了有关市场质量的考虑。由技术进步的定义可以知道,技术水平矩阵里,大多数元素都是大于或者等于1,并且是不断增长的。然而,其中也有一些特殊的情况,那就是有些技术水平是恒定的,即像保险的价格 $a_{00} \equiv 1$ 那样,也

是恒等于1的。显然,这种情况是市场里的一种特别,它们所对应的供给可以称为是特别供给。可以想象,在经济学里,资本市场、货币市场和类似的有价证券市场,都会涉及特别供给,而这些市场,从事物必定是质量与数量的结合这个意义上讲,也可以称作特别市场。值得指出的是,从数学形式这个立场上来看,因为没技术进步,也就不存在人为干预介入的系数,那么,在自由市场上,价格变动的结果恰恰是市场一般自行调节的产物。

在上一节里,当我们考察社会保险这种特别供给时,已经发现了这样的事实,即它的被替代的增长率一般地应该保持较高水平,以便使它远离短板价格,否则,若它成了或接近短板价格,将给经济的活力带来比较显著的不利影响。而当我们进一步考察保险和福利的需求时,也发现了类似的情况,即鉴于它们的性质是社会的一种后备积累,接近基本资源,因而,经济的长期运行应保持对它们始终有较高的替代作用,就是要使它们保持较高的被替代率,也即保持较低的消耗和占用的增长率,从而使它们适当远离经济短板容量,而不至于给经济带来更大的影响。这样看来,在经济容量向量里,实际上也存在着一些具有特别需求性质的元素。为便于表述,或许可以称这样的固定数量需求为特别需求。

试想,当正则的经济式(10.9)运行到了 t($t>0$)时刻,如式(10.12)—(10.14)所示,会有:

$$
\begin{cases}
e^{\alpha_{p_i}t}\Delta r_{p_i}(0) = \sigma_{p_i p_R}[e^{-\alpha_{a_{RR}}t}r_{a_{RR}}(0) + e^{-\alpha_{p_R}t}r_{p_R}(0)] - \sigma_{p_i v_W}e^{-\beta_{v_i}t}r_{v_W}(0) \\
\qquad\qquad\quad - e^{-\alpha_{a_{ii}}t}\Delta r_{p_i}(0) \\
e^{\beta_{v_j}t}\Delta r_{v_j}(0) = \sigma_{v_j p_R}[e^{-\alpha_{a_{RR}}t}r_{a_{RR}}(0) + e^{-\alpha_{p_R}t}r_{p_R}(0)] - \sigma_{v_j v_W}e^{-\beta_{v_i}t}\Delta r_{v_W}(0)
\end{cases}
$$

$$R \in i, R \neq i, i = 0,1,\dots,I; W,S \in j, W,S \neq j, j = 0,1,\dots,J+1$$

这里,

$$e^{\beta_{v_i}t}\Delta r_{v_W}(0) = \min_j\{e^{\beta_{v_i}t}\Delta r_{v_j}(0)\}$$

$$e^{\beta_{v_i}t}\Delta r_{v_W}(0) = \sigma_{v_W p_R}[e^{-\alpha_{a_{RR}}t}r_{a_{RR}}(0) + e^{-\alpha_{p_R}t}r_{p_R}(0)] - \sigma_{v_W v_S}e^{-\beta_{v_i}t}r_{v_S}(0)$$

$$e^{-\beta_{v_i}t}r_{v_S}(0) = \max_k\{\sigma_{v_W v_k}e^{-\beta_{v_i}t}r_{v_k}(0)\}$$

如果社会保险和大众福利,还有我们所关注的这种特别需求,均不属于短板的情况,那么,也就会有:

$$e^{\alpha_{p_i}t}\Delta r_{p_0}(0) \neq e^{\alpha_{p_i}t}\Delta r_{p_R}(0), \text{即} e^{\alpha_{p_i}t}\Delta r_{p_0}(0) > e^{\alpha_{p_i}t}\Delta r_{p_R}(0)$$

$$e^{\alpha_{p_i}t}\Delta r_{p_2}(0) \neq e^{\alpha_{p_i}t}\Delta r_{p_R}(0), \text{即} e^{\alpha_{p_i}t}\Delta r_{p_2}(0) > e^{\alpha_{p_i}t}\Delta r_{p_R}(0)$$

和

$$e^{\beta_{v_i} t} \Delta r_{v_0}(0) \neq e^{\beta_{v_i} t} \Delta r_{v_{\overline{w}}}(0) \text{, 即 } e^{\beta_{v_i} t} \Delta r_{v_0}(0) > e^{\beta_{v_i} t} \Delta r_{v_{\overline{w}}}(0)$$

$$e^{\beta_{v_i} t} \Delta r_{v_2}(0) \neq e^{\beta_{v_i} t} \Delta r_{v_{\overline{w}}}(0) \text{, 即 } e^{\beta_{v_i} t} \Delta r_{v_2}(0) > e^{\beta_{v_i} t} \Delta r_{v_{\overline{w}}}(0)$$

$$e^{\beta_{v_{j+1}} t} \Delta r_{v_{j+1}}(0) \neq e^{\beta_{v_i} t} \Delta r_{v_{\overline{w}}}(0) \text{, 即 } e^{\beta_{v_{j+1}} t} \Delta r_{v_{j+1}}(0) > e^{\beta_{v_i} t} \Delta r_{v_{\overline{w}}}(0)$$

这也就是说,社会保险和大众福利,还有我们所关注的这种特别需求,如果它们的价格不是市场的短板,它们的需求也均不是短板容量,那么,根据以上分析结果可以知道,它们的被替代率,或者说它们的增长率,就不具有对经济的全局性影响作用,即在一般情况下,它们的有限变化,就不会给经济带来值得重视的重大后果。这也就是说,在一般情况下,类似保险和福利这样的特别供给或需求,可以局部地活跃经济,但不具有更强的全局性经济意义。它们的存在和发展,能够对经济的局部结构产生一定的影响,而对经济体的基础构成和基本性质,不会有重要的影响。

由此令人想到,类似保险和福利这样的特别供给和需求,如货币、证券,甚而古董拍卖等市场或活动,似乎均可以归入同一类特别供给或需求。诚然,上述分析还仅仅属于理论的数理分析,尽管已经深入到了一定精确的程度,并且也不难发现有关的迹象,但要得到准确的证明,还需要做进一步的测度计量和实际验证,进而得到更有力的实验数据的支持。

第10章建议的续读文献

[1]孙中才. G 函数与经济学的新进展[J]. 汕头大学学报(人文社会科学版),2006,6:20-24.

[2]Boadway,R. and Bruce,N.. Welfare Economics [M]. New York:Basil Blackwell Press,1984:21-23.

[3]孙中才. 理论农业经济学[M]. 北京:中国人民大学出版社,1998:196.

[4]Diewert, W.. Applications of Duality Theory [M]//In M. D. Intriligator and D. A. Kendrik. Frontiers of Quantitative Economics Vol. 2. Amsterdam:North-Holland, 1974:106-171.

[5]孙中才. 农业经济数理分析[M]. 北京:中国农业出版社,2006:118.

[6]Harrigan,J.. Technology,Factor Supplies,and International Specialization:Es-

timating the Neoclassical Model [J]. The American Economic Review 87, 1997：475 – 494.

[7]Maeler, Karl – Goeran. Environmental Economics：A Theoretical Inquiry[M]. Washington：RFF Press, 1974.

[8]穆勒. 理论环境经济学[M]. 孙中才, 译. 北京：生活·读书·新知三联书店, 1992：124 – 127.

[9]Fehr, Ernst and Fischbacher, Urs. The Nature of Human Altruism[J]. Nature, 2003, 425(6960)：735 – 791.

[10] Diewert, W.. Applications of Duality Theory [M]//M. D. Intriligator and D. A. Kendrik. Frontiers of Quantitative Economics. Vol. 2. Amsterdam：North – Holland, 1974：67 – 82.

[11]Samuelson, P.. Foundations of Economic Analysis[M]. Cambridge, MA：Harvard University Press, 1947：22 – 24.

[12]王永波, 高一兰. 投资品市场研究：市场结构与价格机制[M]. 北京：人民教育出版社, 2013：28 – 29.

[13]曾才生. 异质性条件下的经济分析：后起国家对外开放的条件与时机问题[M]. 北京：经济科学出版社, 2007：4.

第 11 章　市场与博弈

§11.1　博弈论与经济行为

经过 200 多年的努力,在 20 世纪末,经济学已经发展出一个系统的科学理论集合,成为一个逻辑严谨、结构清晰的知识体系,从而被称为是社会研究领域唯一确立了近代科学范式的学科。经济学的范式(Paradigm in Economics),全称应为"经济学科学理论的核心范式"(Core Paradigm of Scientific Theory in Economics),是经济学最基本原理的知识凝结。它以数学语言阐述了存在于经济运动中的最主要的规律,这些最主要的规律对有关的各种分支规律具有支配作用。正因为如此,由科学理论探索所获得的知识才成了有层次、有结构的思想体系。

如前所述,在 20 世纪的下半叶,经济学所取得的最突出的进步或者最突出的进步之一,就是将自己的理论范式推进到了有约束的利润函数(Restricted Profit Function),简称 G 函数。

而在 20 世纪的上半叶,经济学在博弈论方面已经取得了显著的进步。1944年,冯·诺依曼(John von Neumann,1903—1957)和 O. 摩根斯坦恩(Oskar Morgenstern,1902—1977)合著了《博弈论与经济行为》(*Game Theory and Economic Behavior*)成为数理经济学的经典著作之一,它直接引起了人们对经济行为的广泛研究。时至今日,它已经成为经济学中一个应用广泛、羽翼丰满的专门化研究领域。有些科学家热情地颂扬它"可能是 20 世纪前半期最伟大的科学贡献之一",甚至有的经济学家认为,它是了解一般文化知识的纽带。

1776 年亚当·斯密(A. Smith,1723—1790)把自然规律的意识引入经济学,并发现了"自由市场自行调节"这个经济运动的最基本规律,成为经济学科学理论的开拓者。把社会运动的规律归结为自然真实。无疑,这使得自然科学中的一般方法——物理数学方程,成了经济学数理分析的语言和工具。历史事实证明,它也是最便捷的和最得力的。能够看到,经济学的理论核心范式,正是通过这种方法才诞生和发展的。正是这种方法,致使经济学在 20 世纪里成了社会科学领域中唯一具有了科学范式的学科。事实表明,这种方法可以更直接地贯彻科学的最一般的思路——公理化方法。

但是,事实也表明,作为数理分析的工具,这种有效的定性研究,在直接转化为应用技术方面,确实存在着一定的不足,特别是在解决实务需求方面,它明显地表现出"远水不解近渴"的软弱。

相反,博弈论从一诞生就在经济实务领域里,呈现出近乎立竿见影的能力,让人们欣喜地看到了理论通往技术的有效途径。博弈论在经济数理分析上和在实际应用上,都取得了突出的成绩。其发展的强劲势头,至今仍毫无减弱。

然而,科学是自我主宰的,理论上的实际地位,不能简单地以实用价值来衡量。理论上的问题,必须以理论本身的更新的探索结果才能回答。也就是要用更新的理论对科学对象的结构与功能做出更有效的证明,才能回答。

显然,在经济学的核心理论范式发展到 G 函数以前,从亚当·斯密哲理思辨性的论述开始,经过中间很多的物理数学方程的探索,直到经营函数(简称 F 函数)确立,经济学的理论一直还处于多方面的探索和试验之中,理论核心的发展主线还不是很明确。这导致实际应用价值方面的判断标准,对科学的自我主宰性形成了不利的冲击,并不可避免地起了喧宾夺主的作用。G 函数确立后,经济学理论范式的发展主线更清晰了,所覆盖的范围更宽了,直观的初始陈述更简单了,内涵的规律和真实更明确了。运用它来回答一些经济学的理论问题,判定和确定各种数理分析和统计模型的理论意义,以及它们在基本理论结构里的地位等,将是很便利的,也是很有效的。

从"现代的"意义上说,博弈论和经济学的前沿范式是并驾齐驱的,但在核心理论的结构上,它们是存在差别的。明确这种差别,对于识别经济学范式的发展,坚定基础理论研究的方向,促进经济学的发展特别是促进其中各种专门化的发展,都是有益的。

本章从以下部分开始,以经济学的最新理论综合——G 函数为出发点,把已经查明的当代经济体的结构,初始性地陈述为技术、市场、需求和基本资源共处的整体。其中,市场为自由可变的集合,其余为参数集合,但其中基本资源为自然给定的固定数量;而技术与需求为人为可以控制的策略集合。于是,在市场和基本资源信息划定的情况下,经济当事人——商品供给者与消费者或需求者,可以以技术与需求为策略,展开博弈。试想,博弈结果所必定遵循的规律与市场自行调节的规律之间,肯定存在一定的对应关系。在这个对应关系里,两者之间的约束与被约束、支配与被支配和覆盖与被覆盖的情况,将被解释清楚。

进而,从这些揭示的结果中,似乎可以大致地查明博弈论与经济学最新范式 G 函数的理论作用和地位。

§11.2 博弈所在与博弈的本质

如前所述,在当代经济学的最前沿范式 G 函数里,短期的或者静态的经济的最简化形式可以表示为:

$$G = \pi(p;v)$$

这里, $\pi(.)$ ——利润函数;

p ——市场价格向量, $p = [p_1, p_2, \ldots, p_I]$, $p_i \gg 0$, $i = 1, 2, \ldots, I$;

v ——固定数量向量, $v = [v_1, v_2, \ldots, v_J]$, $v_j \leq 0$, $j = 1, 2, \ldots, J$,并有 $I \leq J$ 。

长期的或者动态的经济可以表示为:

$$\pi(ap;v_1,v_2,t) \tag{11.1}$$

式中, $\pi(.)$ ——利润;

a ——技术标量矩阵, $a = \begin{bmatrix} a_{11} & 0 & \ldots & 0 \\ 0 & a_{22} & 0 & 0 \\ \ldots & 0 & \ldots & 0 \\ 0 & 0 & 0 & a_{II} \end{bmatrix}$;

p ——产出价格向量, $p = (p_1, p_2, \ldots, p_I)$; $p_i \gg 0$, $i = 1, 2, \ldots, I$;

v_1 ——需求数量向量, $v_1 = (v_{1_1}, v_{1_2}, \ldots, v_{1_I})$, $v_{1_j} \leq 0$, $j = 1, 2, \ldots, J$,有 $I \leq J$;

v_2 ——基本资源向量, $v_2 = (v_{2_1}, v_{2_2}, \ldots, v_{2_K})$, $v_{2_k} \leq 0$, $k = 1, 2, \ldots, K$;

t ——时间。

在式(11.1)中,把技术直接写成了价格的系数,其根据是 Harrigan 的推论:一个具体产业的技术变化能够以同样方法化为这个产业的价格增长模型;在固定数量向量里,具体地划分出了需求向量 v_1 和基本资源向量 v_2 两部分,则是根据经济学的新近发现——经济容量的双层性而做出的,这样做,也是为了便于对博弈问题进行分析。

显然,对于短期的经济,按照两重容量约束的形式来考虑,可以写出:

$$G = \pi(p; v_1, v_2)$$

在这样表示出来的经济结构里,依据决策论的定义可以知道,这是决策人——消费者或者需求者掌握着策略 v_1,面对市场 p 这个自然状态要做出选择性的决策,同时,要满足自然资源所给定的约束条件 v_2。由此可以粗略地认出,在经济学的最新范式——G 函数里,短期的经济隐含着消费或需求的决策论的结构。从博弈理论来看,这是简单的面对自然状态所选择一组策略的问题。

在这个结构里,依据抽象的决策论的定义可以知道,这是决策人——消费者或者需求者在可以有自我意志决定的情况下,面对市场这个自然状态,在满足自然资源所给定的约束 v_2 的情况下,通过策略选择,即选择 v_1,可以为自己取得最优结果的行为。由此可以粗略地认出,在经济学的最新范式——G 函数里,短期的经济隐含着需求决策论的结构。从博弈理论来看,这是简单的面对自然状态需求者要选择一组策略以便达到最有效果的问题。因此,在博弈的角度上来看,短期的经济分析是一个决策问题。而从长期看来,又可以容易地把它理解为是包含着一个对策问题的结构,特别是在以 G 函数为范式的结构里,甚至可以把经济视作一个很典型的对策态势,例如,式(11.1)里就含有一个比较典型的对策问题。

首先,这里有了对策问题中的双方决策人:供给者 M_1 和需求者 M_2。他们分别掌握着自己的策略,前者是 a,后者是 v_1。双方面对的信息场就是市场 p,双方的最优解还必须满足自然资源给定的容量 v_2。显然,在长期的情况下,a 和 v_1 也是变化的,而 v_2 也提供着不确定的信息。然而,如前所述,从两层经济容量的性质来看,v_2 是远离市场的外层约束,它的容量应该比需求约束 v_1 宽松,直接限制作用是鲜为存在的,因而这方面的信息可以忽略不计或者将其视为是确定的。这样可以认为,长期的经济运行似乎可以构成比较典型的对策问题,也就是博弈论的对象。

由此,人们有理由认为,要着眼于经济体内的博弈问题,似乎就是要聚焦于长期的经济运行。从信息场的角度来看,在经济体里,供给者与需求者面对的信息场,就是市场。本书此前已经分析过,市场是自由存在自行调节的,是自然变化的,带有较强的不确定性,会带给决策者和参加对策的双方以很复杂的信息,是一个比较复杂的信息场。然而,人们已经知道,市场或者经济体的变化是受着一种根本性自然规律控制的,这就是经济的正则性规律。

围绕经济的正则法则来讨论博弈问题,或许可以取得值得重视的结果。

由式(11.1),可以得出它的 Jacobi 向量为:

$$J = \begin{bmatrix} \pi_p & \pi_{v_1} & \pi_{v_2} \end{bmatrix} = \begin{bmatrix} \nabla_p \pi & \nabla_{v_1} \pi & \nabla_{v_2} \pi \end{bmatrix} = \begin{bmatrix} a_{ii} \dfrac{\partial \pi}{\partial p_i} & -\dfrac{\partial \pi}{\partial v_{1_j}} & -\dfrac{\partial \pi}{\partial v_{2_k}} \end{bmatrix}$$

在 Jacobi 向量的基础上,可以得出的 Hessian 矩阵为:

$$H = \begin{bmatrix} \pi_{pp} & \pi_{v_1 p} & \pi_{v_2 p} \\ \pi_{pv_1} & \pi_{v_1 v_1} & \pi_{v_2 v_1} \\ \pi_{pv_2} & \pi_{v_1 v_2} & \pi_{v_2 v_2} \end{bmatrix} = \begin{bmatrix} \nabla_{pp}^2 \pi & \nabla_{v_1 p}^2 \pi & \nabla_{v_2 p}^2 \pi \\ \nabla_{pv_1}^2 \pi & \nabla_{v_1 v_1}^2 \pi & \nabla_{v_2 v_1}^2 \pi \\ \nabla_{pv_2}^2 \pi & \nabla_{v_1 v_2}^2 \pi & \nabla_{v_2 v_2}^2 \pi \end{bmatrix}$$

$$= \begin{bmatrix} \dfrac{\partial^2 \pi}{\partial p_i \partial p_h} & -\dfrac{\partial^2 \pi}{\partial v_{1_j} \partial p_h} & -\dfrac{\partial^2 \pi}{\partial v_{2_k} \partial p_h} \\ -\dfrac{\partial^2 \pi}{\partial p_i \partial v_{1_l}} & \dfrac{\partial^2 \pi}{\partial v_{1_j} \partial v_{1_l}} & \dfrac{\partial^2 \pi}{\partial v_{2_k} \partial v_{1_l}} \\ -\dfrac{\partial^2 \pi}{\partial p_i \partial v_{2_m}} & \dfrac{\partial^2 \pi}{\partial v_{1_j} \partial v_{2_m}} & \dfrac{\partial^2 \pi}{\partial v_{2_k} \partial v_{2_m}} \end{bmatrix}$$

由 Hessian 矩阵可以得出替代弹性矩阵为:

$$S = \begin{bmatrix} \sigma_{p_i p_h} & \sigma_{v_1 p_h} & \sigma_{v_2 p_h} \\ \sigma_{p_i v_{1_l}} & \sigma_{v_1 v_{1_l}} & \sigma_{v_2 v_{1_l}} \\ \sigma_{p_i v_{2_m}} & \sigma_{v_1 v_{2_m}} & \sigma_{v_2 v_{2_m}} \end{bmatrix}$$

$$= \pi \begin{bmatrix} \pi_p^{-1} \pi_{pp} \pi_p^{-1} & \pi_p^{-1} \pi_{pv_1} \pi_{v_1}^{-1} & \pi_p^{-1} \pi_{pv_2} \pi_{v_2}^{-1} \\ \pi_p^{-1} \pi_{pv_1} \pi_{v_1}^{-1} & \pi_{v_1}^{-1} \pi_{v_1 v_1} \pi_{v_1}^{-1} & \pi_{v_1}^{-1} \pi_{v_1 v_2} \pi_{v_2}^{-1} \\ \pi_p^{-1} \pi_{pv_2} \pi_{v_2}^{-1} & \pi_{v_1}^{-1} \pi_{v_1 v_2} \pi_{v_2}^{-1} & \pi_{v_2}^{-1} \pi_{v_2 v_2} \pi_{v_2}^{-1} \end{bmatrix}$$

$h \in i$, $i,h = 1,2,\ldots,I$; $l \in j$, $l,j = 1,2,\ldots,J$, $m \in k$, $m,k = 1,2,\ldots,$ K 。

在这里,这些替代弹性的值,对于基本结构的延伸性变化而言,是固定不变的。因为有:

$$\sigma_{a_{ii}p_i,(a_{hh}p_h)} = \pi\left(\frac{\partial\pi}{\partial p_i}a_{ii}\right)^{-1}\left(\frac{\partial^2\pi}{\partial p_i\partial p_h}a_{ii}a_{hh}\right)\left(\frac{\partial\pi}{\partial p_h}a_{hh}\right)^{-1}$$

$$= \pi\left(\frac{\partial\pi}{\partial p_i}\right)^{-1}\left(\frac{\partial^2\pi}{\partial p_i\partial p_h}\right)\left(\frac{\partial\pi}{\partial p_h}\right)^{-1}$$

$$= \sigma_{p_ip_h}$$

$$h \in i,\ i,h = 1,2,\ldots,I$$

$$\sigma_{v_{1j}(a_{hh}p_h)} = \pi\left(-\frac{\partial\pi}{\partial v_j}\right)^{-1}\left(-\frac{\partial^2\pi}{\partial p_h\partial v_{1j}}a_{hh}\right)\left(\frac{\partial\pi}{\partial p_h}a_{hh}\right)^{-1}$$

$$= \pi\left(-\frac{\partial\pi}{\partial v_{1j}}\right)^{-1}\left(-\frac{\partial^2\pi}{\partial p_h\partial v_{1j}}\right)\left(\frac{\partial\pi}{\partial p_h}\right)^{-1}$$

$$= \sigma_{v_1p_h}$$

$$h \in i,\ i = 1,2,\ldots,I\ ;\ j = 1,2,\ldots,J$$

$$\sigma_{v_{2k}(a_{hh}p_h)} = \pi\left(-\frac{\partial\pi}{\partial v_{2k}}\right)^{-1}\left(-\frac{\partial^2\pi}{\partial v_{2k}\partial p_h}a_{hh}\right)\left(\frac{\partial\pi}{\partial p_h}a_{hh}\right)^{-1}$$

$$= \sigma_{v_2p_h}$$

$$h \in i,\ i = 1,2,\ldots,I\ ;\ k = 1,2,\ldots,K$$

根据定义,替代弹性值所表示的是,一个增长的经济体在给定的时间点上,其中一个因子变化或增长百分之一可以导致另一个因子被替代百分之多少,也就是可以减少(或增加)百分之几。科学的研究结果发现,这种替代是一个个常量,即这种替代是固定的。这意味着,对于增长的经济来说,实际上存在着一个不变的本底背景,经济在增长变化时,会呈现为各个因子的增长率的不平衡变化,但是,却不会导致这个本底背景的变化。经济世界的背后存在着一个不变的比例关系。这个不变的背景为经济运动提供了测度标准,特别为基本资源数量的变化提供了可行性的尺度。有理由假设,基本资源是自然给定的固定数量,是经济当事人不能改变的。它们的数量构成经济体的最基础容量,是最硬性的约束,经济只能在其给定的范围内运行。固定替代弹性的存在意味着,经济体在正常运行的情况下,各个因子之间存在的相互替代关系处在一个固定的背景之下,是可以以固定替代弹性这个尺度来度量的。

根据约束条件的最小缩减规律,在式(11.1)中,可以计算出基本资源,即约束条件 v_{2k} 的最小被替代率为:

$$\Delta r_{v_2} = \min_h\{\sigma_{v_{2k}(a_{hh}p_h)}(r_{a_{hh}} + r_{p_h})\} - \max_{1_j}\{\sigma_{v_2v_1}r_{v_1}\}$$

$$h \in i,\ h \neq i,\ i = 1,2,\ldots,I\ ;\ 1_j = 1,2,\ldots,J\ ;\ k = 1,2,\ldots,K \quad (11.2)$$

式中, $\Delta r_{v_{2_k}}$ ——第 k 种基本资源 v_{2_k} 的被替代率, $k = 1,2,\ldots,K$;

$\sigma_{v_{2_k}(a_{hh}p_h)}$ ——第 k 种基本资源 v_{2_k} 与第 h 种产品之间的固定替代弹性值, $h \in i$,

$h \neq i$, $i = 1,2,\ldots,I$; $k = 1,2,\ldots,K$;

$r_{a_{hh}}$ ——第 h 种产品的技术增长率, $h \in i$, $h \neq i$, $i = 1,2,\ldots,I$;

r_{p_h} ——第 h 种产品的价格增长率, $h \in i$, $h \neq i$, $i = 1,2,\ldots,I$;

$\sigma_{v_{2_k}v_{1_j}}$ ——第 j 种需求 v_{1_j} 与第 k 种基本资源的 v_{2_k} 之间的固定替代弹性值, $j =$

$1,2,\ldots,J$; $k = 1,2,\ldots,K$;

$r_{v_{1_j}}$ ——第 j 种需求 v_{1_j} 的增长率, $j = 1,2,\ldots,J$ 。

式(11.2)所表示的是自由市场在运行中必定自行调节出来的基本资源的变化率。显然,这个变化率是保证经济继续正常运行所需要的最低要求,或称最基本的经济容量的底线。可以认为,如果违背了这个底线,必定是不经济的,甚至会导致经济病态运行。

最基本的经济容量是"自由市场自行调节"的结果。在一个给定的时间间隔里,如果初始结构给定,即在时段开始点上,如果技术、需求和基本资源的数量给定,并在此期间数量保持不变,那么,自由市场就会自动地对各个因子进行调节,使它们保持以固定替代弹性为基准的比例关系,从而使经济正常运行。这就是市场运动的正则性,也就是经济的正则性(Regularity of Economy)。式(11.2)就是这种正则性在基本资源变化上的表现。由此,也令人们对"自由市场自行调节"这个规律中的"自行调节"有了比较清晰的认识,知道了"自由市场"所"自行调节"的是什么,也知道了它所遵循的自然规律是什么。

如前所述,如果基本资源的数量是人为干预难以改变的,或者说,在有限的时间范围内完全可以假定是固定不变的,那么,式(11.2)所表示的内容便具有了一定的绝对意义的标准性,用它来呈现经济的正则性的某些特征,更容易让人获得某些带有基准性指示的概念。

§11.3　博弈的作用

试想,在式(11.1)所示的经济体中,存在着竞争,竞争参与者或者称经济当事人为商品供给者 M_1 和商品消费者 M_2 。它们各自掌握着自己的策略,面对市场和基本资源展开博弈。供给者 M_1 掌握的策略是技术 a ;消费者 M_2 掌握的策略是需

求 v_1。为简明起见，假设它们之间的竞争只是面对市场和基本资源来进行的。而且不失一般性，假设它们之间的博弈是无鞍点的博弈，双方都必须以自己的混合策略来获得最优结果。那么，对于 M_1 来说，它的最优策略是：

$$X_a = \{x_1 a_{11} p_1, x_2 a_{22} p_2, \ldots, x_I a_{II} p_I; v_2\}$$
$$\sum_{i=1}^{I} x_i = 1 \tag{11.3}$$

解得：

$$x_a^* = [x_1^*, x_2^*, \ldots, x_I^*] \tag{11.4}$$

对于 M_2 来说，它的最优策略是：

$$Y_{v_1} = \{y_1 v_{11} p_1, y_2 v_{12} p_2, \ldots, y_J v_{1J} p_I; v_2\}$$
$$\sum_{j=1}^{J} y_j = 1 \tag{11.5}$$

解得：

$$y_{v_1}^* = [y_1^*, y_2^*, \ldots, y_J^*] \tag{11.6}$$

显然，这两者的最优解，将会给各自带来益处，并且会共同影响到经济的结构。影响的过程和结果应该是比较复杂的。然而，人们有理由更关心这些博弈结果应该存在一个很简单的作用，那就是它们对经济运行的正则性到底起了什么作用。因此，它们对基本资源被替代率的影响，便可以作为测度这些结果实际作用的尺度。

设在经济运行中的某个时间初始点上，即在 $t = 0$ 上，根据式（11.2）有：

$$\Delta r_{v_2}(0) = \min_h \{\sigma_{v_2,(a_{hh} p_h)}[r_{a_{hh}}(0) + r_{p_h}(0)]\} - \max_{1_j} \{\sigma_{v_2 v_1} r_{v_1}\}$$
$$h \in i, h \neq i, i = 1,2,\ldots,I; j = 1,2,\ldots,J; k = 1,2,\ldots,K$$

如果经济的运行是相对静态的增长，而且没有受到任何外来的干预，那么到了 $t > 0$ 这个时间点上，应该有：

$$e^{\beta_2 t} \Delta r_{v_2}(0) = \min_h \{\sigma_{v_2,(a_{hh} p_h)}[r_{a_{hh}}(t) + r_{p_h}(t)]\} - \max_{1_j} \{\sigma_{v_2 v_1} r_{v_1}(t)\}$$
$$= \min_h \{\sigma_{v_2,(a_{hh} p_h)}[e^{-\alpha_{a_h} t} r_{a_{hh}}(0) + e^{-\alpha_{r_h} t} r_{p_h}(0)]\} - \max_{1_j} \{\sigma_{v_2 v_1} e^{-\beta_{r_1}} r_{v_1}(0)\}$$
$$h \in i, h \neq i, i = 1,2,\ldots,I; j = 1,2,\ldots,J; k = 1,2,\ldots,K \tag{11.7}$$

式中，$e^{\beta_2 t}$——市场自行调节出来的第 k 种基本资源 v_{2_k} 的被替代增长率，$k = 1,2,\ldots,K$；

$r_{a_{hh}}(t)$——第 h 种产品的技术增长率，$h \in i, i = 1,2,\ldots,I$；

$r_{p_h}(t)$ ——市场自行调节出来的第 h 种产品的价格增长率, $h \in i, i = 1,$
　　　　　$2, \ldots, I$;

$r_{v_{1_j}}(t)$ ——市场自行调节出来的第 j 种需求 v_1 的增长率, $j = 1, 2, \ldots, J$;

－ $\alpha_{a_{hh}}$ ——第 h 种产品的技术增长指数;

－ α_{p_h} ——市场自行调节出来的第 h 种产品价格的增长指数, $h \in i, i = 1,$
　　　　　$2, \ldots, I$;

－ $\beta_{v_{1_j}}$ ——市场自行调节出来的第 j 种需求 v_1 的增长指数。

　　然而,因为经济体里存在着供给者与消费者对市场的竞争,即存在着博弈,博弈的最优结果分别是式(11.4)与(11.6)。由模型(11.3)和(11.5)的结构可以看出,这些最优结果的直接效应,就是调整了技术和需求的增长格局。显然,这是供给者与消费者只关心自己利益情况下的最优化选择。然而,对于整个经济体来说,更重要的是,他们各自的最优选择是否冲击了市场自然给定的正则条件。这个正则条件,从性质上来说,是经济内在的保证可以正常运行的规律;从量级上来说,是保证经济运行所需的最低基本资源水平。如果违背了这个最低水准,经济必定会不正常运行,或者不能运行。

　　设想,从 $t = 0$ 到 $t > 0$ 这个期间,因为存在着供给者与消费者的博弈,导致在 $t > 0$ 这个时间点上,人们实际上会观察到:

$$e^{\beta_{v_{2_k}}^* t} \Delta r_{v_{2_k}}(0) = \min_h \{ \sigma_{v_{2_k}(a_{hh} p_h)} [r_{a_{hh}}^*(m_1)(t) + r_{p_h}(t)] \} - \max_{1_j} \{ \sigma_{v_2 v_{1_j}} r_{v_{1_j}}^*(m_2)(t) \}$$

$$= \min_h \{ \sigma_{v_{2_k}(a_{hh} p_h)} [x_h e^{-\alpha_{a_{hh}}(m_1) t} r_{a_{hh}}(0) + e^{-\alpha_{p_h} t} r_{p_h}(0)] \}$$

$$- \max_{1_j} \{ \sigma_{v_2 v_{1_j}} y_j e^{-\beta_{v_{1_j}}(m_2) t} r_{v_{1_j}}(0) \}$$

$$h \in i , h \neq i , i = 1, 2, \ldots, I ; j = 1, 2, \ldots, J ; k = 1, 2, \ldots, K \quad (11.8)$$

式中, $e^{\beta_{v_{2_k}}^* t}$ ——博弈结果所确定的第 k 种基本资源 v_{2_k} 的被替代率的增长率, $k = 1, 2, \ldots, K$;

$r_{a_{hh}}^*(t)$ ——博弈结果所确定的第 i 种产品的技术增长率, $h \in i , h \neq i , i = 1, 2, \ldots, I$;

$r_{v_{1_j}}^*(t)$ ——博弈结果所确定的第 j 种需求 v_1 的增长率, $j = 1, 2, \ldots, J$;

－ $\alpha_{a_{hh}}(m_1)$ ——对策人 M_1 所能掌握的第 i 种策略,也就是第 h 种产品的技术增长指数, $h \in i , h \neq i , i = 1, 2, \ldots, I$;

－ α_{p_h} ——市场自行调节出来的第 i 种产品的价格增长指数;

－ $\beta_{v_{1_j}}(m_2)$ ——对策人 M_2 所能掌握的第 j 种策略,也就是第 j 种需求 v_1 的增

长指数，$j = 1,2,\ldots,J$。

根据经济运行的正则性，将式(11.7)与式(11.8)加以对比，容易得出，不管这两个式子右端项的具体因子有多少不同，但为顺应市场经济的正则规律，这里必定有：

$$e^{\beta_{2_k}^{*} t} \Delta r_{v_{2_k}}(0) \geqslant e^{\beta_{2_k} t} \Delta r_{v_{2_k}}(0)$$

得出：

$$\beta_{2_k}^{*} \geqslant \beta_{2_k} \qquad k = 1,2,\ldots,K \tag{11.9}$$

即博弈结果所确定的第 k 种基本资源 v_{2_k} 的被替代的增长率，应该不小于市场自行调节出来的被替代的增长率，也就是前者的增长指数应该大于或者等于后者的增长指数，如式(11.9)所示。如果式(11.9)成立，再将式(11.7)与式(11.8)两式的右端项进行对比，可以看出，在自由市场里存在的供给者与消费者的博弈，其有效结果，只能是顺应市场自行调节规律下的结构性调节，也必定是满足这个规律所给定的约束下的利益调整。

同时，人们也能看出，在保证式(11.9)的情况下，对比着式(11.7)右端项里的各个因子，式(11.8)的各个因子都有所缩小，因为加权向量的元素都不大于1。那么可以看出，博弈的结果会导致技术和需求的规模都有所缩小，而式(11.8)的右端项则表明，在保证经济运行正则条件的前提下，需求的缩小程度会更大一些。

在式(11.9)成立的情况下，这时，在经济体的 Jacobi 向量里应该有：

$$J = \begin{bmatrix} \pi_p & \pi_{v_1} & \pi_{v_2} \end{bmatrix} = \begin{bmatrix} \nabla_p \pi & \nabla_{v_1} \pi & \nabla_{v_2} \pi \end{bmatrix}$$

$$= \begin{bmatrix} x_i^{*} a_{ii} \dfrac{\partial \pi}{\partial p_i} & -y_j^{*} \dfrac{\partial \pi}{\partial v_{1j}} & -\dfrac{\partial \pi}{\partial v_{2k}} \end{bmatrix}$$

这里，$\displaystyle\sum_{i=1}^{I} x_i^{*} = 1$，$\displaystyle\sum_{j=1}^{J} y_j^{*} = 1$。

依据 Hotelling 引理，由此可以看出：博弈结果导致供给方都会减少部门的供给量，或者说，降低了由市场所自行给定的市场份额；需求方会增大需求的影子支出，从而减少一定量的需求。在没有博弈存在的条件下，第 i 种产品的供给量会是 $a_{ii} \dfrac{\partial \pi}{\partial p_i}$，而因为有了博弈，这时变成了 $x_i^{*} a_{ii} \dfrac{\partial \pi}{\partial p_i}$。而作为加权向量里的一个元素，这里存在着 $x_i^{*} \leqslant 1$，因而导致 $x_i^{*} a_{ii} \dfrac{\partial \pi}{\partial p_i} \leqslant a_{ii} \dfrac{\partial \pi}{\partial p_i}$，$i = 1,2,\ldots,I$。

同理，博弈的结果导致需求方提高了需求数量的影子支出，减少了一定量的需求。因为市场自然给定的第 j 种需求 v_{1j} 的影子支出为 $-\dfrac{\partial \pi}{\partial v_{1j}}$，而因为有了消费者的最优博弈，导致这时的该影子支出变为 $-y_j{}^*\dfrac{\partial \pi}{\partial v_{1j}}$。而作为加权向量的一个元素，这里必有 $y_j{}^* \leqslant 1$，致使 $-\dfrac{\partial \pi}{\partial v_{1j}} \leqslant -y_j{}^*\dfrac{\partial \pi}{\partial v_{1j}}$，$j = 1,2,\ldots,J$。

综合上述，似乎可以得出以下 4 点主要结论：

(1)现代经济体的结构表明，自由的市场连同固定数量约束条件一起，可以构成供给与需求双方竞争的信息场。供给方以技术作为策略、需求方以需求数量作为策略进行的博弈，实质上是在经济基本资源约束下做出的经济结构调整，是顺应市场规律的利益分配。

(2)有效的博弈结果，将导致各个部门的供给量或市场份额，相对于市场自行调节的结果，有所减少和缩小，也即技术运用的程度有所减少和缩小；同时，将导致需求的影子支出有所增大，需求数量有所减少。综合起来，就是缩小了市场的自然规模，减缓了经济扩张。在这个减缓的过程中，需求的减缓程度会大于技术运用的减缓程度。这是顺应市场经济正则规律所必需的。

(3)竞争的存在，导致供求双方进行博弈。竞争与博弈不利于进步速率大的技术实现有效的扩张，但可能有利于对进步速率过低的技术实施淘汰。

(4)作为数理经济的两种基本方法，物理数学方程和博弈论都应该有继续发展的广阔前景，但作为更深入的探索理论核心的工具，前者更具有发展的力量。博弈论可以作为经济学理论核心范式的有力补充，也可以为把基础理论引向技术做出应有的贡献，却难以指望它能够取代物理数学方法成为经济学理论核心的范式。

最后，值得指出的是，从宏观的角度来看，在经济运行中，博弈现象的存在，供给方与消费方或者需求方之间存在的竞争，会导致科技进步的不断发展，其综合作用必定给市场带来全面的改善和进步。

在长期的经济运行中，经济体的最一般结构可以表示为：

$$\pi(ap;v,t)$$

如同本书在上一章里已经提到的，此处的技术进步系数 a 这个对角矩阵，可以抽象地定义为质量系数矩阵，它的每个元素，在更一般的物理意义上讲，实际上表示所对应的产品或市场的质量。从上述的结论(2)里可以看出，经济中博弈的存在，会在更一般的前景上不断改进市场质量，令市场向着更有利于科技进步的方向发展。结论(3)表明,供给与消费或需求之间存在着博弈,其结果会对科技进步最快的生产有一定的抑制作用,但也同时会对那些进步很慢的生产有更强的淘汰作用。把这一结论与在上一章里已经讨论过的短板价格和短板容量的概念结合起来考虑,从中不难看出,竞争与博弈的存在,确实会对局部的经济活跃带来不利,但却会有利于对短板的淘汰,有利于经济全局在结构调整和活力发挥上的作为,从而有利于市场质量的全面提高。

容易理解,如果运用此前所用到的短板容量和短板价格的概念来进行分析,结论也应该是一致的。

运用短板容量和短板价格的概念,那么,在 $t>0$ 时刻,有

$$
\begin{cases}
e^{\alpha_{p_i}t}\Delta r_{p_i}(0) = \sigma_{p_i p_R}\left[e^{-\alpha_{a_{RR}}t}r_{a_{RR}}(0) + e^{-\alpha_{p_R}t}r_{p_R}(0)\right] - \sigma_{p_i v_{1_*}}e^{-\beta_{v_{1_*}}t}r_{v_{1_*}}(0) - e^{-\alpha_{p_i}t}\Delta r_{p_i}(0) \\
e^{\beta_{v_{1_*}}t}\Delta r_{v_{1_*}}(0) = \sigma_{v_{1_j}p_R}\left[e^{-\alpha_{a_{RR}}t}r_{a_{RR}}(0) + e^{-\alpha_{p_R}t}r_{p_R}(0)\right] - \sigma_{v_{1_j}v_{1_*}}e^{-\beta_{v_{1_*}}t}\Delta r_{v_{1_*}}(0) \\
e^{\beta_{v_{2_*}}t}\Delta r_{v_{2_*}}(0) = \sigma_{v_{2_k}p_R}\left[e^{-\alpha_{a_{RR}}t}r_{a_{RR}}(0) + e^{-\alpha_{p_R}t}r_{p_R}(0)\right] - \sigma_{v_{2_k}v_{1_*}}e^{-\beta_{v_{1_*}}t}\Delta r_{v_{1_*}}(0) \\
e^{\beta_{v_{1_*}}t}\Delta r_{v_{1_*}}(0) = \sigma_{v_{1_*}p_R}\left[e^{-\alpha_{a_{RR}}t}r_{a_{RR}}(0) + e^{-\alpha_{p_R}t}r_{p_R}(0)\right] - \sigma_{v_{1_*}v_{1_*}}e^{-\beta_{v_{1_*}}t}r_{v_{1_*}}(0)
\end{cases}
$$

$R\in i, R\neq i, i=1,2,\ldots,I, W,S\in j, W,S\neq j, j=1,2,\ldots,J, k=1,2,\ldots,K$

这里,

$$e^{\beta_{v_{1_*}}t}\Delta r_{v_{1_*}}(0) = \min_{1_j}\{e^{\beta_{v_{1_*}}t}\Delta r_{v_{1_*}}(0)\}$$

$$\left[e^{-\alpha_{a_{RR}}t}r_{a_{RR}}(0) + e^{-\alpha_{p_R}t}\Delta r_{p_R}(0)\right] = \min_i\min_h\{\sigma_{p_i p_k}\left[e^{-\alpha_{a_{hh}}t}r_{a_{hh}}(0) + e^{-\alpha_{p_h}t}r_{p_h}(0)\right]\}$$

$$e^{-\beta_{v_{1_*}}t}r_{v_{1_*}}(0) = \max_k\{\sigma_{v_1 v_1}e^{-\beta_{v_{1_*}}t}r_{v_{1_*}}(0)\}$$

进而,可以得出:

$$a_{ii}(t) = a_{ii}(0)\left[1 + e^{-\alpha_{a_{ii}}t}\Delta r_{a_{ii}}(0)\right]$$

$$p_i(t) = p_i(0)\left[1 - e^{\alpha_{p_i}t}\Delta r_{p_i}(0)\right]$$

$$v_{1_j}(t) = v_{1_j}(0)\left[1 - e^{\beta_{v_{1_*}}t}\Delta r_{v_{1_*}}(0)\right]$$

$$v_{2_k}(t) = v_{2_k}(0)\left[1 - e^{\beta_{v_{2_*}}t}\Delta r_{v_{2_*}}(0)\right]$$

$$v_{1_W}(t) = v_{1_W}(0)\left[1 - e^{\beta_{v_{1_*}}t}\Delta r_{v_{1_*}}(0)\right]$$

$$e^{\beta_{v_{1_*}}t}\Delta r_{v_{1_*}}(0) = \sigma_{v_1 p_R}\left[e^{-\alpha_{a_{RR}}t}r_{a_{RR}}(0) + e^{-\alpha_{p_R}t}r_{p_R}(0)\right] - \sigma_{v_1 v_1}e^{-\beta_{v_{1_*}}t}r_{v_{1_*}}(0)$$

$R\in i, R\neq i, i=1,2,\ldots,I, W,S\in j, W,S\neq j, j=1,2,\ldots,J, k=1,2,\ldots,K$

于是,可以据此将上述的博弈问题写为:

238

$$\pi(ap;v,t) = \pi[a(m_1),p(p_R,v_{1_w});v_1(m_2),v_2(p_R,v_{1_w}),t]$$

这意味着,从宏观的角度来看,科技进步与需求数量之间的对策对决,可以表示为供给者与需求者之间,在自由市场自行调节的信息场里所进行的博弈,自由存在的信息为 $p(p_R,v_{1_w})$ 和 $v_2(p_R,v_{1_w})$,双方各自的策略分别为 $a(m_1)$ 和 $v_1(m_2)$,信息场所给定的条件就是经济的正则运行。博弈是在这种正则条件下的选择,是在自由市场给定的信息场里所进行的竞争。选择和竞争的结果,如上所述,确实会不利于某些经济局部的活跃,但却会有利于对短板的暴露和淘汰,有利于经济全局在结构调整和活力发挥上的作为,从而有利于市场质量的全面提高。

所谓有利于对短板的暴露和淘汰,如果仅仅从对科技进步的选择来看,便不难看出,因为存在着供给者与需求者之间的博弈,供给者 M_1(实际上就是供给者全体)会采用自己的科技进步混合策略来与需求者进行博弈,由此导致给科技进步集合里的元素指定了一个最优的份额参数,见式(11.4)。

在式(11.4)这个向量里,从一般的经验中可以发现,如果把它的元素按大小进行排列,那么,应该能够发现,若其余条件不变,这个大小顺序会与科技进步的大小顺序大体一致。给定约束条件,即给定经济运行的正则信息,在科技进步混合策略中居于末端地位的策略,必定就是科技进步很小或最小的元素。这样,在实际经济统计数据里,通过市场份额或科技进步被采用率的变化,便有可能把经济容短板和短板价格表现出来。而根据对策原理也可以看出,若哪项纯策略在混合中的份额等于或者很趋近于 0 了,那么这项策略便是要被淘汰了,这很可能意味着某个短板要被更换了,整体经济的发展要发生比较明显的变化了。

以上分析过程表明,供给者与需求者之间的博弈,实际上就是在给定市场信息和给定外层容量信息的情况下,双方展开的对策选择。而这些信息,都是在经济短板容量的直接作用下产生的,上述有关的深层分析的过程和结果已经表明,一般地,这些短板容量只能产生于与市场直接联系的内层里,也就是直接产生于产品需求,或者说直接产生于需求者这一方。由此可以认为,在最一般的理论意义上能够看到,需求者应该比供给者更具有信息的主动权,也更能够掌握信息的数量和质量,所以在信息的不对称方面,需求者应该优越于供给者。因而,在成熟的经济里,会是需求更具有明显的引导力量,也就是买方比卖方更具有经济的引导作用。需求方以对自身短板作用的猜测,对应供给方对这个短板作用的顺应,应该更有主动性作为。

值得注意的是,20 世纪末期以来,经济学的一个重要领域发展起来,这便是厂商理论(Theory of Firm)。

容易看出,经济学以往的发展,一直是沿着生产理论(Theory of Production)来深入的,也就是沿着不断破解生产的黑匣子来探索的。在经济学达到了起码的科学理论水平之后,这种情况更加明显。G 函数经典著作的主标题就是"生产经济学:理论与应用的一种对偶方法"(Production Theory:A Dual Approach To Theory And Appliction)。显而易见,其根基与对象的特征都是要破解生产黑匣子。从本书到此为止的分析结果中已经能够容易看出,正是这样的根基和对象,导致经济学在现代科学的道路上,取得如此辉煌的进步。其中一个重要的进步就是确立了新的范式——G 函数,把以往的微观经济学与宏观经济的概念统一起来、综合起来,给出了更加明确和准确的经济体结构性定义,从而对迄今为止有关经济学的理论探索实现了一次新的理论综合,把经济学的科学知识推进到了一个新的前沿水平。

然而,就人类的经济活动而言,无疑地,生产具有最基础的性质,但它却不能概括一切,甚至不能概括一些明显的其他经济活动的存在。随着实物资本主导地位的衰落和社会文明程度的不断提高,人类又明显地发现,科技进步正在逐步地成为经济因素中的主角,人力资本概念应运而生;同时,人们也发现,市场经济的发展并不意味着市场可以替代一切,市场法则和市场组织形式可以把其他排除于经济体之外。相反,生产和其他经济因素的运作内容,却随着市场的稳定发展而发展起来,除了生产单位工厂、农场之外,商业运行单位,商行和公司都迅速地发展起来了,而且,它们的内部组织状况以及它们之间的交集和组合,越来越对经济的发展起着重要的作用。它们中的不少单位,如规划设计机构、信息服务公司和某些中介公司等,并不直接从事生产实际性工作,也不提供实际的物资产品,它们的直接经营对象是具有某种知识的专业人员的劳动成果,或者说就是这些专业知识人员的劳动本身。容易发现,不受市场要素——价格直接支配的内部组织对象主要是直接由劳动力所产生的知识、意识和技能,它们在特定的组织里,可以以特别形式的信息和精神存在,并且可以以某种传统的形式积累、传递和传承,从而成为一种特定的社会族群性的文化。20 世纪 80 年代,一些专门研究产业和企业内部组织效率的经济学家们,将此定义为劳动资本(Labor Capital)。与劳动资本相匹配的这种族群性组织或社会建制,便是一般意义上的厂商(Firm)。在市场经济条件下,厂商如同大海里的一个个不大的岛屿,面对大海的变化,创造着自己生存的条件,并在尽可能的情况下,组织岛上的居民同心合力,优化组合,力争在大海里取得最大的利益。由此,人力资本为核心的厂商理论也蓬勃地发展起来。

　　岛屿不可能取代大海,不言而喻。而对于大海的发展也不能全然取消岛屿的存在,却很难得出令人信服的解释。同样地,厂商的发展不能取代市场早已是不争的事实,而市场的顺利发展也不能全然取代厂商的存在,却至今仍然难以得出科学的结论。然而,尽管如此,人们从"行为效率"这个更一般的定义出发,发现了内部组织与市场自行调节的一致性,而将它们统统归属于经济学的范畴之内,并根据具体对象的不同,而把它们分别称作"××经济学""×××经济学"等。值得注意的是,在以 F 函数为范式的时候,由于这个范式的综合性欠缺,抽象能力和直观结构狭窄,所能表现的经济实在内容有限,使得诸如厂商理论的研究等很难在有关的一般性模型里得到明确的描述和定位,因而,令不少的有关研究过于宽泛而不得深入。而在 F 函数确定之前,即在经济学科学范式还没有取得科学的最高形式的表达之前,这种情况就更为普遍。令人欣慰的是,在经济学的范式发展为 G 函数之后,这种情况可以得到明显的改善,使得厂商理论的研究可以有更为明确的定义和描述,可以促使其大幅度地深入发展。

　　从本章的上述分析结果可以看出,在经济学最新范式 G 函数的结构里,根据给定的定义可以知道,人力资本向量中的各个元素,就是各个部门的平均科技进步。其面对市场价格体系所进行的最优化的组织整合,是厂商的行为所致,即该向量出现在市场的结果,就是市场的最优选择。而从博弈的角度来看,我们已经知道,这也是面对价格信息场与需求进行博弈所选出的最优对策。就个别厂商而言,它们分别面对的需求和市场,自然是一般经济里的一个个局部。因而,从 G 函数出发,从博弈的角度来看,厂商理论研究的基本对象,就是面对市场的自然状态,商家与需求在局部市场上展开的博弈,博弈的结果是商家组织和选择出自己的最优人力资本组合,也就是最优的科技进步加权向量,使自己的利益最大化。

　　由此可以认为,在现代经济学的最新范式里,运用局部均衡的概念,从博弈论的角度出发,似乎能够将厂商理论在现代经济学中的地位解释得更为准确,其作用和发展趋势,自然也就可以得到更为精确的分析。

第 11 章建议的续读文献

[1]孙中才. 科学与农业经济学[M]. 北京:中国农业出版社,2009:72 – 73, 162 – 174.

[2]孙小礼. 自然辩证法通论(第二卷:方法论)[M]. 北京:高等教育出版社,1993:287 – 293.

[3]王则柯. 博弈论平话[M]. 北京:中信出版社,2011:4.

[4]Samuelson,P.. Economics[M]. New York:McGraw – Hill,1957:152 – 157.

[5] McFadden, D.. Cost, Revenue, and Profit Functions [M]//M. Fuss and D. McFadden. Production Economics:A Dual Approach to Theory and Applications. Vol. 1. The Theory of Production. North – Holland Publishing Company:Amsterdam · New York · Oxford,1978:4.

[6]Harrigan,J.. Technology,Factor Supplies,and International Specialization:Estimating the Neoclassical Model [J]. The American Economic Review,1997,87:475 – 94.

[7]孙中才. 生态安全与农业发展[J]. 汕头职业技术教育论坛,2010,3: 3 – 7.

[8]孙中才. 宏观干预与通货膨胀[J]. 现代农业经济学,2006:130 – 138.

[9]孙中才. 外贸顺差与通货膨胀[J]. 山东财政学院学报,2011,3:5 – 9.

[10]孙中才. 生态安全与农业发展[J]. 汕头职业技术教育论坛,2010,3: 3 – 7.

[11]Diewert, W. E.. Applications of Duality Theory[M]//M. D. Ittriligator and D. A. Kendrick. Frontiers of Quantitative Economics. Vol. 2. Amsterdam:North – Holland,1974:74 – 78.

[12]Hotelling,H.. Edge Worth Taxation Paradox and the Nature of Demand and Supply Functions[J]. Political Economy,1932,40:577 – 616.

第12章　探寻规律与归于自然

对于一个常规科学学科来说,它的发展不是由对象来决定的,而是由其自身的理论范式来决定的。范式不断进步、不断深化,导致学科不断进展。正因为如此,近代科学具有了自我主宰性和一维进步性。

经过200多年的努力,经济学已经发展成为一个系统的科学理论知识体系,并在社会科学领域里率先地实现了这样的发展,从而使经济学被称为是迄今为止唯一确立了科学范式的社会科学学科。在20世纪,经济学取得了又一次新的理论综合,将核心范式发展到有约束的利润函数,即G函数。今天,作为最新的理论范式,G函数正在把经济学研究引向新的发展阶段。它给经济学带来了新的精神、新的思路和新的方法,令经济学正在或即将取得更加卓有成效的深入和拓展。

纵观经济学的发展历史,人们容易看出,它的科学范式的进化,是一个不断地探寻经济运动规律又不断地把这些规律归于自然的过程,也就是一个把经济运动归于自然运动的过程。

似乎在远古时期,人类便根据运动形式的不同,把自己存在的宇宙划分为3个重大的范围,这就是:自然世界、人类社会世界和人类思维精神世界。随之,人类把它们当作探索对象并开展了持续不断的研究,目的在于不断地改善与整个宇宙的关系,从而有利于自己的存在和发展。如前所述,1687年,牛顿发表了《自然哲学的数学原理》,公布了他发现的3大定律。而后,又公布了另一个新的发现——万有引力定律,从而,通过在物理世界里首先探寻到的最基本的规律,率先在自然世界里巩固并扩展了新的观念,确立了新的思路,建立了新的方法,开创了近代自然科学。随后,人类又确立了另外两个新的探索对象——社会世界和思维精神世界,并纷纷借鉴和效仿自然科学,将它们分别称为社会科学与思维科学之后,社会科学中的经济学与思维科学中的人工智能先后达到了科学理论水平,使它们有了名副其实的科学的基础。

也正如本书在前面提及的,经济学的核心理论或范式,如同物理学一样,也是由最初发现的基本定律来奠基的。现代经济学最初发现的基本定律,就是1776年亚当·斯密发现的"自由市场自行调节"的定律。发现这个定律的前提条件就是将社会运动中的市场返还给了自然,而这个定律本身所描述的内容又完全归属于自然——"自由的市场","自行的调节",纯粹是自然的运动。由此可见,探询规律、归于自然,是经济学的最初意向。后来的历史表明,也正是遵循了这个意向,经济学创立了以生产函数和经营函数为主体的 F 函数范式,并在 18 世纪末期到 20 世纪中期的近 200 年时间里,实现了几次重大的理论综合,促使经济学稳健地发展成了现代的常规科学学科之一。

20 世纪末,经济学再次出现了重大的理论综合,将范式由 F 函数推进到了有约束的利润函数——G 函数。科学的重大的理论综合,总伴随着完美性和简单性的深入。G 函数不仅在形式上更加完美地体现了经济运动归属自然的性质,而且在结构上更加简单地描述了现代经济体所关注的对应。

§12.1　F 函数的形成与发展

众所周知,科学是普适的、独立的,它自身就是自身的主宰。经济学自亚当·斯密发现了"自由市场自行调节"这个定律之后,便在科学的普适性和独立性的指引下,在这个定律的推动下,继续进行关于经济运行规律的探寻,并较快地进入了自我主宰的状态。

亚当·斯密于 1776 年发表了《国富论》,其中阐述的"自由市场自行调节"成为经济学最早发现的经济运动的基本规律。按照数学语言,这一思想可以表示为:

$$x^* = F(p) \tag{12.1}$$

式中, x^* ——商品的种类和数量向量, $x^* = [x_1, x_2, \ldots, x_I]$;

p ——市场价格向量, $p = [p_1, p_2, \ldots, p_I]$, $p_i \gg 0, i = 1, 2, \ldots I$ 。

在《国富论》中,亚当·斯密用了大量篇幅说明市场实际支配人们经济活动的情况,试图证明这个公式的自然存在性,也就是证明这个定律的真实存在性。

在这个定律的指引下,为了更加深入地探寻经济规律,经济学家们分别从经济体的基本结构与经济当事人的行为这两个不同的方面入手,对经济现象展开了研究,从而形成了宏观的与微观的这两个在形式上不尽相同的理论分支,或称学派,即宏观经济学与微观经济学。

20世纪里,宏观经济学和微观经济学都出现了快速的发展。在宏观领域里,瓦尔拉斯(M. Walras, 1834—1910),帕累托(V. Paredo, 1848—1923),凯恩斯(J. Keynes, 1883—1946)和纳什(J. Nash, 1928—2015)等,做出了突出的贡献。其中,如前所述,贡献最为突出的经典作家应该是凯恩斯。

凯恩斯的突出贡献是完成了一次新的理论综合,尤其是对经济体的构成进行了归纳。凯恩斯对经济体的描述,似乎可以概括为"一点两面三市场四个部门几乘数"。从而,在最基本的抽象意义上,凯恩斯完成了对经济体的结构性陈述,如式(12.2)—(12.3)所示,即:

$$Max\, s = px \qquad\qquad (12.2)$$

s. t.

$$Y(x,v) \qquad\qquad (12.3)$$

式中,p ——价格向量,$p = [p_1, p_2, \ldots, p_I]$,$p_i \gg 0$,$i = 1, 2 \ldots, I$;

x ——供给向量,$x = [x_1, x_2, \ldots, x_I]$;

$Y(x,v)$ ——生产可能性集合;

v ——需求向量,$v = [v_1, v_2, \ldots, v_J]$,$v_j \leqslant 0$,$j = 1, 2 \ldots, J$;

$p, x \in R^I$,$v \in R^J$;R^I,R^J 分别为 I 维和 J 维的实数集合。

在微观领域里,理论研究上的重大突破,比宏观领域要稍早一些,在准确性和精确性方面的深入程度也更明显一些。容易看出,亚当·斯密于1776年发表的《国富论》,也主要是侧重于微观观察方面的。而后,为微观经济理论做出重大贡献的,在18—19世纪里,主要有李嘉图(D. Richardo, 1772—1823)等;在20世纪里,主要有吕豪斯(P. Loehaus, 1878—1949),希克斯(J. Hicks, 1904—1989),萨缪尔森(P. Samuelson, 1915—2009)和索罗(R. Solow, 1924—)等。其中,直接给现代经济学的范式做出突出贡献的,当数李嘉图、希克斯和萨缪尔森。

从纯粹技术的角度出发,李嘉图在生产领域里发现了"规模报酬递减律",为发现生产可能性集合的凸性奠定了基础。

1840年,德国的土壤化学家李比希(J. von Liebig, 1803—1873)在"矿质营养说"和"营养元素归还说"的基础上,提出了农业实物生产函数:

$$y = F(x) \qquad\qquad (12.4)$$

式中,y ——产出量;

x——营养数量。

为便于与式(12.1)的内容相对照,这里的 y 和 x 也可以写为向量的形式,并与在式(12.1)里所分析的结构完全一致。如果用图形来表示,式(12.4)是一条先凸后凹的"S"形曲线,也就是一条逻辑曲线(Logistic Curve)。而且,很快就证明了,这条曲线能与市场行为相联系的部分,只是凹的前半段,而凹的后半部分,即报酬为零或负的也不包括在内。

式(12.4)奠定了现代农业科学主导学科——农学的基础,同时,也奠定了农业经济学数量结构分析和演绎推理分析模型——经营函数的基础。由此,1919 年吕豪斯得出了农业经营函数:

$$\text{Max } \pi = p_y F(x) - p_x x \tag{12.5}$$

式中,π——利润;

p_y——产品价格;

$F(.)$——生产函数;

x——投入物数量;

p_x——投入物的价格。

式(12.5)将农业经济学发展为数量结构分析的学科,因为它将生产者行为置于自由市场的作用之下,从而也把"边际效率"(Marginal Efficiency)置于严谨的数学演绎分析结构之中。技术限制、市场限制与边际效率分析和"规模报酬递减律"(Law of Diminishing Returns to Scale)结合起来,形成了具有规范性公理化形式的理论表达,使农业经济学形成了科学范式(Scientific Paradigm),达到了科学理论水平,成了现代常规科学学科之一。准确地说,正是式(12.5)将整个一般经济学带进了科学范式的发展阶段,因为它给定了经济学科学理论核心的初始模型。数学的准确性和精确性的描述必然给理论带来推进,从而将范式推进到近代科学理论所要求的起码水平。

由式(12.5)的一阶条件得出:

$$\frac{dF}{dx} = \frac{P_x}{P_y} \tag{12.6}$$

并可以解得:

$$x^* = F(p) \tag{12.7}$$

式中,p——价格向量,$p = [p_y, p_x]$。

式(12.7)与式(12.1)是完全一致的,这意味着,从微观的观察出发,以生产者行为为基础的经营,实际上坚持了亚当·斯密所论证了的原理。在理论意义上,经营函数正是再一次地证明了这个原理的实在性。同时,这个函数的结果,必须遵从规模报酬递减律,因而,有关边际分析的过程实际上也证明了"自由市场自行调节"起作用的确切范围,也就是给定了生产技术与市场机制相对应的空间的性质。因而人们可以清晰地看出,亚当·斯密所阐明的"自由市场自行调节"规律奠定了经济学理论核心的基础,即它就是这个理论核心的最基本的成分。同时,也在数学上证明了,与市场相联系的生产函数,如上述的式(12.1)和(12.7),只能是凹函数。

设生产技术是线性齐次的,那么,不失一般性,我们可以把实物生产函数写为显示技术进步的形式,即写为最简单的 Hicks 中性技术进步的形式:

$$y = aF(x) \tag{12.8}$$

式中,a ——生产技术。

由此所得出的经营函数为:

$$\text{Max } \pi = p_y aF(x) - p_x x \tag{12.9}$$

其一阶条件成为:

$$\frac{dF}{dx} = \frac{1}{a}\frac{P_x}{P_y} \tag{12.10}$$

式(12.10)的解为 x^*,而且,以一般化的形式可以写作:

$$x^* = f(ap) \tag{12.11}$$

式中,p ——价格向量,$p = [p_y, p_x]$。

识别式(12.11)左右两端的经济学含义,能够得出,生产者行为所遵循的规律,就是价格不变下的技术组合。这便是萨缪尔森对经济学研究所做出的判断,也是给经济学理论核心所下的定义。这个定义的基础仍然是"自由市场自行调节"这个原理,但是将考察的焦点深入到了技术,从而把这个原理深化了,也就是把经济学理论核心深化了。

应该说,自从生产函数确立以后,沿着生产函数所开展的经济学研究,无论是宏观的还是微观的,在初始陈述方面实际上并没有依照亚当·斯密所倡导的假说和范式,但是研究的结果却遵循了亚当·斯密的假说,并维护了这个假说所给定的范式。

伴随着研究的进展,在 20 世纪中后期,经济学领域还获得了另外两个重要的发现:一个是生产可能性集合的凸性(Convexity of Production Possibilities Set);另一个是固定替代弹性(Constant Elasticity of Substitution,CES)。

为便于理解生产可能性集合凸性定律,我们在此先给出凸集和凹函数的定义。

定义1:v是一个凸集,当且仅当$v_1 \in v$,$v_2 \in v$,$0 < \lambda < 1$暗含着$\lambda v_1 + (1 - \lambda)v_2 \in v$。

定义2:F是一个定义在凸集v上面的凹函数,当且仅当$v_1 \in v$,$v_2 \in v$,$0 < \lambda < 1$暗含着$F[\lambda v_1 + (1 - \lambda)v_2] \geqslant \lambda F(v_1) + (1 - \lambda)F(v_2)$。相应地,$F$是凸集$v$($R^J$的子集)上面的一个凹函数,当且仅当$F \equiv \{(x,v):x \leqslant F(v_j),v_j \in v\}$下方的图形是$R^{J+1}$里的一个凸集,对于$j = 1,2,\ldots,J$。

这样,在微观水平上,设一个商家,在一个给定的期间里,能够运用J种投入,生产出I种产品。若以向量来表示,那么,投入为$v = [v_1,v_2,\ldots,v_J]$;产品为$x = [x_1,x_2,\ldots,x_I]$。容易理解,在组织生产的过程中,这些投入和产出可以呈现为各种不同的组合。所有的这些组合,定义为这个商家的生产可能性集合(Production Possibilities Set),记作$Y(x;v)$,并可以简写为$Y(v)$。

显然,在$Y(x;v)$中有,$v \in R^J$,当且仅当$v_1 \in v$,$v_2 \in v$,给定$0 < \lambda < 1$,必有$\lambda v_1 + (1 - \lambda)v_2 \in v$。这意味着,在实际生产中,生产投入物集合满足定义1,即生产投入物集合就是一个凸集。

那么,这个商家的行为是在满足生产可能集合的情况下,追求收益最大,即:

$$Max\ s = px \tag{12.12}$$

s. t.

$$x \in Y(v) \tag{12.13}$$

$p,x \in R^I$,$v \in R^J$

这里,x——最终产品向量,$x = (x_1,x_2,\ldots,x_I)$;$x \gg 0$;

p——最终产品的价格向量,$p = (p_1,p_2,\ldots,p_I)$;$p \gg 0$;

$Y(v)$——投入v的凸性生产可能性集合,其中,$v = (v_1,v_2,\ldots,v_J)$,$v \leqslant 0$,并有$I \leqslant J$。

由此解得$x = f(p;v)$,并可以进而求得:

$$G = \pi[p;f(p;v)] = \pi(p;v) \tag{12.14}$$

式中,$\pi(.)$——利润;

p——产品的价格向量,$p = (p_1,p_2,\ldots,p_I)$;$p \gg 0$

v——固定数量向量,$v = (v_1,v_2,\ldots,v_J)$,$v \leqslant 0$,并有$I \leqslant J$。

式(12.14)称为有约束的利润函数(Restricted Profit Function),简称 G 函数,是经济学理论核心的最新综合结果,也是目前经济学最前沿的理论范式。这个范式成立的必要条件,如上所述,就是生产可能性集合为凸性这个定律。

在式(12.14)中,因为有 $p \gg 0$,即价格均为正的,因此这个函数会将实物生产函数 x 这个凹函数向上方推移,但仍在凸集之中,只是 $\pi(.)$ 更加处于外沿上。

式(12.14)便是经济学的最新范式。为区别于以前的生产函数和经营函数,人们称它为 G 函数。与通常的 F 函数相比,G 函数在结构上的突出变化,就是增添了 v 这个约束向量,并因此称 G 函数为有约束的利润函数。

同理,对式(12.2)—(12.3)求解,也就是对宏观水平的经济结构求解,其解也是 $x = f(p;v)$。并且也可以得到式(12.14)。

根据数学对偶理论,对于式(12.2)—(12.3)或式(12.12)—(12.13),必定存在一个一致性的对应,也就是一个对偶结构,即式(12.15)—(12.16):

$$Min\, x = Y(v) \qquad\qquad (12.15)$$

s. t.

$$x \in px \qquad\qquad (12.16)$$

$$p, x \in R^I, v \in R^J$$

其解仍然是 $x = f(p;v)$,并且也可以得到式(12.14)。

这样,只要式(12.2)—(12.3)或式(12.12)—(12.13)与式(12.15)—(12.16)是对偶的,那么,式(12.14)就是唯一的解。也就是说,有约束的利润函数将可以取代微观的和宏观的利润最优化函数,成为经济分析的出发点,因为它与这种最优化的描述是等价的。这正是 F 函数要进化为 G 函数的内在机理,也是 G 函数可以取代 F 函数成为新的经济学范式的基本理由。

以上的分析过程也表明了,G 函数可以取代 F 函数,成为新的经济学范式,这也是经济学理论的一次重大综合,它把原来的宏观经济学与微观经济学的范式在性质上综合起来了。随着科学研究的深入和发展,人们将看到,这种综合和统一必定日益显现出它的重大意义,它一定会给学科的发展带来重大的推进和促进。

§12.2　G 函数加深和拓展了对规律的解释

§12.2.1　经济规律更加直观地归于自然

对于探寻规律而言,科学范式的进化总是揭示出越来越简单的内容,也就是说,范式是沿着越来越简单的方向前进的。对于自然科学以外的科学领域而言,在这种简单化的进程中,也包含了范式越来越采用直观描述自然结构的形式。从最一般的意义上来说,规律是自然存在的,因而规律都是自然规律,探寻规律的出发点越接近自然,就越有利于发现规律,也越有利于解释规律。

经济学的范式由 F 函数进化到 G 函数,如上所述,实际上是行为函数的求解过程,而 G 函数就是 F 函数的最优化结果,也就是由有约束的行为函数,通过数学的对偶理论,得出了它的等价形式——有约束的利润函数。得出这个等价形式的证明过程,曾经被称为"McFadden 定理"。见图 12.1。

$$
\begin{array}{l}
Max\ s = px \\
s.\,t. \\
x \in Y(v) \\
p,x \in R^I,\ v \in R^J
\end{array}
\quad \Rightarrow \quad
\boxed{G = \pi(p;v)}
$$

图 12.1　由 F 函数到 G 函数

图 12.1 中的 G 函数, $G = \pi(p;v)$,就是原来宏观的和微观的 F 函数的对偶形式,当然也是它的最优化的结果。然而,人们容易看出,运用 G 函数来表示经济体的结构和运行,无疑比运用 F 函数要简单得多。另外,从以上分析过程里可以看出,作为对偶结果, $G = \pi(p;v)$ 是自由市场对市场当事人行为的自行调节,是对最优化的自然反应,是自然对人为作用的必然选择,因而,它直接描述的是一种自然结果。

范式是分析的出发点,从 G 函数开始的分析,就是从行为最优化结果开始的分析,也就是从自然反应结果开始的分析,分析的出发点,至少在形式上更贴近自然。在经济学里把规律归于自然的意向更直观了,也更简单了。由此可以认为,经济学的范式由 F 函数进化为 G 函数,其首要的作用是导致对规律的探寻更加深入到自然的结构,把经济运动更加直观地归于自然。

§12.2.2 更直接地容纳了重要定理

概括地讲,科学研究都是理论研究,"理论,就是用定理做出论证"。范式是论证的出发点,范式容纳定理的多少,以及范式所能表现这些定理的直接程度,都是科学深入的表现,无形中正是范式进化的追求。经济学的范式由 F 函数进化为 G 函数,表现经济学基本定理的能力显然提高了,实现了范式涵盖定理更加丰富、更加简洁,也更加便于表达了。如同本书在以上部分里已经阐明的,Hotelling 引理、Shephard 引理、Harrigen 推论和固定替代定律在 G 函数里都可以得到便利的表达,并能够给出很精确的结果,从而使得人们对经济规律的认识更加直接、更加精确。加之 G 函数更加深入地表示成了自然结构的形式,从而令这些认识更加贴近自然,令人们更加容易地理解了自由市场自行调节的自然属性,令经济学的基本观念可以更进一步地深入到自然,更有利于把经济运动和经济规律归于自然。将经济运动和经济法则解释为自然的准确而精确的规律,正是经济学作为常规科学学科所追求的目标。

§12.2.3 点的状态分析与点集的状态分析

在 $G = \pi(p;v)$ 里,有它的 Jacobi 向量为:

$$J = [\begin{array}{cc} \pi_p & \pi_v \end{array}] = [\begin{array}{cc} \nabla_p\pi & \nabla_v\pi \end{array}] = [\begin{array}{cc} \frac{\partial\pi}{\partial p_i}; & -\frac{\partial\pi}{\partial v_j} \end{array}]$$

在 Jacobi 向量的基础上,可以得出 Hessian 矩阵为:

$$H = \begin{bmatrix} \pi_{pp} & \pi_{vp} \\ \pi_{pv} & \pi_{vv} \end{bmatrix} = \begin{bmatrix} \nabla_{pp}^2\pi & \nabla_{vp}^2\pi \\ \nabla_{pv}^2\pi & \nabla_{vv}^2\pi \end{bmatrix} = \begin{bmatrix} \frac{\partial^2\pi}{\partial p_i\partial p_h} & -\frac{\partial^2\pi}{\partial v_j\partial p_h} \\ -\frac{\partial^2\pi}{\partial p_i\partial v_k} & \frac{\partial^2\pi}{\partial v_j\partial v_k} \end{bmatrix}$$

由 Hessian 矩阵可以得出替代弹性矩阵为:

$$S = \begin{bmatrix} \sigma_{p_ip_k} & \sigma_{v_jp_k} \\ \sigma_{p_iv_k} & \sigma_{v_jv_k} \end{bmatrix} = \pi \begin{bmatrix} \pi_p^{-1}\pi_{pp}\pi_p^{-1} & \pi_v^{-1}\pi_{vp}\pi_p^{-1} \\ \pi_p^{-1}\pi_{pv}\pi_v^{-1} & \pi_v^{-1}\pi_{vv}\pi_v^{-1} \end{bmatrix}$$

$$h \in i, i,h = 1,2,\ldots,I; k \in j, j,k = 1,2,\ldots,J。 \tag{12.17}$$

这里，$\sigma_{p_i p_h} = \pi \left(\dfrac{\partial \pi}{\partial p_i}\right)^{-1} \left(\dfrac{\partial^2 \pi}{\partial p_i \partial p_h}\right) \left(\dfrac{\partial \pi}{\partial p_h}\right)^{-1}$　$h \in i$，$i,h = 1,2,\ldots,I$

$$(12.18)$$

$$\sigma_{v_j p_h} = \pi \left(-\dfrac{\partial \pi}{\partial v_j}\right)^{-1} \left(-\dfrac{\partial^2 \pi}{\partial v_j \partial p_h}\right) \left(\dfrac{\partial \pi}{\partial p_h}\right)^{-1}$$

$h \in i$，$i = 1,2,\ldots,I$；$j = 1,2,\ldots,J$　　　　(12.19)

$$\sigma_{p_i v_k} = \pi \left(\dfrac{\partial \pi}{\partial p_i}\right)^{-1} \left(-\dfrac{\partial^2 \pi}{\partial p_i \partial v_k}\right) \left(-\dfrac{\partial \pi}{\partial v_k}\right)^{-1}$$

$i = 1,2,\ldots,I$；$k \in j$，$j = 1,2,\ldots,J$　　　(12.20)

$$\sigma_{v_j v_k} = \pi \left(-\dfrac{\partial \pi}{\partial v_j}\right)^{-1} \left(\dfrac{\partial^2 \pi}{\partial v_j \partial v_k}\right) \left(-\dfrac{\partial \pi}{\partial v_k}\right)^{-1}$$

$k \in j$，$j,k = 1,2,\ldots,J$　　　　(12.21)

式(12.18)—(12.21)便是经济体中各个因子之间存在的替代弹性。

在式(12.17)里，即在 $S = \begin{bmatrix} \sigma_{p_i p_h} & \sigma_{v_j p_h} \\ \sigma_{p_i v_k} & \sigma_{v_j v_k} \end{bmatrix}$ 这个矩阵中，行向量表示第 h 个价格和第 k 种固定数量分别对第 i 个价格和第 j 种固定数量的替代弹性；而列向量则表示第 i 个价格和第 j 种固定数量分别被第 h 个价格和第 k 种固定数量所替代的弹性。如果这些替代弹性是固定的，那么，可以以这些不变的替代弹性为坐标，把经济内在的增长状态衡量出来。也就是说，如果给定第 h 个价格的增长率 r_{p_h} 和给定第 k 种固定数量的增长率 r_{v_k}，那么，便可以分别得出第 i 个价格的被替代率 Δr_{p_i} 和第 j 种固定数量的被替代率 Δr_{v_j}，也就是在逻辑上有：

$$\begin{array}{cc} \Delta r_{p_i} & \Delta r_{v_j} \\ \Uparrow & \Uparrow \\ \begin{bmatrix} \sigma_{p_i p_h} & \sigma_{v_j p_h} \\ \sigma_{p_i v_k} & \sigma_{v_j v_k} \end{bmatrix} & \begin{array}{l} \Leftarrow r_{p_h} \\ \Leftarrow r_{v_k} \end{array} \end{array}$$

这意味着，在得知了第 h 个价格的增长率 r_{p_h} 和第 k 种固定数量的增长率 r_{v_k} 之后，那么，便可以通过存在于每两个因子之间的固定替代弹性值式(12.17)，分别计算出相应的第 i 个价格的被替代率 Δr_{p_i} 和第 j 种固定数量的被替代率 Δr_{v_j}。

于是，便可以把经济里的各个因子所具有的运动状态解释得更加清楚。

如果 $G = \pi(p;v)$ 的结构变成了式(12.22)，即：

$$G = \pi[ap;v(b)] \qquad (12.22)$$

式中，a——标量矩阵，$a = \begin{bmatrix} a_{11} & 0 & \dots & 0 \\ 0 & a_{22} & 0 & 0 \\ \dots & 0 & \dots & 0 \\ 0 & 0 & 0 & a_{II} \end{bmatrix}$；

b——向量，$b = [b_1, b_2, \dots, b_N]$。

那么，可以得出：

$$\sigma_{(a_i p_i)(a_h p_h)} = \pi \left(\frac{\partial \pi}{\partial p_i} a_{ii} \right)^{-1} \left(\frac{\partial^2 \pi}{\partial p_i \partial p_h} a_{ii} a_{hh} \right) \left(\frac{\partial \pi}{\partial p_h} a_{hh} \right)^{-1}$$

$$= \pi \left(\frac{\partial \pi}{\partial p_i} \right)^{-1} \left(\frac{\partial^2 \pi}{\partial p_i \partial p_h} \right) \left(\frac{\partial \pi}{\partial p_h} \right)^{-1}$$

$$= \sigma_{p_i p_h}$$

$h \in i$，$h \neq i$，$i, h = 1, 2, \dots, I$

$$\sigma_{[v_j(b_i)](a_{hh} p_h)} = \pi \left[-\frac{\partial \pi}{\partial v_j} \left(\sum_{l=1}^{N} \frac{\partial v_j}{\partial b_l} \right) \right]^{-1} \left[-\frac{\partial^2 \pi}{\partial p_h \partial v_j} a_{hh} \left(\sum_{l=1}^{N} \frac{\partial v_j}{\partial b_l} \right) \right] \left(\frac{\partial \pi}{\partial p_h} a_{hh} \right)^{-1}$$

$$= \pi \left(-\frac{\partial \pi}{\partial v_j} \right)^{-1} \left(-\frac{\partial^2 \pi}{\partial v_j \partial p_h} \right) \left(\frac{\partial \pi}{\partial p_h} \right)^{-1}$$

$$= \sigma_{v_j p_h}$$

$h \in i$，$h \neq i$，$i = 1, 2, \dots, I$；$j = 1, 2, \dots, J$

$$\sigma_{(a_{hh} p_h)[v_k(b_l)]} = \pi \left(\frac{\partial \pi}{\partial p_h} a_{hh} \right)^{-1} \left[-\frac{\partial^2 \pi}{\partial p_h \partial v_k} a_{hh} \left(\sum_{l=1}^{N} \frac{\partial v_j}{\partial b_l} \right) \right] \left[-\frac{\partial \pi}{\partial v_k} \left(\sum_{l=1}^{N} \frac{\partial v_j}{\partial b_l} \right) \right]^{-1}$$

$$= \pi \left(\frac{\partial \pi}{\partial p_h} \right)^{-1} \left(-\frac{\partial^2 \pi}{\partial p_h \partial v_k} \right) \left(-\frac{\partial \pi}{\partial v_k} \right)^{-1}$$

$$= \sigma_{p_i v_k}$$

$h \in i$，$h \neq i$，$i = 1, 2, \dots, I$；$k \in j$，$k \neq j$，$j = 1, 2, \dots, J$

$$\sigma_{v_j(b) v_k(b)} = \pi \left[-\frac{\partial \pi}{\partial v_j} \left(\sum_{l=1}^{N} \frac{\partial v_i}{\partial b_l} \right) \right]^{-1} \left[\frac{\partial^2 \pi}{\partial v_j \partial v_k} \left(\sum_{l=1}^{N} \frac{\partial v_k}{\partial b_l} \right) \left(\sum_{l=1}^{N} \frac{\partial v_i}{\partial b_l} \right) \right] \left[-\frac{\partial \pi}{\partial v_k} \left(\sum_{l=1}^{N} \frac{\partial v_k}{\partial b_l} \right) \right]^{-1}$$

$$= \pi \left(-\frac{\partial \pi}{\partial v_j} \right)^{-1} \left(\frac{\partial^2 \pi}{\partial v_j \partial v_k} \right) \left(-\frac{\partial \pi}{\partial v_k} \right)^{-1}$$

$$= \sigma_{v_j v_k}$$

$k \in j$，$k \neq j$，$j, k = 1, 2, \dots, J$

这意味着，存在于经济体中各个因子之间的替代弹性是固定不变的。这便是经济学在 20 世纪里的另一个重要的发现——固定替代弹性（Constant Elasticity of

Substitution, CES)。它是一个自然法则。

　　根据定义,替代弹性值表明,一个增长的经济体在给定的时间点上,一个变量增长百分之一可以导致另一个变量减少(或增加)百分之几。固定替代弹性定律的发现,说明这种替代是固定的,即对于增长的经济来说,实际上存在着一个不变的背景,经济增长的变化会呈现为各有关因子的增长率的不平衡变化,但不会导致本底背景的变化,经济世界的背后存在着一个不变的比例关系。以这个不变的比例关系作为坐标,便可以解释经济增长的重要特征。

　　式(12.17)所示的是经济里每两个因子之间的固定替代弹性值,也就是每两个因子之间存在的相互替代状态的系数。而且,根据对偶原理可知,这些系数是有" + "" – "之分的,即替代方向是不同的,价格的替代是真替代,因而其固定替代弹性的系数是" + "的;而固定数量的替代是假替代,其固定替代弹性的系数是" – "的。

　　根据最小被替代率定律(Law of Minimum Substituted Rate),能够得出第 i 个价格的被替代率为:

$$\Delta r_{p_i} = \min_h \{\sigma_{p_i p_h} r_{p_h}\} - \max_k \{\sigma_{p_i v_k} r_{v_k}\}$$

$$h \in i, h \neq i, i = 1, 2, \ldots, I; j = 1, \ldots, J$$

同理,能够得出第 j 种固定数量的被替代率为:

$$\Delta r_{v_j} = \min_h \{\sigma_{v_j p_h} r_{p_h}\} - \max_k \{\sigma_{v_j v_k} r_{v_k}\}$$

$$h \in i, h \neq i, i = 1, \ldots, I; k \in j, k \neq j, j = 1, \ldots, J$$

这里, Δr_{p_i} ——第 i 个价格的被替代率, $i = 1, \ldots, I$;

　　$\sigma_{p_i p_h}$ ——第 i 个价格与第 h 个价格之间的固定替代弹性值;

　　r_{p_h} ——第 h 个价格的增长率, $h \in i, h \neq i, i = 1, \ldots, I$;

　　Δr_{v_j} ——第 j 种固定数量的被替代率;

　　$\sigma_{v_j p_h}$ ——第 j 种固定数量与第 h 种产品价格之间的固定替代弹性值;

　　r_{p_i} ——第 i 个价格的增长率;

　　$\sigma_{v_j v_k}$ ——第 j 种固定数量与第 k 种固定数量之间的固定替代弹性值;

　　r_{v_k} ——第 k 种固定数量的增长率, $i = 1, \ldots, I; k \in j, k \neq j, j = 1, \ldots, J$。

　　由此可见,固定替代弹性可以用来衡量各个因子点的状态。也容易看出,因为替代弹性是固定的,因而有:

$$\min_h \{\sigma_{p_i p_h} r_{p_h}\} \rightarrow \min_h \{r_{p_h}\} \qquad h \in i, h \neq i, i = 1, \ldots, I$$

$$\max_k \{\sigma_{p_i v_k} r_{v_k}\} \rightarrow \max_k \{r_{v_k}\} \qquad k \in j, k \neq j, j = 1, \ldots, J$$

$$\min_h \{\sigma_{v_j p_k} r_{p_k}\} \rightarrow \min_h \{r_{p_k}\} \qquad h \in i,\ h \neq i,\ i = 1,2,\ldots,I$$

$$\max_k \{\sigma_{v_j v_k} r_{v_k}\} \rightarrow \max_k \{r_{v_k}\} \qquad k \in j,\ k \neq j,\ j = 1,\ldots,J$$

即在经济的自然运行中,各个因子的被替代率会自动地同时收敛于两个方面,即一方面收敛于对其替代影响最小的价格增长率,同时,另一方面收敛于对其影响最大的需求数量的增长率。

同理,在

$$\min_j \{\Delta r_{v_j}\} = \min_j \min_h \{\sigma_{v_j p_k} r_{p_k}\} - \max_j \max_k \{\sigma_{v_j v_k} r_{v_k}\}$$
$$h \in i,\ h \neq i,\ i = 1,2,\ldots,I\ ;\ k \in j,\ k \neq j,\ j = 1,\ldots,J \qquad (12.23)$$

里,有

$$\min_j \min_h \{\sigma_{v_j p_k} r_{p_k}\} \rightarrow \min_j \{\sigma_{v_j p_k}\} \min_h \{r_{p_k}\}$$
$$h \in i,\ h \neq i,\ i = 1,\ldots,I\ ;\ k \in j,\ k \neq j,\ j = 1,\ldots,J \qquad (12.24)$$

$$\max_j \max_k \{\sigma_{v_j v_k} r_{v_k}\} \rightarrow \max_j \{\sigma_{v_j v_k}\} \max_k \{r_{v_k}\}$$
$$k \in j,\ k \neq j,\ j = 1,\ldots,J \qquad (12.25)$$

这意味着,就经济的整体来说,最小的固定数量的被替代率,收敛于整体价格与该固定数量之间的最小的固定替代弹性和最小的价格增长率,也收敛于整体另一种固定数量与该种固定数量之间的最大的固定替代弹性和最大的另一种固定数量的增长率。

如前所述,经济学在关于资源分配的研究过程中,主要是在运用线性规划模型进行实际数据运算的过程中,发现所给定的约束条件,特别是给定的资源拥有数量,其约束作用可以形象地定义为经济容量(Capacity of Economy)。因而,广义地讲,固定数量构成一个集合,其中每一种固定数量都可以视为是一个经济容量元素。

上述分析结果表明,在经济运行过程中,整体经济里最小的价格增长率收敛于整体经济里被替代增长率最小的经济容量元素的被替代增长率。因而,导致整个经济元素集合里的各个元素,都收敛于整体意义上的最小的固定数量被替代增长率(也就是最大的固定数量增长率)和最小的价格增长率。

式(12.23)的收敛过程可以描述如下。从市场自行调整的角度来看,对应着经济当事人追求的利润最大化,经济整体会有相应反应,反应的关键点会出现在经济容量的极端元素上,这就是被替代率最小的元素。要保证其被替代率最小,首先要在市场上确定对该元素的最小价格固定替代弹性和在固定数量中确定对该元素的最大固定替代弹性,然后根据给定的固定数量的最大增长率集合,求得相应的价格的最小增长率,进而得出决定经济整体的最大固定数量的增长率和最小的价格增长率。

在式(12.23)里,如果给定了:

$$\Delta r_{v_W} = \min_j \{\Delta r_{v_j}\}$$

$$r_{v_S} = \max_k \{r_{v_k}\}$$

那么,便可有:

$$\Delta r_{v_W} = \min_h \{\sigma_{v_W p_h}\} \min_h \{r_{p_h}\} - \sigma_{v_W v_S} r_{v_S}$$

$$W \in j \; ; \; S \in k, k \in j, k \neq j, j = 1, \ldots, J \tag{12.26}$$

这里,因为 Δr_{v_W} 和 r_{v_S} 已经给定,因而, $\sigma_{v_W v_S} r_{v_S}$ 为已知,并且因为 Δr_{v_W} 已经给定,于是,便可以在已知的固定替代弹性里,确定出 $\sigma_{v_W p_R} = \min_h \{\sigma_{v_W p_h}\}$,进而解得 $r_{p_R} = \min_h \{r_{p_h}\}$ 。这样,便得出了端点的值 $[\Delta r_{v_W} \quad r_{p_R}]$,其中, Δr_{v_W} 为短板容量元素的被替代率; r_{p_R} 为短板价格的增长率。

由此,在正则规律的作用下,整个经济体的增长收敛于由短板所决定的状态,即:

$$\begin{cases} \Delta r_{p_i} = \sigma_{p_i p_R} r_{p_R} - \sigma_{p_i v_W} \Delta r_{v_W} \\ \Delta r_{v_j} = \sigma_{v_j p_R} r_{p_R} - \sigma_{v_j v_W} \Delta r_{v_W} \end{cases}$$

$$R \in h, h \in i, h \neq i \; ; \; i, h = 1, 2, \ldots, I \; ; \; W \in k \; ; \; k \in j, k \neq j \; , j, k = 1, 2, \ldots, J$$

对于长期的经济运行,其一般结构可以描述为:

$$G = \pi(ap; v, t)$$

式中, a ——标量矩阵, $a = \begin{bmatrix} a_{11} & 0 & \ldots & 0 \\ 0 & a_{22} & 0 & 0 \\ \ldots & 0 & \ldots & 0 \\ 0 & 0 & 0 & a_{II} \end{bmatrix}$;

t ——时间。

在时刻 $t = 0$ 时,这个经济的内部存在着如下替代关系,为:

$$\begin{cases} \Delta r_{p_i}(0) = \min_h \{\sigma_{p_i p_h} [r_{a_{hh}}(0) + r_{p_h}(0)]\} - \max_k \{\sigma_{p_i v_k} r_{v_k}(0)\} \\ \qquad\qquad - r_{a_{ii}}(0) \Delta r_{p_i}(0) \\ \Delta r_{v_j}(0) = \min_h \{\sigma_{v_j p_h} [r_{a_{hh}}(0) + r_{p_h}(0)]\} - \max_k \{\sigma_{v_j v_k} r_{v_k}(0)\} \end{cases}$$

$$h \in i, h \neq i \; , i, h = 1, 2, \ldots, I \; , k \in j \; , k \neq j \; , j, k = 1, 2, \ldots, J$$

经济运行到了 t（$t > 0$）时刻，在正则规律作用下，经济自动地调节出：

$$
\begin{cases}
e^{\alpha_{p_i}t}\Delta r_{p_i}(0) = \sigma_{p_i p_R}\left[e^{-\alpha_{a_{RR}}t}r_{a_{RR}}(0) + e^{-\alpha_{p_R}t}r_{p_R}(0)\right] - \sigma_{p_i v_W}e^{-\hat{\beta}_{v_x}(\hat{m}_2)t}\Delta r_{v_W}(0) \\
\qquad\qquad - e^{-\alpha_{a_{ii}}t}r_{a_{ii}}(0)\Delta r_{p_i}(0) \\
e^{\beta_{v_j}t}\Delta r_{v_j}(0) = \sigma_{v_j p_R}\left[e^{-\alpha_{a_{RR}}t}r_{a_{RR}}(0) + e^{-\alpha_{p_R}t}r_{p_R}(0)\right] - \sigma_{v_j v_W}e^{-\hat{\beta}_{v_x}(\hat{m}_2)t}\Delta r_{v_W}(0)
\end{cases}
$$

这里，m_2 ——人为干预向量，$m_2 = [m_{2_1}, m_{2_2}, \ldots, m_{2_N}]$；

$e^{-\alpha_{a_{RR}}t}r_{a_{RR}}(0)$ ——短板价格的科技进步的增长率；

$e^{-\alpha_{p_R}t}r_{p_R}(0)$ ——短板价格的增长率；

$e^{-\hat{\beta}_{v_x}(\hat{m}_2)t}\Delta r_{v_W}(0)$ ——短板容量元素的增长率；

$e^{-\alpha_{a_{ii}}t}r_{a_{ii}}(0)$ ——各个部门的科技进步率。

在这里，容易看出，短板价格的科技进步 $e^{-\alpha_{p_R}t}r_{p_R}(0)$ 既可以提高全部经济容量的被替代水平，又可以提高全部价格的被替代水平；还可以看出，各个部门自身的科技进步 $e^{-\alpha_{a_{ii}}t}r_{a_{ii}}(0)$ 则会降低本部门的价格被替代水平，也就是努力保持本部门的价格上涨水平，增大本部门的经济活力。

这就意味着，只要短板价格出现了科技进步，那么就不仅会增长市场活力，还会增大经济的整体容量，有利于经济的整体增长，因为增大短板容量的被替代率，也就是会增大这个短板的潜在增长水平，从根本上放松对市场的限制，进而增大短板价格的被替代水平，最终导致经济整体出现更大的增长。前面已经述及，容易证明，被替代率的负数，就是增长率，短板价格被替代率的增大在市场上直接意味着，经济里所有价格的增长率要受到短板价格科技进步的抑制，增幅减缓，趋向于价格稳定或者降价；而各个部门自己的科技进步，则反过来会降低本部门的价格被替代率，能保持或发扬自己的价格上涨趋势。

由此可以看出，在经济短板容量上确定的短板价格，如果有科技进步存在，这个科技进步就会通过经济体内在的传递和选择机制，最终影响到整个市场上的所有价格。并且，似乎应该首先作用于整个经济的所有容量，在经济容量方面，导致所有容量的被替代增长水平增长了，经济发展的限制条件宽松了，经济增长更轻松了。在市场价格方面，则导致所有价格的被替代率增长了，所有的价格上涨因素被抑制了，价格波动小了，市场更加稳定了。

另外，在这里也容易看出，一个科技进步低下甚至不存在科技进步的部门，会很容易成为短板价格，而且，一旦成为，就会减缩整体经济的价格被替代率，也就是增大价格增长率,拖累整体经济的科技进步。然而,对创新产业生存条件所得出的分析结果表明,对于一个新的产业成分,要进入已有的经济体,经济本身的最优化选择会规定有关新成分在需求和价格增长方面的起码水平,即价格增长水平不低于现行价格短板,需求增长幅度不高于先行容量短板。而由科技进步具有的一维进展性所决定,科技进步过于低下的或不具有科技进步的部门,一般很难进入现有的经济体,即使进入了,也应该很快就被淘汰。从这个意义上讲,被经济发展逼到价格短板地位的部门,必定是增长率最小的,但是是相对的。从绝对意义上来看,随着经济的发展,后来的短板价格,一般都具有比其前任不低的科技进步增长率。这样,它带动了其余所有价格的被替代率的增长,增强了市场的稳定性。

第 12 章建议的续读文献

[1] McFadden, D.. Cost, Revenue, and Profit Functions [M]//M. Fuss and D. McFadden. Production Economics:A Dual Approach to Theory and Applications. Vol. 1. The Theory of Production. North – Holland Publishing Company:Amsterdam · New York · Oxford,1978:4.

[2]孙中才. 农业经济数理分析[M]. 北京:中国农业出版社,2006:191 – 192.

[3]丁石孙. 谈谈数学的研究对象问题[M]//孙小礼,楼格. 人·自然·社会. 北京:北京大学出版社,1998:15.

[4]杨振宁. 近代科学进入中国的回顾与前瞻:在香港大学的演讲[M]//杨振宁文录. 海口:海南出版社,2002:94 – 106.

[5]孙中才,陈曦. 现代经济学:范式定理和数理分析[M]. 北京:中国农业出版社,2014:45.

[6]《第一推动》丛书编委会. 总序[M]//弗朗西斯·克里克. 惊人的假说:灵魂的科学探索. 汪云九,等,译. 长沙:湖南科学技术出版社,1999:3.

[7]Samuelson,P.. Economics[M]. New York:McGraw – Hill,1957:152 – 157.

[8]孙中才. 国际贸易与农业发展[M]. 北京:中国农业出版社,2010:191 – 192.

[9]Samuelson,P.. Foundations of Economic Analysis[M]. Cambridge,MA:Harvard University Press,1947:22 – 24.